U0567896

历史政治学与中国政治学
自主知识体系论丛

共和立国
与治体新论

钱穆历史政治学研究

任锋 著

中国人民大学出版社
·北京·

图书在版编目（CIP）数据

共和立国与治体新论：钱穆历史政治学研究/任锋著. -- 北京：中国人民大学出版社，2024.6. -- （历史政治学与中国政治学自主知识体系论丛）. -- ISBN 978-7-300-32460-9

Ⅰ.D092.7

中国国家版本馆CIP数据核字第2024UM4614号

历史政治学与中国政治学自主知识体系论丛
共和立国与治体新论：钱穆历史政治学研究
任　锋　著
Gonghe Liguo yu Zhiti Xinlun: Qian Mu Lishi Zhengzhixue Yanjiu

出版发行	中国人民大学出版社			
社　　址	北京中关村大街31号		邮政编码	100080
电　　话	010-62511242（总编室）		010-62511770（质管部）	
	010-82501766（邮购部）		010-62514148（门市部）	
	010-62515195（发行公司）		010-62515275（盗版举报）	
网　　址	http://www.crup.com.cn			
经　　销	新华书店			
印　　刷	涿州市星河印刷有限公司			
开　　本	720 mm×1000 mm　1/16		版　次	2024年6月第1版
印　　张	28.75　插页2		印　次	2024年6月第1次印刷
字　　数	420 000		定　价	148.00元

版权所有　侵权必究　　印装差错　负责调换

献给我的父亲母亲
——朴素平和 吾之楷模

总 序
Preface

历史政治学与中国政治学知识体系的建构

杨光斌

国际社会科学就是对各主要国家现代化经验的历史叙事。中国式现代化已经是一个不争的事实,但关于中国式现代化的社会科学理论远远滞后,很多时候人们还在以外源性理论来对照中国式现代化,结果出现理论与现实之间的巨大张力。中国式现代化亟须中国自主知识体系的支撑,而自主知识体系的基础是方法论,没有自主的方法论,就不可能有自主的知识体系。中外政治学的发展历程表明,政治学知识体系通过政治学原理体系集中地体现出来。政治学的知识统摄性和社会科学学科基础性,决定了政治学原理的重构已为中国自主知识体系的建构迈出了决定性的一步。

一、呼唤基于中国历史文化的政治学原理

从古到今,任何政权都需要自己的"政治学原理"以论述政治统治的合理性、合法性。中国几千年的经史之学就是政治学原理,新文化运动之后,作为政治学原理的经史之学被西方政治学取代,即以植根于西方历史文化的政治学方法论和历史观去评判中国政治的对错与好坏,政治学从政治辩护的身份走向批判者乃至革命者的角色。从晚清到 1949 年之前的中国政治学,在方法论上流行的是源自欧洲大陆的制度主义,这是自古希腊以来

I

的欧洲政治学传统，即追问什么样的政体是最好的。19世纪欧洲普遍发生资产阶级革命之后，政体论传统在政治学方法论上就演变成制度主义，而制度主义方法论背后的历史观（或世界观）则强调代议制政府是最好的政府形式，从著名历史学家基佐到自由主义大师穆勒都执迷于这种方法论和世界观。因此，制度主义方法论绝不是所谓静态的和法条主义等弊端所能概括的，作为流行的方法论事实上在普及一种历史观，即以此来衡量一国政治的好坏。这样的政治学与当时的中国政治之间的张力不言而喻。

1980年，中国政治学得以恢复，马克思主义政治学得以系统化研究，中国政治的研究也开始被触及。但是，尚未建成自己政治学原理体系的中国政治学乃至整个中国社会科学猝不及防遭遇美西方政治学，中国政治学乃至整个中国社会科学深受美西方社会科学的影响。在方法论上，第二次世界大战后美国政治学的行为主义-理性选择主义大行其道。基于个体利益最大化的理性选择，就是把个人利益至上论加以学术范式化的包装，理性选择主义无疑植根于美国这个"天然的个体主义"文化。福山的"历史终结论"就是理性选择主义所表达的历史观，即实现个体价值的最好的也是最终的政府形式就是美式代议制民主。以这样的历史观去衡量中国政治，学科与政治之间的紧张关系更加明显。

120多年的中国政治学之路并不平坦。一方面，中国传统政治思想高度发达，马克思主义是指导思想，但它们的学科化程度亟待提升；另一方面，在中国并没有思想根基的西方政治学的学科化程度又很高，对中国政治学的学科体系影响深远。这一对矛盾严重制约了中国政治学乃至整个社会科学的发展，中国式现代化呼唤建构中国政治学自主知识体系。自主知识体系的基础是方法论，正如有制度主义、理性选择主义才产生西方政治学。各学科都在努力建构自主知识体系，但关键的前提是要有专属于本学科的方法论。

二、历史政治学的含义与功能

历史政治学是基于中国历史文化的一种学科性方法论。这是因为中国

总　　序

是世界历史上唯一几千年未曾中断的大型政治文明体。德国曾有发达的历史学派，英国至今是政史不分家的传统，中国社会科学更应该拥有历史传统。几千年的政治史所塑造的政治制度、政治文化、政治行为的影响之深之远，无论如何估量都不为过；由此所蕴含的政治理论资源，无疑更是有待发掘的富矿。因此，历史主义方法论在中国学术史上并不鲜见。

然而，不同于含糊性因果律的历史主义，历史政治学是一种社会科学方法，追问的是重大现实和理论问题的历史渊源与时间性因果机制，并以此发现理论。历史本体论、历史连续性和时间空间化，是理解历史政治学的几个关键词。历史本体论重视历史的本质属性，社会史属性的历史和政治史属性的历史具有与生俱来的不同的制度变迁方式。历史连续性是说任何属性的历史在制度变迁过程中都具有时间上的连续性和传承性。所谓时间空间化，意味着空间化形式的当下政治都是历时性制度变迁的产物。这些关键词是解释性概念，不但可以用来分析历史上少数民族政权自我"中华化"，也能说明"中华文明基因共同体"的形成和延续，也可以用于比较历史分析去阐释不同的现代化模式。

历史政治学与政治史研究不同，后者主要聚焦于"事件史"，即把历史上的政治事件说清楚，属于历史学范畴；前者旨在回答当下重大的现实问题并发现理论，属于政治学范畴。历史政治学也不同于西方流行的历史社会学，后者是从社会史出发回答资本主义-工业革命和民族国家两大主题，而前者则是从政治史出发寻找大一统国家延绵不断的内在机理。

和其他政治学方法论一样，历史政治学首先具有论述政治合法性的功能。有了历史政治学，对民主集中制、协商民主、群众路线、人类命运共同体等诸多重大现实政治问题的理解和看法就完全不一样了。比如，在历史政治学这里，民主集中制事实上传承的是几千年中国政治最根本的传统——大一统，而西方政治学推崇代议制民主。又比如，在历史政治学这里，人类命运共同体是中国历史上源远流长的天下观的一种自然延续，而西方政治学更愿意相信基于实力政治的"修昔底德陷阱"。可见，本土方法与外来方法对于中国政治的认识有着天壤之别。

和其他政治学方法论一样，历史政治学是一种生产知识的方法论。简单地说，历史本体论决定了制度变迁方式，不同的制度变迁方式产生了性质迥异的历史政治理论，因此所有政治理论都是历史的。具体而言，西方从古希腊开始就是"多统"的社会史，它决定了"多统"之间为生存而争夺资源的对抗性制度变迁方式，这种制度变迁方式所产生的政治理论必然是对抗性的，而且是以个人权利为宗旨的，比如以权力制衡为基础的代议制政府理论。相反，基于国家统一的中国政治史发端很早，大一统国家的制度变迁重视的是由"致治"而达成的民心，即便是在历史上的分裂割据时代，主要王朝追求的还是通过"致治"而实现大一统。这种制度变迁方式所产生的政治理论必然是以民本为核心的思想体系，民心是最大的政治。可见，历史政治学是一种知识生产流程，以此生产以概念为基础的知识体系。

和其他政治学方法论不一样的是，历史政治学还是一种知识社会学，具有理论辨识功能。几乎所有的政治理论，从社会中心主义这样的理论体系到以自由民主为代表的基础概念，再到理性选择主义这样的方法论，都是历史政治理论，但在传播过程中非历史化为普遍主义。有了历史政治学，很多流行的政治学概念和理论就可以得到检验而达成新的理解。比如，被奉为"历史终结论"的代议制民主，不过是社会史演绎的对抗性制度变迁的一种制度安排；反过来，过去以"多统"之争、今天以党争民主为主要形式的代议制民主，到头来又可能加剧社会史的"多统"之争，引发身份政治与认同政治问题。这就是很多发展中国家因实行代议制民主而出现无效治理的原因，美国也因此出现了政治极化的历史政治学。还比如，西方人为什么喜欢"修昔底德陷阱"的零和游戏？这同样是由历史起源上的社会史属性所演绎的"多统"之间的你死我活的对抗性资源分配方式所决定的，由此造就的政治观或文明观就必然建立在对立和冲突之上。历史政治学有助于我们理解诸多时代问题的政治起源。

三、基本概念重述与政治学原理的重构

按照知识诞生的时间性逻辑，政治学原理是由政治学研究方法和政

总　　序

治、权力、国家、政体、政党、科层制、民主、治理等"概念集群"构成的。流行的概念演化为观念，观念演变为思维方式和政治态度。目前对政治学原理中的上述基本概念的解释不同程度地受制于、产生于社会史的西方政治学，因此建构自主知识体系的前提是重述概念以达成新的理解，在此基础上重构政治学原理体系。历史政治学的知识生产和辨识功能有助于概念重述，因此它也是建构自主知识体系的方法论基础。

1. 研究方法

中国政治学已经探索出基于自己历史文化的方法论即历史政治学，并被认为是中国政治学发展的突破口和新方向。中国政治学的发展方向无疑是马克思主义政治学与中国具体实际和中华优秀传统文化相结合，历史政治学方法论几乎是为"两个结合"量身定制的方法论。

2. 概念集群

关于政治。二战后世界上流行的就是源自马克斯·韦伯的权力分配而被行为主义概念化的权威性资源分配，这显然是对抗性制度变迁所产生的个人利益最大化的政治理论。把政治定位为利益分配并以此而形成制度安排，必然是少数人的利益最大化并导致社会的不公正。与此不同，国家史开启得很早的中国，几千年一以贯之地强调民心的重要性，为此必须实现"致治"和社会和谐。

关于权力。西方政治学的权力类型就是行政、立法、司法"三权"，但在中国，中国共产党的领导是首要的，中国的权力体系由领导权、执行权、监督权构成。

关于国家。西方政治学讲的都是战争制造的民族国家，具有与生俱来的扩张性；但几千年的大一统中国是由文明史观塑造的文教型国家，天下大同是其最高追求。

关于政体。西方政治学一开始就定义为权力的组织形式，但中国自西汉就开始讲"治体"，即如何维护大型政治秩序的价值、制度和方法。国家治理体系和治理能力现代化命题与"治体"有直接的关系，与"政体"理论无关。

关于政党。现代政治中的很多制度诞生于古代，但作为组织权力的政党则是一种独特的现代性政治。尽管如此，在西方政治学那里，政党依然不过是对抗性资源分配中的利益集团型组织，这显然不能解释很多非西方国家的政党属性。在中国，政党是拯救国家并组织国家的一个核心力量，因此中国学者提出了"政党中心主义"概念。

关于科层制或官僚制。西方流行的是马克斯·韦伯的非人格化的组织理论，但中国事实上是具有道德责任感的干部制。

关于民主。西方流行的是选举式民主或党争民主，中国的协商民主源于中国历史上几千年的协商政治传统。

关于治理。西方治理理论的主体是社会组织，而中国则有几千年的"致治"传统。

习近平总书记在 2022 年 4 月 25 日考察中国人民大学时指出，中国哲学社会科学的根本出路在于建构中国自主的知识体系。中国人民大学是建构自主知识体系的高地和沃土。深谙学科建设之道的中国人民大学党委书记张东刚教授多次高度肯定历史政治学，并指出社会科学的一个出路是"历史＋N"。林尚立校长是历史政治学的先行者，他对中国人民大学政治学有了历史政治学而感到放心，并提醒不要把历史政治学研究弄得太复杂，概念要简明易懂。前校长、中国人民大学一级教授刘伟叮嘱笔者，历史政治学是能够留下来的，要坚定信念、坚持不懈，关键是建好学术团队。学校规划处资助我们建立了"历史政治学与世界政治研究交叉学科平台"，学校科研处拨付了本丛书的"第一辑"出版经费。也正是因为学校上下的大力支持，历史政治学走在了建构中国自主知识体系的前列，《光明日报》辟"中国自主知识体系的建构"专栏，历史政治学成为开栏第一篇文章。探索出历史政治学的中国政治学，正坚定地走在建构中国政治学自主知识体系的路上。政治学的知识统摄性和社会科学学科基础性决定了自主政治学知识体系的形成必将夯实中国式现代化的理论根基，助推中华民族的伟大复兴。

目 录
Contents

导　论　待解缚的先知与被重构的传统：在现代脉络中辨识钱穆 …… 1

第一章　走向回归的离乡：作为政治学人的钱穆与现代立国问题 … 21
  第一节　国有与立：钱穆的历史政治思维纵观 …………… 22
  第二节　论"钱学"七书：钱穆政治学的门径 …………… 38
  附录　钱宾四先生与现代中国的政教之运 ……………… 51

第二章　"眼前有景道不得"？：钱穆与现代思想的宪制进路 ……… 57
  第一节　钱穆的"明夷待访录" ……………………………… 58
  第二节　"近己则俗变相类"：钱穆与近世儒家传统 …… 75
  第三节　《中国历代政治得失》的微言隐义 ……………… 91
  第四节　"会通为体，分别为用"：钱穆《现代中国学术论衡》的大义家言 …………………………………… 102

第三章　现代中国立国的治道转型 ………………………………… 121
  第一节　"统"、大一统与政治秩序的基源性问题 ……… 122
  第二节　制宪时刻的启蒙迷思：论大国共和的政教问题 …… 140
  第三节　再论大国共和的政教之维：梁启超论题与钱穆道统新说的三个面向 ……………………………… 150
  第四节　三论大国共和的政教维度：民心与治体生成 ……… 168
  第五节　文明冲突，还是文明化合？：从钱穆礼教论省察亨廷顿命题的困境与出路 ……………………………… 191

I

附录一　治化的三重世界：严复《天演论》导言探微 ········· 213
　　附录二　《先秦政治思想史》的"百年孤独" ················ 234

第四章　"有治法而后有治人"？：革命立国中的人民与政制 ··· 243
　　第一节　现代转型中的礼法新说与治体论传统 ············· 244
　　第二节　钱穆的法治新诠及其启示：以《政学私言》为中心 ··· 270
　　第三节　君道再还：钱穆宪制思维中的元首论 ············· 288
　　第四节　论公家秩序：家国关系的历史政治学阐释 ········· 309
　　第五节　大国礼治何以重要？：政制崇拜、治体论
　　　　　　与儒学社会科学刍议 ··························· 332

第五章　历史政治学与治体新论 ································ 351
　　第一节　新启蒙主义政治学及其异议者 ··················· 352
　　第二节　立国之道的新和旧：钱穆与中国政治学的自觉 ····· 367
　　第三节　历史政治学的双重源头与二次启航：从梁启超
　　　　　　转向到钱穆论衡 ······························· 386
　　第四节　中国政治传统研究与历史政治学的可能性 ········· 404
　　第五节　治体论与国家治理研究 ························· 423

参考文献 ·· 435
后　记 ·· 449

导论
待解缚的先知与被重构的传统：
在现代脉络中辨识钱穆[*]

---

[*] 本部分源于2020年8月30日笔者应钱穆共读会之邀在"钱穆先生逝世三十周年纪念会"上的主旨发言（《今天我们如何纪念钱穆？》）。感谢古秋建先生的悉心组织与罗鸿博士对于发言文字稿的记录和整理。

共和立国与治体新论：钱穆历史政治学研究

回归是正午的前奏，而离乡是夜与昼交接之际先知者的巡游。

——题记

21世纪第二个十年以来，知识界的纪念性学术活动多盛大隆重，比如纪念辛亥革命、新文化运动及庆祝中国共产党成立100周年。这三个关键历史事件，对于我们身处的世界和中国意义之巨大，举世皆知，已然成为现代新传统的奠基石。辛亥革命开启了现代共和，新文化运动塑造了我们的现代精神，中国共产党主导建立了以现代政党体制为中心的国家共同体。相比起来，我们对于钱穆（字宾四）先生的纪念是非常小众的，多属学界自发，可谓"荒江野老屋，二三素心人"之事①。值得思考的是，今天对于钱穆先生的纪念，应该处于怎样一个位置？广而言之，对于钱穆代表的传统精神，在现代立国立教的大脉络中应当如何安顿？

辛亥革命以来的现代历史，经过一百多年的激荡和沉淀，已然形成了一个小传统。我们今天纪念钱穆先生，这个小传统是无法摆脱的现实前提——是想要摆脱也摆脱不了的存在语境。在这个语境中，怎样去纪念钱穆这一类对现代政教似乎抱有强烈异议感或疏离感的新士人？这让笔者不由地想起钱穆著作中有一些极具历史洞察力的文章。比如写于1971年的《中国知识分子的责任》。那是回望辛亥革命六十周年、对于现代共和一甲子的痛切反省，传递出了关于辛亥共和艰辛颠沛的悲慨情愫②。还有类似一些文章，围绕共和三十年、四十年乃至七十年的专文或散论、系统或片断的论世文章，大都具有强劲的历史穿透力——也都是在1912年以来的现

---

① 此句为钱锺书先生语，参见：石文英. 郑朝宗纪念文集. 厦门：鹭江出版社，2000：295.
② 钱穆. 中国知识分子的责任//钱穆. 世界局势与中国文化. 北京：九州出版社，2011：141-154.

导论　待解缚的先知与被重构的传统：在现代脉络中辨识钱穆

代新世界脉络中，讨论怎样了解传统、体认文化、卫护并赓续国族慧命。

在这个意义上，钱穆在今天的回归（本质意义上是我们朝向钱穆先生的回归），并不旨在打造某种保守主义意识形态，也不是要树立某类学术门户，毋宁说是为我们带回一个理解现代政教的大视野和新视角，揭示那些在省察中国现代性之际别有洞天却遭到遮蔽的论域。可以说，在现代立国的大视野中观照万物并且自我审视——既观照先生，也省察自我和时代，是一个值得追求的智识目标。

一、时代人物与传统人物的分野

钱穆先生在《学龠》一书的《谈当前学风之弊》里面，提出了"时代人物"与"学术人物"，或者说"时代人物"与"传统人物"的区分①。有些人物只是在时代当中叱咤风云，一待风气潮流变化，就随之销声匿迹，而有些人物可以称得上或者说最后成为传统性、学术性人物，当时或许不显，却会对历史产生持续的积极影响。钱先生无疑是首肯后者的。他围绕这个区分有一些很有意思的说法，比如有时代师、也有学术师，有世俗师，也有传统师；但是，他说，辛亥革命以来六十年，没有大师②。钱先生的这个话发人深省，现在我们大家都尊称钱先生是国学大师，但钱先生说我们这个时代没有大师。他在这篇文章中对康有为、章太炎、梁启超（号任公）、胡适这些时代人物有深切批评——虽然与梁任公有终其一生或明或晦的对话（也许还可包括章太炎、章学诚），同时肯定柯劭忞、孙诒让、王先谦这些算得上传统人物的少数派。当我们斗胆评价先贤时，需要注意他自身比较在意的评价尺度是什么。钱穆在看待人物的时候，既把他放在时代当中，也放在传统当中去看。

这一点为什么重要？因为我们评价人物，很容易要么将其只放在时代

---

① 钱穆.谈当前学风之弊//钱穆.学龠.北京：九州出版社，2011：205-207.
② 同①209.

3

当中看,要么只放在传统里看——第二种在钱穆先生这里似乎更多见;而钱先生非常有启发性地告诉我们,评价一个人,要看他对时代问题的消化,看他怎样把这种消化融会到传统的承续与新生中。做到这一点,才当得上传统人物,而不仅是逐浪时代、风靡一时的。

钱先生在那篇文章中反复讲什么是真人物、什么是真时代、什么是真传统,顺着这些问题讲什么是真学术、什么是真革命,特别是革命问题,他有意辨识"真革命",是在提醒我们去辨析真伪。那些"伪"的,速朽的,可能各领风骚三五年,转眼却成烟云。虽属现实,未必真实。我们应当在传统大流的承转中去辨识真伪,钱先生提倡守先待后,就是着眼于此。

钱穆先生在20世纪80年代中期逐渐回归中国大陆公众视野——无论是巴蜀书社引进其《论语新解》等著作,还是《人民日报》摘刊其《丙寅新春看时局》。他在思想学术界逐渐为大家重新认识。当然,这种重新认识,内在于80年代以来中国大陆的时代精神与氛围。80年代流行文化热,钱先生关于文化学的论述,比较得到关注;90年代国学热开始,钱先生被视作国学大师,渐为人知。从三十年来钱穆研究的演变轨迹看,钱穆回归经历了文化热、国学热,最近十年大家又逐渐从政治思想的视野对他进行关注[1]。所以说,不同时代氛围会影响我们对他的认知。而在时代发展当中,随着我们身处之世界与时代主题的不断变化,要揭示和敞开钱穆先生本身所蕴含的多重意蕴,需要我们充分调动自身来靠近他、体会他。

在过去三十年中,围绕钱穆先生的种种讨论,其着眼点或者品鉴尺度可能有这么一些面相:比如争论他是不是新儒家;然后从这种争论之中又拎出史学与哲学的分际——我们知道,严耕望先生把他列入20世纪四大史学家;另外就是国学大师,或者小一点叫文化学者。像这些标签或者说争论焦点,都有一定的合理性,在某个圈子或某个时段有其表述蕴含的合理性,但笔者觉得并不足够。就个人阅读体验来讲,笔者觉得这些争论仍未真正切中钱穆学术思想里具有全局性和中心性的问题。

---

[1] 马猛猛,沈蜜. 从"文化的钱穆"到"经世的钱穆":钱穆研究三十年述评. 中国政治学,2021 (3).

导论 待解缚的先知与被重构的传统：在现代脉络中辨识钱穆

这方面笔者给了两个线索。一个是写于 1964 年的《谈当前学风之弊》，另一个是 1954 年的《孔子与春秋》[1]。在《谈当前学风之弊》里，他品评民国以来几个大学者，有一个核心尺度是"师道"。而这个"师道"，不是我们惯常理解的理学意义上偏重内圣之教的"师道"，或韩愈以来狭义道统上的"师道"。钱穆着眼于立国久远，从怎样使文化传统在破和立当中传承创新的意义上来讲"师道"。在这篇文章当中，他不断进行中西对比，凸显中国文化把"师道"视为一种文明传承精神，而学人要在中国文化、中国历史当中真正立得住，须能落实到"师道"这个层面。也就是说，你的东西最后真的有人在不断往下传，树立了更广远绵延的认同，而不只是在时代中潮起潮落。这个"师道"的精神，强调了立国久远的经世脉络，就像他从文化大传统的意义上来解读"道统"一样——同样不是依循理学狭义的义理视角[2]。理解"传统人物"和"时代人物"的区分，"师道"是一个很好的入口。

《孔子与春秋》这篇长文在钱穆思想中是十分关键的文献。他教育弟子，常推荐这篇。相较于刚才讲的"师道"，这一篇重点在王道。所谓"王道"是什么呢？这里聚焦于家言家学和王官学，推重思想学术从百家言升华为王官学。钱先生讲述学术史提醒我们注意，四部之学、经学史学、今古文经学，这些都是十分后起的学术类目，未必能把握住学术传统的关键处。而《孔子与春秋》透露出的思想要义是，钱先生对由汉儒倡导的那种从百家言、家言家学而涵化晋升为王官学，从而引领社会发展的精神追求是高度激赏的。社会民间敢于正视一代政教规模，有振兴政教法度的勇气和魄力。王官失守，民间学者有志于重振国家社会的基本政教措施、礼法制度，这是春秋战国以降学术传统的一个中心贡献。他对理学的遗憾也主要在这个地方。他觉得理学"以教统治"称不得上是新王官学，逐渐丧失了对于立国宪制的正面关注，变成教先于治，内圣之学优先于经世之学[3]。

---

[1] 钱穆. 孔子与春秋//钱穆. 两汉经学今古文平议. 北京：商务印书馆，2015.

[2] 任锋. 共和的政教之维：梁启超论题与钱穆道统说的三个面向. 武汉科技大学学报（社会科学版），2019（5）.

[3] 任锋. 立国思想家与治体代兴. 北京：中国社会科学出版社，2019.

钱穆对黄宗羲《明夷待访录》的"学校"篇极为推崇,视为中国文化第三大阶段的文化结晶,就是基于这个思想关切①。可以说,1954 年和 1964 年的这两篇文献,在我们体会钱穆先生的思想精神时需要特别留意。

二、革命立国中先知的离乡与回归

钱先生通达博雅的知识形象容易被学术化,在学术化的过程中进一步被史家化,乃至广义的国学化或文化学化——这是通常呈现出来的进路,也很容易滑入不断窄化、义理脱魅的轨道。

20 世纪 90 年代中期笔者在南开大学历史系读书的时候,老师优先推荐《中国历代政治得失》——笔者想很多人是从这本书(长期稳居畅销书榜单前列)开始认识钱先生的。读者很容易把它当作一本史学著作。然而,细心阅读可以发现这本书不只是在讲制度史。实际上除了政治制度,它还在讲中国政治思想和理论。钱先生在好多地方讲过,中国相比西方,似乎缺乏相对独立的政治思想专家和专著传统,这是因为中国的政治思想往往寄寓在记载政治实践的制度史和政治史文献中。我们一般易于把这类撰述史学化,觉得就是在讲以前的制度变化,而且这里的制度还是十分狭义的制度。在制度史的前台帷幕后,如何认识"历代政治得失"的微言隐义,是一个值得深思的问题②。

笔者也经历过这样长期的模糊认知,但后来逐渐发觉,不能这么简单地看钱穆先生的作品。八九年前,笔者在研究政教关系的时候,翻到了《政学私言》当中《道统与治统》这篇文章,忽然发现它和我们当下学术的处理方式很不一样。由这篇文章再慢慢翻阅《政学私言》里的其他文章,才逐渐认识到钱穆先生不太为人所知的其他面向。笔者当时已经在政治学系教了一些年书。如果一直在历史学系,从事历史研究,估计也很难

---

① 任锋. 钱穆的"明夷待访录". 政治思想史,2018 (4).
② 任锋. "历代政治得失"的微言隐义. 读书,2020 (10).

导论　待解缚的先知与被重构的传统：在现代脉络中辨识钱穆

那样去探讨。笔者在政治学系接受了一些政治学、法学的东西，才会觉得这本书非同一般。钱穆接着孙中山先生的五权宪法，在这个基础上提出了基于传统中国政治实践理解现代中国宪制问题的系统视野。这本著作的政治史脉络也具有标志意义，当时是 1945 年国共双方与第三方力量在抗战胜利后拟召开政协会议、进行宪法修订，属于现代中国一个典型的"制宪时刻"[1]。

虽然钱穆先生没有参加会议，但参会的梁漱溟先生敏锐地指出这本书在给政协建言。钱先生自己不太愿意承认，但是他这本书的确对国家宪制问题做了非常深入的讨论。可以说他代表了基于中国政治传统的某个立场，在那个制宪时刻经由谏言体现了传统的在场或出席。参加旧政协的人士，当时大多很难脱离崇苏或崇美的思想视野。钱先生对于未来中国宪制，依循中国原来的政治传统筹划新开展，极为确定地呼吁中国政治理论走自己的路，这在当时属于极为稀有的洞见。

笔者近年围绕《政学私言》写了几篇文章，论述钱穆关于元首制度、法治、政教关系的思想，也与一些年轻学者共同探讨了礼治法治、监察权、首都论等议题[2]。后来又读《现代中国学术论衡》，里面专门有一讲《略论中国政治学》。钱先生对中国政治学的发展是有自己见地的。一般意见认为，我们原来没有社会科学，没有政治学；但钱先生认为，经史之学就是中国的政治学，而且历史学和政治学是中国学问的两个核心[3]。文化体系不同，会影响到知识学术的类型化和建制化发展。

在这样一个不断展开的新视野中，像《中国文化史导论》《中国史学发微》这些作品，反复阅读时就不断发现，在既有史学或哲学视野中不易会意的新知越来越丰富。相对于依附西化的精神智识困境，钱穆著作注定引领我们这代人完成精神学识的"出埃及记"。比如说对于大一统的认识，

---

[1] 任锋．钱穆的法治新诠及其启示：以《政学私言》为中心．西南大学学报（社会科学版），2018（5）；任锋．君道再还：钱穆宪制思维中的元首论．开放时代，2019（2）.

[2] 沈蜜．法治的中国论说：从梁启超的救时启蒙到钱穆的立国新诠．政治思想史，2019（4）；胡云．风宪再造：钱穆政治思想中的监察权理论．政治思想史，2020（4）；任锋，马猛猛．"建国于大地之上"：钱穆的首都论、立国形态观与文化地理学．思想战线，2021（2）.

[3] 任锋．立国之道的新和旧：钱穆与中国政治学的自觉．中国政治学，2018（1）；任锋．"会通为体，分别为用"：钱穆《现代中国学术论衡》的大义家言．开放时代，2021（2）.

对钱先生而言，中国的大一统不仅仅是一个历史故迹、历史往事，而是被作为中国政治秩序重建的根本前提和积极资源来看待的。西方文明的学术心智难以充分理解和肯定大一统，还试图不断加以解构，而这遭解构之所恰恰是我们安身立命之地。钱穆先生做的这些工作，中心性的关切大多围绕中国的现代立国。读《中国史学发微》，还有《中国史学名著》《中国历史研究法》，特别是《史学导言》、《中国历史精神》和《国史漫话》那几篇长论文，笔者觉得尤其引人入胜。近年来中国人民大学政治学系在倡导"历史政治学"的发展，要理解"历史政治学"，应当好好读这几本书。

认真探究这些书，有助于我们了解钱穆先生的基本定位究竟是什么。

首先，他不是一个保守党，不是一个保皇党，也不是一个复古派。大家可以去看他对王国维先生的评论。他说王国维不识大义大体，不足为民初开国一学人，这个批评足够严重[①]。这还不是像在《国史大纲》中那样批评王国维欠缺对早期国家组织的历史理解力[②]。他是在共和革命推翻清朝帝制统治的意义上来定位"大体"或"大义"的。钱先生关切1911年革命之后新的国家结构或者说宪制是什么，新的文明或者说传统的新生应该是什么。笔者觉得这是他最为硬核的问题，是关于现代立国道路的选择问题，是历史形成的长治超大共同体如何能够赓续新生的问题。20世纪对此的争论太激烈了，无论是思想的争论，还是武器的争论，这类纷争一直到现在都不能说已经得到很好解决，仍然成为国际国内政治的一个不确定因素，比如统一问题、政教问题、礼法问题，更不用说世界大同、世界秩序的未来导向等。大同是怎么样的大同？中国还是不是大同的主导力量？

在这样的基本定位当中，我们可能会碰到一个问题：革命的世纪已经过去了，而在这个革命世纪里，我们看钱穆好像是非常边缘的，甚至是带有反动与异端气息的反潮流人物，甚至到40年代末几成罪人。"我的一生和这一个大风潮，是一种生命的搏斗，这样才钻过来的"[③]，"我自认虽非

---

① 钱穆．谈当前学风之弊//钱穆．学龠．北京：九州出版社，2011：215；钱穆．礼与法//钱穆．晚学盲言．北京：生活·读书·新知三联书店，2010：436．
② 钱穆．国史大纲．修订第3版．北京：商务印书馆，1996：39．
③ 钱穆．经学大要//钱穆．讲堂遗录．北京：九州出版社，2011：585．

导论　待解缚的先知与被重构的传统：在现代脉络中辨识钱穆

豪杰，至少懂得欣赏豪杰。大家这样，我不这样，我可以反潮流。今天的潮流应该反"①。体会一下钱先生在天地玄黄的 20 世纪中叶，他的心境是怎样的一种心境。他终生期盼国家久大，文明复兴，结果不得不离乡别居。这个离乡人的思想史图景在 20 世纪中叶的大激荡中汹涌出现，像二战时期犹太人、德国人离乡到美国，促成了政治学术思想版图的大流动。钱先生自己也经常讲离乡，还曾以明末朱舜水东渡日本自况，有一些文章就在讨论离乡之后怎么回归的问题。现在革命世纪似乎过去了，国家谋求长治久安，于是有朋友说现在适合好好读钱穆了，他的东西应对治世建设富含启迪。但是，这个想法常常使笔者警醒，其中是否暗含一个隐隐的危险，那就是，似乎把钱穆从时代里抽取出来了，从 20 世纪的时代浪潮里抽取出来了。

　　对于 20 世纪以来的中国道路，笔者越来越愿意把它理解为"革命和立国的综合体"——革命通向立国、立国转化革命，革命和立国是现代政教体系不可分离的两面。执政党在和平建设时期，仍然希望以一种建设的方式持续激励组织成员的革命精神。革命不只是破坏，革命是为了建设。自晚清以降，变革——无论是温和的改良维新，还是激烈的革命，主导了中国现代政治思想的趋向。这种风潮倾向于与传统告别，而数千年历史传统中至为绵延深厚的立国义理逐渐变得不合时宜。由于对历史传统和文明精神的坚守，钱穆在变革世纪复活了立国思维，并使其经受革命的现代洗礼。在"革命立国"这个综合主题里，笔者觉得不能把钱穆先生这样一个活生生的复杂转型人物割裂、分解。

　　笔者之所以把钱先生称为转型人物，是因为先生出生于 1895 年，正是张灏先生所谓现代中国大转型的开端②。而先生逝世的 1990 年，冷战即将结束，苏联走向解体，中国正在经历最新一轮的长期景气，世界局势再次发生巨大变化。钱穆九十多年的人生恰恰是展开在充斥变法、革命、战争、离乡与论战的时代，我们不能把他和这个时代割裂开来。如果要把他在传统当中的定位弄清楚，就一定要把他对时代问题的消解弄清楚；不能把讲传统的钱穆，讲长治久安、可大可久的钱穆悬空拎出来，把钱穆与那

---

① 钱穆. 经学大要//钱穆. 讲堂遗录. 北京：九州出版社，2011：596.
② 张灏. 转型时代与幽暗意识. 上海：上海人民出版社，2018.

些棘手的时代议题割裂开来——那样的话就把钱穆先生缩水了、扁平化了。

所以说，笔者更愿意把他的思想看成在时代的艰辛探索当中，带给我们的一种先知性启示。他从传统中来，也从时代中来，带来一种先知性的启示，这个启示是鲜活、持久延伸的。我们的问题是，怎么样才能够鲜活地领会到他思想的能量，看到他给我们展示出来的传统是经过现代洗礼、具有深刻的时代问题意识的传统，而不是否定时代去拥抱一个抽象的复古传统。

在《建国信望》(《政学私言》的总纲)一文中，钱先生自己讲，我们既不复古，也不西化，因为"无古可复，无西可化"[①]。我们不是也不会变成古人，不是也不会变成西人。"无古可复，无西可化"，这个信条是现代中国实践者的黄钟大吕！要知道，这是在抗战胜利后中国战区日军投降签字当天，钱先生写于成都寓次的，是经历血泪血汗和万千牺牲而得的教训。就像《国史大纲》献给百万抗战沙场上的浴血勇士，《建国信望》寄给建设新中国的志士仁人。所谓信望，可视为一种预言，这背后蕴含着钱穆先生深刻的历史时间观念。我们的现在是一个大现在、真现在，因为它关联着中国五千年立国和通向未来的立国，把这个现在时刻把握住、把立国传统把握住，继续开新，才能使现在的历史意义在实践中贞定下来，方是"真现在"。大家不妨将《建国信望》和《中国史学发微》里面的《史学导言》结合起来看，他讲历史时间和历史事件，现代立国是一大事因缘，这个见识是大气魄下的大担当！中国传统是因，西方现代世界的这些刺激是缘，因缘和合才能够立国。

在这个意义上，笔者觉得钱穆先生是一个"待解缚的先知"。历史见证，先知离乡，而今回归；但是这个回归，应避免伪装成来自无人打扰的传统，身着古代盛装礼服的回归，弥漫通透灵光。回归是正午的前奏，而离乡是夜与昼交接之际先知者的巡游。大地万物在混沌之中的潜生暗滋、光与暗共同孕育的新世界，借由这巡游者视野得以辨识。移至耀眼阳光下，这些事物的深邃复杂往往并不容易呈现。笔者试图去把握钱穆思想中那些鲜活、生猛、纠结缠绕的力量以及开放的充满张力的力量，追踪那种

[①] 钱穆. 政学私言. 北京：九州出版社，2010：218.

导论　待解缚的先知与被重构的传统：在现代脉络中辨识钱穆

思想探索的艰辛曲折。

人们常引述"流落人间者，太山一毫芒"来称赞先生。这是韩愈回忆李、杜诗章的诗句。这"一毫芒"背后，实际有很多没有被揭示出来的东西。也就是说，钱先生的思想不能被纯学术化处理，他的学术有经世取向、有经世维度，有厚重的政教礼法意蕴。"经世的钱穆"，需要呈现出来。当然，"经世的钱穆"有很多呈现方式，而笔者做的是把他放在政治思想与理论的脉络当中，探讨作为政治思想家的钱穆。把钱穆视作史家很常见，视作国学大师也少异议，但作为政治思想家、政治理论家的钱穆，其精神智识的义理品性不易为人识见，更不必说其先知气质。

坊间有一种看法，认为钱先生的代表性著作好像主要是在去港台之前完成的，比如《先秦诸子系年》《刘向歆父子年谱》《中国近三百年学术史》《国史大纲》《政学私言》《中国文化史导论》等。似乎去港台之后，钱穆就少有更为有力的学术作品了（除了《朱子新学案》）。笔者觉得，这恰恰没有看到立国问题、政教问题在钱先生那里始终是一个贯通性的中心关怀，也不符合钱先生自己的认定。所以，不如说，《国史大纲》《政学私言》《中国近三百年学术史》《中国文化史导论》是钱先生去港台前表达他立国思维的代表性作品，各自代表了钱先生在通史、政治学、学术思想史和文化史四个领域的奠基性努力，立国思维是其中贯通性的主线。围绕这个主线，钱穆的思想演变有脉可循，对于许多议题（如法治与礼治）的思考经历了终生演进。

在港台期间，钱先生相应领域包括的作品也很多，史学类的《国史新论》《中国历史精神》《中国历史研究法》《中国史学发微》，学术思想类的《现代中国学术论衡》《学籥》《中国学术思想史论丛》，还有文化学类的《文化学大义》《中国文化精神》与政论类的《世界局势与中国文化》。

笔者在写作《立国思想家与治体代兴》期间，主要研究宋明近世以来的政治思想[①]。同期，在沉潜钱穆作品的时候，笔者突然发觉，无论是从立国思想家，还是从治体论视角，钱先生在现代对这两个方面都有着颇具

---

① 任锋. 立国思想家与治体代兴. 北京：中国社会科学出版社，2019.

典范性的展现。接续王道、师道这些传统学术视角，我们不妨也把他放进宋明以来的学术演变中去看待。

所谓"立国思想家"，体现了由家言家学而涵化晋升为王官学的精神，对于国家构建、政教礼法的核心问题能够提出系统性见解，尤其注重立国本末源流，正视现实政治传统的正当性与合法性问题。立国思维的系统性不是一元性质、一元主义的，不能将立国思想家简单视作儒家或法家，诸子中的一家一派，或者某某主义者。他们善于面对现实立国实践，将各种开放性的思想资源如儒、法、道、释等多家共冶一炉，贾谊、董子、王通、司马光、苏轼，一直到陈亮（号龙川）、叶适、黄宗羲、王夫之等人就是重要代表人物。在这个思想谱系中，钱穆是一个有典型立国思想家气质的现代新士。他赋予了立国思维以现代意识，同时强调变革的归宿在于长久立国。他耗费了智识生命的绝大部分去应对如下问题：业已被历史传统印证的优良政治秩序（或可说"中国式家国天下"），在充满敌意的西式现代洗礼中如何赓续新命，继续印证其优良禀赋，并得以扩展。这极大扩充了思想家的心量和视野，更加使得他的思想资源不可能锚定在任何单一门户之上，无论某某主义者，抑或儒家。

自民初革命立国开始，现代制宪历程就呈现出与历史传统的深刻断裂，无论是政体争论、政教信条，抑或家庭婚姻制度、首都选择，而钱穆对此发出基于故国宪章传统的异议：没有大江大河自雪域高原奔腾推涌的不息川流，现代性终必萎缩成广袤大陆边缘的枯海。通读《政学私言》，钱穆对于宪制结构传统资源的表述，比如说政体结构中关于立法院与道家、监察院和司法院与法家、考试院和国会与儒家的贯通性思考，发人未发，别开生面。钱先生思考现代问题的时候，尽量将多样传统资源引入其中予以激活。不仅是传统资源，他对西方思想包括社会主义资源也十分关注。比如晚年的《略论中国社会主义》（1987年），论述应该从哪些方面复兴中国传统，来提升社会主义，比如家庭、礼乐制度、共财通产等[①]。你会发现他的思想很难用诸如儒家或者新儒家这样一个单一立场去定位，所

[①] 钱穆.国史新论.北京：九州出版社，2012.

导论　待解缚的先知与被重构的传统：在现代脉络中辨识钱穆

以笔者还是尝试从立国思想家的综合气质去领会他。

钱先生推崇近世以来明清之际的大思想家黄宗羲、王夫之。在政治思想取向上，钱先生的主趋可说是"阳黄阴王"，至少是"黄、王糅合"。从表面上看，他有很强的黄宗羲气质，我曾将其政治思想称为现代版的"明夷待访录"①。他对黄宗羲的"学校论"是大力褒扬的，把它看作五权宪法的一个基础。孙中山在行政权、立法权、司法权之外加入了考试权和监察权，那参加考试的人从哪儿来？由学校培养。什么样的学校？具有独立批判和抗议精神，将民间社会与政府体制联结起来，综合讲学、育人和治理功能的公共建制。钱穆把这看作接续先秦诸子讲学、宋明儒家讲学运动的现代载体。钱穆在《中国历代政治得失》里好几处推崇黄宗羲，比如对于明代废相的抨击，比如与卢梭相比较具有更多实践支撑。

但我们仔细研读，就会发现还有更微妙隐晦的层面——《中国历代政治得失》主导思路上是对《明夷待访录》立意的抗议。《明夷待访录》一上来就说"三代以上有法，三代以下无法"，而《中国历代政治得失》是从汉（当然也兼包着秦）开始讲述的，秦汉以下的这些法度有没有历史和政治的正当性、合法性？是不是都是专制？是不是都可以被摒弃掉？钱先生讲的实际与王夫之的《读通鉴论》更接近一些，后者在他看来代表了近世学术传统中更显经世精神的一脉②。稍远一些说，钱穆与近世陈亮、叶适、吕祖谦代表的经制事功学在对于纪纲法度的宪制理解上更为相通。后者揭示了近世政治传统对于任法、以法为治这个被遮蔽议程的正视，与理学根脉上激进的法度虚无论进路不同。钱穆欣赏理学的内圣之学，在历史政治观上则明确表示与经制事功学同道③。他在《政学私言》里批评黄宗羲对于现实政制史的评价被儒者理想激情支配，真正合理正当的是陈龙川、薛季宣、欧阳修的论史精神。

另外像《中国历代政治得失》里面讲制度，钱先生重点是在讲制度与人事的关系、制度与文化的关系——这其实是治体论的传统思路④。传统

---

① 任锋. 钱穆的"明夷待访录". 政治思想史，2018（4）.
② 钱穆. 讲堂遗录. 北京：九州出版社，2020：227-231.
③ 钱穆. 中国历代政治得失. 北京：九州出版社，2012：175-180.
④ 任锋. 治体论的思想传统与现代启示. 政治学研究，2019（5）.

治体论的思路是思考治人（政治主体）、治道（政治原则）、治法（制度方略）这三类型要素的辩证关系，在宪制整合网络中去理解各自相对的角色。如果不了解这个传统，就可能看不出他讲《中国历代政治得失》恰恰就是要去反驳现代以来的制度决定论与政体中心主义——我称之为神圣政制论。这个思路认为只要把西方的代议制、权力分立、政党体制引入，就可以实现模仿立国；钱穆认为不能这么简单地去看制度。制度是怎么成长起来的？背后是人事的关系、文化的精神、具体空间和时间种种因素。我们把他的论述放在治体论传统当中就能看出中国传统思维的精神。另外他在《建国信望》当中对三民主义的解释，指出道、法、政三要素构成三民主义，这也是一种属于治体论范畴的进路[①]。

无论是西化的英美化或者苏联化，还是复古的法三代或法汉唐，在钱穆先生那里都不可能代替掉"我们现在"这样一个基本立足点，也就是依据自己现在的国情、风俗和局势来思考立国之路。他在20世纪中期就不认同崇苏崇美的模仿趋附，这个思路在国人经过了长期探索之后，大概能够体会并印证其洞见。在当时的政治实力格局中，这个思路可能是落空、无法着实的。"何妨举世嫌迂阔，故有斯人慰寂寥"。他在20世纪40年代能够讲得那么清楚、那么透彻，在思路上有大清明、大担负，称其为"先知"，并不为过。他没有西化的心结，没有凡事都要依着西化来讲的束缚；当然他自己也曾纠结过，但是很快就克服了那个东西，能看到问题最要紧的地方。

三、钱穆与现代精神谱系的张力

最近在重读鲁迅。为什么纪念钱穆，要谈起鲁迅呢？小时候最早能读到的带有思想含量的书，就是鲁迅的作品。我们家是工人家庭，极少的藏

---

① 钱穆. 政学私言. 北京：九州出版社，2010：218.

导论 待解缚的先知与被重构的传统：在现代脉络中辨识钱穆

书中有一本深黄拼接白色封皮的鲁迅选集（名字已忘记），当时读不懂，但仿佛能感受到里面的思想含量。现在自己的孩子已经是中学生了，课堂必读书目里有《野草》、《呐喊》和《朝花夕拾》。同时历史老师讲课的时候，也引用钱穆，尤其是广为人知的"温情与敬意"。虽然我们和上一辈还没有经历，但是我们的子辈已经体验同时阅读钱穆和鲁迅——这一定是个奇妙的化合过程。我们从小到大在课本里都有读鲁迅，谁又读了多少钱穆呢？即使是钱先生的哲嗣，当年也是先读鲁迅，然后再渐渐认识自己的父亲（而且还写过钱穆评论鲁迅）[1]。

隔几年我就会拿起迅翁著作摩挲，最近重读的时候，儿子就在边上唱北京大学的学生据《野草》制作的说唱（rap）歌曲。十几岁的新青年血气方刚，唱"野草"超酷；钱穆的作品可能不适合这么表达。我自己重读《野草》，感受和三十年前非常不一样，就像中年时期读《中国历代政治得失》，远非少年心想可拟。鲁迅和钱穆都是20世纪对于我们的馈赠。中国现代思想中能形成传统谱系的人物并不多。忘了是哪位先生说过，鲁迅形成了一个思想传统，章太炎也似乎有传统，或许还可以包括胡适。那么，钱穆呢？是否形成了学术传统、史学传统，乃至思想传统？还很难说，时势时运使然。但是，朝向未来中国，如果有一个大气磅礴、生机沛然的立国精神，那么，这个立国精神的构成里面，一定既有鲁迅，也有钱穆。

如果我们认为鲁迅是全盘反传统的，钱穆是反全盘反传统的，二者立场截然不同，殊难协调，恐怕过于简单了。钱穆的文章中有好几处评论鲁迅，并不一概而论。他对于鲁迅在现代新文学上的地位颇为肯定，认为迅翁接引了林纾那样的新古典传统，《呐喊》深入道德生命，实际呼应了唐宋八大家的传统。对于鲁迅创造出来的阿Q形象，钱穆带有戏谑性地拿来自嘲，调侃孔子儒家的乐观气质——钱穆文字有其亦庄亦谐的地方。当然，阿Q如果要成为中国文化具有持续影响力的精神符号，钱穆认为还很难讲[2]。对于后期深度介入革命文艺的鲁迅，钱穆认为犀利尖刻，有伤平恕。

---

[1] 钱行. 评鲁迅和白话文//钱行. 温情与敬意：走近父亲钱穆. 北京：九州出版社，2020：279-283.

[2] 同[1].

在现代精神地图中同时悦纳钱穆和鲁迅，紧要处在于对传统新变界限的认定。初看起来，钱穆代表了传统守护者的温良、平正、博雅，鲁迅体现出对传统批判者的激烈、峻急、严刻，前者呵护传统可大可久的光明博厚，后者潜入黑暗虚无，决绝地揭露冠冕堂皇背后的荒废虚伪（"使麒麟皮下露出马脚"）。透过这些表层姿态，去深探二人精神世界的纵深地带，景象和启迪可能交错富饶。钱穆对传统的批评趋于历史化，历史和文化精神的光明并不因此彻底泯灭。鲁迅则直指人性深渊，在国民性批判中显现本体论意义的洞彻。鲁迅对于无物之阵永不投降的抵抗，时刻提醒我们传统异化所造成的黑暗和荒诞，它们时时可以将传统的光明吞噬湮没，显现危机。钱穆则呼吁从文法绳墨的尚法弊端下解放人之主体的活力，再造新士精神，通过历史弊病的克服来更新传统。

就鲁迅来说，其思想、精神与传统的关系，本就大有争议。如同钱穆对《呐喊》的感受，鲁迅实则继承了中国文化传统中庄子、韩非子等多样资源，也透过接引西学（托尔斯泰、尼采）激活和丰富了蕴藏在这个传统中的多个面向。正如评论者所言，他的思想精神虽然显示鲜明的西化反传统取向，其演进逻辑并未脱离传统主趋的经世轨道，并在现代语境中取得新生[1]。我关注到对鲁迅的前沿研究是孙歌于2020年出版的《绝望与希望之外：鲁迅〈野草〉细读》[2]。这本书印证了我之前的一个大胆预判。当下对鲁迅的研究，不会简单地认定其反传统，而是尝试理解他在以何种方式重构传统，或者说在以哪些符合传统精神某一面向的方式来重构传统。比如孙歌从《影的告别》里看到影子欲和黑暗融为一体，指示我们思考天人合一精神的现代新态。在孙歌看来，像鲁迅这样的新文化运动的代表人物，与晚明李贽相近，他的反传统精神需要放到传统的大演化中领会。

对读钱穆和鲁迅，我分明在《中国知识分子的责任》里看到了《范爱农》《在酒楼上》《野草》诸篇的幢幢幽影，在《故乡》《社戏》《藤野先生》中看到《师友杂忆》《八十忆双亲》魂牵梦绕的同一个江南。我们不

---

[1] 闵抗生. 尼采的"超人"基督与鲁迅的"人之子"//闵抗生. 鲁迅的创作与尼采的箴言. 西安：陕西人民教育出版社，1996：169-177.

[2] 孙歌. 绝望与希望之外：鲁迅《野草》细读. 北京：生活·读书·新知三联书店，2020.

导论 待解缚的先知与被重构的传统：在现代脉络中辨识钱穆

应把他们看成不可调和的现代意识形态象征，而要从更为富有生机活力的现代立国精神理解二者的相互启发性。在钱穆守护的传统中间，要看到他对传统的深刻批判和推陈出新；在鲁迅全力挞击的传统之下，看到他实质继承和创新撒播的传统生机。他们分别指示着那个变动不居的伟大传统的底线与极限。透视正与奇、常与变、明与暗、大有与空无的辩证演绎，这些精神巨子留给了我们取之不竭的遗产。

钱穆讲"积存""神化"，也极为推重范仲淹笔下的"劲草"（"劲草不随风偃去，孤桐何意凤飞来"）①。鲁迅自喻野草，甘于在地火喷薄中见证变革。钱穆的现在时刻和大地情结与鲁迅对于无地无时的反躬超离，构成现代精神谱系的两极，极具辩证张力。他们共同推崇孙中山先生，对其革命立国精神做了不同方向的推进。在某种意义上我觉得他俩都是有着先知精神的见证者。源于这种精神，他们与时代主流之间都存在深刻的紧张性。钱穆先生也可说是"荷戟独彷徨"，被围攻，被批判，被各个立场的人士视为异类，但"他举起了投枪"。风物长宜放眼量，我们应该在一个更加宽广的精神谱系中，来看待他们的共生关系。

如果说鲁迅为我们认识传统新变提供了积极资源，那么，对于钱穆先生，同样应该以一种更具活力的方式来看待他和传统的关系。在传统复兴的时代，应该珍惜鲁迅民初的呐喊，也应拓宽我们辨识钱穆思想的视野，看到他处理重大现代问题时生成的启示性和复杂性，一个复调旋绕的共和叙事。

比如说钱穆与革命的关系。《国史大纲》回望中国历史，往往是在和平中有发展，动乱不能增益。梁启超提出中国传统多造反而少革命。钱穆逆向思考之，并不认为这是一个缺陷。问题是现代大革命对国史规模增加了新变量。那么，钱穆是反革命吗？前面提到他对王国维的批评，看得出在政治上，对于民族民主的共和革命，他积极承认。至于文化思想的大革命，他基本上持批评反对态度。但是怎么反？其实需要分梳。在社会和经济革命上，他对土地革命持什么态度，对家庭革命、阶级斗争持什么看

---

① 钱行.评鲁迅和白话文//钱行.温情与敬意：走近父亲钱穆.北京：九州出版社，2020：115，134.

法？这些都需要具体分析。革命需要回归并更新传统，实现长治久安以保养生机，这是钱穆看待革命的基本视野。再如政党问题。他主张超党超派的民主政治，反对按照西方现代意义上的政党来建构中国政治，在五权宪法架构中主要通过政治家和贤能群体来抑制政党政治的撕裂性。理想政治主体应当是具有强大整合性、中心性的体现传统士人精神的新组织，能够"深入民间，藏身施化"，能够实现现代西方资源与中国传统的恰切融合①。在政党领导建构国家的现代语境中，这些看似南辕北辙、迂阔的展望是否在历史的吊诡中蕴含着辩证启迪，是可以开放探讨的。

再如钱穆和战争的问题。他在《国史大纲》里讲"抗战建国"，中国这么大一个古老国家，为什么到抗战时还讲建国？钱穆说，一者是作为后辈的现代国人难膺重任，再者是我们的先民值得尊重，文明精神命脉强大，不会轻易中断。战争双方的比拼，比拼到最后是文明的精神底蕴②。钱穆先生逝世三十多年来，中国发展迅速，对世界秩序注定产生深远影响。当今世界不都是和平合作，我们时时又能察觉到仇恨敌意和战争威胁。今天去重温钱穆那一代学人在战争当中的学术思考，回望先贤面临亡国巨灾，反而激发出磅礴绵延的文化创造力，真是有特别的现实意义。在云南宜良古寺疾书《国史大纲》的钱穆和撰写《先秦诸子系年》的钱穆不一样，这种力量来自什么地方？应当离不开大时代颠沛流离的形塑。

还有钱穆与西学的关系。钱穆对于西方思想文化，对于柏拉图、卢梭、黑格尔、尼采、马克思都有别具一格的品评。这里列举一个可资比较的视角。2020年是马克斯·韦伯逝世百年，中国学界有不少的纪念活动。韦伯大概是与钱穆同期进入中国大陆公众视野的，但钱穆对四十年来思想学术界的影响尚不能与之比拟。这也是晚近西学与中学实力消长的现实格局反映。四五年前我们组织过对于20世纪80年代韦伯神话的反思③，今年笔者也参加了一些相关纪念活动。笔者的看法是，对于韦伯的理解和批

---

① 钱穆. 中国知识分子的责任//钱穆. 世界局势与中国文化. 北京：九州出版社，2011：149.
② 钱穆. 国史大纲. 修订第3版. 北京：商务印书馆，1996：32.
③ 苏国勋，黄万盛，吴飞，等. 走出韦伯神话：《儒教与道教》发表百年后之反思. 开放时代，2016 (3).

导论 待解缚的先知与被重构的传统：在现代脉络中辨识钱穆

评，已然构成西方现代性文明的一种自我定位与检讨。韦伯的现代文明剖析，囊括了东西方社会的宗教与政治，也并不讳言对于西方道路独特性、优越性和可普遍化的信念。真正实质性地升级韦伯反思，需要引入西方文明之外的活水源头，突破西方本位思维。钱穆的学思，终生以中华文明为其本位，对于世界各文明类型也有独到甄别，在概念化、命题化、理论化方面形成了初步的系统表述。诸如中西文化的同体转化与异体变动之分、政民一体与政民对立之别、信托政权、复式/单一国家、内倾/外倾型政治意识、士人政府、君相一体、学治礼治等，为我们勾勒出了中国政治理论的大疆广域。其逝世晚于韦伯七十年，进一步见证了20世纪战争、革命与现代化的起伏，可以作为进行比较思考的有利资源（乃至延伸到施密特、施特劳斯、亨廷顿等人）。

韦伯的政治思考，揭示出现代民族国家构建涵括了法治、科层制、领袖和大众民主等主题。相对地，钱穆认为，西方国家重法治而中国重礼治、士人政府不同于官僚统治、相对民主政体应注重政治家和贤能士人群体，有异也有同。与韦伯依据理性化提出西方文明演进论相映照，钱穆基于大群总体生命观强调人道、大群文教的文明核心价值，批评现代西方沦为机器文明，韦伯式价值永恒冲突论前景黯淡。今日学人乐道称引韦伯的学术与政治二论，应该意识到政学以及政教关系背后存有不同的文明体系视野。钱穆在《中国知识分子的责任》里诊断现代共和之弊症首在政未定于上，而学先乱于下，接续的是自身文明中的政学传统[1]。重要的是，钱穆认为礼治、人道代表的政教类型，体现于中国传统，相比西方社会具有优越性，对于世界大同的优良秩序是优先可取的文明资源。钱穆的立国思维敦促人们首先体认中国政教精髓，在此前提下会通吸纳西方智慧。通过"平天下"的文明竞合而非文明冲突，超越古典信念解魅后的无明之局，或有生机。早在20世纪40年代，钱穆就指出不能陷于民主与专制、自由与极权二分的意识形态-政权类型学，应当看到国家竞争背后深层的种族、文化和精神分野。中国作为古老文明大国，立国道路的选择注定不能依附

---

[1] 钱穆.中国知识分子的责任//钱穆.世界局势与中国文化.北京：九州出版社，2011：141.

于他者。亨廷顿在 20 世纪 90 年代论述"文明的冲突"颇有洞见，如果我们去看 20 世纪 40 年代钱穆的《中国文化史导论》，可以看到更为清明的先驱性叩问。

纪念钱穆先生，我们不能忘记 20 世纪以来的变法、革命、政乱、战争、离乡、论战，就像不能忘记他在思想界被孤立、被围攻、被污蔑一样，不能忘记他思想中的大陆与西北，如同不能忘记他暂居的海岛与江南。钱穆代表了非常典型的消化时代问题、更新传统的现代进路。正大弘毅，是我眼中的钱穆思想精神。他的思想同时蕴含某种悲悯性和悲慨性，自然地带有政治思想家相对于政治实践的那种审慎距离，比如说他对于孙中山政治理念不能很好落实而终沦为党派偏见的遗憾，比如对于港台地区若缺乏国族认同走上分裂歧路的忧虑和警惕。他对于人民共和国历史政治的理解和评论，有些已证实其先见，有些也有其局限和偏见。通过我们的再理解再评价，这些思想洞见会扬弃在一个更大的更新的传统整合当中。

第一章
走向回归的离乡：作为政治学人的钱穆与现代立国问题

第一节　国有与立：钱穆的历史政治思维纵观

钱穆先生逝世三十多年来，世界局势有了巨大变化，一个极具历史性意义的事件就是中国进入 21 世纪之后的迅速发展。生于甲午之役，殁于冷战尾声，遭逢中国现代大转型的钱穆见证了 20 世纪的各种革命、战争和颠沛流离。国运蹇滞，世人浮沉，钱穆却屡次表示，现代中国虽历经痛苦波折，其前景却可乐观期之[1]。他的判断并非所谓"文化保守主义"的原乡情深，而是基于深邃的历史政治理性，展现出对于现代文明前景的高远瞻望。

一、追寻立国本末源流

关于钱穆的现代形象，世人多识其史家、儒者一面。笔者曾提出"士人思想家"一语，尝试转换对于钱穆这一类学人的观察视角，在呈现"学术化"面向的同时，还原其"思想化"形态[2]。钱穆并非乾嘉考据学者的现代传人，他身上激荡着上接宋明儒、汉儒的经世精神，大学教授、"百

---

[1] 钱穆. 中国知识分子的责任//钱穆. 世界局势与中国文化. 北京：九州出版社，2011：159.

[2] 任锋. 钱穆的法治新诠及其启示：以《政学私言》为中心. 西南大学学报（社会科学版），2018（5）.

第一章　走向回归的离乡：作为政治学人的钱穆与现代立国问题

科全书式"学者的身份标签无法传递其对士人传统的守先待后。从现代专业来看，政治思想家是钱穆不应为人遗忘的一个面相[①]。如果要更为精准地表达其思想精神，立国思维可能是一个合适的分析范畴，有助于了解其深邃的历史政治思维。

这方面，可以关注钱穆写于1971年的一篇重要政论。文章题为《中国知识分子的责任》，乃为纪念辛亥革命六十周年而作[②]。辛亥革命开启了现代中国，钱穆以其亲身经历对于这一甲子的政治经验进行深入反省。他认为六十年最大病根，在于政局未定于上，而学术思想先乱于下。这个分析视野聚焦于政学关系。"立国则必奉外国为楷模，做人则必悬外人为榜样，此乃我六十年来知识分子共同之意向"，"六十年来，大之如立国建国，学术思想，牖民导俗，一般心理，必奉西方为圭臬"，学术思想上唯外国马首是瞻，在钱穆看来是现代中国的病理根源[③]。这六十年，只是过渡而非开创，是拨乱世而非升平世。但大多数知识分子，忽视这重客观情境，"时在拨乱，遽希升平"，于是衍生为不识时务的理想主义——乌托邦主义的时代浪潮。

立国和做人指向政治和道德两大方面。对于现代立国，钱穆强调世人应准确认知自身所处的时运和环境，基于经验传统形成客观认知，进而做出判断与行动选择。钱穆提出开国形势的比较，认为从晚清到民国肇造属于从破坏到建立，与国史上汉、唐、宋、清历代开国相比，能像北宋开国已是过望，至多近于汉文帝、唐贞观求治以前和清康熙上半截。拨乱过渡阶段，不能比照汉武、唐开元和乾嘉，急迫求升平。钱穆的这个历史政治视野，把革命立国收纳到中国自身的悠久政治传统中来看待。文章紧接着指出，清末民初的知识分子，把秦以后中国历史依据黑暗专制一笔勾销，把辛亥立国看作新纪元开端。与现代中国立国建立起有机联系的，不再是自身的历史传统，而是现代外国的楷模榜样，从德、日到英、法，再到美、苏。

[①] 任锋.立国之道的新和旧：钱穆与中国政治学的自觉.中国政治学，2018(1).

[②] 钱穆.中国知识分子的责任//钱穆.世界局势与中国文化.北京：九州出版社，2011：159-174.

[③] 同②165，168.

共和立国与治体新论：钱穆历史政治学研究

钱穆提醒我们，中国的实际情况有自身特点，"我中华历史传统既久，疆土广阔，社会复杂，非彼可比"①。但是漠视这一点的国人知识分子，政治精神上形成了易于激进的理想主义，"欲以奋迅姿势一飞冲天。此一心理，即在隐隐中，已足多方误事"②。否定既往历史，与盲目推重外国楷模，在政治思维上的共同病源是未能真切把握自身历史传统和立国规模，并且把中外两方当作价值上的二元对立来处理（中丑而外美），又偏重理想而轻忽现实，提倡文化大改造而忽视渐进的具体改进。西方代表了一个彻底的完美的理想，全盘西化对中国意味着总体革命的出路，而中国的现实和历史传统并没有得到同情的认真对待。"理论一层层提高，意气一番番转激。各是要以彼易此，则中国便可立进太平世"③，衍生出"立进太平世"的乌托邦主义。

钱穆回忆抗日战争时期，不同于战国策派，他认为此下世界属于解放时代，西方帝国主义崩溃，各民族重获自由，文化多元发展。抗日战争结束后联合国建立，诸多新兴国家蓬蓬钻出，各有独立地位。中国作为文明古国和大国，更应审视自己的立国根本④，如政治上的大一统，如作为立国大本的教育。冷战期间的世界基于意识形态形成了自由世界与极权世界的划分，钱穆认为这并不能把握国家竞争的根本。"要之，崇奉国外以为自己立国根本者，国外有变，国内亦必随之颠陇而不安，其权不在我而在人"⑤。

这一篇文献十分典型地为我们揭示出钱穆学思的中心线索，即围绕现代立国这一大问题，展开其重要的学术和思想探索。关于这个问题，晚清以来的各家各派提出了多种方案，钱穆反思那些"不顾现实之大理论"，强调现代立国不应否弃自家历史政治传统。他在文中列举的几个亲身案例，就是要说明自己在这个方向上的努力，而这个努力在举世西化求启蒙的时代浪潮中显得特别另类，与众不合。钱穆也因此招致当时诸多西化派

---

①② 钱穆. 中国知识分子的责任//钱穆. 世界局势与中国文化. 北京：九州出版社，2011：160.
③ 同①162.
④ 同①164.
⑤ 同①171.

第一章 走向回归的离乡：作为政治学人的钱穆与现代立国问题

知识分子的攻击。从注重历史政治传统的立国思维来看，钱穆的思想家形象应当得到更充分观照，他与其他现代思想者的分歧冲突也能由此有更清晰的透视。"一家著述，自具一家系统之微意"[1]。他一生的大多数论著，呈现出对于中国立国问题的历史探索与当代沉思，且并未中断、终辍。

对于国史传统应具有温情与敬意，这一点如今广为人知，本身是要养成对于立国传统的信念，对治现代国人历史观的怨戾和轻慢。《国史大纲》的"引论"一文当年轰动一时，洛阳纸贵，文化比较视野下的立国思维是其中显著之处。文中多处比较中国与罗马、美国的立国形态、立国规模和立国精神，指出中国广土众民，可大可久，演进渊源中外不同。土地、气候、人口、族群、经济生活方式、风俗习惯构成了国家最基本的客观结构，作为应对问题、整合资源的诸多措施由此产生，这是立国规模的基本缘起。在此条件下，形成不同的立国形态和宪制。中国自古以来由四方辐辏而成一中心、注重整体均衡发展，与罗马由一中心而支配四围、区分征服者和被征服者（征服立国）显然不同[2]。各国国情不同，立国的宪制结构不能强求一致，"立国之大宪大法，不必泥以求也"[3]。立国规模制约着政治社会的历史演进特征，"国史常于和平中得进展，而于变乱中见倒退者，此由中国立国规模所限"，"所谓国史于和平中得进展，实与我先民立国规模相符相称……"[4]。

在论周代封建立国时，钱穆的立国思维有集中表述，"任何一个国家，必有其立国之形势。此种形势须由国力来支撑。不断用力支撑此种形势，而求其强韧与扩大，即所谓'立国精神'与'立国理想'。相当于此种形势之各项措施，即所谓'立国规模'。一个国家知有此形势与规模而继续不懈，此为国家知'自觉'。特此国家理想消失，精神懈靡，陷于不自觉之睡眠状态，则规模渐坏，形势日非，而国遂不国"[5]。立国形势、立国姿态、立国规模、立国精神和立国理想，涵括国家格局、国家能力、国家自

---

[1] 钱穆.孔子与春秋//钱穆.两汉经学今古文平议.北京：商务印书馆，2015：317.
[2] 钱穆.国史大纲.修订第3版.北京：商务印书馆，1996：19，20.
[3] 同[2]15.
[4] 同[2]16，23.
[5] 同[2]45.

觉，是钱穆展开历史政治学分析的核心范畴。

《中国文化史导论》相比《国史大纲》，深入三代古史，探讨国史基源，以文化学的宏观比较视野论述了中国的立国形态和立国精神及其演进。书共十章，前六章构成其重心，即围绕国族融凝这个立国主题从地理背景以及古代的观念、生活、学术、文字与文治政府、经济社会体制进行了系统探讨。在《国史大纲》的时间顺序外，这本著作强化了立国宪制结构性的透视，对于立国精神的理论阐发更为深入明晰[①]。

《国史新论》"自序"陈言："诊病必须查询病源，建屋必先踏看基地。中国以往四千年历史，必为判断近百年中国病态之最要资料，与建设将来新中国唯一不可背弃之最实基础"[②]。1977年"再版序"坦陈，"余之所论每若守旧，而余持论之出发点则实求维新。亦可谓为余治史之发踪指示者，则皆当前维新派之意见"，作者治史，非为纯学术，而受时代潮流思想争论的驱动。"余之治史，本非有意于治史，乃求以证实当前大众之意见而已"，"乃庶于当前意见有所献替"，纠正时代意见的谬误[③]。此书对中国的社会演变、传统政治、士与知识分子、教育考试进行专题式论述，融会史论与政论，即其所谓用历史真相来检验时论是非。通过这些检讨，形成适合于现代中国的"共信"与"国是"，意在破除只知抄袭模仿的次殖民地心智，在政治思路上突破革命和组党的路径依赖，而深思大一统国家经历现代转换之后的长治久安。

二、共和时代的百家言与王官学

笔者曾在对于近世政治思想的考察中提炼出立国思想家与变革思想家这一对概念，前者强调充分尊重政治体的现实政治理性，对于其创立奠基

---

① 钱穆. 中国文化史导论. 北京：九州出版社，2011.
② 钱穆. 国史新论. 北京：九州出版社，2012：2.
③ 同②5.

第一章　走向回归的离乡：作为政治学人的钱穆与现代立国问题

的经验智慧尤为珍重，而后者由于提倡政治变革，侧重对于政治经验传统中弊病的批判。注重实践经验的祖宗之法往往成为前者倚重的思想前提，而规范性强的经典理想则是后者援引阐发的灵感来源。"法祖"与"法三代"分别对应这两个思路①。从精神取向上说，钱穆在现代思想界极为可贵地复活了立国思维，使之接受现代洗礼，并据此对支配现代中国的变革思维提出了深刻反省。

《中国知识分子的责任》回顾民初人士对于现代新中国的理想是"脱胎换骨，螟蛉自化"②。钱穆紧接着指出，"此亦因前清时代早有人大呼速变、全变、大变，认为非此则亡国灭种，接踵而来。既是心情紧张，而又故作张皇。而同时又好高骛远，不入万劫地狱，即尔耸身九霄。民初受此影响，紧张转为狂放，从不作第二级想。论世界必曰大同，论国事必主西化。此风犹旧，直迄于今"③。

现代立国的乌托邦精神，并不是平地突起，而是紧随晚清，即呼吁大规模迅速彻底的变革，由此实现国家飞跃。钱穆批评，民国创立伊始，陷入总统制和内阁制究竟从英抑或从美的大争论，君相一体的传统顿成故物，被视为不相干。南京国民政府成立，立法院首号议案就推动婚姻契约化的家庭制度改革，后者在晚清康有为的《大同书》中已有潜源。"好逞空想，蔑视现实"，成为从晚清到民国的政治和文化习气。

钱穆对民初两大儒康有为和章太炎都有批评。康南海权用古人之学，开启疑古辨伪，《大同书》托古改制，大胆妄言；章太炎与康氏在经学上唱反调，《国故论衡》改"国粹"为"国故"，又高抬释迦在孔子上。康氏高足梁启超把提倡变法作为大政治家的标准，著有《中国六大政治家》。后来新文化运动的种因，在清末鼎革前后已经具备。笔者曾指出，钱穆特别拈出梁启超的晚年契悟，表彰其思想逐渐转向立国思维④。这个转机在梁任公思想中期已现萌芽，钱穆自陈，"年十三，投考中学回家，获读任

---

① 任锋. 立国思想家与治体代兴. 北京：中国社会科学出版社，2019.
② 钱穆. 中国知识分子的责任//钱穆. 世界局势与中国文化. 北京：九州出版社，2011：162.
③ 同②164.
④ 任锋. 历史政治学的双重源头与二次启航：从梁启超转向到钱穆论衡. 中国政治学，2019(2).

公文字，始知其尚在人世。年十八，民国元年新春，读其《国风报》发刊词，大加崇拜。嗣后，乃于任公文字无不一一细读"①。梁启超重视国风，开始扭转模仿抄袭的立国取向，晚年发掘礼治论，反思西方现代文明，对于中国立国传统有新的肯认。"其后任公议论渐趋中正通达，创为《国风报》，知一国有一国之风。则中国之为政，又岂能尽效英美。其所见识，已超同时提倡新文化运动者之上。又曾亲预讨袁之役，终为于政治史上有贡献。其后又能退身仕途，一意为学，惜其不寿，否则论史论政，并世无出其右，其为学终当有得于儒学之传统矣"②。

1986 年，钱穆最后一次登堂授课，高瞻远望，从近世司马光和王安石讲起，批评梁任公过于抬高变法而贬损司马光一方，认为时代潮流求变求新过于偏至。新旧关系在政治和文化上实在不适以二元思维对分，"新旧分辨真难讲"。王安石重经学，在当时偏三代旧学，却属新起的风气，司马光重汉唐史学，当时偏近世新学，却属既有学风③。钱穆巧为设譬，指出民国以来大家都讲美国、讲民主和科学，恰似司马光旧学，而自己讲中国民族、讲孔子和文化旧传统，却好比荆公新学。"所以我敢于今天这样讲，我就是学王荆公，就是学孔子。大家这样，我不这样。人家认为旧，其实是新的"④。

从时间关系上看，新旧本相承续。从政治心智来讲，司马光注重"法祖"，与王安石之"法三代"，显示出立国思维与变革思维的近世分野。后世儒学由此又有充分推演，即显现于南宋朱子和陈亮的义利王霸之辩中。朱子发展了二程理学在历史政治思维上的二元对立观念，严格区分三代与后世，"法三代"与"法祖"顿成两橛。而陈亮代表的经制事功学体现经世传统的通义，寻求"法三代"与"法祖"的贯通性，注重现实政治传统的本末源流，在立国前提下思考变革。龙川与司马光一路更为接近，理学家与王荆公更为相投。

---

① 钱穆. 谈当前学风之弊//钱穆. 学籥. 北京：九州出版社，2011：208.
② 钱穆. 现代中国学术论衡. 北京：九州出版社，2012：193.
③ 钱穆. 今年我的最后一课//钱穆. 世界局势与中国文化. 北京：九州出版社，2011：403-418.
④ 同③410.

第一章　走向回归的离乡：作为政治学人的钱穆与现代立国问题

钱穆辨析新旧关系，注重一体相续，而非二元对立，体现的是立国思维精神。在学术和人物上，他并不讳言对于王荆公的欣赏，坦言由此欣赏而进入宋明理学。在立国思维前提下吸取变革思想，钱穆提示我们，不必陷入非此即彼的二元窠臼。而在现代变革世界复活立国传统，在举世唯新潮是尚的时代重审新旧关系，正凸显出钱穆身处时代潮流独立不倚的精神品性。"人家认为旧，其实是新的"。这一句看似平常，却颇值玩味。立国思维的激活，业已是新世界新时代中复杂生成的产物。

钱穆曾提出历史意见与时代意见这一对区分，也可看出他注重立国传统的用意。他在《中国历代政治得失》中讲述秦以降中国政治传统，一个基本立意就是对于专制论的反思。钱穆推重黄宗羲，书中颇多称引，然而《中国历代政治得失》的立意却包含了对《明夷待访录》的"抗议"。后者在历史政治观上继承理学变革思维，以公私义利二分处理三代与后世，褒三代而贬后世。《中国历代政治得失》则秉承立国思维，试图平情就实呈现历史国家的大经大法。此书围绕政治制度展开历史追溯，依据治体论传统精神，把政治制度作为治法的一部分放置在与治道（政治原则）和治人（政治主体）的多重辩证关系中来审视[①]。

钱穆认为，对于每一政治制度的理解首先应注重制度演变当期的历史意见，而非后世人自己的时代意见。在评述明代张居正时，他依据明代立国宪制来看待张居正所为，在正视明代祖制合法性前提下尊重时人对于张居正越权行为的批评。这个做法引起现代新儒家徐复观的不满。钱穆在《答徐君书》中提出辩解，认为历史评价不当依据现代人追求民主的时代意见，还是要尊重历史客观情境中的历史意见[②]。法治有其历史语境和时代性，不能以今非古。他在这封重要书信中，特别援引了朱子和陈亮的著名论辩来比况自己的处境。

朱陈之辩是宋代以降中国学术政治思想的大事件，由此映照出近世立国思维与变革思维的巨大思想张力。高扬王道大公贬黜后世政治，抑或

[①] 任锋. 治体论的思想传统与现代启示. 政治学研究，2019（5）.
[②] 任锋. 历史政治学的双重源头与二次启航：从梁启超转向到钱穆论衡. 中国政治学，2019（2）.

"替汉祖唐宗昭雪",在现代转换为民主与专制之争。钱穆屡屡被攻击者视作为专制张目,其思想宗旨实则主张尊重历史意见,从立国思维去理解中国政治实相,在历史情境中理解法治和民主。他对于立国政治传统的看法,在尊重实践情势状况的前提下吸纳变革和批判,并非主张现实存在即合理,也非离开大地高擎理论旗帜。

在《孔子与春秋》一文中,钱穆激活"百家言"和"王官学"的古学分野,特别表彰战国以后百家言兴起,经由社会酝酿,由下居上,成为主导政府的王官学。社会私家言具有创制立法的气魄和能力。这种政教模式对于政府和学术教化即所谓政学关系的处理,不同于西方的宗教与政治关系,代表了文治、礼治传统的精义①。由家言家学而成为王官学,在秦汉以后类似情况多有,如西汉今文经学、南北朝时北朝儒者、王通河汾之学、某种程度的程朱理学。家言和官学并非二元分流或对立的关系,而是指向一个对社会动态演变加以政治正当化的宪制机理。这个区分,相比后起的经与史、政治与教化之分野,更能体现儒家经世致用的精神。

前文提到钱穆反思民初政治精神,溯源晚清学术。他的分析其实不止于康有为、章太炎,而是溯及章学诚、龚自珍等人,透过家言与官学之辨来审视其长短。康氏忽视历史现实,与章学诚、龚自珍只讲当身本朝,都是为学一偏。钱穆批评"六经皆史"的说法只看到王官学这一面,对于家学家言的精神不能领会,"误认王官学为必出于在位之王者"②。这个思路的弊端流于对现实政治状况盲目肯定,接近于秦制"以法为教,以吏为师",与汉儒王官学不同③。"古代之官学,创自在上之王者;而汉代之官学,则实创自社会之私人,其人即是孔子"④。战国新兴的诸子百家言,在秦已经成为新的王官学。汉设五经博士,既是尊古王官学之六艺,又以孔子春秋学代表新王创法。推尊孔子,相对秦制,体现了"法先王""法三代"的理想精神。

钱穆在论章学诚时再次提及朱子、陈亮论辩,认为章学诚的明清浙东

---

① 秦际明. 钱穆论王官学与百家言的政教意蕴. 政治思想史,2015(3).
② 钱穆. 孔子与春秋//钱穆. 两汉经学今古文平议. 北京:商务印书馆,2015:302.
③ 同②303.
④ 同②279.

第一章 走向回归的离乡：作为政治学人的钱穆与现代立国问题

学术较之南宋浙东，在立国思维上实则只保留"法祖"一面，重史而轻经，更趋现实保守化①。朱子的王霸义利大理论，"以教统治"，不能正视政治立国，而其优势在于防范有章学诚这样的流弊②。南宋经制事功学则能在"法三代"和"法祖"、经和史二者之间维系一个平衡，正视现实立国而抱有理想精神，这是立国思维的精髓所在。钱穆的《政学私言》等论述，自居私言，对于时代意识形态不随波逐流，为国史政治传统辩诬，正是接续了这样的立国思维。

三、从政治家到思想家的立国思维嬗变

钱穆高度肯定梁启超发动讨袁之役、再造共和的事功，特地拈出任公的晚年契悟以彰显对其学术思想上的启发。"深恨余初赴北平时，不幸任公已辞世，始终未获有一面之缘。又恨其享寿不永，卒年未及六十。果使任公健康，活到七十八十，不知其学问思想又将达何境界？又恨其虽曾获与孙中山先生晤面，而限于师承学统不同，与中山先生终有扞格，不获畅有融通。苟其幼年时，早获良师，使其学有正传，则孙、梁二人之相见，对中华民族前途岂不大有希冀？"③ 梁启超代表的现代共和政学一脉，钱穆主要取其民初学思，对其未能大成深表遗恨。从中也可看到，钱穆视野中梁启超、孙中山二人可以"畅有融通"，对国族前途蕴含着一个更有希望的愿景。

相比起来，孙中山更多代表了来自立国政治家一方的灵感来源。钱穆在《中国知识分子的责任》中指出，孙中山于民初完成三民主义、五权宪法，"我当时已在中学教书，获读中山先生书，乃知中国历史上传统政

---

① 钱穆.孔子与春秋//钱穆.两汉经学今古文平议.北京：商务印书馆，2015：304.
② 钱穆.东西政治精神及基本歧义//钱穆.文化与教育.北京：九州出版社，2011：31-32.
③ 钱穆.谈当前学风之弊//钱穆.学龠.北京：九州出版社，2011：208.

制，亦可加进新宪法，作为立国张本。一时欢欣鼓舞之情，乃竟不知向何人说起"①。如果说梁启超的礼治论和国风论从学理上引导人们重估政治传统，那么孙中山的五权宪法说就是从政治实践上为钱穆思考政治传统的现代价值提供了关键启示。"立国张本"一说从现代宪法看待传统政制，当是日后《政学私言》的思想缘起，显示出新旧融合的现代立国思维。

收录于《政学私言》中的《建国信望》，写于1945年9月9日——中国战区日军在南京投降签字日清晨的成都寓次②。回望抗战期间，钱穆在《国史大纲》"引论"中说到抗战建国，"以数千年民族、国家悠久伟大之凭借，至于今而始言建国焉，又必以抗战而始可言建国焉"，一则以现代国人不肖、文化堕落，一则以先民文化传统犹未全息绝。"一民族文化之传统，皆由其民族自身递传数世、数十世、数百世血液所浇灌，精肉所培壅，而始得开此民族文化之花，结此民族文化之果，非可以自外巧取偷窃而得"③。国难方瘳，《建国信望》集抗战期间政论之要点，可视为《政学私言》之大纲，展望战后新秩序的建构。

《建国信望》对于三民主义、五权宪法的阐发，把民族、民权和民生作为"道-法-政"三主题，透露出传统治体论的立国思维取向。钱穆称民族主义是"明道设教"，民权主义是"立法创制"，民生主义是"亲民行政"④。"明道设教"确立立国基本精神，民族依历史和文化而形成，这是立国基础。立国必须做到文化独立，不为附庸、次殖民地。教育、学术、翻译、政治法律、风俗，都需要在这个独立前提下展开。对于发扬民族主义，钱穆指出存在三个阶段，从国内文化独立到国外文化宣导，最后是世界范围的王道大同。在政治的立法创制上，以王道而非霸术为理想，追求政民一体的全民政治，尚理协和，而非尚力斗争。在民生上，工农相配合是经济建设重心，以和平的安足主义为目标，建设精神偏重于内。

《建国信望》"余话"陈述了作者关于几点问题的特别思考。第一点

---

① 钱穆. 中国知识分子的责任//钱穆. 世界局势与中国文化. 北京：九州出版社，2011：165.
② 钱穆. 政学私言. 北京：九州出版社，2010：211—220.
③ 钱穆. 国史大纲. 修订第3版. 北京：商务印书馆，1996：32.
④ 同②218.

第一章 走向回归的离乡:作为政治学人的钱穆与现代立国问题

尤其体现出钱穆立国思维的精义。"今日之中国人,乃为一大事因缘而救国建国。传统文化乃此一大事之'因',世界潮流乃此一大事之'缘',必'因缘和合'乃得完成此一大事"①。现代立国是一个极为综合性的事业,中和外、古与今需要有一番和齐斟酌,在文化基础条件上形成的根本冲突须有适当处理。钱穆对于复古和西化两种取向都指出其偏至,认为无古可复,无西可化。钱穆论历史时间,新旧古今必依附历史事件,"过去者未过去,未来者早已来",立国即是现在一大事因缘。此一大事,是一个大现在、一个真现在,是我们据以安身立命的基本存在。"我们中国民族,则已一口气把握住了四五千年以上的长时间,才能完成此一部中国史"②。无论是西化之英美化或苏联化,还是复古之法明清或法汉唐,都不能代替现在人的基本立足点,即依据自己现在的地位来决定立国之路。

因缘和合的立国思维精神,在钱穆阐释三民主义和五权宪法时都有体现。在治道层面,钱穆将民族主义放在首位,实质上用文化、历史作为民族内涵。他一直反对用诸如林肯的"民有、民治、民享"来解释三民主义。他沿用宋明理学的道统概念,但是将其极大扩充,作为文化大传统的代名词,指向共同体的公见共识。这个道统通过与西方文化的比较,凸显出乐群合群的人道取向,以其为超越天道的存在呈现,重视忠恕孝悌,以修身齐家治国平天下为人生基本法式。现代立国道统,以中国文化精义为本,也向其他文化传统的优秀因子开放。《建国信望》就提出将新佛教作为未来东亚共同信仰的重要组成部分③。钱穆更将治道置于新宪制结构中加以安顿。他强调将人道大统作为宪制前提,通过保护自由独立讲学、尊贤重教得以超越于资本和权力的控制④。这一点来自他对中国政学关系传统的长程审视。先秦诸子讲学、宋明自由讲学体现出来自社会平民的前进动力,逐渐跃居于政治上层之上,推动大公、中道、平民化的充分实现。在钱穆关于中国文化四个阶程的视野里,《明夷待访录》代表了第三阶程

---

① 钱穆. 政学私言. 北京:九州出版社,2010:218-219.
② 钱穆. 中国史学发微. 北京:九州出版社,2020:66-67.
③ 同①213.
④ 任锋. 共和的政教之维:梁启超论题与钱穆道统说的三个面向. 武汉科技大学学报(社会科学版),2019(5).

的最高文化成就。结合五权宪法的考试权,钱穆认为黄宗羲的学校设想是一个更为基础的宪制要件,即自由独立的教育,这是培养人才的元制度①。

钱穆数次提及国家文化学院的设想。他对于道统与治统的关系,仍然发挥古来传统的相维相制精神,经由现代宪制而生成新的合一。二者不是西方政治与宗教的二元关系,而是相维主导下保有健康的动态张力。钱穆对民国时期的孙中山崇拜加以辨析,认为国父论归于现代治统没有不妥,但需清楚道统教统自有数千年渊源,政治家应承认道统是立国本原,二者不能混同,不能沦为政治一元化②。此外,他对于在政治机构中设立主持学术文化事业的专官系统这一传统颇为肯定,认可学术独立于政治,学术有自由而后政治有向导,学治精神作为宪制传统精义应当得以延续和提升③。

在治法层面,钱穆同样在中西比较视野中勘定中国政治精神是政民一体,从此精神原则下看待中西政制的融合。议会、选举、政党等制度在现代中国宪制中有其地位,其功用重在多方表达、协调和融合民情民意。五权宪法中考试权和监察权接续了中国既有传统,复活的是传统尊贤重礼、恪尽职分的精神。现代政治创制,应该在自身传统中妥善吸收外来因素。钱穆表扬现代西方人经历启蒙早期的中国崇拜后,"终于能在合适于他们自己历史的线索中寻出头绪,自成条贯,产生出近代西方的政党政治与代议制度。英国从中国学去了文官考试制度,但他们能把它配合在他们自己的政党政治下而融洽无忤。这是一件极值得我们反省的教训"④。

钱穆论地方自治,承认其为民主政治的基础,同时指出应"无伤于国家之统一,中央之治权,此当上溯传统国情,旁考列国现势,为全国各地之地方自治先定一大规模、大纲领,使国人先有一共同目标,然后各就乡土所宜,向此目标趋赴"⑤。地方自治的宪制纲领在于经济、武力与文化融凝一体,富强政策与本国传统文化配合调和,如文化传统中尚公乐群的价值导向,而非西方个人主义民权论。地方自治纳入现代中国宪制,并非从属于上下争权的格局,仍服从于政民一体的大宪章。法治是钱穆终生关注

---

① 任锋. 钱穆的"明夷待访录". 政治思想史,2018(4).
② 钱穆. 政学私言. 北京:九州出版社,2010:73-74.
③ 钱穆. 中国史学发微. 台北:联经出版事业公司,1998:315.
④ 钱穆. 国史新论. 北京:九州出版社,2012:112.
⑤ 同②41.

第一章 走向回归的离乡：作为政治学人的钱穆与现代立国问题

的论题，《政学私言》中他力辩中国政治传统自有法治精神，尚法重法是特征，且有重法过于重人的弊病，五权宪法仍体现这一点特质。盖中国传统礼法融合，法治终是消弭于礼治之中，后者重在大群的情感共通、尊尊亲亲贤贤，更能体现文化传统的深层逻辑[1]。

钱穆论五权宪法、法治，贯通诸子视野，思考儒、道、法在其中的不同角色，也依据政制传统汇通西方法理[2]。这并非一种单一主义（儒家或自由主义）的思路，而是整合诸子多样资源的立国思维。钱穆对政治的理解凸显其实践性、现实感，指出任何一种思想逻辑都无法追求在实践中的彻底贯彻，实践本身就是多种思想的一种竞争性妥协或融合。中国政治传统的一大成就是政治制度化，能够依据实际情势融贯不同主张，思想的空想性弱而实践性强。中国广土众民的大一统，就是这个传统的至上结晶，也是现代宪制维系和更新的大前提[3]。钱穆肯定孙中山政治思想有利于保障大一统国家的稳定和进步，这是立国思维的大着眼处[4]。

钱穆在治人层面对于孙中山思想有深入反思。辛亥革命以来国人论政过于注重制度，忽视制度与人事紧密关联，同时过于注重群众和组织而忽视政治家。钱穆强调元首制度的现代价值，接续君主制而思考大一统现代国家的元首问题。孙中山试图以民主主义抹平元首与人民的差距，而钱穆则在一种混合政制的视野中肯认元首制度代表的贤能政治家对于宪制运作的关键价值。他还提出政治家与政治风度的视角，呼吁在制度和理论之外注重治人，民主共和不只是多数群众的事情，"居上临下"依然是现代政治的内在逻辑[5]。这是对政治家的视角强化和自觉反思。

在民生主义上，钱穆认同孙中山对于农业国本的看法，提出以内陆经济为本、工农配合的安足主义经济战略，并且同情平均地权的社会主义。他表彰中国在政治上通商惠工、社会上通财共产的传统，不同于西方个人主义和资本主义，社会主义最终应回归以大群道义为重的礼治[6]。另外，

---

[1] 钱穆. 晚学盲言. 北京：生活·读书·新知三联书店，2010：428-438.
[2] 钱穆. 政学私言. 北京：九州出版社，2010：80，85.
[3] 钱穆. 中国历史研究法. 北京：九州出版社，2012：16-21.
[4] 钱穆. 国史新论. 北京：九州出版社，2012：118.
[5] 任锋. 君道再还：钱穆宪制思维中的元首论. 开放时代，2019（2）.
[6] 同[4] 70-83.

钱穆在《建国信望》专置一节并撰有两篇专论，聚焦作为立国宪制的首都问题，呼吁以西北为国家战略重心。孙中山以西安为首都的建议，"悬为新中国建国途径之一种新启示"①。钱穆对此从历史政治视野提供了更为深邃宏富的解释。

政治家在政治实践中形成的智慧，包含了立国启示，这并非神启或神谕，而是经由历史政治演进，透过经世致用加以印证检验的。钱穆认为孙中山的理想并非完满，"但他的大体意见，则不失为已给中国将来新政治出路一较浑括的指示。比较完全抹杀中国自己传统，只知在外国现成政制中择一而从的态度，总已是高出万倍"，"他的那番理想与意见，实从未在中国试验过，而且也未经近代中国的智识分子细心考虑与研索过"②。

孙中山的失败，在钱穆看来，一方面是因为政治实践损害了政治思想的纯洁和超越，另一方面是他的党徒只知追随他革命和组党，而不能了解其政治理想。类比于孔子当身的栖栖遑遑，"中山先生之于近代，政治活动亦若未有所成功。此当在民族文化大传统之全体上求，亦当在一时一事之现实的真情实意上求。此即中国文化精神之所在"③。在具体历史时刻的失意，并不意味着在大传统中没有应有的地位，时代人物因其与传统建立起来的有机联系而更体现其存在价值④。他对于孙中山思想的再解读，以及在更广阔视野中对于梁启超和孙中山立国思维的融通式追寻，就是要树立可以经久谋远的共信公见。也只有依凭对于历史政治传统的温情敬意，立足于最广阔的大地民情，立国思想家的论述才可能以家言家学而获取广大认可，塑成新政教根基。相对于政治家受到的形格势禁，思想家在更广远视野中的申论，可以是直指原理且高度示范型的，是另一种意义的"大立法者"。将来中国的出路，不在于抄袭外国的现成方案，"而必须触及政治的本质，必须有像孙中山式的，为自己而创设的一套政治理想与政治意见出现。纵使这些意见与理想，并不必是孙中山的三民主义和五权宪法"⑤。

---

① 钱穆. 政学私言. 北京：九州出版社，2010：217-218.
② 钱穆. 中国传统政治//钱穆. 国史新论. 3版. 北京：生活·读书·新知三联书店，2012：118-119.
③ 钱穆. 中国史学发微. 台北：联经出版事业公司，1998：292.
④ 同③158.
⑤ 钱穆. 国史新论. 北京：九州出版社，2012：120.

第一章　走向回归的离乡：作为政治学人的钱穆与现代立国问题

四、立国思维的激活与整合

钱穆激活了经世传统中的立国思维，而这种复活应对的是立国传统的精神断裂，即面向西方的模仿立国浪潮。现代中国的政治奠基是变革性甚至革命性的，20世纪是革命精神支配的时代。在这个意义上，钱穆强调自身的立国本末源流，注重大一统的立国规模对于现代转型的约束意义。这相对急切抛弃传统负担的模仿立国，无疑是抗议性或谏诤式的。在变革潮流中这种异议属于边缘，但指向政治秩序的另一根本问题，一俟国家转向秩序建构、寻求长治久安，愈发显示其中心价值。

立国思维的时代"新"意，不仅在于与五千年立国传统相接续的政治意志，更来自它与西化浪潮和革命时代的对话关系。钱穆检讨现代中国的演进历程，一如其审视历代政治得失，并非采取一个完全超离甚或虚无否定的态度，而是在实践经验中勘验其与历史传统的相对关系，何处为延续，何处为背离，何处歧出，何处暗合。钱穆为数不少的政论和史论，为我们观察这个对话关系，提供了重要文献。

这里暂以钱穆对革命和传统的理解为视角。他对于作为政治革命的辛亥革命、共和立国无疑是积极肯定的。对于社会和经济意义的革命，他有限度地接受和承认，如平均地权的土地革命、工业化富强。传统士绅群体自中晚清以来活力渐失，政治社会中心需要重建，这是钱穆不断指出的①。在重建方式上，现代组党和群众社团蔚然成风，钱穆对此态度较为审慎。他看到了现代政党在组织动员、凝聚国族方面的能量，又希望避免党争对抗对于大一统国家的破坏，因此援引尊尊贤贤的礼治传统以激活政治家因素和士人传统。至于革命的最彻底最激进层面，即文化革命，他持批评态度。值得注意的是，钱穆透过革命波澜壮阔的多面实践，从中发现传统的

---

① 任锋．"近己则俗变相类"：钱穆与近世儒家传统．天府新论，2018（1）．

转头换面，发现与立国规模的呼应或暗合，在流变中揭明传承，如其点评西化派中的崇美与苏化两脉时，对于能够"深入民间，藏身施化"者的称许[①]。概言之，钱穆以立国为本位，试图为革命和传统寻求联结汇通。革命不是断裂与否弃，离家出走后需要再次回归，回归立国大传统。立国思维面对革命的回归传统，并非主张复古，而是似旧实新、新旧承续，通过守成和创新的有机融合推进立国传统演进。

现代中国转型在乌托邦主义驱动下展现为变革逻辑的层层递进，改良与革命、激进与渐进的冲突旷日持久。钱穆的立国思维为我们再思变革逻辑、变革思维揭示了另外一条思路，将守成与创新纳入更深层面的立国传统加以理解。钱穆很难被归入任何现代意识形态意义上的"主义"，因为立国思维从根底上是以立国实践为导向的具有高度整合性的经世心智模式。历史上的立国经验极为多样而复杂，从中形成了得以维系数千年的精神和规模，这个意义上的历代得失需要检讨，更需要与现代立国相贯通。中国在立国传统中自有精义，形成了高超的政治能力，体现出了善于因应、协调常变的伟大文明精神[②]。钱穆表彰协和乐群、尊尊贤贤亲亲的大一统立国精义，认为这不仅代表了中国传统的政治智慧（大本大原），也是实现更大范围有效整合的人类大道，相比个人主义、政民对立、天人分离、抗争主导的文明传统具有更广远的政治愿景。在经过现代洗礼之后的传统新生中，这个立国思维提示我们在文明冲突的近忧之外去发掘平治天下的悠久智慧。

第二节　论"钱学"七书：钱穆政治学的门径[③]

钱穆浩瀚丰厚的学术富藏称得上形成了一个"钱学"。在这其中，我

[①] 钱穆. 中国知识分子的责任//钱穆. 世界局势与中国文化. 北京：九州出版社，2011：169.
[②] 钱穆. 中国史学发微. 台北：联经出版事业公司，1998.
[③] 本节内容出自 2020 年 12 月 16 日在北京语言大学人文学院"斯文讲坛"的演讲，感谢钱婉约教授和参与研讨之同人的点评和建议。

第一章　走向回归的离乡：作为政治学人的钱穆与现代立国问题

想拎出他的七本著作，姑且称作"钱学"七书。它们是《国史大纲》、《中国文化史导论》、《政学私言》、《中国历代政治得失》、《世界局势与中国文化》、《现代中国学术论衡》和《晚学盲言》。这里面包含了某种思想发展，或者说思想论述的一个结构，我把它看成是"钱学"七书的体系。这构成我们研讨钱穆政治思想的一个基本门径。

"唯学不可有门户，但不可无宗旨"[①]。"钱学"能够提供一个博大的视野，帮助我们来反思传统和现代形成的诸多思想门户，然后透过这些门户之争，把握一些更为中心、更为根本的问题，即是其宗旨。这个宗旨落在什么地方呢？整体上说，钱穆学思的宗旨是，在现代语境当中充分意识到中国文明体系的独到之处，调用传统资源来更好地化解现代问题。在应对过程当中，钱穆以其人和其学给我们的一大启发是强调"通人"和"通学"。现代国人基本上在新文化运动之后形成的现代学术分科体制和教育体制之中安身立命。但是钱穆自身的经验，使得他成为20世纪相当具有例外性的一个存在。而这个例外性不是说多么偶然、不可捉摸或不可预测，而是启发我们，中国现代道路的选择实际上不一定非要按照某种教条去发展。他的存在，他的思考，实际上帮助我们反思现代学术中的专业分科，以及教育当中的一些问题。

中国的讲学传统有各种各样活泼的方式。学者带着什么样的问题开展自己的求学探索的道路，以一种什么样的精神面对时代的潮流、意见、政治争斗，应该怎么样确立自己的看法？现代人喜欢引用韦伯，论政治作为志业，论学术作为志业。大家如果有兴趣，可以多读一些钱先生的著作。我觉得他在这方面提出的一些指引，实际上比韦伯更加贴合我们的现实和生命。

钱穆的思想学术生命贯穿了20世纪，我十分关注他围绕现代立国关键时刻的论述。这些关键时刻也构成了他自身生命发展的重大契机。第一个是辛亥革命，我们讲1911年的辛亥革命不只开启共和，而且涉及建立民国之后，这样一个新的共和政权，怎么样去稳定巩固下来的问题。我们可以看到钱先生的论述对这个事件是高度重视的，这个重视可以说是构成他思

---

① 余英时. 犹记风吹水上鳞：钱穆与现代中国学术. 台北：三民书局，1991：31.

想上的现代立场的起始点。他不是保王党人，不是复辟派，但也不是一般意义上的革命党人、革命派或者民主派。从思想文化上对他启发最大的一点是孙中山的五权宪法理论以及三民主义，让他认识到中国政治传统是有现代价值的，是可以运用到现代宪制体系的重建当中的。这个对他的启发非常大。

第二个更重要的时刻是抗战建国。《国史大纲》《中国文化史导论》这些著述标志着钱先生从一个比较注重考据、注重专业史学的学人，转向一个更加通识性的，或者说更自觉的经世致用思考的思想型学者。硝烟炮火之下，知识分子不可能完全安居在书斋中了。中国作为一个现代国家的完整性、独立性、自主道路的选择，在抗战时期成为知识分子讨论的中心问题。在抗战建国后期有一个重要的制宪时刻，就是1946年召开的政治协商会议。这次政治协商会议实际上是国民党应对朝野重新立宪的需求，对"五五宪草"进行修订，然后和共产党以及国共之外的知识分子召开的一次会议。钱先生在1945年出版了《政学私言》，梁漱溟先生参加重庆的政治协商会议时，看了之后说其是给政协谏言的，但钱先生自己否定。实际上，《政学私言》的很多文章陆陆续续发表在抗战晚期，一直到政协召开之前，有不少问题是针对"五五宪草"提的。钱穆基于中国政治传统的思考，对五权宪法理论及其制宪实践提出了系统看法，这是第二个重要的关键时刻。

第三个是国共内战之后的大道路分流，天地玄黄一大新变。对于这个时期，历史研究者还要付出更多的关注。钱先生之后的行止与思想的发展，及其与共产党、国民党以及其他政治势力之间的联系，史学研究在这方面还大有可为。如果把1911年称为第一共和，1949年则是共和再造。毛泽东主席在1949年的《丢掉幻想，准备斗争》这篇文章中，点了胡适、傅斯年和钱穆三个人的名。钱先生觉得莫名冤枉，论其声望比不上胡、傅二人，怎么会被捆绑一起，被视为帝国主义的反动文化人代表。他的文化和政治立场，更多地基于其对于中国传统的了解。在现代潮流当中，他对中国的现代政治变迁、文化学术发展，提出了深刻思考，是一个具有很强的反潮流精神的思想者。

钱锺书先生20世纪80年代曾代为邀请钱穆先生回苏州参加一个活动，

第一章　走向回归的离乡：作为政治学人的钱穆与现代立国问题

称其为"鲁殿岿存"[①]。钱穆的反潮流毋宁说甘于一时的寂寞，甚至不计外在的毁誉，进行自己的探讨，这有很强的豪杰精神。他曾经说过，唐代的豪杰在哪里？在山林里，在山林间的大僧大德们。豪杰在于做佛教中国化的功夫。除了豪杰精神，我觉得他是一个先知类型的人物。当然这个先知不是说宗教意义的先知，我们中国就讲先知先觉，中山先生也在讲先知先觉、后知后觉、不知不觉。他的确是先知性的人物。他比较早地认识到中国要想在现代世界确立下来，稳定下来，一定要认识到自己的传统这样一个基本条件。我们这么大的一个国家，有这么几千年的传统，你如果在思考现代发展道路的时候，不考虑这个前提条件，那是不行的。他在20世纪40年代的时候，很鲜明地就讲出我们既不能走美国的道路，也不能走苏联的道路。当然在那时，有人其实已经认识到这个问题了。但是认识到这个问题，能够从学理层次，结合几千年传统，系统地讲出来为什么以及怎么去走自己的道路，那个太难了。所以他是一个先知性的人物，这个意义需要放在现代脉络当中看。

"钱学"七书可以说是"礼先王而待后生"。在笔者的上一部著作《立国思想家与治体代兴》"后记"里面，特别就"礼先王"这一点表达了致敬。笔者特别致敬钱先生在西化潮流横荡一时的时候，"礼先王续绝学"。另外一方面，细读钱先生的著作会发现，其实他最喜欢讲的一句话是：后生可畏，焉知后来者不如今焉？当然，我们知道李白有诗曰："宣父犹能畏后生，丈夫未可轻年少。"钱先生有一个守先待后的精神。他清楚地认识到，自己保存这个东西、发扬这个东西，还要往接后者，接续这个东西。

一、七书体系的地基

"七书"的地基是其史学，尤其是《国史大纲》和《中国文化史导论》

---

① 杨绛. 杂忆与杂写：一九三三——一九九一. 北京：生活·读书·新知三联书店，2015：113.

具有标志性意义。钱穆自身超越了现代学科划分的界限，而我们一般把他视为史学的大学者。《国史大纲》在民国时期的通史撰述类中得到好评，而且它对抗日战争时期的国民士气振奋，做出了积极的贡献。《中国文化史导论》相对《国史大纲》可能引起的关注不够，但《中国文化史导论》恰恰具有转折性的标志意义，就在于从历史学转向广义文化学，这个转向意义重大，因为在文化学里面，涵括了宗教、政治、艺术等十分广阔的社会议题，超越了史学的专业视野，面向更广大的现代中国进行论述。

钱先生在《经学大要》里展现出中国经学史和现代学术史的双重视野，他提出一个重要观点。我们都知道"通经致用"，但钱先生认为这主要是针对汉儒讲的。在汉儒以后，实际上随着四部之学的确立，经学的这种核心地位已经下降了。钱先生指出有一个从"通经致用"到"通史致用"的转向，司马迁的《史记》当时是按照经学去写的，是接续《春秋》写的，但是后来才逐渐被追认为史学这个部的开宗大著作。这个确立要到魏晋南北朝时期，随着四部之学的确立才确定下来。钱先生讲"通史致用"，因此特别依靠史学来弘扬文化学和政治学。实际上其他经学著述也有，比如大家熟悉的《两汉经学今古文平议》，另外《论语新解》也很好。

但他通过史学著作，对现代中国的大问题能够应对得更好。像《国史大纲》不必多说，揭示出中国文化传统、政治传统有生命力，国家不会亡。《中国文化史导论》实际上从更宏阔的文明比较、文化比较的体系讲，中国作为一个重农的广土众民的大国，文化体系是怎样构成的，以及广义上的文化体系是怎样演变的，它具有更清楚的文化学理论架构的意味。这两本书实际上是一个引子，通过它们要进一步地进入堂奥。还有相关的一些书，比如《秦汉史》和《中国近三百年学术史》都可反复品读。《秦汉史》处理秦汉立国，这是中国两千年来立国最关键的一个阶段。我们知道晚清革命最强有力的一个意识形态动员，就是谭嗣同《仁学》所说的"两千年之政，秦政也，皆大盗也；两千年之学，荀学也，皆乡愿也"。而钱先生讲《秦汉史》，引导我们反思，秦汉立国是不是用政治专制主义和文化专制主义就能够一言以蔽之的。这本书有很深刻的理论应对性。钱先生

第一章 走向回归的离乡：作为政治学人的钱穆与现代立国问题

实际上通过学术与政治两维互动的角度来剖析，秦汉政治为什么会是那个样子，以及用专制主义评价正当不正当。另外像晚年史学三书，《中国史学发微》、《中国历史研究法》以及《中国史学名著》，尤其是《中国史学发微》，不像"研究法"那样讲史学方法论，而涉及历史哲学的问题。文化学方面，比如说《文化学大义》《民族与文化》《文化与教育》。

钱先生在20世纪40年代中期的文化史论述有深刻见解。他讲一统与多统是中西政治文明的一个核心差异，他说因为现代人往往喜欢用西方的政治特征来评价中国，像梁启超先生早年，把一统化约成君主专制主义、文化专制主义，批评一统实际上扼杀了、压制了中国的自由竞争的活力。这个完全用一个现代的社会演化论和民族国家的套子去评判中国的传统。钱先生说先不要着急去说谁好谁坏，先把核心的事实差异给找出来，事实差异就是：中国长期认为一统的共同生活是积极肯定的取向，国家融合、文化融合、民族融合是正当的发展取向。而西方长期是分头并进、多头相争的，从希腊城邦时代一直到帝国时期的支配与征服，再到现代民族国家的争斗，一直到钱先生观察到的难产的欧共体规划。西方人政治上难整合。如美国立国体制，钱先生在好多文章中说，美国立国体制在融冶族群上和我们相近，它讲融合。但是美国有根本问题，白人与其他种族的人始终融不起来。美国到现在反映出来的种族、族群、意识形态的分裂仍然相当严重。

从一统与多统的视角，他再讲礼治与法治等问题。比如他在《国史大纲》里讲隋唐科举制的时候，就体现出史学撰述的理论用意。他回应了一个现代中国人对于中国历史常见的批评，就是中国为什么没有发展出代议制？要知道晚清以来，讲的最强的民主革命，打倒传统，打得最狠的一点就是君主一人专制，而民主要体现多数人的意见，是要有国会代议士的。钱穆讲了八点原因，来解释中国为什么历史上没有西方近代出现的代议政治，以及怎么看待这个缺失。当然，讲这个不代表他在现代也拒绝代议制，这一点要区分。

《中国文化史导论》相对《国史大纲》有什么不同？关键一点，是对于大一统问题有了更清晰的理论自觉。钱穆的一个分别很有意思。原来我们讲大一统主要指秦汉以后，但实际上他讲周代是封建的大一统，三代以周制为典型，周代表了封建的大一统，然后秦汉是郡县的大一统。《国史大纲》讲大一统，还是从秦汉开始讲的。但《中国文化史导论》就把大一统追溯到三代时期。他的一个判断就是中国的国家形态，实际上在商周时期已经基本确定下来了。因此，到了秦汉时候只是在政治体制上同体转化，立国形态并没有大的变化。

钱穆特别强调我们在描述中国传统的时候，不要轻易地用西方历史提炼出来的概念。比如说帝国这个概念，钱先生就高度警惕，强调帝国体制和大一统体制很不一样。为什么不一样？帝国体制有个中心，有一个军事政治集团依靠武力和其他政治手段，去征服了四周，建立起其殖民统治，或者找代理人。而中国从周人、汉人以来，建国就不是由一个具有封闭性的中心统治集团来操控、到四处去征服的。他说，汉代难道是沛地人集团建立的排斥性统治吗？显然不是。刘邦特别希望在他的老家潇洒快活，但是最后不得不定都关中。无论是否情愿，这背后有整个国家凝成的逻辑，要建立真正的政治中心，要稳定下来持续发展，必须要走这条道路，否则就是重蹈西楚霸王的覆辙。他在讲文化史的时候，基本上从文化地理讲到国家凝成、民族融合，讲文治政府，讲社会主义和经济政策，讲中西接触和文化更新。

基本上他的文化概念分成三个层次。地理环境、经济方式是一个层次，这是最基本的，这个层次其实我们有点忽视。钱先生在讲历史学、讲政治制度的时候特别注重人情风俗、地理，他特别推崇顾祖禹的那本《读史方舆纪要》。钱先生有好几本书讲国史地理，也有好几篇文章讲地理，我觉得这方面是特别值得去重视的，可能研究人文的时候也不太容易重视这方面。而且钱先生但凡有条件，就愿意跑东跑西地去了解。比如说他在北方有好几次远行，在西南地区进行了好多次调研。钱穆的田野调研帮他认识了中国之大是何以形成的，地方、民俗、民情何以能够最后凝成一个大共同体。

第二层是政法制度，第三层是政教精神模式。像农业文明与游牧和商业文明的关系，由地理环境经济生产方式形成的文明精神不一样，他从这

第一章　走向回归的离乡：作为政治学人的钱穆与现代立国问题

个方面思考新中国应该怎么去发展。比如说美国、中国、苏联都是大型农业国。大型农业国有它的天然的优势。但是美、苏有很强的西方文明当中的游牧和海洋的精神，强调斗争，强调抗争，强调征服。而中国，相对是农业国、大陆国，不是一个海洋国。我们不可能走苏联的道路，也不可能走美国的道路，我们不可能四处殖民，也不可能模仿照搬美国的生活生产方式。

《文化学大义》出版于1952年，晚于《中国文化史导论》。他在那个时候就已经有很深刻的感觉，未来秩序如果像美国和苏联那样搞冷战，是没有出路的，一定要有一个国家能够真正把世界团结起来，走一条不同于美、苏的道路。这条道路应该是一条什么道路？是一条不像现在几百年西方搞掠夺、搞征服、搞殖民的道路，是尊重多元、尊重团结、尊重各自的文化个性而讲求融洽的道路。

二、钱学的"外王三书"

笔者把《政学私言》《中国历代政治得失》《世界局势与中国文化》称作钱学的"外王三书"。笔者觉得《政学私言》的精彩就在于能够进入历史，同时顺着历史的演变精神来看待现代中国的秩序和宪制问题。比如说元首制度。建立共和是把君主打倒了，但是如何看待君主在原来政治体系中扮演的角色、发挥的功能，今天是不是仍然需要有一个相类似的政治角色来代替君主，这在共和体制下仍然是个有效的问题。在这方面比如说钱穆的《论元首制度》，就很具有代表性。共和革命之后有民主化浪潮，实际上没有很好地去思考这个问题。钱穆认为辛亥革命以来，人们过于注重政党代表的大众民主参与的维度，对于政治家，像君主、大臣这个层次的政治家，在政治实践当中发挥的引导塑造作用，看得太轻了。另外，从晚清以来，法治这个政治议程背后有很强的西方现代的立宪法治思潮，极大改变了国家治理传统的内涵。中国传统有没有法治，法治是什么，法治在国家治理体系中的位置，以及相关联的礼治、德治问题，钱穆这本书中有三四篇文章来处理这些问题。

他批评现代中国学者，只懂得搬用西方现代政治学理论的既有成果，比如政体学说、主权论、法治论，直接套用在中国经验上。他认为最重要的是依据历史经验来提炼理论。中国的政治学理论如果不这么做，永远没有希望。钱先生讲了一系列的内容：一统与多统、政民对立与政民一体、权力论与职分论、契约政权与信托政权、政教合一与政教分离、士人政府与专制主义等。他的核心关注是中国作为广土众民的超大国家，怎样实现长治久安。这个问题在革命开启的现代性视野中又别具挑战性。比如历史中国的好多制度，是不会随着朝代变迁而有大幅更替的，像考试制度、皇帝制度、宰相制度、监察制度。比如过去十年最重要的一个宪制变迁，法学家认为是中国的监察体制改革。这里面是有传统和现实实践的内在逻辑的。钱穆说，"倘能于旧机构中发现新生命，再浇沃以当前世界之新潮流，注射以当前世界之新精神，使之焕然一新，岂非当前中国政治一出路"①。这个和西方伯克的保守主义是相近的，当然保守主义又不能完全概括钱先生的看法。

笔者最早是在十几二十岁时读的《中国历代政治得失》，四十多岁时再读，心境不一样了，因为人生阅历丰富了一些，对政治的观察多了一些，就会理解钱先生论述的用意在哪里。《中国历代政治得失》看起来是一本政治制度史讲演录，实际上背后有很深刻的思想关切。自晚清以来，大家讲中国政治转型，单向度地去把国会请进来，把政党请进来，把人民主权请进来，把革命请进来，以为请进来就可以万事大吉了。辛亥革命我们原以为只要把皇帝赶走，大功基本上告成一半，但实际上发现这种移植的简单思维未能奏效。只要有了内阁制度、国会制度或总统制的门面，共和就能建立起来了，这样理解政治变迁过于简单了。因此这本书有一个很强的用意在批这个东西，在批这种晚清以来形成的"神圣政制论/政体论"，就认为只要把制度问题解决了，政治问题就解决了，制度问题又主

---

① 钱穆. 政学私言. 北京：九州出版社，2010：11.

第一章 走向回归的离乡：作为政治学人的钱穆与现代立国问题

要从西学中去找资源。

制度这个概念在现代成为一个流行语，本身是值得去讨论的。在中国几千年当中制度不是一个常用词，相对地，纪纲法度、典章礼法用得更多些。钱穆在这本书的前言里，提出的七条论说，就是讲怎么样理解政治中的制度。它实际上是放在一个架构中，分别从制度的人事性、制度的文化系统和精神属性这三个相关层面去讲的。比如说制度和人事是怎么样的，他说中国传统政治特别讲人事和制度的相互作用。这就是在中国治体论传统的意义上来讲制度的。治体论的问题意识，在于引导人们认识治世代表的优良政治、善治的关键和根本。它的内核是由治道、治法、治人这三类要素构成的整合关系，用现代语言就是政治原则、制度方略、政治主体。

晚清以来引入的启蒙西学导致我们对制度无上崇拜，政体中心主义也好，制度决定论也好，把制度的重要性无限夸大了，而治体论恰恰要提醒我们制度的相对性、有限性，它受什么因素塑造着。这里面包括政治主体和制度方略的关系、政治原则和制度方略的关系、更深刻的文化系统对制度的塑造。这个架构建立起来之后，我们就比较能理解钱穆在他的五朝政治论述当中，实际上是从更大的系统角度来讲制度的相对性与历史变迁的。

这本书在这个意义上，有中国版《旧制度与大革命》的意味。《旧制度与大革命》揭示的根本问题是什么？革命不是摧毁了传统，革命之后，大传统得到重建、强化了。钱穆在20世纪50年代写这本书的同期，就讲革命成功之后，最重要的是国家的长治久安。长治久安靠什么？政治的制度化。他有一篇文章叫《主义与制度》，专门讲这个问题。对于主义，有些人注定理解不了，但制度必须要人人遵循。关于怎么样制度化，他认为中国人的能力最强。从《周礼》《通典》这些文献，就能窥见这一点。

中国的历代政治制度在延续、在变迁，中国之所以为中国，相对的身份认同也形成了较强延续性。《中国文化史导论》认为大一统的立国形态贯穿数千年，而在体制上，无论是封建还是郡县，无论是天子还是皇帝制度，并没有摧毁中国之所以为中国的认同性，而是形成了一个长治传统，其中的奥妙在哪里？罗马以后，再无罗马，但汉唐逝去，中国不亡。钱穆概括道,"能创建优良的政治制度来完成其大一统之局面,且能维持此大一统之局面历数千年之久而不败。直到今天,我们得拥有这样一个广土众民的大国家,举世莫匹,这是中国历史之结晶品,是中国历史之无上成绩"①。

《世界局势与中国文化》以及《文化与教育》等几本书,涉及国内问题的国际面向,即世界秩序面向。这个面向实际上就涉及中国在世界上怎么自处的问题。亨廷顿指出"文明冲突论",中国人怎么看?20世纪90年代以来好多学者像费孝通、汤一介先生都有回应。他们的回应在原则上和钱先生是一致的,但是回应力度不足。需要依据中国切实的历史发展道路和现代国家战略,来真正说明中国兴起不会加剧文明冲突,而是带来世界人类文化的新生、和平的进步。钱穆在20世纪40—50年代以及后来长期的论述,以《世界局势与中国文化》为代表讲得十分清楚,包括他临终的最后一篇文章,揭示中国文化对人类未来可能的贡献,不是一个纯哲学命题,而是关切未来人类世界秩序构建的命题。那是在1990年,亨廷顿在稍后提出"文明冲突论"。可以看出西方人的思考问题方式和中国人思路的差异。钱穆批评中西方现代几百年对于彼此文明之间的根本差异,不能够重视。现代西方第一步是树立自己的文明霸权,然后影响非西方世界,使其追求西化,最后非西方世界在西化过程当中又和西方进行抗争冲突。他认为这是从西方的宗教文明论形成的"普世主义"推演出来的三重悲剧。亨廷顿命题在钱先生看来,也没有突破他的第三重悲剧的设定。

而中国这几千年文明传统,广土众民的长治超大共同体,实际上给我们开示了什么智慧呢?天人、人人、万物之间的共生长生,这里面就有一个礼教论的智慧,它和冲突论不一样。我觉得这是更为可取的历史张本,由中国历史提供的智慧张本。钱穆思考过现代中国怎么样在文化三层次上继承、开拓自己的文明道路。《政学私言》里面的《建国信望》是他在1945年中国战区日军投降签字当天于成都寓次写出来的。钱穆指出,中国首先在东亚地区担负起自己的主导责任,重新引入进取协和的文明化合体

---

① 钱穆. 中国历史研究法. 北京:九州出版社,2012:18.

第一章 走向回归的离乡：作为政治学人的钱穆与现代立国问题

制，逐步为世界提供促进和平发展的公共产品。对于人类文明来讲，钱先生有一个想法，文化上的融合有三部曲，叫恺撒的耶稣化，耶稣的释迦化，释迦的礼教化，这是文明新生未来实现的一种可能途径。所以这里就触及了文化系统最深邃的层面，所谓道统或者说立国精神的问题。他说在西方有宗教，在中国有儒理，我们如果做不到真正地把耶教和佛教树立为自己的国教，一定要返回中国自己的传统来阐发儒家的礼教精神，使教育精神和传统文化相得益彰。这个东西在中国传统政治中已经是经久沉积的，以后也应当取法。

三、从"分别"到"会通"

《现代中国学术论衡》在七书当中是一个堂柱类型的支撑。它处理了十二个现代学科，诸如略论中国宗教、哲学、科学、心理学、史学、考古学、教育学、政治学、社会学等。实际还可依此类推，因为他写过经济史的东西，经济学、法学等可同理推论。

这本书对于十二个学科的排列是有其深意的，是用儒家的四科之类来安排现代学科的，依次是德行、言语、政事、文学。为什么把宗教放在第一位，同时收入哲学、科学，还有心理学？这四个部分放在第一单元，实际上是要对应中国传统的德行之学，先确定一个人基本的人性人格问题。他在《略论中国科学》里面讲，"当通各国之人文，会通和合，以求归一，斯为文化学"①。然后讲出一个当时最大的问题，他说《论语》里讲"齐一变至于鲁，鲁一变至于道"。他说："今试问，当今之世，孰为齐？孰为鲁？又如何而使为道？"群雄竞逐，这应当是学人处世的一个最大见识、最大学问。钱穆在这本书的序言里提出他的核心思考，就是五千年的大国今天怎样维系得住？靠自由民主体制，还是另外有自己的立国精神？

---

① 钱穆. 现代中国学术论衡. 北京：九州出版社，2012：58.

这本书的"论衡"很大程度上是从章太炎那里借用的。章太炎的《国故论衡》又是从王充《论衡》那里来的。钱穆回忆他在北平任职的时候，逐渐了解到章太炎为什么写《国故论衡》、推崇王充。晚清有风气推崇"东汉三子""晚汉三杰"，想要立一家之言，就回到家言的传统。但家言里面有很强的解构传统的意味。钱先生在这里用"论衡"这个词，有反讽的意味，实际上他要把自己的私言、家学、家言与王官学相通的那方面给显示出来，因此才会有"会通为体，分别为用"这样一个提法。会通什么呢？不单会通古与今，而且会通中与西。科学、民主是好东西，但是我们要放在自身文化体系当中去安顿它们。科学如果归宿是核武器，使大家处于核战恐惧下，就走向了歧路。"正德、利用、厚生"应该成为科学的宗旨。

《晚学盲言》是钱穆晚年思想的集大成，他还有几本类似的书，像《湖上闲思录》《双溪独语》，而这本书是集大成。这本书的价值还远远没有被认识到。它分了三大部分，从一开始的宇宙、人文、自然，到中间的政府、政治、法律，再到最后的德行部分。礼、法之辩是一个中心性主题，用现代的新问题意识重新对中国的礼法进行解释。为什么权力不是立国之本？为什么财富不是立国之本？为什么法律不能作为立国之本？钱穆在现代政治问题的刺激中，思考现代中国何以立国的问题。比如说他讲散和统的问题，如果单纯依靠物质财富和权势力量，那叫有散无统。西方的国家兴替十分频繁，大国凝聚很难实现，为什么？这是有散而无统。而统在哪里？围绕人心、人的性情建立起来的一套礼法政治建构，包括亲亲、尊尊、贤贤，需要我们重新理解和实践。

从晚清以来，变革思维贯穿戊戌变法以降，改革开放也是另外一种革命，变革思维可以说主导了现代中国人的政治心智。但是，传统政治当中有很强的立国思维传统，这个传统背后活跃着治体论，引导我们辩证思考政治主体、政治原则和制度方略的整合关系。钱穆的学术体现出立国思维传统在现代转型中的艰难跋涉。我们知道，关于立国之道的讨论在现代非常热烈，如康有为、张君劢先生等人。钱穆恰恰最能体现传统的政治建设精神是如何与现代立国勾连起来的。

第一章　走向回归的离乡：作为政治学人的钱穆与现代立国问题

经过了革命现代化之后，国家寻求长治久安。钱穆在20世纪50年代的时候，已经提醒我们注重这个命题，有大量的历史和政治理论可资借鉴。因此，今天我们需要重新回到钱穆先生身上。这并不意味着钱先生说的全部正确。但钱先生为我们提供了一个范例，引导我们思考中国政治和人类秩序问题。一方面，我们可以研究钱穆是怎么思考的，另一方面，更重要的是学习像钱穆那样去思考。他的思考采取的也是中国历代先圣先贤们的治学路径。这一重新回归和洗礼，为我们的现代共和提供了弥合分裂和断裂的珍贵宝库资源。

附录　钱宾四先生与现代中国的政教之运[①]

上

钱穆先生生于甲午之役时期，恰恰遭逢中国思想文化上的转型时代开启，后卒于1990年。在各种党争激烈纷扰的20世纪里，他代表了源自传统的那份平正与通达。和钱穆先生比较起来，康有为的思路是在共和鼎革、易政之初，对于共和国精神根基与权威危机的对治。可以说，君主制和国教论是共和初立期，人们对于时潮过于强调共和的民主性，康有为强调共同体维系在精神上与体制上的传统维度。

对钱穆而言，政教是一个大概念，我们还需要从"政"的角度，特别是从"政"所代表的宪制角度来重新认识。钱穆先生依托孙中山先生的五权宪法理论做出了深入的解释、论证与改善、改进。这一点，其实是他相较康有为的一个重要时代价值。这个时代价值到现在还有效，因为他依托孙中山先生的五权宪法理论所进行的解释与改进，其中很有针对性地提出要化解现代政党的问题以及我们后来比较熟悉的党国结构的问题，提出了

[①] 本部分出自在纪念钱穆先生诞辰120周年学术论坛（2015年7月30日由常州大学国学研究院与弘道书院主办）上的讲演。

一套基于中国政治传统精华的宪制方案，从而有效克服了政党政治激化带来的弊病。譬如，他通过考试权、选举权、监察权的设置，来凸显贤良参政、贤能引领的意义；他通过元首制，吸取以往君主制优点，在新的五权架构当中重新安顿总统代表的政治角色——他对于这个角色的阐发不同于国民党的"五五宪草"方案，更强化了它相对于国民大会的超然角色、强调了超乎党派之争的仲裁者角色。这些方案，其实都要落实中国政治传统"公忠不党"这样一个特质。钱穆认为这是一个更为民主其实也可以说更为共和的政治精神传统。

如何在依托孙中山先生五权宪法的架构下将其落实，在这方面，钱穆和康有为处理的是阶段性不同的问题。也就是说，共和初期党治的问题还不很突出，到了国民党一党训政的时期，党国架构的问题在现代宪制中的中心地位已经比较凸显了。如何利用中国传统的政治智慧来诊治其中的一些病症，是钱先生在重新构思现代中国宪制的一个重大贡献。《政学私言》的命名里包含了一种超脱党见的"不合时宜"。这样的贡献，可以联系董子在秦汉政治架构下的现实运思的特征。也就是说，钱穆是在时代所衍生出来的一套架构下运思的，而不是完全基于自己的学术理论重新想象一套政治架构。而依照义理重新想象政治架构，在当代很多思想流派的思考中还展现着这样一种气质，体现的是一种理论性的规范建构。这是否与康有为有些类似，值得辨析。这样的政治思想气质与现实政治脉络之间产生的张力相当大。这是我们需要注意的第一个方面。

笔者在阅读钱穆先生作品的时候，最震撼的是他对于政治权力和时代精神的那种警惕。20世纪的学界和政界，在这一点上要么被时代精神所裹胁，要么被政治权力所俘虏。钱先生大体上在这两个方面，尤其是在针对新文化运动以来的时代精神方面，能够保持学术上相对独立自主的尊严和品质。这一点对我们的启示尤其大。我们现在儒学的发展、政治学的发展、社会科学的发展，很难跳出对时代精神逢迎、对政治权力诂媚的圈子。

那么，跳出去的资源在什么地方？钱先生最大的启示就是，他深深地进入中国学统、道统中去了。他能够以几千年的学术传承、国家治理传统作为依凭，针对这个时代精神以及时代精神塑造下的政治权力，提出非常

第一章 走向回归的离乡：作为政治学人的钱穆与现代立国问题

具有洞见而独立的主张。这是钱穆先生一个非常重要的贡献。这个贡献，实际上在钱穆对于中国现代政治的发展展望中也有很强的表现。钱穆不断强调我们要引入法治，应注意到法治在文明系统中的一些条件，他推崇"尊师重道、自由讲学、独立思想"——他认为这是中国历史上学统、道统之所以能够对政统、治统发挥提摄作用的一个非常重要的精义。钱穆在论述这一点的时候，不断批评国民党以来的政府主导垄断教育和思想权力的现状。钱穆认为这恰恰是我们20世纪中国学人、思想界，没有生机、没有理论创造力，从而在实践当中也总是随着西方人打转的根本原因所在。在笔者看来，这是他在经受了现代精神熏染之后又重新基于中国传统做出的阐发。也就是说，对于法治理想，钱穆有独立自主的精神和心智的发扬。这一点，是我们今天需要反复强调的。

举个例子，前几年有人提出"国父论"的问题。我们看到，钱穆论及孙中山先生的时候，就提及国人遇到大小节日都要纪念国父，这一点其实过犹不及：孙先生再伟大，也只是一个治统权威，我们在道统上还另有权威。自古以来，我们在祭祀帝王之外、纪念帝王之外，还尊圣敬贤，因为我们自有道统。治统上的事功再大，也不应该僭越了道统的地位。这一点讲得非常好，可以看到钱先生对于传统的坚守、对于现代精神的吸收，综合显示出来的是一个现代儒者的面貌。

下

20世纪学者对于宋学、宋代文明的敬意，达到了一个非常高的高度。比如大家熟知的陈寅恪先生的论断以及严复的论断。但是，陈寅恪先生研究历史，推崇却不主攻宋代，这就很有意思，他对宋代的文明高度推崇备至，但是他并不研究宋代历史。而钱穆先生思想活力的一个主要来源是宋学。也就是说，他思想上的精神力量、构建力量、评价价值的力量很多来自宋学，但是他对宋政、宋史评价却不高。如何看待这一问题？放在20世纪学术思想、文化史的脉络当中来看，怎么来重新理解中国自宋以来开启的具有现代性气质的文明精神，并透视这种文明精神在20世纪的变迁？有朋友提到平等性问题，宋代社会结构和政治体制恰恰发展出了自身的应对。钱穆先生对此是有明确提及的。宋儒的大公天下情怀也因此而生。新宋学的工作是钱穆先生、陈寅恪先生在 20 世纪给我们提出来的一个具有根本性质的挑战。"近己则俗变相类"，我们要用一种源发于中国文明内在精神的视野，来重新认识自己所经历过的传统与现代变迁。

从这个角度来理解钱先生，笔者对钱先生的工作有一个感慨，就是 20 世纪以来，我们对于历史的态度和现实政治之间的有机联系大大减弱，甚至到了一个从对抗到相互拆台的混乱地步。也就是说，我们的实践政治的积累是与历史的黑暗化、污名化和解构共生的。这和传统中国政学的基本精神是相违背的，和我们看到的像英格兰普通法宪制中处理历史的实践性的态度也是相去甚远的。例如宋人对宋政的了解，是置于祖宗之法传统中浮现出来的。在这个意义上，我们才能够真正把传统政治的精妙之处讲出来。在这个意义上，我们恰恰沿着钱穆的学术脉络，来推进"钱穆先生们"没有充分展开的事业。叙述中国的共和传统、自由传统、保守传统，脱离这一条基线，是无根之木。

我们通过钱穆先生对中国历史文化传统和政治传统的总结就能看出来：历代政治的转变首先在于教化转变，教化之转变在于人心价值精神之觉醒。我们看汉代、宋代对于历史的启示都非常清楚。政的变化仍然在于教的变化，只有把握到政教相维的基本结构，我们才能够把握到中国政治转变的可能性在什么地方，所以具体落实还是人心价值精神之觉醒。只不过这个觉醒，今天表达为更强烈的回归传统的面向。这个方面，在精神觉醒之外，不仅仅是一种理性之学和知识之学的重新建立，而是有一个精神的面向。这也是我们今天能坐在一起讨论钱先生意义的地方。中国的学问妙处在于知行互动，而不只是坐在书斋当中讲困惑，这是我一直的感受。

学术或者政教发展的议程掌握在谁手里，这是一个需要我们思考的问题。笔者阅读钱先生作品的时候深刻感觉到这一点。钱穆明显受到来自民主、宪政、法制、自由这种西学话语强大的挑战压力，他是生活在压力刺激之下的。从历史学来讲，他是生活在革命派历史撰述的压力之下。但是，他又不甘于向那样的一种叙事、那样的一种价值引进下的跟时髦与赶潮流妥协。因此，他要开辟出探讨问题的不同道路。

所以，笔者阅读钱穆的很多政法文章，其中钱穆不断强调：学人谈及

第一章 走向回归的离乡：作为政治学人的钱穆与现代立国问题

民主法治，离不开谈英、美。但是，我们应该谈汉制、唐制、宋制、明制，谈儒家、道家、法家，谈君主大臣、诸司群吏。这样谈，难道就不是在谈民主法治吗？钱穆有很多这样的辩解。钱穆这种方法，其实比直接用西学资源来谈民主法治，带来的启示更大。这就是他的价值所在。例如钱穆论及民主法治，是从君主大臣、诸司群吏的体制构成来讲的。钱穆指出，宪制的最终目的是使分处于不同角色的政治人物尽可能地发挥其政治自由、养成其政治能力。当他借用这样一个结构性的视野来观察的时候，笔者觉得他其实提出了一个远比我们20世纪流行的个人主义，或者后来人权本位、过于现代的西方自由主义视野更为开阔的图景。

例如，钱穆讲元首，一个成熟的宪制需要很重要的元首制度，特别对中国这种大国来讲。再例如，论及大臣，钱穆指出大臣尊严、体貌大臣、优礼大臣、礼臣，这也是中国礼贤传统非常重要的一个环节。"大臣之道"根植于中国传统政治，但是在西方，只有英格兰责任内阁制度成熟之后才有"大臣之道"。像钱穆这种观察民主法治的方式，非常高明地体现出依据历史经验发掘、提炼宪制理论的思路。

总体而言，一方面，钱穆活在民主、法治、自由的西式话语压力之下，另一方面，他又尝试从不同的进路来处理这个问题。最后就回归到笔者刚才提及的，民主、法治、自由的特殊处理方式，多少仍然存在于"抵御性"立场。也就是说，在话语议程的设置上，我们还处于防御性立场，目的是做出一个辩护、辩解性的方案和回应性的方案。今天我们要比钱先生看得更远一点，再往前一步，在今后的中国政教发展的议程当中，要深思熟虑建设主动权。这对我们来说，很具有挑战性。

第二章
『眼前有景道不得』*?：
钱穆与现代思想的宪制进路

---

* 此语源自钱婉约教授对于钱穆先生既往研究状况的感慨，笔者心有戚戚，谨借录于此。

第一节 钱穆的"明夷待访录"

2017年7月,狄百瑞(William Theodore de Bary)先生魂归道山。大约五年前,因为校对《亚洲价值与人权》一书,笔者围绕狄先生的道学在《读书》上发表过一篇评述,也顺带澄清坊间流传的一些误读①。斯人已逝,在追思文字中,方知狄先生的另外一个中文名字"狄培理",乃是二战期间钱穆先生所取的,颇合其一生弘扬理学的志趣,也更为本人认可。

在《中国的自由传统》这本极具争议之作的引言中,狄培理坦言钱穆对他研究中国思想的影响为时最早也最深。钱穆的卓越成就,对于狄氏,是与17世纪的儒者黄宗羲(梨洲)联系在一起的。梨洲在晚清是中国人接引西方民主思想的有力管道,继起的革命浪潮则进一步否定儒家传统与现代转型的正向关联,而这种文化态度正是钱穆一生致力于抵抗的时代风潮。狄氏盛赞:"钱先生是极少数能与当代流行的思潮相抗衡的杰出学人。因此我认为钱先生也继踵了黄宗羲的典型,保存(虽然不是绝无批判地保存)了他的新儒家的遗产。"②

狄氏认为,钱穆晚年所写的《朱子新学案》,好比《明儒学案》之于晚年梨洲,均是"为往圣继绝学"。黄宗羲的《明夷待访录》,在狄氏看来,是传统儒者对中国政治提出的最全面而系统的批判。狄氏在行文思考中虽不断向钱穆致意,汲取灵感,却没有注意到宾四先生自身的"明夷待

---

① 任锋.道统与治体:宪制会话的文明启示.北京:中央编译出版社,2014:365-375.
② 狄百瑞.中国的自由传统.贵阳:贵州人民出版社,2009;引言5-6.

第二章 "眼前有景道不得"?：钱穆与现代思想的宪制进路

访录"。这一对应作品，最典型者就是为论者所忽视的《政学私言》一书，稍早于狄氏向钱穆问学时间，发表于20世纪40年代中期[①]。

一、明夷待访：立国之道的终生追寻

抗战时期的国难危机深深刺激了一代学人的思维，钱穆广为人知的《中国近三百年学术史》《国史大纲》都是此环境中的发愤之作。《政学私言》中的作品多成于1944—1945年间，作者方辗转病榻，感痛于内忧外患。除了抗战，此书还与另一大事因缘交会，那就是抗战后期逐渐展开的多党共商国是、谋求宪制重构。国民政府在1945年8月确定拟召开政治协商会议，隐然开启了现代国史上的又一个制宪时刻。时值梁漱溟先生来访，钱穆以此书相赠，梁先生认为书中所言似为政治协商会议进言。清末民初以来的历次制宪时刻，如康有为、张謇、宋育仁、汪荣宝、章渊若等人络绎不绝地促动人民注重宪制的传统维度。梁漱溟有此观感，亦不足为怪。

不过，钱穆并不认同这一意见。他把这本依据中国政治传统论述五权宪法及"五五宪草"的文集称为"私言"，实在是意味深长。

"私言"的显性缘由，在钱穆自序中，是自谦不谙政情、不隶属活跃于公共时潮的政党，也远离构成时代主流意见的党论和主义。这只是意识形态浪潮下的书生论政，一个儒者努力与时潮保持距离的孤寂言说。他向梁漱溟解释，不求当政者必从，亦不在意一时之获称。当时，他更有兴趣的是梁先生关于合作创办文化研究所的倡议，且主张不必执着等待政协结果而定，独立耕耘讲学才是影响深远的根基大业。

从这一定位看，《政学私言》恰似《明夷待访录》，并不必将政治理想寄托于所在世。结合书中《道统与治统》一文提出的"百家言"论说，"私言"之谓，其实还蕴藏着作者的某种微言大义。钱穆认为，自西周王

[①] 钱穆. 政学私言. 北京：九州出版社，2010.

官学解体，来自民间学术的某一"家言"（私言）往往通过竞争逐渐成为社会新主导思想，进而影响政治发展。在上之"主义"，易于教条僵化，势必不能阻遏新思想上升并扩展。而新思想初起，往往位于边缘且微弱，但只要与中国传统大精神趋向相呼应，就有望成为新的公论共识。私言，还是公论，关键在于与中国文化大传统能否赓续融汇，而非求风行一时、当令时潮[①]。谈论中国政治，揭示政理精神，根植于外来主义，终非长远之计。这一点，在钱先生 1988 年年初刊定的《谈当前学风之弊》（收于《学籥》）中，有系统阐发。同样是在这篇极为重要的文章之终尾，钱穆仍然谈及抗战期间与梁漱溟的分歧，并为后者不能脱离政治纠纷、深耕讲学大业而慨叹[②]。由此返观《政学私言》之立意，一时一地的政局固然有其影响，我们却不必拘泥于此，更需体会作者着眼长期政学演变的"待访"意向。

与《明夷待访录》相似，《政学私言》基于现代语境提出了对中国政治传统的系统性诠释和评价。前者论题涵括原君、原臣、原法、置相、学校、取士、建都、方镇、田制、兵制、财计等。《政学私言》针对五权宪法，论述了其与中国传统政治的关系、选举与考试、元首制度、道统与治统、人治与法治、地方自治、首都问题、农业国防、政治家与政治风度等主题。这种结构上的趋同，本是中国政治传统自身内在延续性的反映。钱穆与黄梨洲一样，内在于整个大传统展开实践审视，不因天崩地解而自毁自弃。不同之处，可能是钱穆所处的文化政治氛围，较梨洲所处时期陷入了更大的自我否定。钱穆依据其文化智识与信念，试图激活并延续中国政治传统的内在生命力，面对的是更为决绝和狂热的反传统时代狂澜。

"中国传统政制，虽为今日国人所诟詈，然要为中国之传统政制，有其在全部文化中之地位，无形中仍足以支配当前之中国。"[③] 由政治问题而进一步否定文化传统乃至文化、国族的身份认同，是中国现代智识的一大病灶。钱穆在《政学私言》中恰恰要直面传统政治的现代潜能问题。诸如道统与治统、人治与法治、建都和自治、元首与国民这类题目的讨论，不

[①] 钱穆. 道统与治统//钱穆. 政学私言. 北京：九州出版社，2010：63-74.
[②] 钱穆. 谈当前学风之弊//钱穆. 学籥. 北京：九州出版社，2011：217.
[③] 钱穆. 中国传统政治与五权宪法//钱穆. 政学私言. 北京：九州出版社，2010：11.

第二章 "眼前有景道不得"？：钱穆与现代思想的宪制进路

仅针对宪法理论和方案而阐发时论，更围绕现代立国议程而开拓关乎一国根本构成的宪制论域。现代中国的宪制言说可谓代有不穷，花样纷呈，于其间能审慎而精到把握文明与政治这两层传统大义关联的努力，则难能可贵，尤显珍稀。

正如钱穆十年后在《国史新论》自序中陈言："要之，根据已往史实，平心作客观之寻求，决不愿为一时某一运动、某一势力之方便而歪曲事实，迁就当前。如是学术始可以独立，而智识始有真实之价值与效用。"[1] 钱穆此处乃就《政学私言》在通史、文化思想史上的意义而表明旨趣。史学或文化是学者解析钱穆学术贡献的惯常视角，学者对于钱穆思想之历史文化向度的关注远远超过对其宪制法政论说的再思。钱穆的通史、学术思想史、经学子学乃至文学著述，都可置于较为超然的学术范畴加以评析，其经世论政一面反倒黯然不彰，即如钱氏弟子戴景贤先生所著的《钱宾四先生与现代中国学术》，对于后一面也主要就《国史大纲》《国史新论》《中国历代政治得失》进行侧重政治传统的学术解读[2]。而二者究其实乃不可割裂分视，严正申论现代宪制大义的《政学私言》值得我们认真对待。

以立国宪制的中心视角来看，钱穆对于历史传统与现实政治的审读本来一以贯之，《政学私言》也深深内嵌于他自身的学思脉络，绝非横空出世，应付光景。他在《现代中国学术论衡》的序中，明确点出自己关心的一"大问题"："试问此五千年抟成之一中华大民族，此下当何由而维系于不坏？若谓民族当由国家来维系，此国家则又从何而建立？若谓此一国家不建立于民族精神，而惟建立于民主自由。所谓民，则仅是一国家之公民，政府在上，民在下，无民族精神可言，则试问西方国家之建立其亦然乎？抑否乎？此一问题宜当先究。"[3] 国家由何建立？这一立国的根本问题紧密联系着对于现实国运的忧思，又须耐心从历史传统中寻求其线索。

作为民族"心史"的《国史大纲》，其"引论"从中西比较视野中彰显中国作为政治共同体的演进之道，着重揭明其立国规模，申明对于现代

---

[1] 钱穆.国史新论.北京：九州出版社，2012：2.
[2] 戴景贤.钱宾四先生与现代中国学术.上海：东方出版中心，2016.
[3] 钱穆.现代中国学术论衡.北京：九州出版社，2012：5.

中国未来发展的基本信念。钱穆认为，中国共同体的文化-政治建构机制，乃由社会整体中涌现出的优秀力量形成一个中心，向四周涵化融合，强调公忠和容、尊贤重文、不尚党争。他指出，"我民族文化常于和平中得进展，欧洲每常于斗争中著精神"，"我中国此种立国规模，乃经我先民数百年惨淡经营，艰难缔构，仅而得之"。立国规模，从形式上看，是民族、文化、历史传统的演进积累之结果，其内涵机制自有精义①。

稍后的《政学私言》更积极地强调政治立国须正视传统条件，开端明言："作者草为此文，先有一甚深之信念。窃谓政治乃社会人生事业之一支，断不能脱离全部社会人生而孤立，故任何一国之政治，必与其国家自己传统文化民族哲学相诉合，始可达于深根宁极、长治久安之境地。"② 更为人熟知的《中国历代政治得失》作于 20 世纪 50 年代，辨析现代革命意识形态对于秦以后政治传统的过度贬损（"专制黑暗"论），针对辛亥以来唯西方是瞻的制度决定论，在"前言"中特别概括出七点内容强调制度心智的复杂性③。

若以立国宪制为中心，这些多方审视且蔚为体系的论说可被视为广义的"明夷待访录"，在《中国历史精神》《中国学术通义》《宋代理学三书随札》及其一系列文化学论著中有不同形式的体现。上文提及的《现代中国学术论衡》，在《略论中国政治学》一文中特别提出系统反思，彰扬政治学的文化自觉意识。与《谈当前学风之弊》同调，钱穆批评现代学术由传统通人通儒之学变为专家之学，逐渐丧失通学旨趣与政治立国之间的关联视野。康有为、章太炎、胡适等人改造传统，以不同进路催化这一断裂过程，由求进而主新、主变，且加重意识形态竞争的门户党伐意气。学术传统趋于破碎支离，荒腔走板，最终反噬自毁，没能萃取精华而谋一善变。

其间，钱穆对于晚期梁启超颇致敬意，推许其发掘礼治精义，由新民转重国风，晚年沉潜学术，若非天不假年，当更有惠于学术传统。而孙中山先生将革命共和大业引归中华道统，在实践反思中提出三民主义、五权宪法，钱穆盛赞其在尊重政治传统的前提下审慎吸取现代因素，提出现代立

---

① 钱穆. 国史大纲. 修订第 3 版. 北京：商务印书馆，1996：引论 14.
② 钱穆. 政学私言. 北京：九州出版社，2010：3.
③ 钱穆. 中国历代政治得失. 北京：九州出版社，2012：前言 1-5.

第二章 "眼前有景道不得"?：钱穆与现代思想的宪制进路

国的初步宪制架构，有待来者完善。按戴景贤先生之说，孙先生于钱宾四，乃为经世济民之学的近代同调，钱穆对其乃参酌式辨思，而非信仰式尊崇[①]。

钱穆慨叹："吾国家吾民族四五千年来相传之治平大道，政治大规模，惟有学步西方，作东施之效颦，其他尚复何言。中山先生已早有知难行易之叹，又谓中国乃一次殖民地，更次于殖民地，亦可谓言之沉痛矣！"[②] 晚清以来奉民主平等为圭臬，生搬硬套外国政制架构，并迷信体制解决的神妙伟力，轻视政治背后的文明体系差别，是钱穆强调政治发展需深根宁极、政治理论应自根自生的时代缘起。除了学理思考的被动处境，上述心智还导致国内政情常随国外形势而流转，国本不能独立自定。因此政治实践与学术应先重视传统造就的国情、尊重民族社会的文化民风，在此基础上损益维新。这一点，经过一百多年的曲折探索，国人渐已自觉，而钱穆无疑是这个思路最有洞察力的先行者之一。

《政学私言》质疑思想界论政动辄援引欧美先例的做法，指出其易造就现代政治理解的"死格式"。钱穆声明不反对民主潮流，他认为，适合中国的乃是一种公忠不党的民主政治（"全民政治"）。对于五权宪法理论，他的贡献在于依据深邃广博的政治传统智慧，为其提供更富学理价值的阐释、修正与推进。五权宪法理论被置于一个绵延不断的中国政治传统中加以理解，历代政治经验中的先例和法度构成优先注重的资源。《中国传统政治与五权宪法》《选举与考试》《论元首制度》《人治与法治》《法治新诠》对于宪制架构中的五权、元首、政党、国民进行深入剖析。钱穆强调宪制架构内在的平衡，激活君主制、贤能士人对于民主共和的现代意义，"一切当从全部政治机构中意见与权力之衡平着眼"[③]。

国人以为民主政治即张大民众势力、推行政党竞争，钱穆主张用更具平衡性的宪制架构来弱化这一冲力。一方面，提升国民大会代表的构成异质性，加大区域选举、职业选举、学术选举与名誉选举的比重，并使政党

[①] 戴景贤. 论钱宾四先生研究历史之角度与其建构史观之过程及方式//戴景贤. 钱宾四先生与现代中国学术. 上海：东方出版中心，2016：333.
[②] 钱穆. 现代中国学术论衡. 北京：九州出版社，2012：194.
[③] 钱穆. 选举与考试//钱穆. 政学私言. 北京：九州出版社，2010：22-23.

活动主要限制于国会和行政机关；另一方面，确保总统的超然地位与考试权、司法权和监察权的政党中立性，落实对政治参与者、被选举人的筛选和监督，强化总统与五院的指导协调关系。总体上，避免总统过弱而国会过强，二者各自有其位能，联络而成上下一整体，五院之间则相维相制。

钱穆认为，"倘能于旧机构中发现新生命，再浇沃以当前世界之新潮流，注射以当前世界之新精神，使之焕然一新，岂非当前中国政治一出路"①。五权宪法吸取权力分立的启示，从中国政治传统中提炼出考试和监察两权，克服旧政制里王室世袭与缺少国会这两个弊病，可谓现代宪制思考的活法。"五五宪草"未得其精义，五权宪法还有待提升完善。另外，钱穆立基于传统政治经验，试图为法治提取出更为普遍性、根本性的说明。《法治新诠》借传统政体中君、臣、司、吏四个要素论证优良政体在于最大限度地激励各构成部分的运作，通过"官尽其职"实现"人尽其才"。无论中外，好政制有两个要素，即如何选拔贤能并避免其滥权济私②。

钱穆预料时论必讥："近贤言法治，皆指欧、美民主宪政，此独举汉、唐职官制度。古之人言之曰：'贤者识其大，不贤者识其小'。中西政制虽异，亦或有精义之相同。此虽小节，不失为法治之一端。"③ 若转换视角来看，古典政体（包括君主制、贵族制、混合政体等）因蕴含生成根基而为我们储备了理解和反思现代的必要视野，古今统贯的会通心智有助于今人化解割裂自大的心智蔽障④。

二、概念化、论题开拓与理论新创发

《政学私言》借宪制架构的申论契机，还为重估和重构政治传统开辟

---

① 钱穆. 政学私言. 北京：九州出版社，2010：11.
② 同①190.
③ 同①195.
④ 任锋. 钱穆的法治新诠及其启示：以《政学私言》为中心. 西南大学学报（社会科学版），2018（5）.

第二章 "眼前有景道不得"？：钱穆与现代思想的宪制进路

出了极为珍贵的空间。在基本原理层面，钱穆基于中西对比而提出一系列原创概念，包括"政民一体"与"政民对立"、"信托政权"与"契约政权"、"自然（单一）国家"与"人文（复式）国家"、"尚理政治"与"尚力政治"、"外倾型"与"内倾型"政治意识、"学人政治（学治）"、"士人政府"等。

在论题开拓上，钱穆也由政制权力架构出发，将宪制体系深层次的主题揭示出来，显示出宪制思考的广袤与深邃。

钱穆指出，被国人视为西方政治典范的七百年英伦宪制，其文化体系对应以阶级和民族斗争为中心的社会演进，政党精神构成其柱石。中国自有安顿群体生活的大经大法以解决优良政制问题，可被视为中国传统之宪制。但论者需要辨识不同宪制所处文化体系的精神同异。这必然涉及狭义政制以外的深层次问题，如政教关系、人法关系、共同体型构及其中心等。

钱穆的相关论析极具历史纵深感与理论复杂性。这里撮要言之。

首先，"一统"与"多统"问题。作为对梁任公论点的回应，钱穆指出，"一统"构成中国政治主导精神，以全部整体荟萃产生一个中心，进而涵化扩展，形成可大可久的立国传统。西方一些国家即便文化同源，在政治上始终多头林立，缺乏持续长久的整合力。这一点构成相异的基本政治事实。它还透露出中外国家观念的差异，中国文明以国家为修齐治平序列的中间一环，国家观念深具道义性，运之以教以化，而西方文明率以国家为工具性、功利性的存在，持之以斗以争。前者"一统"的趋向乃为天下普世，后者终难超越国族限制。

其次，政教关系方面。中国政教合一，然而这个"合"不是宗教与政治的合一，而是文教与政治相维制。中国的文教学术传统主张"通天人，合内外"，将超越性存诸经久日常，以大群同心共识为天道，通学通人被包含其中。这是构建超大规模共同体的精神根基。钱穆扩展了近世儒学的道统概念，用以指称文化大传统。古典王官学渐为百家言取代，但政府内专设主持文化教育的机构，社会民间每每成为思想文化精神更新的动力机制，政学之间形成较为良性的循环与制衡。

道统意识在近世尤其体现出来自平民社会的精神进取力量，成为民气民心的传达渠道。在现代政治社会，政党力量与市场资本极易形成权势垄断，要确保人民真正享有自由，须在立教原则上尊重道统，在权力架构上优礼贤良，以形成有效制衡。

总之，中国政教、政学合一，内置互动张力，不似西方政治与宗教在根本取向上入世、出世相分，宗教难以真正提摄涵化政治，终有颉颃之势。"中国政治之终极责任在教，中国政治之基础条件，亦在教。故学校与教育，其地位意义，常在政府行政之上……中国传统教育，常主于超民族超阶级而为人类全体大群文化进向辟康庄示坦途，而政府亦受其指导。"① 文教道统，亦是宪制权力（如考试、监察、司法）的精神基石。

再次，钱穆引入法治视角，对传统资源进行再解释，指出礼法传统的宪章性质，从中国作为大国构成的现实角度揭示传统重视法治的本来面相，并在区隔政治实践与言论的意义上，对于诸子如儒法道各家的理论理想做出辩证评价。

要言之，作为广土众民的传统大农业社会，民众与政府事务的长治久安有赖于法度秩序的安排，历代关于食货、赋税、选举、职官、监察形成了深具稳定性的典章制度，在汉、唐、宋、明等取得非凡治理成就的政治体尤其如此。在实在法、成文法基础上，又能灌注强调风俗教化、情感相通的礼治精神，整体上形成久远丰富的礼法传统。相对于此，儒家发挥主张礼乐、道德清议的提撕作用，法家护卫督核国家体制，道家反思讽喻，各有长短。

针对现代中国片面迷信政制的唯制度论趋向，钱穆先生还提出政治风度的学理范畴，指出政治事业兼具群体性与领袖性之两面的复杂本相，从政治事业的实践维度对政治风度进行义理解析，彰明领导人物、政治精英群体、社会民众之间的互动逻辑，为我们从政治人（治人主体）角度理解精神价值、行为、组织与制度的治体构成逻辑开辟了极具创新力的论域②。

---

① 钱穆. 中国传统政治与儒家思想//钱穆. 政学私言. 北京：九州出版社，2010：104.
② 钱穆. 政治家与政治风度//钱穆. 政学私言. 北京：九州出版社，2010：196-204.

第二章 "眼前有景道不得"？：钱穆与现代思想的宪制进路

如唐太宗、宋神宗等政治家，如何以其理想抱负，尊贤容众，形成进取包容的政治风气和法度，凝聚形成影响长远的政治贤能群体。"故观察一理想上大政治家之风度，断不当着眼在其个人，而首当着眼在其集团，与相从共事之政府"，"其风力所感靡，格度之所检正，常使此一群体一社团同时响应，有不自然而然者，遂以形成一共有之趋势，与共认之局面。惟如此，乃始得谓政治事业之完成"①。法度之外，尚有风度，可谓对于人法关系的辩证多面处理，为现代政治研究别开生面。

又如首都问题，"虽非一种政治制度，而实与其一切政治制度有精神上内在甚深密之关系"②。一个政治共同体，如何抟聚多样态的地理形势、民情风俗、经济社会力量，而形成具备凝聚力与进取精神的整合机制，钱穆是在这样的宪制视角下思考建都问题的。他赞同孙中山定都西安的建议，以衡平现代中国的区域、族群差距，从经济、社会、立国精神导向上激励国民进取。《论首都》《战后新首都问题》为这一决断提供了基于国史传统演变的纵深分析，也展示出钱穆对于现代立国精神的一种期盼，"我们要返老回童，要在逆势与动态下重新从低下温暖的所在，爬上高峻寒冷的故乡。我们依然要从小地面复归到大地面去。这是我们的奋进与迈上，这是民族之再生"③。

三、重续近世立国思维议程

钱穆在其"明夷待访录"中也不断向黄宗羲致意。狄培理在他发掘的新儒家自由传统中审视梨洲及其作品。除了帝制批判，他还表彰梨洲治法论的宪制含义，尤其是学校制度设计在新儒讲学传统中的集成意义。狄氏

---

① 钱穆. 政治家与政治风度//钱穆. 政学私言. 北京：九州出版社，2010：203.
② 钱穆. 论首都//钱穆. 政学私言. 北京：九州出版社，2010：52.
③ 钱穆. 战后新首都问题//钱穆. 政学私言. 北京：九州出版社，2010：184；任锋，马猛："建国于大地之上"：钱穆的首都论、立国形态观与文化地理学. 思想战线，2021（2）.

共和立国与治体新论：钱穆历史政治学研究

特别批驳费正清的论调，后者将黄宗羲所论看作"儒家政治的陈腔滥调"。他指出不能以自由主义民主作为标准，而应在近世传统中看到人性成长和更新的潜力、个人或群体讲习的秩序活力①。不知狄氏是否受过钱穆影响，钱先生实则在《政学私言》中已从更纵深的宪制传统视野对此有所抉发，揭示出被现代激进浪潮遮蔽的近世议程。

从近世政治思维的长程视野观察，黄宗羲在《明夷待访录》里对于宋代理学和经制事功学所代表的两大思维模式的治体论进行了具有高度创造性的整合。治体论是自汉代贾谊以来经历了长期演变的中国政治思想传统，随着近世宋学蓬勃繁兴，治体论所蕴含的治道、治法和治人三要素架构得到了充分发展②。其中最重要的一个演进，是从北宋诸儒推动形成的变革思维逐渐转型到由南宋经制事功学大力促成的立国思维，同期南宋理学则大体延续了北宋变革思维。

变革思维与立国思维的主要区分，在于是否以现实立国政治传统为基础来思考经世秩序问题。前者主要依据经学典范和诸子资源张扬"法三代"的理想，由此导出对于现实立国政治传统的变革变法；后者经历王安石大变法运动的反思，逐渐发展出以现实立国政治传统为本位的思考模式，在"法三代"与"法祖"之间形成了良性关系。南宋浙东群儒代表的经制事功学与理学共享天理世界观，彰显治道原则的公共性和实践性，更重要的贡献则是对于纪纲法度、宪章成宪的高度注重，以此为中心来重构治人、治道与法度体制之间的宪制关系。以纪纲法度为中心的治体思考牢牢扎根在对于现实立国政治传统的阐释研究上，重视立国初启时刻开国政治家的政略法度及其精神，辩证思考开国政治家与后世传统之间的关系。在治体论意义上，他们强调君主政治家与士大夫双重治人主体的挺立，对于现实法度传统能够加以审慎的分析批评，在肯定和改善现实法度传统的

---

① 狄培理在黄宗羲政治思想研究中率先引入宪法视角，触及近世儒学对于治法、纪纲法度高度关注的一脉。钱穆先生更早从治法角度审视中国政治传统及黄梨洲，这既是针对西方现代法治论说挑战下的回溯，也是对于中国自身近世政学传统的接续和重启。关于狄氏贡献的意义，参见：孙宝山. 返古开新：黄宗羲的政治思想. 北京：人民出版社，2008：25-27.

② 任锋. 中国政学传统中的治体论：基于历史脉络的考察. 学海，2017（5）.

第二章 "眼前有景道不得"？：钱穆与现代思想的宪制进路

前提下来思考儒家治道原则的落实和治人主体的实践①。

南宋经制事功学推动了治体论的近世成熟，这一历程也是在从变革思维向立国思维转变的精神洗礼中完成的。它开放包容地继承了北宋诸儒中司马光、苏轼、理学家们的政治思考智慧。理学在南宋后逐渐成为宋明儒学的主流，义理修身本位的治体论将治道和治法分别视为体用本末，也继承了北宋变革思维的主要秩序取向。经制事功学的传统除了一部分汇入理学，被更具有事功精神的理学家们吸收外，它的思想遗产仍不断得到后世学者的重估和汲取。黄宗羲的《明夷待访录》就显示出理学和经制事功学的双重影响。

《明夷待访录》的主旨精神是理学式的，将三代与后世分作两段看，肯定前者，否定后者，高扬"法三代"，抨击"法祖"。这一点，使得其在表面形式上看似是追究原理、探讨理想立国原则的论述，蕴藏着极强的变革思维能量。这与前述立国思维有明显不同，不似陈亮、叶适贴紧历史政治脉络来讨论君主、大臣、士人、诸纪纲法度，《明夷待访录》对于三代以后的法度进行了激烈否定，对于君主这一角色依据自私自利的人性论进行了极恶主义的批评和解构，立国思维中那种辩证处理君主政治家的方式变为以否定为主导的论断。在这一点上，黄宗羲弘扬了理学家将公与私对峙、三代与后世对峙的思维二元论，认定三代大公而后世陷于利欲罪恶。后世君主，完全被限定为追求利益最大化、妨害公共福祉的极恶化形象，虽然仍保有其共治分工地位，却极大地被去魅化、呆板化。在这个意义上，《明夷待访录》虽未弑君，却无异于奏响了放逐君主的序曲。

连带地，《明夷待访录》对于与君主紧密相关的传统体制，如宰相、经筵、科举等，在批判现实体制弊病的基础上，趋向于超越这些现实法度、返向三代模式。这就形成梨洲在另一向度上的思考重心，即以学校为代表的治法创制。梨洲在书中的法度宪章意识，其实承继了经制事功学对于纪纲法度的重视。没有经制事功学对于纪纲法度地位的高度关注，"有治法而后有治人"的提出是难以想象的。只是梨洲的治法思考取向主要受

---

① 关于这一思想演变，参见：任锋. 立国思想家与治体代兴. 北京：中国社会科学出版社，2019.

理学传统影响。理学有力张扬了道统与治统、理与势相维制的二元权威理念，这推动梨洲对于公法公论的思考越出既有君相体制的宰相、经筵和台谏，直接付诸一个与君相权力并行制衡的新系统创建，以学校而综合养士、表达公论和组织基层社会治理的多重功能[①]。

近世秩序思维不断批评法度繁密对于治人主体的束缚，这种尚法困境使得"以儒立国"成为空论文具。梨洲的这一学校创制，可以看作放逐君主之后，以纪纲法度重构的方式去确保"以儒立国"这一共治原则的挺立。

要言之，《明夷待访录》显示出放逐君主和"以儒立国"的双重精神趋向。这是对于近世政治脉络中君权不断强化和共治理念沉浮抑扬的思想反映。由于这本书在现代共和革命中发挥了巨大功用，对于现代政治思维也产生了深远影响。就上述两个趋向来说：一方面，影响了我们对于传统政治历史的基本态度，偏于抨击批判，趋于解构和虚无化。比如认为三代之后没有法度传统，片面强调君主制弊病而连带削弱了人们对于现代元首制度的思考力度。另一方面，学校的治法创制为现代国人接引西方现代秩序理念提供契机，民主法治、国会、公共舆论等要素易于由此而舶入。前者是古非今的趋向，在文明传统一步步被打倒之后，实际上极易形成对于历史文明的整体消解，便于进一步引入古典典范的替代品，即现代西学流行论说。在这个意义上，《明夷待访录》对于现代乌托邦意识的滋生颇为紧要，解构"法祖"型立国思维与历史虚无精神暗通款曲。而梨洲的学校论则又为大力模仿现代西方政制提供了接引。不妨把《明夷待访录》视为现代共和立国的大宪章前奏，其是古非今的历史传统观、治法优先的治体思维、公私义利二元对峙的治道原理就是这曲前奏中引发古今共鸣的主调。

晚清以来，朱一新、宋育仁、章太炎等人对《明夷待访录》纷纷提出了批评，体现出与近世立国思维颇为相近的思绪，如正视现实立国法度而非一概否定，辩证看待学校公论、士权和党争，警惕政治思考的去元首化

---

① 顾家宁. 儒家经典政制中的政教关系：以黄宗羲之学校论为中心. 政治思想史，2014 (3).

第二章 "眼前有景道不得"？：钱穆与现代思想的宪制进路

取向。这构成了钱穆先生对待《明夷待访录》的思想脉络。

从这个视角来看，钱穆先生理解《明夷待访录》，一面是致敬先贤，首肯其理想精神，将其接续到孙中山的共和宪制思想，另一面则基于一种深沉的立国思维，强调在其理想义之外正视两千年来的三代后立国传统，对梨洲论思潜含的乌托邦精神进行了现实保守化的克制。在探讨中国法治传统时，钱穆引用并反思《明夷待访录》，肯定梨洲对传统政制法弊的批评，进一步则指出梨洲三代有法、后世无法的激论是"求痛洗涤、尽摆脱之以为快"，乃"中国儒生之积习，一寄其理想于三代"①。钱穆在法度评价上，接通的是近世立国思维。他指出，就史实而论，中国传统尚法，实出历史环境所限。这一点，钱先生乃纠偏梨洲秉持之近世理学二元历史意识（三代与后世乃天理与人欲的公私之别），更合于近世浙东学术代表的经制事功精神（三代、后世乃程度而非本质差异）②。在《中国近三百年学术史》中，钱穆提点朱一新《无邪堂答问》对于《明夷待访录》的批评，也可看到这一批评的学术伏线③。

另一方面，钱穆高扬以教导政的理想，盛赞"晚明黄梨洲著《待访录》，欲以学校寄天下是非之公。此皆有见于我民族掎群建国之大体者……使学校得超然独立于政治之外，常得自由之发展。民气借之舒宣，政论于以取裁，此亦发挥中国传统文化精神一要目"④。近世宋明儒推动的第二次社会自由讲学，被视为"我民族永久之元气""我民族国家数千年文化正统"⑤。他对于黄梨洲学校制度的致敬，可见于《政学私言》中《地方自治》一文提出的"国家文化学院"构想，其方向是以学代官，"以学术关系代替官僚组织，此始为理想的民主政治之极致"⑥。只有在这种宪制视野下，所谓自由儒学的启发才能有合乎历史感与文明精神的妥当定位。

---

① 钱穆. 人治与法治//钱穆. 政学私言. 北京：九州出版社，2010：78.
② 全祖望称乃师，"公以濂洛之统，综会诸家：横渠之礼教，康节之数学，东莱之文献，艮斋、止斋之经制，水心之文章，莫不旁推交通，连珠合璧，自来儒林所未有也"（全祖望. 全祖望集汇校集注：上册. 上海：上海古籍出版社，2000：220）。
③ 钱穆. 中国近三百年学术史. 北京：商务印书馆，1997：700.
④ 钱穆. 中国传统教育精神与教育制度//钱穆. 政学私言. 北京：九州出版社，2010：169.
⑤ 钱穆. 国史大纲. 修订第3版. 北京：商务印书馆，1996：27-28.
⑥ 钱穆. 地方自治//钱穆. 政学私言. 北京：九州出版社，2010：50-51.

钱穆还结合对于中国文化历程长期演变的剖析，指出梨洲《明夷待访录》是第三大阶程文化演进的"最要宗旨"，体现了平民社会代表的中下层兴起，其学校是政统中公议的发源地，对于现代政治转型尤其有启发。具体就是，为孙中山先生的五权宪法提供了一个宪制的元基础。五权宪法中的考试权，需要由自由教育提供贤良人才来源，这也是由训政进化到宪政的预备，合于现代民主政治的大趋势[1]。

章太炎在《非黄》中批评梨洲的学校论会造成士权对于官吏权力的侵占，并且是朋党政治的温床。太炎此论本是出于对晚清立宪法治论的忧思（"举世皆言法治，员舆之上，列国十数，未有诚有以法治者也。宗羲之言，远西之术，号为任法，适以人智乱其步骤，其足以欺愚人，而不足称于名家之前，明矣"），背后的思考点是对于行政权力系统基本权能的保卫，与近世陈傅良、陈亮、叶适等人的立国思维遥相呼应[2]。

宾四先生1937年在《余杭章氏学别记》中对太炎此篇有专论，指出《非黄》意在批评晚清民初士人借尊黄来主变法。政治措施，不必都在变法，也在于除弊。"以法救世"，夸大了体制变革如模仿代议制度的神效。这个批评，应该是指向梁启超等人赋予《明夷待访录》《原法》的法治精神[3]。宾四于太炎志业忧思，回真向俗之转折，殆戚戚然[4]。

然而大体上，钱穆先生基于五权宪法理念，对于太炎的学校论批评，似未全然肯定。考其原因：一者在于钱穆对于元首代表的政治家、政治精英问题予以充分重视，批评民元共和以来国人对于元首问题的轻忽，从而在宪制结构论述中强化了元首地位，强调政治贤能的养成，即治人主体的挺立[5]。二者，钱穆对于与朋党问题相关联的政党政治持抑制态度，主张尽量限制政党在宪制体系中的作用，使其局限于国会和"行政院"。

---

① 钱穆. 中国文化演进之三大阶程及其未来之演进//钱穆. 宋代理学三书随札. 北京：生活·读书·新知三联书店，2002：附录224-227.
② 章太炎. 非黄//本社. 章太炎全集：四. 上海：上海人民出版社，1985：124-129.
③ 梁启超. 论中国学术思想变迁之大势//梁启超. 梁启超全集：第2册. 北京：北京出版社，1999：607.
④ 钱穆. 钱宾四先生全集. 台北：联经出版事业公司，1998：535-536. 钱先生1978年对太炎的传统文化态度又有严厉批评，参见同册第539-560页.
⑤ 钱穆. 政学私言. 北京：九州出版社，2010：29-39.

第二章 "眼前有景道不得"？：钱穆与现代思想的宪制进路

即使在国会，也利用多元选举制度去抑制政党。他竭力推崇的是元首带领下的五院体制，其中的考试、司法和监察尽力体现相对于政党的政治独立性[1]。

在这样的宪制架构支撑下，我们或可理解钱先生对于学校的乐观信念，更看重其秉持道统的自由活力和传统精义，其中蕴藏的清议或横议可能是不得不承受的相应代价，而其培植风俗（"诗书宽大之气"）、培养贤良的秩序功能更值得肯认。

梨洲在《明夷待访录》中凸显了治法层面纪纲法度的宪制重构视野，这一关怀主要继承了近世经制事功学的治体论重心，并在理学批判精神的引领下将其重构精神提升至共治原理的至极处。宾四先生直面现代危机，接续梨洲遗脉，更揭明了近世立国思维这一渐被遗忘的宪制议程，借由五权宪法重新激活了关于治道、治人和治法的系统思考。这一理论转进，值得我们多面审视。

四、新传统政治学的发端

生逢转型时代开启，殁当冷战长剧谢幕，钱穆一生学思因国家的后发现代处境而不得不与中西问题周旋不已，也受惠于传统信知而洗练了困觉中的思维从容，直面传统利弊长短而不至于方寸失据。狄培理认为钱穆的中西比较立场偏保守，凸显二者差异，肯认中国传统的优越性，而他自己重在追求发现二者之间的相通处，如古典文教性的自由精神，其实更贴近钱穆所表彰的中国文明特质，即推崇会通融合，不主割裂对立。

平允地说，钱穆的思索努力避免固步自封与邯郸学步两个极端，他主张："欲完成建国大业，端在自本自根，汲出政治新理论，发挥政治新精神，使政局有安谧之象，而后凡百改进有所措手。"[2] 政治上的保守主义、

---

[1] 钱穆. 选举与考试//钱穆. 政学私言. 北京：九州出版社，2010：18-33.
[2] 钱穆. 中国传统政治与儒家思想//钱穆. 政学私言. 北京：九州出版社，2010：109.

自由主义，此类现代意识形态标签，并不有益于界定这个立学不标门户、力求独立自主的现代儒者（观其拒签张君劢等人"中国文化宣言"可知）。他强调传统对于政治心智的根本地位，在现代语境下先驱性地推进了比较宪制下的传统再诠释，接续近世以降的经制事功学脉，同时汲取现代法治新观念。较之现代港台新儒家，于政治传统展现出更多肯认，将其称为新传统政治学，或许较为恰当。

此种尊重传统、究心宪制的学思探索，表现出兼具政治现实主义与道德理想主义的混合气质，如其论中国政治实践重法治，论政制利弊兼有、各求自适，批评传统中国"重法过于重人，重职过于重权，重安定过于重动进，重限制过于重放任"①。中国传统本位的视角也为中西比较提供了难得的原创洞见，如言西方多统非理想政治模式。

钱穆及其所抵抗的时代风潮已然逝去，但他的很多思索并未过时，譬如农业、陆地空间秩序对于大国根基仍有首要意义，注重国营经济和公益事业人才的参政责任与社会文教的独立价值，这些并不适宜时下意识形态光谱的教条定位。其间，社会政治中心的重建是他一再强调的转型大挑战，如何重置内倾型政治意识（重职责胜任而非争权分利）的"稳定性"则关系到政制改革的成效。

在《国史新论》的"中国传统政治"末尾，钱穆反思："若论政治本质，在近代中国，始终是一张空白，待向外国去套板印刷。始终是用外国的理论，来打破自己的现实。现实重重破坏，而外国理论则始终安放不妥帖。"② 他在转型困境中的探索，提醒我们于文明体系的传统脉络中去"触及政治的本质"。套用狄培理的《中国的自由传统》论黄宗羲一章的最后一句，或者可以说："真的，他特别让我们对于传统成长与更新潜力因此有更为开扩与更为多面化的认识。"③ 箕子、梨洲隔世有知，声气相应否？

---

① 钱穆. 国史新论. 北京：九州出版社，2012：112.
② 同①120.
③ 狄百瑞. 中国的自由传统. 贵阳：贵州人民出版社，2009：107.

第二章 "眼前有景道不得"？：钱穆与现代思想的宪制进路

第二节 "近己则俗变相类"：钱穆与近世儒家传统

钱穆在北京大学开讲近世中国学术史，恰值九一八事变爆发，自云"身处故都，不啻边塞。大难目击，别有会心"①。抗战困境异乎寻常地激发了学人们的家国忧思，促使他们检讨时弊，发掘救世资源。1937年，《中国近三百年学术史》出版，钱穆在"自序"中慨言时风，批评言政则盲目媚外，一味求变。"言学则仍守故纸业碎为博实。苟有唱风教，崇师化，辨心术，核人才，不忘我故以求通之人伦政事，持论稍稍近宋明，则侧目却步，指为非类，其不诋诃而揶揄之，为贤矣。"②

相应于乾嘉学术扬汉抑宋的门户之见，道、咸以来对于宋学的评价已渐变轨辙。至民国年间，学人如陈寅恪、蒙文通等褒奖宋学、重视宋史，虽尚未至"惊雷破柱""怒涛振海"，也骎寻变乎世风③。钱穆对于近世学术文化尤其是宋明儒学，同样予以高度评价。不惟终生董理著述，先后撰有《中国近三百年学术史》《国史大纲》《宋明理学概述》《朱子新学案》《宋代理学三书随札》，而且将其视作活的思想资源，主张"唱风教，崇师化，辨心术，核人才，不忘我故以求通之人伦政事"，尤其是"不忘我故以求通之人伦政事"，期于通故经世，著述多有强烈的时代旨趣，庶可代表陈寅恪所提示之"新宋学"的典型样态之一④。

于上引"自序"末尾，钱穆借司马迁《六国年表》言，指出"近己则俗变相类"，历史演变的脉络和定势须及身反察，切近而后通达。正如他

---

①② 钱穆. 中国近三百年学术史. 北京：商务印书馆，1997：4.
③ 陈寅恪先生云："考自古世局之转移，往往起于前人一时学术趋向之细微。迨至后来，遂若惊雷破柱、怒涛振海之不可御遏。"（陈寅恪. 朱延丰突厥通考序//陈寅恪. 寒柳堂集. 北京：生活·读书·新知三联书店，2001：163）
④ 关于民国时期"新宋学"的提倡，参见：桑兵. 民国学人宋代研究的取向及纠结. 近代史研究，2011（6）.

在稍后《国史大纲》的"引论"结尾借司马光的通史大业,批评"士方蔑古,竞言'革新'",忘却鉴往知来的历史智识①。重审钱穆对于近世儒家传统的阐发与省思,也有益于今人更好地对待传统、理解自身。

一、"平铺散漫之社会"中的宋学与新士人

钱穆于抗战国难中,每每强调外患积重与内政虚馁密不可分,而晚清民初以来的政治危机很大部分须归咎于国人的政治智识欠缺。抗战期间出版的《中国近三百年学术史》,尤其是《国史大纲》,在思想学术旨意上就是要敦促国人通过正视故国传统政治与学术而摆脱智识上的"次殖民地"困境,真正养成足以应对世变的政治智慧②。最深刻的危机,其实不止于武装侵略,而在于精神智识的彻底臣服。

《国史大纲》"引论"善用多譬,从中西比较视野来彰显中国作为民族、文化共同体的演进之道,着重揭明其间政治体的立国规模。聚焦于立国规模,钱穆将这一主题包含的政治与学思两个维度之间的关联进行了系统而精深的勾勒。对于近世儒家传统的理解,即在这一学术论域中得到推演。

钱穆概括中西历史演进之不同,认为"我民族文化常于和平中得进展,欧洲每常于斗争中著精神"③。换言之,中国能够成就广土众民的超大规模,且传统悠久绵历,其核心活力在此。而此中关键,"实乃由四围之优秀力量,共同参加,以造成一中央。且此四围,亦更无阶级之分。所谓优秀力量者,乃常从社会整体中,自由透露,活泼转换。因此其建国工作,在中央之缔构,而非四围之征服"④。由社会整体中涌现出来的优秀力

---

① 钱穆. 国史大纲. 修订第3版. 北京:商务印书馆,1996;引论33-34。
② 钱穆言,"继自今,吾国家吾民族四五千年来相传之治平大道,政治大规模,惟有学步西方,作东施之效颦,其他尚复何言。中山先生已早有知难行易之叹,又谓中国乃一次殖民地,更次于殖民地,亦可谓言之沉痛矣"(钱穆. 现代中国学术论衡. 北京:生活·读书·新知三联书店,2001;205)。
③④ 同①14。

第二章 "眼前有景道不得"?：钱穆与现代思想的宪制进路

量形成一个共同体中心，并向四周涵化融合，这是民族共同体的文化-政治建构机制。这一机制的主导精神是公忠和容、尊贤重文，因此不尚党争，发自社会下层的暴力运动亦难见良效。"中国史之隆污升降，则常在其维系国家社会内部的情感之麻木与觉醒"①，"然我民族国家精神命脉所系，固不在一种力之向外冲击，而在一种情之内在融和也"②，这也是国史政学重视和平中进展的重要缘由。钱穆称道，"我中国此种立国规模，乃经我先民数百年惨淡经营，艰难缔构，仅而得之"③。

自秦以后，"亦在于经济地域之逐次扩大，文化传播之逐次普及，与夫政治机会之逐次平等而已"，"国史于和平中得进展，实与我先民立国规模相副相称，亦即我民族文化特征所在也"④。体现在政治建构机制上，就是代表社会整体的优秀力量如何产生并运行，包含其教育、选拔、任用、督察、待遇的一系列举措制度。在国史传统中，此即士人群体的政学问题，与上述经济、文化、社会各层面的进展表达相互关摄。

钱穆曾将士人群体的演进划分为四期：孔子开启的自由讲学，最终导致了士领导的四民社会在秦汉统一时代兴起；两汉乡村儒学造就的士人，为汉代形成的文治政府提供根基；魏晋至隋唐时代的士族门第构成中古文治政府下的一种变相贵族势力（"士的新贵族"）；宋代近世以下的科举制为更加平民化的社会提供了文化和政治的凝合机制。士的本身地位及其活动内容与对外态势各不同，这也导致各时代政治规模和国史演进的特征有异⑤。

钱穆在观察近世学术与政治发展时，反复强调中唐以后的国史情境，表现为南北经济文化的转移带动南方上升，政治权解放更普遍，社会阶级更消融。这三者，尤其后两点与秦以后的大方向相一致。相对于中古门第贵族，科举制下的近世社会更趋向平等化。"社会走上平铺散漫之境，此中国挽近世一大变也"，或称"平铺散漫之社会"⑥。在君与臣、官与民之

---

① 钱穆. 国史大纲. 修订第3版. 北京：商务印书馆，1996：24.
② 同①25.
③ 同①14.
④ 同①23.
⑤ 同①561.
⑥ 同①26-27.

间，随着门第世族传统的退潮，上下之间的悬隔趋向加大，政府易骄纵专擅，而民间不能振奋，社会缺乏组织力量①。这是我们理解近世儒家兴起的重要结构性脉络。

也正是在应对这一世变的意蕴上，钱穆厘定了审视宋明儒家、宋学及后世变异的视阈。这一视阈的政治史发端是《国史大纲》中中国势贫弱的宋代政治，社会经济架构则是上述南北之间、门第和平民之间的势力转变。钱穆在《中国近三百年学术史》中强调宋学是审视近世政学的标杆，而将宋学开端设定于由范仲淹和胡瑗代表的政治革新领袖与教育大宗师，概括宋学精神为"革新政令"与"创新经义"，精神所寄在书院②。相对于将宋学溯源至欧阳修、司马光、王安石，或在哲学史意义上仅重视道学渊源于周敦颐，钱穆的这个设定都透显出他理解国史的大着眼处③。这个政学谱系上的定位，今日看来还是更显通史思想家的洞见。

在《宋明理学概述》中，钱穆将宋学划分为初期、中期和南渡三大阶段。初期宋学包括宋初三先生、范仲淹、欧阳修、李觏、王安石、刘敞、司马光与苏轼兄弟；中期宋学则包括理学系统的北宋五子及其门人弟子；南渡宋学除了理学传承外，还有浙东诸儒，及二家汇合之后学流裔。此一划分，显非据时代顺序，而多依义理形态甄别。初期宋学元气淋漓，广大多元，中期画龙点睛，趋向精微，而南渡后理学盛行，前此宋学形态逐渐糅合趋一。明代儒学沿着朱陆异同愈加考辨，远没有宋代博大精密。明清之际天崩地裂，儒学重新焕发磅礴广大之气象，而入清之后宋学精神逐渐流失，汉学之途于反抗功名理学中开启，明道经世之宗旨直至晚清才再度浮现④。

这个儒家学术传统的流变，在钱穆看来，实际对应着同时期政治社会的主题变奏。初期宋学之所以元气淋漓，是因为回到民族文化源头，重整旧传统，再建人文社会政治教育的理论中心，用以经纶群己生活样式。观

---

① 钱穆. 国史大纲. 修订第3版. 北京：商务印书馆，1996：27.
② 钱穆. 中国近三百年学术史. 北京：商务印书馆，1997：7.
③ 如陈寅恪之注重欧阳，胡适之注重司马，邓广铭之于王荆公，参见：桑兵. 民国学人宋代研究的取向及纠结. 近代史研究，2011（6）；冯友兰之于周濂溪，见于冯友兰所著《中国哲学史》（1935年出版）关于道学初兴的部分。
④ 钱穆. 宋明理学概述. 北京：九州出版社，2011.

第二章 "眼前有景道不得"?：钱穆与现代思想的宪制进路

察后期理学、汉学等学术变迁，也应充分关联到这一经世旨趣。

初期宋学元气淋漓的一个主要活力是钱穆反复褒扬的先秦以来第二次的社会自由讲学，他称之为"我民族永久之元气""我民族国家数千年文化正统"①。范仲淹、胡瑗之自觉兴起，皆非由国家教育之力，始见社会民间精神之勃发。宋明儒讲学的环境，六百年多数时期，政府不能主持教育、领导学术，其间社会运力尤大。钱穆综述此长时段社会自由讲学的发展，厥分为两途，一个归于国家学校教育制度，推动政治发展，另一个不断推动社会讲学创新，提供深层变迁动力，后者尤其生机蓬勃②。

与先秦相比，钱穆认为近世讲学进一步摆脱政治依附，多属社会平民学者自由结合，与先秦诸子投奔诸侯巨室不同，更倾向社会下行性。与汉唐儒相比，讲学内容不限于经学家法，更多以各人思想学术为宗旨，讲学方式更具流动性、随机性和公共性③。在孔子开启先秦自由讲学之后，近世儒家的兴起开启了中国第二次社会自由讲学的长期演进。

思想学术的兴起会对政治演进产生长期影响，这是钱穆论史特别强调的一个主线。先秦诸子尤其是儒家"天下为公，选贤与能"的理想在秦汉以降士人政府的形成递进中就扮演了这一角色。应对近世世变而起的宋学，也因此而有自身的精神和智识特征。"宋学精神，正在使人知读书为学不在显贵，自不走入佛老之途"④。读书论学，重铸文明，其理想在于超越佛老出世之风，同时超越汉唐门第余念，成就一个更为高明广大的理想境界。

这个境界，钱穆揭示其虽非西方式宗教，却特有一种宗教精神。"凡内在有一种相互共同的信仰，向外有一种绵历不断的教育，而又有一种极诚挚、极恳切之精神，自发自动以从事于此者，自广义言之，皆可目之为宗教。宋明儒的秀才教，大体以大群全体为归宿，可谓一种'新儒教'"⑤，"可说是范仲淹诸人以来流行于一辈自负以天下为己任的秀才们中间的宗

---

① 钱穆. 国史大纲. 修订第3版. 北京：商务印书馆，1996：27-28.
② 同①806-807.
③ 同①798-805.
④ 同①801.
⑤ 同①808.

教",宋学"都带有一种严正的淑世主义"①。源自社会民间的自觉精神,逐渐塑造为一种共识性的信仰,促进新士主体人格的树立,在政治社会落实为教育、政治运动的过程中,以彰显对于人生、宇宙精神的践履持守,"以大群全体为归宿",这是宋学精神衍生的大经大法。

相比先秦汉唐儒学,宋学增加了本体论、工夫论的维度,这一点理学尤其鲜明,而其整体规模,则在明道经世,即钱穆所云"唱风教,崇师化,辨心术,核人才"。从国史长程趋势来看,"中国社会,自秦以下,大体即向力的消解之途演进。迄于近世,社会各方平流缓进,流量日大,而流速日减……然我民族国家精神命脉所系,固不在一种力之向外冲击,而在一种情之内在融和也"②。平铺散漫的社会下,人物情俗量大速减,更需兼顾凝聚与活力。宋学或曰近世儒家,为此贡献了发展愿景与秩序创制动力,"他们热心讲学的目的,固在开发民智,陶育人才。而其最终目的,则仍在改进政治,创造理想的世界(开发民智、陶育人才为第一步,改进政治为第二步,创造理想为第三步)。宋明儒理论上的世界,是'万物与我一体'(张横渠之西铭为其代表作,此即上古先秦相传之一种全体观念也)"③。

在政治上,宋学的改革政令宗旨先后推动了庆历新政、熙宁变法,在社会上,新士群开创了义庄、社仓、保甲、书院、乡约等近世新制度④。钱穆比较先秦诸子与宋儒,认为前者并没有实际掌握政权,其学术得以"各家完成他各家的精神面目",而宋儒尤其在北宋,积极参政,学术意见没有发展到深细博大,却与政治冲突纠缠不清,发展为恶性党争,深刻影响了国运⑤。

但这并不能否定他们在政治上明道经世的基本规模。尊师重相,致力以三代理想精神改造现实,如张浚所云"废立之事,惟宰相大臣得专之",在近世历史中实则先扬后抑,"此后元明清三朝,正向此项理论加以迎头之挫压"⑥。

---

① 钱穆.国史大纲.修订第3版.北京:商务印书馆,1996:793.
② 同①25.
③ 同①807.
④ 同①810-812.
⑤ 同①599.
⑥ 同①594.

第二章 "眼前有景道不得"？：钱穆与现代思想的宪制进路

乾隆皇帝否定程颐的"天下治乱系宰相"论，伸张"以天下治乱为己任尤大不可"，钱穆在《中国近三百年学术史》"自序"中对此予以痛批，"夫不为相则为师，得君行道，以天下为己任，此宋明学者帜志也"，背后是近世以来社会政治发展大趋向的力量①。

承明清政治专制之祸，士人群体备受压制，不能伸张政学传统，然而社会自由讲学的传统活力不能消歇，延至晚清，遂有巨变。钱穆在《国史大纲》"引论"中概括清末民初的政局症结，除君主制、中央集权制的溃败之外，社会政治中坚势力的不易形成被视为最重要缘由②。但钱穆认为这只是一时病态，"不得谓此乃代表我民族国家数千年文化政体而为其最后之结晶。若果如此，则中国文化亦万不能绵历此数千年之久，而早当于过去历史中烟消灰灭，先昔人之枯骨而腐朽矣"③。

长远看来，宋学滋养新士人群体，较为有力地应对了中唐以来愈发平铺散漫的社会结构，在官与民、中央与地方之间沟通整合，担负使命。钱穆论定，"宋明以下之社会，与隋唐以前不同。士族门第消灭，社会间日趋平等，而散漫无组织。社会一切公共事业，均须有主持领导之人。……其所以犹能支撑造成小康之局者，正惟赖此辈讲学之人来做一个中坚（宋明理学精神乃是由士人集团，上面影响政治，下面注意农村社会，而成为自宋以下一千年来中国历史一种安定与指导之力量）"。新的社会政治中坚势力之形成，关系到现代立国规模的再生，"亟待有再度兴起的新的士的阶层之领导与主持，此则为开出此下中国新历史的主要契机所在"④。

二、门第与平民嬗变的政学意涵

钱穆在《国史大纲》中论立国规模，指出由社会整体自由活泼转换出

---

① 钱穆. 中国近三百年学术史. 北京：商务印书馆，1997：自序 2.
② 钱穆. 国史大纲. 修订第 3 版. 北京：商务印书馆，1996：引论 29-30.
③ 同②引论 30.
④ 同②812.

来的中心力量有利于共同体凝聚整合，且四围无阶级之分。近世以来平铺散漫的社会结构更豁现新士人群体担纲的社会政治中心之秩序构造义。然而，国史演变并非朝向平等化单线突进，其间仍有一重要的内在张力，屡屡为钱穆言及，此即门第世族与平民之嬗变互动。这一张力又横向关涉诸多社会、政治与文化议题，如南北关系、等级权威与自由抗议、史学文章与经术义理、事功与道德理想，须于一系统视野中审视，方可窥见它们的政学意涵及其现代回响。

门第世族的贵族传统乃中古社会政治的特色，这一传统并不会随着近世化平民社会发展而遽然消逝，因此其历史惯性潜入地域民风、政治与文化精神各层面，而与近世的平民化趋势形成一张力。另外，即使在平民社会的发展过程中，也会产生门第世族与平民的近似问题，与之前的历史遗产相呼应。

在论唐代贡举制时，钱穆指出这个制度可以根本消融社会阶级的存在，并由政治权解放而促进全社会文化的向上，连带论及魏晋以来的门第势力，钱穆认为门第势力一方面近似于古代封建势力的复活，而另一方面，"实为先秦、西汉以来士人地位之继续增强……就全史之进程论，魏晋南北朝之门第势力，在浮面则为一波折，在底层则依然沿文治之大潮流而滚进也"[1]。这一论断颇堪玩味。

士族本出于汉察举制，汉衰在南方退倚中正品状，在北方群聚自保，形成门第世族之势，"王政转移而为家教"[2]，钱穆称之为"变相的封建"[3] "变相的世袭"[4]，与王室处于对抗或协调的地位[5]。另一方面，门第世族保泰持盈，重视家教门风，传递儒经。"中国文化，赖着这些门第的扶护褒扬而重得回生"，而开隋唐之盛的北方士族贡献尤大[6]。由门第世族进而为贡举进士，突破特权小范围，可见历史传统的大本大原（"天下为公，选

---

[1] 钱穆. 国史大纲. 修订第3版. 北京：商务印书馆，1996：405-406.
[2] 同①296.
[3] 同①300.
[4] 同①307.
[5] 同①308. 士族又有南北之分，"南方士族直是政治权利上之各自分占，而北方士族则几成民族意识上之团结一致"，南方士族尚庄老玄学，北方士族尚经术政务。参见：钱穆. 国史大纲. 修订第3版. 北京：商务印书馆，1996：306-307.
[6] 同①309-310.

第二章 "眼前有景道不得"？：钱穆与现代思想的宪制进路

贤与能"）生命力仍然强劲①。

唐以来政权解放即带来新的政治问题，门第世族属于特殊阶级，政权不公开，而科举兴起，"社会各方面人平流竞进，皆得有参政之机会，而政权一解放，政治事业时有不易督责推动之苦"②。对于新士人群体，国家应建立良好的学校与考试制度，方能督责推动，确保素质。在宋代，政府"又竭力想提高文治，然而亦根本不能对文吏有一种教育与培养"③。这是宋学、新儒教兴起的一个结构性缘由，"严华夷之防，重文、武之别，裁抑王室贵族之奢淫，让受教育、讲道理的读书人为社会之中坚，这是宋以下力反唐人弊病的新路径"④。

从门第世族与平民嬗变互动的角度来看，宋儒兴起，高唱华夷之防是自五胡北朝至唐人们不看重的一个观念，参政自保的北朝士族及其后裔、退处偏安的南朝士族不强调之；盛唱拥戴中央的尊王论，这也是门第贵族社会退潮、继宋朝王室在政制上集权后，于理论思想上正式倡导、收拾人心定于一的一大进展；相对于士族贵族的尚佛老、重诗赋文章，新儒家尊儒崇经，推动古文运动；新儒家以天下为己任，要求革新政制，尊三代而贬汉唐。这些是社会政治变迁的思想文化映射。

钱穆认为，宋儒在公私生活中都表现出异于唐代士人的地方，从这种差异中可见门第世族与平民社会的风格嬗变：私生活上，为适应社会经济与身世，宋儒"表现出一种严肃的制节谨度"，"与唐代贵族气氛之极度豪华者不同"，且有宗教狂的意味；精神上"要不失为含有一种哲理的或纯学术的意味"。唐代士人的政治表现是"事功"，钱穆认为"此乃贵族学者之意态。即贵族传统家教，大抵不过保泰持盈，传世永福，而仍不脱事功的意味"。宋儒特出，在于"要把事功消融于学术里，说成一种'义理'"。钱穆认为，"此乃平民学者之精神。彼辈要出来转移世道，而不为世道所转移。虽亦不离事功，却不纯从事功出发"⑤。以义理指导事功转

---

① 钱穆. 中国历代政治得失. 北京：九州出版社，2012：57.
② 钱穆. 国史大纲. 修订第3版. 北京：商务印书馆，1996：428.
③ 同②549.
④ 同②492.
⑤ 同②560-561.

移世道，不再受身份门第束缚，平民始得出头，其得力于一种普遍性的精神义理更甚于传统学术。贵族学者与平民学者之分，灼见唐宋世变之异。

唐代士人仍然就事论事，宋儒乃以理待事，从一个新的信仰、教育理想来理解人的群己生活。这包含了意义世界—实践世界的一个范式转移，其社会基础是从门第世族到平民的转移。"南北朝隋唐虽盛衰治乱不同，但学术上同带有狭义的贵族门第性，故所治多为文艺诗赋，所重多在当代典章。稍稍逸出，求高僧，谈玄理，却与世法不相贯"①。"世族门第已消灭，不得不有一套新的理论与设施"，士人参政，"并不是在要保持君、相、官吏的门第或地位，而在为社会民众尽其责任"②。宋儒排斥佛老，经世重回世人实践之中心，并由以安顿生命终极关怀，可谓"与世法相贯"，也就是打通了此世与超越界的壁垒而建立一个义理流行的世界观。

同一处，钱穆比较宋儒与汉儒，认为宋儒与先秦诸子接近，都是平民学者的自由讲学，重视经学儒术则接近汉儒。只是汉儒出身需要历经郡县长时期的实际行政磨炼，"故汉儒风朴而才练，宋儒意气较发皇，对朝廷较轻视，较东汉儒益甚，不似西汉儒笃实，而与先秦儒为近"③，尤其理学学者相比汉儒，高明精微胜之，广大中庸不足，主要在制度政事欠缺④。

平民学者兴起，自由抗议表达为轻视政府权威，笃实干略不足，二者相反相成。因此，宋儒经世理想的再造，涵括了一个不限于政府中心的广阔领域，一方面要在传统政治领域革新改进，另一方面能够开辟不同的权威中心、社会场域，在精神世界的探索尤显格外气象，其主导趋向乃是平民式自由开拓的。主张此世与超越界相通、个体与群体相通、个体修身与治平相通，打成一片，义理或曰天理流行，最显近世精神魅力，背后是一个大公中正以立人极的普遍性最高理念。

---

① 钱穆. 国史大纲. 修订第3版. 北京：商务印书馆，1996：793.
② 同①796.
③ 同①793. 钱穆认为，秦以后政治，儒吏分行。汉代能收二者互济之美。宋明以下，儒生在上位，文吏沉沦下僚，儒吏分而不能互济，政治病象日益严重。参见：钱穆. 人治与法治//钱穆. 政学私言. 北京：九州出版社，2010：79.
④ 钱穆. 宋代理学三书随札. 北京：生活·读书·新知三联书店，2002：173.

第二章 "眼前有景道不得"?：钱穆与现代思想的宪制进路

从宋学内在的演进看，钱穆认为初期宋学的范仲淹、欧阳修、王安石等人，虽已开启"秀才教"，但比起后起的理学家，"政治意味重于教育，尚沿南北朝、隋唐风气，重文学，而较少严肃性"，其学术文化尚透露中古风气、门第性格。理学家即中期宋学及其南渡传人，最透显平民学者的自由精神，"教育意味重过政治，始不重视文学，而学术上之严肃性亦递后递增"，"他们对于政治的态度，宁可牺牲机缘，决不肯降低理论。所以他们对于在野的传播学术，较之在朝的革新政治，兴味还要浓厚，并不是他们无心于政治之革新"①。由于这种演变的曲折，初期宋学的样态更为丰富，体现为平民兴起与门第遗风的多种杂糅并存，中期以后虽然精纯高明，却也趋向单一了。其间，浙东诸儒仍能体现中古学术、初期宋学中的某种门第贵族气质，遂与正统理学分庭抗礼，并影响后者的后续发展，余响直至明清之际、清末民元②。

与门第世族和平民嬗变并存的第二历史张力，为南人北人之竞争，两组张力往往交叉渗透。近世以来，中国经济文化中心南移，南人兴起，但也带来思想与态度的冲突。南人开新风气，在野提倡学校，在朝振厉风节、文章、朋党皆以兴发。南北在经济、政治上的竞争表现在北宋党争中，"王安石新政，似乎有些处是代表着当时南方知识分子一种开新与激进的气味，而司马光则似乎有些处是代表着北方知识分子一种传统与稳健的态度"③。元祐党人大多为北人，其中又分洛、蜀、朔三派。这种南北思想学术差异，在中古士族门第的南北区分中已有先兆，北方尚经术、南方趋玄思，在近世又有改头换面之表达。

第三重思想精神上的历史张力，是"经术派"、"理想派"与"史学派"、经验务实派的角逐，在新旧党争、元祐诸儒内都可见。荆公新学、洛学重经术经世，强调王霸之辨，主张朝政的彻底变革，二者不同之处在于对治人、治法轻重关系之处理。以司马光为先导的朔学是正统北方派，

---

① 钱穆．国史大纲．修订第3版．北京：商务印书馆，1996：796-798. 如论知县不接监司，胡文定拜见谢上蔡，"此等风气，唐人绝不知之。然若无此，天下将惟以科目官阶为人高下矣"（钱穆．国史大纲．修订第3版．北京：商务印书馆，1996：801）。
② 钱穆．宋明理学概述．北京：九州出版社，2011.
③ 钱穆．国史大纲．修订第3版．北京：商务印书馆，1996：586.

重史学、实务经验,不信王霸之别,主张延续汉唐法制、祖宗之法而渐进改良①。宋明理学接近新学,高唱道统论,是近世"经术派"的主要代表。

从门第世族与平民之变来看,"经术派"强调师道、尊相,而"史学派"比较偏于尊君,这是经史、王霸之大辨,也透露平民自由抗议与门第世族稳健保守的气质差异。"经术派"有理想有朝气,有抗议权威的勇气,"史学派"平稳不激进,切于事情,缺陷在于理想不鲜明,易于因应事务,卒至空洞委顿。"变学究为秀才",正是唐宋人才转变一大关键,要使人明经致用,造就新士。王安石新政失败后,宋学讲学不辍,此意一以贯之。而无论南北之争、经术史学之争、门第平民之分,这些角力的历史情境已非中古士族世界,而是一个平民精神渐兴的近世社会。

门第世族的组织机制逝去,精神遗响未绝,转而植入平民社会,于平铺散漫中新士突起,释放为新一阶段的历史嬗变动力。悲壮的是,"宋儒的自觉运动,自始即带有一种近于宗教性的严肃的道德观念,因此每每以学术思想态度上的不同,而排斥异己者为奸邪。这又足以助成他们党争意见之激昂"②。党争恶化,官僚投机,最终导致宋代国运的衰落。平民社会中的思想学术角逐,无门第范围节制,竟趋于意识形态化与恶性党斗,互相加以道德化污名,不能走向制度化良序竞争,这是值得今人深思之处③。

国史演进,有波折,亦有长趋大道,如中古门第所显示之变相封建与文治潜流。近世平铺散漫社会中仍可见门第遗产(或类似阶层)与平民新潮之历史张力。门第世族社会,上对君主,外应强敌,民众尚可以依靠士族而回转斗争。近世若无新士群,平民社会的低度组织化更难以发挥力量④。若置于全史进程,前此,春秋战国时期已可见封建贵族与平民学者

---

① 钱穆. 国史大纲. 修订第3版. 北京:商务印书馆,1996:589-599.
② 同①600.
③ 宋明儒的时代困境之一,在于平民社会的政治扩展(社会智识界投身政治)快于也大于秀才教的增长,这一层矛盾包含了科举官僚与道学宋学儒者之冲突。参见:钱穆. 国史大纲. 修订第3版. 北京:商务印书馆,1996:809.
④ 钱穆. 中国文化史导论. 北京:商务印书馆,1994:252.

的角逐；后此，一个更为平等化的现代社会是否也仍蕴含着类似的历史张力，在权威、等级、秩序与自由、平等、乌托邦之间展现新的变奏？① 前此后此之间，是否仍受到文化大传统的深刻影响？这是钱穆先生留给我们的追问。

三、"文化大传统"中的道统及其现代意义

道统论在传统学术中本是宋儒接续韩愈，为理学、道学传承指示出来的精神谱系，谓自孔孟后中断千年，始由其人发覆重光。

钱穆先生论述道统，有宽有严。若论严，则如朱子论二程衣钵传授，谢、杨、尹三家皆不与。"中国文化大传统，自孔子以下两千五百年迄今，可谓历代有传。然每一大师出，亦可谓每不易得其衣钵之传"②。

从广义上论道统，如"中体西学"之体非中学，而是"吾中华民族五千年之文化大传统"③。道统即在这个文化大传统中，"中国得成为广土众民一统之大国，又绵延五千年迄今，为并世其他诸民族所无有。此皆由学统政统道统和合成一文化大传统之所致"④。中国文明重统，道统"一天人，合内外"⑤。对于道、学形成相当一致的共识，天下人才能和合成群。道统是合群之必要条件，同时道义和文德成为指导政治的最高标准。由多数人演出少数人，甚或更少数人，终必回归多数，以圣贤为代表而宗法道统⑥。钱穆认为这是文化大传统的大本大原，有其强劲生命力，历周秦之变、唐宋之变，均可见其潜力生发，型铸社会政治秩序。

---

① 颇有论者强调晚明庶民社会平等性的兴起，其实这仍在宋以来近世门第世族与平民的变迁张力之中，与宋代道学的心学化推进实为同步。另外，钱穆认为经术派的思考模式在现代反传统思想中仍有表现。参见：黄克武. 钱穆的学术思想与政治见解//黄克武. 近代中国的思潮与人物. 修订版. 北京：九州出版社，2016：334-351.
② 钱穆. 宋代理学三书随劄. 北京：生活·读书·新知三联书店，2002：89-90.
③ 同②117.
④ 同②140.
⑤⑥ 同②226.

不限于理学的狭义道统观，钱穆将道统与治统的关联回溯至中国大历史中，反思其背后的政学、政教形态。周文王彰明尧舜以来政治，尊奉道义而非武力。周公畅宣"治统即道统"的观念，臣事成王而尊崇礼治，礼之所在即道①。孔孟开启出的士人群体，成为上古以来道统的担纲者。王官学在周以后，转而为百家言，后者也转而为道统之所在。

齐国稷下先生演变为秦汉博士，就是代表社会下层平民学者的新兴势力，与传统王室史官遥遥相对。可以说钱穆将宋代拈出的道统观念上溯前古，贯通阐明，也在先秦诸子与宋儒身上点拨出文化大传统中由平民代表的自由精神与门第贵族精神屡兴嬗变②。

秦以治统凌驾道统，以吏为师，乃被视为"专制"。汉兴，王室代表治统，五经博士官代表道统，建立起士人政府（学人政府）为主干的"文治"（又称"士治""学治"形态）③。大体上，治统有代兴，道统并不随之起伏。

唐代初期政治，仍能绾合治统、道统，成就贞观之治。但士人多尚佛老，"前古相传政治上之最高标准，反趋于黯淡"④。韩愈特出，上承中国古代士之大传统，使世人重识道统。近世社会门第消退，新士人群体更倚重此文化大传统之精义合群立志，引导政治，遂发明道统观念以彰显其理想。而"经术派"王安石以宰相身份订立经义，作为教育和考试标准，钱穆认为道统转下于政统，违背中国文化传统大义。史学派也尊奉经义，但新旧党争目标在于政权，得失利害不免乖于道义是非。

理学家作为新士中的新士，居于第三者，退野不竞，尊道统于治统之上，四书在元以后成为科举取士标准，取代五经系统。周公所传五经，代之以孔孟、程朱等平民做出之四书，钱穆认为这是道统地位随历史演进益尊于治统之上⑤。"社会下层有转超于政治上层者，则宋代之较汉唐，其在中国文化展演之阶程上，不得不谓其又进了一步"⑥。而清代汉学、宋学，

---

① 钱穆. 治统与道统//钱穆. 钱宾四先生全集. 台北：联经出版事业公司，1998：59.
② 钱穆. 道统与治统//钱穆. 政学私言. 北京：九州出版社，2010：64.
③ 同②58.
④ 钱穆. 宋代理学三书随札. 北京：生活·读书·新知三联书店，2002：186.
⑤ 同①60.
⑥ 同④219.

第二章 "眼前有景道不得"？：钱穆与现代思想的宪制进路

"同是以道统争求凌驾治统之上"①。从这个分析也可看出近世平民社会所代表的精神趋向之力量。

钱穆论政统，认为汉唐强盛，明代稍逊；而道统学统，"则宋以后尤盛于宋以前。社会下层递有进步，中国依然是一中国，而旺盛繁华递有升进，亦一不可掩之事实也"②。中国文化大传统的特色，就在"学术必求能领导政治，政治必求能追随学术"，政学相维，或曰政治与学术紧密相融洽③。钱穆指认中国文化传统为政学合一，其中政学或曰政教，实有相制与相维两面，不可偏言之④。

辛亥革命后，政统变于上，道统亦变于下。现代国人"于'道统'一语，则更所鄙弃，认为是封建社会、专制政体所遗下之陈腐语。甚至如宋、元、明历时六七百年之理学运动，专据其不注意女子缠足，即可以'不人道'三字一笔抹煞"⑤。反传统思潮"打倒孔家店"⑥，虽致力攻击儒家理学，心态观念上却不脱道统论（"经术派"）影响，只是以西化理想代替了三代道法，是古非今转换成了扬西贬中⑦。

钱穆认为，西方现代民主社会，有财统、学统、教统、工统、党统，资本、智识、信仰各自主张，然而无中国古来之道统与士统⑧。士人非资本家、知识分子、教士，以彰明道统为大任。"中国此后是否仍须有士之存在，又如何使士统之复兴，此则我国家民族大生命之特有精神之所在，所尤当深切考虑讨论者"⑨。

---

① 钱穆. 治统与道统//钱穆. 钱宾四先生全集. 台北：联经出版事业公司，1998：60.
② 钱穆. 宋代理学三书随札. 北京：生活・读书・新知三联书店，2002：222.
③ 同①；又云："政治机构中，有不少专属学术文化事业之部分，不仅为学人占仕途，乃谓于政途干学业。政府中多设专官，不问政事，而主持一切学术文化事业之保存扩大与流传。"（钱穆. 道统与治统//钱穆. 政学私言. 北京：九州出版社，2010：63）
④ 钱穆. 中西政教之分合//钱穆. 钱宾四先生全集：第37册. 台北：联经出版事业公司，1998：197-210；任锋. 政教相维下的"兼体分用"：儒家与中国传统的文教政治. 学海，2014（5）.
⑤ 同①61-62.
⑥ "孔家店中之伙计，即本文所谓社会下层之士也。"（钱穆. 宋代理学三书随札. 北京：生活・读书・新知三联书店，2002：190）
⑦ 钱穆. 宋明理学概述. 北京：九州出版社，2011：195.
⑧ 同⑦191.
⑨ 同⑦192.

共和立国与治体新论：钱穆历史政治学研究

钱穆认为，现代中国转型，必是尊重传统前提下的更生之变，而不能忽视文化系统而简单移植。于道统和治统关系之政学问题，一方面重视道统的引导价值，另一方面注意道统与政治的不可分裂，政治体需要确立道统所代表的传统与价值共识信念，并奖兴学术，培养贤能。他指出，"政学亦当分，使学校得超然独立于政治之外，常得自由之发展，民气借之舒宣，政论于以取裁，此亦发挥中国传统文化精神一要目"①，"然以自由教育领导政治，则政治有生机，可以活泼而向荣。以国家政治统制教育，则教育无命脉，终必萎缩干枯渐至于死塞"②。不能简单移植西方的政教分离、司法独立，钱穆认为在中国强调教育职权、教育精神的独立，是"以西国之司法独立变通而施之于教育。使长教育者常得超然于政潮之外，物色耆儒长者，尊以礼而优其位，不责以吏事而期其德化"③。另外，钱穆洞察到现代政治中的政党和资本擅于操控国会和宣传舆论，而人民的言论、出版和集会自由又得自教育。如若人民不被权贵和市场资本控制，有必要标举道统高于治统这一传统宪制精义④。

教育重家言，不重官学，循下统，不循上统，此正中国传统文化一绝大特点⑤。在评解五权宪法理论时，钱穆指出，"欲求民气发舒，助长其阳刚之美，消散其阴柔之恶，而又不陷于启争端召分裂，则莫如宏奖儒术，尊崇师道，教育独立，讲学自由，又于考试院与国民大会多方罗致耆贤硕德，而尤要者在于伸道统于政统之上"⑥。这显然是在激活他不断推崇的近世宋学精神。"伸道统于政统之上"，一方面为共同体提供精神信念上的共识基础，尊崇孔子之教是传统文化之宗师，另一方面确保民间社会不被权力系统压制其自由活力⑦。而考试和选举制度重视贤能代表，则依赖国家教育和选拔人才，这又需要对传统优良制度进行现代重塑。

---

① 钱穆. 政学私言. 北京：九州出版社，2010：169.
② 同①163.
③ 同①170.
④ 同①71.
⑤ 同①65.
⑥ 同①84.
⑦ 同①161–163.

第二章　"眼前有景道不得"？：钱穆与现代思想的宪制进路

在近世趋于平铺散漫的社会结构中，宋儒借宋学重建社会政治中心，在君臣、官民之间沟通整合，指导提升，于国史变迁中推演出立国规模的新气象。这一脉络对于我们理解宋学代表的近世传统十分关键。宋儒活跃其间的近世社会，体现出与中古门第传统颇为不同的平民自由气质，门第世族与平民之嬗变也具现于宋学内在的思想学术竞争中，影响及于现代。道统论出自宋儒，实提点出中国文化大传统的一大特征，重视政学相维和士统重建。在"近己则俗变相类"的现代中国，准确而深入地认知近世传统，"不忘我故以求通之人伦政事"，仍是一个有待积极探索的时代新命。

第三节　《中国历代政治得失》的微言隐义

2020年的世界读书日，坊间推荐政治学阅读书目。20本名著间，国人作品唯有钱穆先生的《中国历代政治得失》（简称《历代得失》）入选。余学也晚，最早于20世纪90年代中期在南开大学读国史期间，闻导师推荐而知，同列者尚有黄仁宇的《万历十五年》、梁任公的《中国历史研究法》。近年来，流连于先生著述，又以教研政治学之故，常常讲授此书。中年再读，时势转殊，视野心境大不同弱冠之年。庚子恰逢宾四先生逝世三十年，世运巨变，回首书中论列，微言隐义或可与读者分飨。

一

《历代得失》是一本什么样的书？众所周知，这是一部关于中国政制史的讲演集。钱穆曾将其史著分四类，《国史大纲》论通史大体，以变化眼光论史者如《中国文化史导论》，以分别眼光论史者如《中国历史精神》，而此书以政治为范围，属以专门眼光成书者。作者发意撰述三部新史，包括通史、文化史、思想史。实则还有一类以政治为主题，如20世纪40年代中期的《政学私言》。

香港大学曾将《历代得失》《中国历史精神》定为投考中文系必读书，香港中学生多诵读之。此书依据讲演记录整理而成，简要不繁，行文也不艰深。直到今天，非专业人士也多借此了解中国政治传统。较之《国史大纲》《先秦诸子系年》，这本小册子更易阅读，流传广布不难理解。然而，如果把它视作一本狭义政制史撰述、一本"为历史而历史"意义上的历代沿革记录，与作者的意图和宗旨未免相距辽远。

除了世人熟知的史家或国学宗师，我们应该认知作为思想家、政治学家的钱穆。他的史学撰述，与其亲身经历的现代思潮不能被分割看待。在1977年双十节《国史新论》再版序中，钱穆的自述值得留意，"余之所论每若守旧，而余持论之出发点则实求维新。亦可谓为余治史之发踪指示者，则皆当前维新派之意见"。在该书1950年自序中也说，"常望能就新时代之需要，探讨旧历史之真相，期能对当前国内一切问题，有一本源的追溯，与较切情实之考查"，"诊病必须查询病源，建屋必先踏看基地。中国以往四千年历史，必为判断近百年中国病态之最要资料，与建设将来新中国唯一不可背弃之最实基础"。

《中国历史精神》（1951年）回溯少年时期梁任公的"中国不亡论"刺激深远，作者在其引导下将历史作为解决问题的知性路径，乃至视其为宗教式信仰。上述精神自白，对于理解1952年关于《历代得失》的系列讲演，极为重要。中国的现代立国，是钱穆深入古史、终生求索的关键思想推力。

那些"发踪指示"的维新派意见如何影响了钱穆史学？书序概括此类意见：一是出于革命宣传需要，把秦以后政治传统视为专制黑暗，连带对于中国文化传统蔑视轻看；二是主张现代立国，移植外来制度最重要，发展民主政治须打倒传统文化。这一破一立，构成辛亥革命以来共和立国的任督二脉，支配了中国文化体系与政治秩序的现代命运。

钱穆在现代浪潮中逐渐形成了自己的判断，"中国传统政制，虽为今日国人所诉詈，然要为中国之传统政制，有其在全部文化中之地位，无形中仍

第二章 "眼前有景道不得"？：钱穆与现代思想的宪制进路

足以支配当前之中国"，"窃谓政治乃社会人生事业之一支，断不能脱离全部社会人生而孤立，故任何一国之政治，必与其国家自己传统文化民族哲学相欣合，始可达于深根宁极、长治久安之境地"。《政学私言》中的这两句话体现出钱穆的反潮流精神，他的"维新"，显然不同于打倒传统的维新。

《政学私言》围绕选举与考试、元首、地方自治、省制、首都、道统与治统做了主题式探讨，既溯古又论今，而切入现代构制的抓手是孙中山的五权宪法。钱穆认为五权宪法为现代国人树立典范，一方面学习世界新潮流、接引西方先进学术，另一方面不鄙视中国旧传统，积极将其运用于现代宪制，激活生机。由此出发，钱穆运用富于洞见的史学政学智慧，对现代革命和宪制重构推衍出了极具启示性的"私言"。这些不合时宜的"私言"，最重要的贡献是对中国政治传统生发出原理根底的理论自觉，在专制论之外开辟出了生机勃发的比较论域，包括政民一体/政民对立、士人政府（学治）/军人富人政府、信托政权/契约政权、人文复式/自然单一国家、职分论/权力论、以农立国/工商立国等。钱穆认为，现代民主政治没有固定格式，国人应根据自身政治传统探索适合国情的道路，中国政制传统仍在无形中施加支配力量。若不能摆脱对于外国模板的依附，我们在智识上将处于"次殖民地"，不能充分辨识历史传统对于现实的塑造作用，实践上也无法实现现代国家的长治久安。

讲演《历代得失》之际，钱穆已离开内地三年，创办新亚书院于香港，为维续教育事业奔走于港台两地。他的故国之论，鹤鸣九皋，声闻于野，虽聚焦于传统政制检讨，也应当在此远大的立国意识和宪制思维上把握其忧惧。政学、史学，不为两橛。去国离乡，阐新命于传统，"知我者，谓我心忧；不知我者，谓我何求"。

二

政治传统包含广袤，大体有理想、人物和政制三者。《历代得失》讲演,以政制为中心。这个优先排序,至其晚年在《晚学盲言》中讨论政治社会,仍一以贯之。为什么政治制度对于探讨传统得失如此重要?

1951年3月,钱穆在《主义与制度》一文中已显示一年后讲演的关切取向。他指出,主义与制度相互配合,有主义无制度是落空,有制度无主义是盲目。二者各有特性,即主义不求人人信服理解,而制度需要人人去遵行,孔子的"民可使由之,不可使知之"分别针对制度和主义来说,孙中山"知易行难"犹如此。中国政治传统的一个杰出成就,在钱穆看来,是不奢谈主义,而能将主义落实在可行性的制度上,且行之久远。通过对比柏拉图的《理想国》和《周官》《通典》,观察中西思想与政治制度的互动,可有体会。现代中国革命注重主义动员,若求政权稳定,出路在于政治的制度化。

中国传统以政治制度为优长,这个论点在《中国历史研究法》(1961年)的第二章"如何研究政治史"中有系统深入的强调。钱穆强调,政治以制度为重,是一个国家"立国的规模与其传世共守的制度"。国史发达,一类记载政事,可编年通贯,可断代划分,另一类专讲政治制度,重"通",如"三通""九通",不囿于断代。其中缘由,就在于中国历史上的政治制度有内在的一贯性,注重因革损益,行之久远。"此即中国历史传统一种不可推翻的力量与价值之具体表现"。中国人以政治活动尤其是创制立法为胜场,"能创建优良的政治制度来完成其大一统之局面,且能维持此大一统之局面历数千年之久而不败。直到今天,我们得拥有这样一个广土众民的大国家,举世莫匹,这是中国历史之结晶品,是中国历史之无上成绩"。为自信心跌落到谷底的现代国人重温传统传灯递引,此即讲授《历代得失》的宗旨。由此思考革命中国走向政治制度化的长治久安,也是共和再造时刻应有的远瞻。

《历代得失》择取汉唐宋明清,聚焦各代政府组织、选举制度、经济制度和军事国防,钩玄提要,以史驭论。在前言部分,作者专门就制度研究提出七点看法,说明史论宗旨。这"制度七论",尤能帮助我们理解在现代中国重视政制的时代缘由。它们应对国人在巨变潮流中形成的制度崇拜有的放矢。这个制度崇拜可称为"神圣政制论"。质言之,人们相信制

第二章 "眼前有景道不得"?：钱穆与现代思想的宪制进路

度问题对于现代转型最为关键，制度解决是政治变迁的根本解决；世界上存在最好最优的制度，其利远大于弊，甚或有利无弊，社会由此实现至治。对于现代中国人，解药是由西洋舶来的政体制度，尤其是民主政制。引进移植民主政制，意味着与专制传统一刀两断，意味着政治秩序由此有一新开端，这也是革命运动的理想方向。

"制度七论"聚焦其所谓"政制法理"，重彰中国政学传统精义，似可对称为"历史政制论"。概言之，强调制度的人事性、精神性、时地性与文化性。

首先，注重制度与人事的关系（第一、二、三条）。政治分为人事和制度，制度又可归为人事活动中比较稳定的部分。要理解一代制度，必先精熟一代人事，否则制度理解易陷入成文法条论。"制度虽像勒定为成文，其实还是跟着人事随时有变动"，否则不能在历史上有真实影响。人事所指，即人物、事件、个体群体的生命活动及其社会文化意蕴。讲演中，制度关怀无疑是中心，人事无法展开讲。但细心的读者应留意作者具体论述中的处理。如论宋初君相关系，针对五代乱世时期元首和政府始终无法确立稳定权威，形成了尊王的纠治方法，相权也由此抑损。这部分取决于开国政治家的素质。当时大臣"是晚唐五代进士轻薄传下的一辈小家样的读书人"，如果是"西汉初年一辈朴讷无文来自田间的人"或唐代"由门第传统出头的人"处此局面，宰相站立不坐的制度未必形成。

人事所关政治主体，传统所谓"治人"者，是制度演变的基本要素。钱穆批评革命以来过于关注制度，轻视人物，尤其是政治家的作用，在《政学私言》的《政治家与政治风度》中专论这一问题，聚焦治人主体来解释从风度到制度的政治演进逻辑。同样在论宋初君相时，作者称道赵普到底还有宰相大臣传统的风度，虽非地道读书人，由太祖告诫读书而开半部《论语》治天下之局。这里又可见人事背后传统历史习惯的潜力运持。

人事变动不居，制度变动如影随形。钱穆在"如何研究政治史"中提醒，历史记载制度，往往只显示制度的"标准段落"。其实制度永远在变动中，不配合史事就易忽略其变动性，视其为僵化不变。另外，各项制度之间相互配套，形成系统，不能被孤立看待。如汉代逐渐确立的察举制，用士人政府避免了军人富人当政，开放政权且促进大一统融合。但时间一久，又易形成书生贵族和书籍资本，政治制度与家族传统结合紧密，魏晋门第社会由此而来。再如，人才培养，汉代在掾属，唐代在门第，宋代在馆阁校理之职，明清在进士翰林制度，与地方政治、家族传统、政学关系、制度自身内在演化密切关联。钱穆强调，制度有其生命周期，两百年左右已经很了不起。"一项好制度，若能永远好下去，便将使政治窒息，再不需后代人来努力政治了。惟其一切制度都不会永久好下去，才使我们在政治上要继续努力，永久改进"。

其次，与人事紧密相关，是制度的精神性。制度开创和发展，必定有当时的人事需要，必定被时人赋予种种内在用意（第四、五条）。了解制度的外在需要和内在用意，需要注重当世人关于其实施的历史意见，不能单凭异代人主观意见和悬空推论（时代意见）。根据制度实施时的历史意见，才可能评判制度利弊得失。后代人可依据自身环境和需要提出时代意见，但不应漠视历史意见。作者以君主制为例，指出民主政治的时代批判君主制，不应该僭越这个制度在实施期的历史意见。这个举例十分紧要，因为现代国人依据民主政体论将传统政制归结为君主专制，对于其中各项制度的解释往往忽视具体演化中的历史意见，一律衡之以反专制的时代意见。这一非历史化的政制思维折射现代人的当前激情，无益于了解传统真相。

这一点在书中的一个活证，就是作者与徐复观围绕明代张居正"权臣""大臣"而起的争论。作者强调从明代政制法理去评价张居正，后者以内阁学士自居相体，不能改变太祖旧法，而是在当时制度下曲折谋事功。时人依据当朝法理抨击其为权臣，这点历史意见在当朝法度中有其合理性，不能站在今人反专制立场上无视历史法理。钱穆认为徐复观"似乎有些像是站在近代欧美民主政治的时代意见之大理论之下来衡评全部中国的政治史"，谈理论谈时代，但是并非谈历史。法治在每个政治体中都有其具体表现，不能依据现代理想超越历史条件一律衡评。好比今人论宋代台谏，引入分权制衡说，却忽视历史法理下台谏专权形成的政制失衡。钱穆并非肯定明太祖废相，而是强调要在当时政制法理中理解人物处境，着眼点不单纯依据居心和事业，"正为阐明制度如何牵制着人事，而明代此

第二章 "眼前有景道不得"？：钱穆与现代思想的宪制进路

项制度之要不得，也就即此更可论定了"。

历史意见透显制度的思想性，换言之，制度背后实有丰富的思想和理论。比如汉代兵役从二十三岁开始的原因，是立制者考虑到壮丁二十岁受田，"三年耕，有一年之蓄"，可顾及家庭负担。政府中人农民出身，知道民间疾苦，才制定出这个法规。再如唐代租庸调制度，广土大国的长期调查、登记和改校，不能疏忽模糊，需要一种精神力量来维持，"必待有一种与之相当的道德意志与服务忠诚之贯注。否则徒法不能以自行，纵是法良意美，终是徒然"。太平强盛，人事松懈，制度容易瓦解。唐代府兵制度亦如此。"中国决不是一个无制度的国家，而每一制度之后面，也必有其所以然的理论和思想，哪可轻轻用'专制黑暗'等字面来一笔抹杀呢？"

钱穆认为，中国历代伟大学人，多半表现为实践政治家，思想理论多已见诸实际行动。西方的政治思想家，未必亲身参与实际政治，往往突出著书立说来实现理想和抱负。比较起来，中国似乎没有专门性的政治思想著作。其实最能体现国人创制立法实践能力的政治制度史，在中国就是政治思想史的具体材料。中国政治的思想史藏在政制史中。《历代得失》讲演，是否也承继传统笔法，寄寓一番政治思想？或者《政学私言》太过耀眼，需要政制史面纱为其敛藏光芒？

再次，围绕制度特殊性，应认识到与时代、地理的紧密关联（第六条）。制度在具体时地环境中生成，随时地而适应，不能推之四海而皆准，也不能行之百世而无弊。制度的普世性有其界限，应该注重其地域性、国别性。周汉以来国家广土众民，与希腊罗马的城邦政治，规模大不相侔。这是理解君主世袭制度的一个基本条件。秦始皇统一天下，国家规模大扩展，戍边制度没有及时调整，遂引起社会大骚动，汉代乃以钱免戍。

钱穆论宋代立国形势，历代中最处劣势，整体政制迁就这个形势，造就了制度的散和弱。中国自古立国，向来以战斗攻势立国。秦建长城，汉代开塞出击，主动以攻为守才能立国。他批评元代行省制度为便于军事控制，人为割碎区域联结，扼杀地方活力，遗患无穷。钱穆强调制度的属地性，概因各地民情风物习俗有别，这是理解制度起源和变化的基本条件。人类"建国于大地之上"，政治理论首要面对的是大地上的人民万物，在

97

多样差别中寻求联结彼此的经世秩序纽带。

最后一点是制度的文化性（第七条）。政制乃是文化一部分，后者在一定地理环境中经过长期演进形成了独特体系和文化精神。钱穆特别强调群体内部精神的积累性力量，中国政制背后就有这种力量需辨识体认。制度变迁，"所贵的是要在变动中寻出它不变的本源，这便是所谓历史传统。传统愈久，应该此大本大原之可靠性愈大。换言之，即是其生命力愈强"。文化精神可挽扶政制之缺。如钱穆论政统，宋弱于汉唐，道统学统却光明正大，与《中国近三百年学术史》合观可见。《历代得失》指点文化性，笔法隐微，读者可参考其《中国文化史导论》。如讲演由秦汉起，实则中国文化体系在三代就形成了大型农国的基本形态，周代是封建式统一的典型。中国文化"同体"转化，而非西式"异体"变动。秦汉之际只是大国文化内部的政制转化，由封建到郡县，统一的性质和功能完善稳固。在文化传统上，三代周礼是理解秦以下政制演进的本源。类似文化结构要素，除了大一统，还包括天人合一、政学关系、尊尊亲亲、贤能共治等。

三

"神圣政制论"的制度崇拜铸造了多种变革型意识形态，把外来制度作为本土政治发展的不二标准，努力改造所处社会的现实人事以迁就理论主张，再配合以终结论意义上的乌托邦想象。《历代得失》讲演政制史，理论表达较为节制，但对政治制度崇拜的意图清晰可辨。制度与人事、精神、时地和文化密切相关，不能脱离这些因素"首出庶物"，支配政治发展。一切制度都有生命周期，有兴盛有衰灭，任何时候都利弊相参，人事及其意见的能动性极大。秦汉以来郡县、君相、选举、监察、田制赋税、国防等制度的生命力往往超越朝代更替，演化有正有歧，影响因素多样化，背后既有合理的文化精神如大公、一统、贤能共治，也有集团之私、文质之偏，不能简单概之以专制黑暗。现代政治固然要吸收西方精华，却

第二章 "眼前有景道不得"？：钱穆与现代思想的宪制进路

不必也不能与自身传统一刀两断。积累四五千年的文化-政制传统，对于现实当下的影响往往远大于今人估量。适合现代中国的政制形态，不会从天而降，而是要真能扎根于这片大地。

"历史政制论"背后也接续了传统政学精义。此书附录的《答徐君书》，为了解其学思渊源和特质提供了珍贵线索。这封信辨析政制思维中的历史意见与时代意见，同时结合近世学术思想传统予以申辩。钱穆自陈关于政治传统的看法与徐复观有根本不同。这一判断也适用于他与张君劢等其他港台新儒家。这个不同，质言之，就是以时代意见还是以历史意见来理解政制传统。钱先生重视历史意见，自觉区隔它与时代意见的不同，而其他诸子更倾向于民主政治本位的批评，如张君劢的《中国专制君主政制之评议》、牟宗三的《政道与治道》。这种历史思维的不同，与他们的现实政治意识又紧密勾连，张、徐诸子不免有"神圣政制论"的理想情结，由内圣曲通西政新外王。智识情怀的歧异，复纠缠人事意气，在各种现代派对钱穆史论的不懈"围剿"中，徐复观借"良知的迷惘"予以道德化抨击，诬声至今不息。

回到《答徐君书》。钱穆回溯宋儒朱子与陈亮的王霸义利之辩，提出理论与史学立场有异。论理，朱子标举三代王道高义；论史，钱穆同情陈龙川。他引述经制事功学者对这个思想大公案的评价来说明自身不利处境：高谈王道，比起陈亮为汉祖唐宗昭雪，不仅更占得地位，也可免于"无须之祸"。现代派站在民主政治的时代意见上衡量中国政治传统，高举时代的理论理想，容易得到时代风潮响应，却未必能真切了解政治传统的内在机理。钱穆并非以历史意见否定时代意见，他认为只有真正切合事情本相、切中制度实情的时代意见才能流传下来，成为历史意见。有传统自觉的时代意见，能尊重历史意见，并与其会通融合，形成古今相维的通义。否则，与历史意见断裂的时代意见只是悬空虚挂，无法融入传统进程发挥实质效用。古今争持只能两极化。

朱陈之辩是近千年来思想史的大事件，恰恰代表了近世政治思维的两个路向，即理学与经制事功学。钱穆在理论上欣赏理学，史上认可后者。以《历代得失》反复提及的黄宗羲为透视点，可以领会其立场之微妙。

第一个视角是政治史观。朱陈之辩的分歧围绕"法三代"与"法祖"

展开。朱子高度肯定三代，激烈抨击后世政治，经制事功学认为这样的二元史观不能贯通历史演变，"法三代"不必否定"法祖"，汉祖唐宗代表的现实政治自有其理义精神。以古非今，不如古今相维。钱穆审视"神圣政制论"，敏锐指出对于西方理想政制的崇拜其实是理学三代政制崇拜的现代版，不过以西代古（三代在英美）而已。二者通病在于对现实政治的虚无化理解。黄梨洲的《明夷待访录》在近世与现代之间是关键连接点，现代启蒙将其视为"中国的卢梭"，从"原君""学校"等篇阐发民主和议会理念。钱穆以《历代得失》为准，几番称许《明夷待访录》优胜于卢梭的《民约论》，就在其依据实际政制立论，不玄思空谈。

不过，稍加品鉴，可以看出《明夷待访录》在主导取向上是理学历史观的传人，"原君"等篇对于三代和后世的扬抑与朱子一脉相承，趋于从理想标准去否弃三代以后政制。钱穆的称许在中西对比上或许成立，在古今相维上相去甚远。毋宁说，《历代得失》在政制史观上是《明夷待访录》的抗体和抗议，这一层在书中隐而未发。也许是民主政治的时代意见巨浪滔天，"民主科学"的敌人无所遁于良知审查，故意讳莫如深。钱氏对秦汉以后政制的解释恰恰是要辨析其制度合理性，反思那种以道义激情解构历史政制的理学逻辑。作者在《政学私言》中就曾经批评梨洲"三代之前有法，三代之后无法"的原法论，属于儒者激论，与实不符。《政学私言》论元首制度、论中国尚法，与《历代得失》经史交错，依据的是经制事功学的历史政制逻辑。这一逻辑，在《明夷待访录》论各代制度部分实则潜行运持，显示梨洲对浙东学脉的暗接。而另一面，钱穆对于《明夷待访录》的学校论评价极高，着眼于道统高于治统之义，从文化精神和政制演进的综合立意将其视为近世政学结晶，对现代立国宪制有精神奠基之重。他依据公私之别辨析制度与法术，批评明清政治专制化。对理学道义的致敬，可以说内嵌于历史政制论中。

钱穆屡次称引梨洲治法重于治人的论点。这又涉及朱陈之辩的第二个视角——治体论。治体论自汉初贾谊至《清经世文编》，经历千百年演进，从治道、治法和治人三类型要素的复合关系去理解政治秩序构建。近世宋学见证了它的成熟，由理学和经制事功学发展出以心性与治法为各自本位

第二章 "眼前有景道不得"？：钱穆与现代思想的宪制进路

的思维模式。陈亮为汉唐政治辩护，主要依据是治法即纪纲法度与三代理想之间的延续性。《明夷待访录》对于治法推重接续的是这一传统。

《历代得失》虽以现代专门史学呈现为制度史，其制度理解激活的却是治体论传统。凸显制度的人事性、精神性、时地性和文化性，是将制度等同于治法（礼制、律令、故事、法术），在与治道（文化、精神）和治人（人事）的系统视野中理解其合理性的。这个思路，在《政学私言》论法治数篇已有体现。治人与治法的张力是作者阐释法治新说的中心关怀，《历代得失》总论仍落脚在此（"创新法，运新才"），并反复强调在平铺散漫的中国社会重建"共尊共信"的中心点，事关现代立国的精神根基（治道）。

治体论的激活推进了对于西学政体论的反思，反省其权力逻辑的单一性不足以解释历史政制的系统演化。政体论自有其解释力，但应贞定其范围。钱穆在20世纪四五十年代受政体法治论牵制仍大，到20世纪80年代《晚学盲言》思想成形，以礼治与法治对举，依据礼治精神解释中国政治，充分揭示出治体论的思维特质（如政民一体论、职分论、流品论）。品读《历代得失》，在政制中心视角下同时体会其对于治道和治人的点拨，不为买椟还珠。

朱陈之辩还代表了变革思维与立国思维的张力，继承了北宋大变法中经术-史学进路对峙的思维角力，在《明夷待访录》中有综合提炼。变革思维依据某种经义确立理想，谋求大幅度改变现实政治；立国思维以现实政治为本，考辨其本末源流的合理性。经制事功学以治法为中心，对祖宗法代表的政制变迁尤为看重其国本创制价值，在起始条件下审慎考虑变革。钱穆平生最后一次授课，念念不忘反省现代政治一味求变，脱离故道，忽视政制变革的起始条件。其一生学述，自《国史大纲》起，就不断致意于立国形势、立国规模、立国精神和立国理想的历史政制阐述。《历代得失》的一大主旨，就是探讨历代政制不断变迁，中国何以能绵延传承。罗马之后已无罗马，汉唐逝去中国不亡，工商富强而注重农本的大国怎样更新其大一统而不堕入帝国形态，为人类提供现代秩序的新思路，在他看来是最堪研讨的大题目。

革命立国这个综合变革与立国的现代转型挑战，促使钱穆思考中国语境中的"旧制度与大革命"。他认可梁启超所说的传统中国缺乏真正的革命,而《历代得失》显示,在"中国不亡"的意义上这未必是一个缺憾。他在《中国知识分子的责任》(1971年)一文提出现代共和的甲子之祭,反省立国时刻政体论导入的乌托邦主义激情,不断重申立国之道"依自不依他"。在变革精神支配现代心灵的时潮中,这种清醒冷静的立国远视尤显宝贵。没有在保王党意义上为君主制招魂,他是在共和宪制中思考安顿政权开放与权能治理。革命有其限度和转化,最终应回向人民,回向大地,在传统新生中证成其荣光,在长治久安中炙养其生机。《历代得失》因此不仅是大革命的稳压器、扳道夫,也蕴藏着宪制重构的未解译码。

第四节 "会通为体,分别为用":钱穆《现代中国学术论衡》的大义家言

钱穆在现代共和脉络中的立国思考与治体新论,有其学术知识体系的支撑,对我们审慎观察现代学术体系的走向也提供了不同视野。一个群体社会的知识学术形态受其历史进程和文化传统的约束而演进,进而在特定情势下呈现出时代精神,这一点在现代中国学术中有深刻显现。近年来学人围绕通识素养、博雅教育、国学读经讨论颇多,每每援引中西古典精神资源,大体仍盘桓在现代学科学术体系中谋求改良。如果能从文明形态的系统视野引入反思资源,对于这类讨论应该不无裨益。钱穆先生在20世纪80年代的著作《现代中国学术论衡》,尚未得到世人充分关注,在这个意义上可为我们提供珍贵向导[①]。

[①] 钱穆. 现代中国学术论衡. 北京:九州出版社,2012. 该书在台湾由台北东大图书公司于1984年12月出版,1986年5月由岳麓书社出版了简体字版。中国大陆学界对该书的评介,可参见:叶秀山. 中西文化之"会通和合":读钱穆《现代中国学术论衡》有感. 读书,1988(4);古风. 钱穆《现代中国学术论衡》. 中国社会科学报,2009-07-07.

第二章 "眼前有景道不得"?：钱穆与现代思想的宪制进路

一、从"神学"与"鬼学"说起

钱穆在《现代中国学术论衡》序文中讲述一事，颇有兴味。冯友兰先生以《中国哲学史》一书与胡适同类著作齐负盛名。抗日战争期间，钱穆与冯友兰同在湖南，后者以新撰《新理学》手稿相示切磋。钱穆提出，冯氏对于朱子的批评，当在"理气"以外注重"心性"和"鬼神"问题，后者与西方宗教、科学均有关。"芝生依余意，增《鬼神》一篇。并告余，朱子论心性，无甚深意，故不再及。并在西南联大作讲演，谓彼治哲学，乃为神学。余治史学，则为鬼学。"[①]《师友杂忆》也有记载，"是日讲演，芝生谓：'鬼者归也，事属过去。神者伸也，事属未来'。指余言曰：'钱先生治史，即鬼学也。我治哲学，则神学也'。是芝生虽从余言增'鬼神'一章，而对余余憾犹在，故当面揶揄如此"[②]。

这段往事，钱穆在《现代中国学术论衡》序文中论及新文化运动的学术成绩时引出，论述语境是中国新旧学术传统的大转型。他先列出胡适的新文学白话文、顾颉刚的古史辨派，再述及冯友兰哲学史。"神学""鬼学"话头之后，钱先生提出批评，"专家学者，率置其专学以外于不论，否则必加轻鄙，惟重己学有如此。于是文学、史学、哲学，及考古发掘龟甲文等各项专门之学，一时风起云涌，实可谓皆自新文化运动启之"[③]。

我们往往将钱穆视为一个史学家，在关于他的学术身份（如新儒家）争论中，一个显见的标尺即是哲学与史学的分科视野。上述事例，似乎也可挪来印证这一分辨。然而，如果了解《现代中国学术论衡》的论述系统，就会发现这种标尺并非论衡的真正权重所在。不妨从《现代中国学术论衡》一书的序文、目录和正文来对此加以把握。

[①] 钱穆. 现代中国学术论衡. 北京：九州出版社，2012：3.
[②] 钱穆. 八十忆双亲、师友杂忆合刊. 北京：九州出版社，2011：204.
[③] 同①4.

先看序文。钱穆开门见山，亮出本书主旨：作为文化的一部分，中西学术各自体现其文化精神，中国重和合，西方重分别。民国以来的现代中国学术，分门别类，以专家为职业，这与中国传统的通人通儒之学大为不同，值得国人反省。序文主体采取历史演变视角，讲述晚清到民国的学术传统转型，对上述主旨进行剖解。晚清学人部分，讲述康有为、章炳麟、梁启超、王国维，民初则有胡适、顾颉刚、冯友兰。晚清学人仍能继承旧传统，康、章都治经学，但都"旁通释氏以为变"，或"崇释抑儒"，对于孔子代表的大传统多有解构。梁任公中后期学术有变，对大传统增进同情，可惜寿短而学未大成。王国维从西学而入国学，对新文学运动影响大，偏于专门之学。道咸以来，"内忧外患，纷起迭乘，国人思变心切，旧学日遭怀疑，群盼西化，能资拯救"[①]。

新文化运动在这样的背景下兴起。胡适依循西学来讲国故，对国故的批判态度更比太炎激昂。钱穆在《学龠》的《谈当前学风之弊》中明白指出，新文化运动的意向早已在清末鼎革前后"下了种，伏了根"[②]。新文化运动以后兴起的专家专门之学，与大传统之间的裂变，不仅仅在于文化传统意向，更需要注重其文化精神之差异。"旧学宏博，既需会通，又求切合时宜，其事不易"。这里扼要指出中国传统学术，注重宏博会通，同时要与现实情状相切合，这需要大情怀、大精力、大聪明，在古不易，在强调专业分工的现代更显困难。新文化运动主张脱离大传统，"不经勤学，即成专家，谁不愿踊跃以赴"。顾颉刚的古史辨暗承康有为"托古改制"义，冯友兰哲学史多采梁任公诸人批驳胡适意，于晚清有承接，而其显性学术意向则为现代学科学术开启先导。

新文化运动除了开启现代专家专门之学，还发扬破除旧学、全盘西化的时代风气，这两个精神取向共存而互相强化。钱穆慨叹 20 世纪 80 年代学术，"中国旧文化、旧传统、旧学术，则已扫地而尽。治学则务为专家，惟求西化"[③]，"先有西方，乃有中国，全盘西化已成时代之风气，其他则

---

① 钱穆. 现代中国学术论衡. 北京：九州出版社，2012：序 3.
② 钱穆. 学龠. 北京：九州出版社，2011：204.
③ 同①4.

第二章 "眼前有景道不得"？：钱穆与现代思想的宪制进路

尚何言"①。治哲学，"非先通康德，即无以知朱子"；治史学，"不通西洋史即无以治中国史"；治文学，"非取法西方文学，即无以建立中国之新文学"。"有西方，无中国，今日国人之所谓现代化，亦如是而止矣"②。

钱穆提及的冯友兰"神学""鬼学"之说，在他看来，就是专家化学术的典型例证，既没有注意到学术传统中心性、鬼神等论域，仅着意特异新论，又强化学科之间的界别，尊神蔑鬼，彰未来而诎过去。其病不在于蔑视传统，而在于不明通学大传统的精神。"今日西方人竞称自由、平等、独立诸口号，其实在其知识领域内，即属自由平等独立，无本末，无先后，无巨细，无深浅，无等级，无次序，无组织，要而言之，则可谓之不明大体，各趋小节"③，"仍惟分门别类，知识分散，兴趣分散，力量分散，而大变之情势，则不能亦随之分散。此诚一无可奈何之事实也"④。专门化能深耕细织，代价是分散破裂，难以有大体宏识。

须注意，钱穆并非彻底反对现代学问分科，或曰反对中国哲学的存在。"非谓不当有此各项学问，乃必回就中国以往之旧，主'通'不主'别'。求为一专家，不如求为一'通人'。比较异同，乃可批评得失。"《现代中国学术论衡》一书，按照钱穆自述，"一遵当前各门新学术，分门别类，加以研讨"，共包含了宗教、哲学、科学、心理学、史学、考古学、教育学、政治学、社会学、文学、艺术、音乐十二目。每一目都采取"略论中国某某学"的标题形式。观察其目录结构，先后安排、比重高低饶有意味。

依照上述十二目次序，比重最高的是史学和音乐，分别有四节，其次为教育学，有三节，余下宗教、哲学、科学、心理学、政治学、社会学，各两节，考古学、文学和艺术各一节。其先后安排尤其耐人寻味，如把心理学放在宗教、哲学和科学之后，史学、考古学、教育学、政治学和社会学组成一单元，文学、艺术和音乐又成一单元。

要理解这个布局，此书序文中有一重要线索。钱先生在文末说明，

---

①② 钱穆. 现代中国学术论衡. 北京：九州出版社，2012：5.
③ 同①89.
④ 同①95.

共和立国与治体新论：钱穆历史政治学研究

"余曾著《中国学术通义》一书，就经、史、子、集四部，求其会通和合"，且自承，《现代中国学术论衡》是"续前书续撰此编"①。《中国学术通义》（简称《国学通义》）初版于1975年，三版于1982年，属于《现代中国学术论衡》的前作。《国学通义》主要论述了四部概要、儒学、朱子学，强调从中国文化传统的视野讲论史学和文学，后又收入通论性质的《中国学术特性》《有关学问之系统》等篇。它的结构编排与《现代中国学术论衡》依据现代分科论列显然不同。而后者的学科排列显然也并非对照四部之学。钱穆在《现代中国学术论衡》中未明言缘由，在收入《国学通义》的《中国学术特性》（1976年）中却有相关论述可资解释。

《中国学术特性》论述中国学术的通义，也就是其特长，同样从通学与专业的视角鉴别中西。通学是指适用于广泛人群，专业只限于少数人能之。"既属人人应该，又是人人可能之学，而有卓然杰出超类拔萃之成就，达于远非人人所能冀及之境界，此始见通学之可贵"②。孔子"博学于文，约之以礼"，"要之学问从实践起，而仍归宿到实践。此事人人相通，乃一日常人生之共同通道，故名之曰通学"，学问贵通，更贵以礼为核心的实践。德行、言语、政事、文学，这一孔门四科之学，是一种"为人之学"，也即钱穆所说的通学。这四科之间有阶梯区分，"中国人因于人文传统中各项学术距离共通人性本源有层次之不同，而分别其阶级"③。

在钱穆看来，现代分科中的宗教、哲学、科学、心理学，当归入孔门"德行"一科。德行以个我小己为本，言语、政事以大群为本，文学必兼往古前世为本，这是贯穿四科先后的逻辑。《现代中国学术论衡》十二目次序，宗教、哲学、科学与心理学，是对应德行而成的一单元；言语、政事事关政治社会实践，因此呈现为史学、教育学和政治学等组成的一单元；其下，文学、艺术和音乐都对应广义上的文学一科。钱穆是将西方舶来的现代学科，放置在学术大传统的四科分野中谋求贯彻其通学精神的。

---

① 钱穆.现代中国学术论衡.北京：九州出版社，2012：5.
② 钱穆.中国学术通义.北京：九州出版社，2012：186.
③ 同②213.

第二章 "眼前有景道不得"？：钱穆与现代思想的宪制进路

"此一为学之大系统，能胜其任者，应在通人，不在专家"[1]。钱穆特别举政治外交为例，强调不能将它视为专家之学，"果以孔门理想言，其人当上通德行，先知个我小己所以为人之道。又当下通文学，即往古前世一切嘉言懿行，历史文化之传统，乃及天地间万物之共通原则。必期其人先知自然与人文之大纲宗所在，然后始能为一理想从政者"[2]。史学、政治学等构成系统中心，而以宗教、哲学、心理学提供德行指导，以文学等提供资养，这是其整体结构。

钱穆批评冯友兰论朱子学术忽视了心性维度，其紧要性从四科之学以德行为本的系统视野可得明了。在《师友杂忆》中钱穆批评冯著，"中国理学家论'理气'必兼论'心性'，两者相辅相成。今君书，独论理气，不及心性，一取一舍，恐有未当"[3]。《略论中国心理学》开头就强调理气问题与心性问题紧密不可分，理在气中也在心中，理于心上见，心上所见之理为性。中国文化宗旨"一天人，合内外"，就是以此心为主。"此为中国人之心理学，即宗教，即科学，而吾道一以贯之矣"[4]。国人俗语"天地良心"四字，"宗教、科学、哲学之最高精义亦可以此四字涵括，而融通合一。亦可谓中国文化传统即在此'天地良心'四字一俗语中"[5]。

《略论中国哲学》又指出现代哲学评价朱子理气说为二元论，实则"理气"二字采自道家和佛家。《近思录》卷一为"道体"，"道"仍为北宋新儒学核心概念，理气说乃后起，显示出中国思想主张会通和合，"成一共同的、一贯的、有传统性的定论。此乃中国思想中国哲学之与西方大不同处"[6]。对于依据西方专业专家学科视角解读中国思想传统，《师友杂忆》记载冯友兰治中西哲学依据清华同事金岳霖，"特以中国古籍为材料写出之，则宜其于'心性'一面无可置辞也"[7]，又希望冯著摆脱西方哲学趣味，"庶新理学与旧理学能一贯相承"[8]。冯友兰的《中国哲学史》代表了

---

[1][2] 钱穆. 中国学术通义. 北京：九州出版社，2012：214.
[3] 钱穆. 八十忆双亲·师友杂忆合刊. 北京：九州出版社，2011：201.
[4] 钱穆. 现代中国学术论衡. 北京：九州出版社，2012：69.
[5] 同[4]76.
[6] 同[4]26.
[7] 同[3]204.
[8] 同[3]201.

现代学术源起阶段以西学新瓶装中学旧酒的思路，势必产生对于中国学术传统的割裂和曲解，这一点当代学界多有反思①。

《现代中国学术论衡》的谋篇布局遵循了新文化运动以来的学术分科形式，而其学术精神取向则意在象外。除了《国学通义》，我们也可在《学龠》《经学大要》《中国史学发微》等中窥见钱穆的通学取向。钱穆在论述文、史、哲学术分科时，不断与清儒学术分野（义理、考据、辞章和经济）、四部之学、王官学与百家言这类传统视野进行对应沟通，诚如其言，"粗就余所窥于旧籍者，以见中西新旧有其异，亦有其同，仍可会通求之"②。

二、"论衡"：孔子与苏格拉底的道体异同说

《现代中国学术论衡》取"论衡"为题，并非漫不经心之闲笔。序文中论章炳麟，"如其著《国故论衡》，一切中国旧传统只以'国故'二字括净。'论衡'则仅主批评，不加阐申。故曰：'中国有一王充，乃可无耻'。其鄙斥传统之意，则更昭之矣。惟其书文字艰拗，故其风亦不扬"③。"论衡"一词显然浸染有浓厚的反传统意向。

《学龠》中也有类似记载，章太炎"又著为《国故论衡》一书。前清诸学人曾创《国粹学报》，称引清初晚明诸儒，于当时提倡革命大有裨益。而章氏则改'国粹'而为'国故'，继之曰'论衡'。'论衡'二字，则东汉初年王充著书反对孔子之旧名"④。

---

① 冯友兰哲学依据新实在论解释中国传统，显示出新瓶装旧酒的困境。后期及其弟子开始弥补其不足，亦注重心性情感问题。参见：李晓宇."瓶""酒"之辨：冯友兰"中国哲学史"建构中的紧张与蒙培元的化解之道. 社会科学研究，2008（3）；陈卫平. 中国哲学史研究的学科自觉：从胡适到冯友兰. 中国哲学史，2003（2）. 关于钱穆与金岳霖、冯友兰在哲学问题上的知识论态度之不同，参见：戴景贤. 钱宾四先生与现代中国学术. 上海：东方出版中心，2016：98-100.
② 钱穆. 现代中国学术论衡. 北京：九州出版社，2012：6.
③ 同②2.
④ 钱穆. 学龠. 北京：九州出版社，2011：201.

第二章 "眼前有景道不得"？：钱穆与现代思想的宪制进路

太炎先生是钱穆十分尊敬的前辈大家，有过亲身交接请益，然对其学术之缺陷也直言不讳。他在《经学大要》讲义中提到做学问有吸收性与排拒性两种风格，孔子"述而不作，信而好古"属于善于吸收集成者，若以批评和怀疑为主则属后者。钱穆举例道，"章太炎先生则可说是读完了中国书，但他也在那里批评，他做学问也是一种排拒性的……'论'就是批评，'衡'就是拿在秤上衡量衡量。章先生这书所以称《国故论衡》，就是佩服王充的《论衡》，而来写他的'论衡'"[1]。

钱穆特别通过自己的经历来解释太炎为什么尊崇王充，追溯晚清学风，渊源是在晚清太炎同辈学人并不注重经史之学，而是要讲子学，做"子学家"，成一家之言（家言私言）。但他们没有直追东周诸子，而是瞩目东汉所谓"晚汉三君"。王充即此间翘首。"这是当时的风气，章太炎先生亦脱不掉他当时的风气"[2]。《师友杂忆》中关于钱穆在北京大学时期的记载，告诉我们钱先生是在与张尔田（孟劬）先生的交往中了解到这一层面的[3]。

钱穆在对现代中国学术的整体述评中采用"论衡"为题，难道是沿袭前贤鄙薄传统之意，抑或是在戏仿的意义上挪用来批评现代学术学科？这其中意味需要探究。

《经学大要》提到早年撰写的《国学概论》论述过王充。在后书第五章"晚汉之新思潮"中，钱穆肯定王充思想在当时批评汉儒学术末流的积极价值，他引述王充"论衡者，所以诠轻重之言，立真伪之平，非苟调文饰辞，为奇伟之观也。其本皆起人间有非，故尽思极心以讥世俗，冀悟迷惑之心，使知虚实之分"，"《论衡》篇以十数，亦一言也，曰'疾虚妄'"[4]。钱穆称道王充："其人言论行事，皆足以鼓荡一世，为人心所归仰；而莫不舍两汉之旧风，慕王氏之新趋，则其魔力之大，为如何矣？"[5]

钱穆面对的现代大转型较之东汉，当然更显复杂艰巨，古今中西的大

---

[1] 钱穆.经学大要//钱穆.讲堂遗录.北京：九州出版社，2016：307.
[2] 同①309.
[3] 钱穆.八十忆双亲、师友杂忆合刊.北京：九州出版社，2011：172.
[4] 钱穆.国学概论.北京：九州出版社，2011：126.
[5] 同④136.

冲突波澜壮阔。《现代中国学术论衡》也可以说是针对世俗迷惑的，要在轻重真伪之间探求虚实，破除虚妄。试观书中具体的论述结构，如论宗教、论哲学，点明其外来性质，比较辨析中西形态和精神的异同，在此基础上阐明中国学术学科应有之义。《论衡》所曰"疾虚妄"，多忽视中西文化之别，废中兴西，引进西学而生搬硬套。这类学术套路，与既有文化传统之间形成什么样的关系，产生什么样的社会和政治后果，是作者孜孜以追问的。如论宗教，指出宗教在中国文化中的输入性质与次要地位，申明中国文化中文教、礼教、名教的正当性，有助于树立现代中国的信仰系统观念，指示现代国人汲取佛教中国化的优良传统智慧。这个工作，相当于是在中西文化的比较论域中为中国现代学科进行"正名"。其旨意，不仅仅是批驳虚妄迷伪，而是有更为正向的积极志向。

同样可以通过钱穆对王充《论衡》的期待了解其志向，"然考其所论，指摘儒生，评弹世俗，诚已卓越。而开示大道，标揭正义，所以牖民定俗，以觉世之迷惘而达之于天德者，则王氏犹非其任。其议论之所至，每多缺憾"①。破而后立，以吸收性学术会通、提摄、转化排拒性学术，寻求大道和正义，约之以礼，这才是"论衡"的正当归宿。

在《现代中国学术论衡》序文中，钱穆对新文化运动学术进行整体评论后，提出他的中心关切，"继此当有一大问题出现。试问此五千年传成之一中华大民族，此下当何由而维系于不坏？若谓民族当由国家来维系，此国家则又从何而建立？若谓此一国家不建立于民族精神，而惟建立于民主自由。所谓民，则仅是一国家之公民，政府在上，民在下，无民族精神可言，则试问西方国家之建立其亦然乎？抑否乎？此一问题宜当先究"②。我们曾反复指出钱穆的这一核心关切。这是在现代情境下需要开示标揭的大道正义，关乎中国作为一个现代国家存续的立国问题。20 世纪 80 年代开始，类似的西学教义以民主自由的名义在海峡两岸乃至全球风靡一时，背后却是国家与文明的全方面竞争。钱穆提醒世人注重立国的深层次根基，其忧世之心可谓强烈而深邃。

---

① 钱穆. 国学概论. 北京：九州出版社，2011：136.
② 钱穆. 现代中国学术论衡. 北京：九州出版社，2012：5.

第二章 "眼前有景道不得"？：钱穆与现代思想的宪制进路

立国不仅仅关乎富强，更关乎文化，关乎文化构成中的学术与风俗。与中国学术旧传统断裂，完全转向学习西方，承受其学术学科形态，这样的现代立国究竟能否成功，能否持续？现代立国是否只需要政制上的西化（自由民主）？西方现代立国是否也只涵括政制构建？钱穆提醒我们思考现代立国背后的深厚精神根基，思考民族精神、历史精神、立国精神的问题。学术作为大群社会中知识和精神活动的核心领域，怎么可能在传统性、文化性、国家性上中立无别、客观超越呢？

《现代中国学术论衡》的论述有一特征，除中西对勘之外，在学科正名中往往切合大群立国的大道正义加以阐发，联系中西政治社会的演进精神来领会其学术传统的异同，而且融会贯通各学科之间的整体联系。现代学人喜欢将孔子与苏格拉底（或者耶稣）并论，钱穆多次提到这种比较的不伦和误导。《略论中国史学》有云："宋代理学家言道体。孔子当时，唐虞以来之中国，是即一道体。孔子则生此道体中。若谓苏格拉底与耶稣亦各自生于一道体中，又岂得与孔子所生之道体相比。所谓历史哲学，即在认识此道体，与此道体中所有之种种变。孔子之学，与此下中国之史学皆是。若依西方之所谓历史哲学来寻究讨论中国史，则宜其失之远矣。"[1]

孔子生于其中的道体与苏格拉底有不同。这里，钱穆把宋明理学家注重形而上义理的核心概念加以历史化传统化了，或者说赋予中国历史传统经验以文化义理精神，为形而上学的自由思考安上了龙头。唐虞三代以来的中国，是孔子生长其间的道体。在这个意义上，苏格拉底生长其间的道体，即古希腊世界的传统文化精神，与中国不同。无视这层差异，纯粹在现代学科的意义上并论人物，徒增误解和比附。"孔子为中国一大教育家，亦中国历史上一最大人物，而《论语》亦不啻为中国一最有价值之史书。孔子之教，与西方古希腊苏格拉底不同，知此，斯知中西人事不同，而主要则在人不同。今人称孔子与苏格拉底同为一哲学家，斯失之矣"[2]。《略论中国史学》里的这个判断，意在指出孔子的主要文化精神通过史学和政治学表现出经世教育，与西方重哲学的学术传统不同。

---

[1] 钱穆. 现代中国学术论衡. 北京：九州出版社，2012：132.
[2] 同[1]108.

品评文化人物不当仅从学术内容着眼，还要有文化体系的通识视野。"又如孔子，若必以一大思想家目之，已为不伦。又若称之为一哲学家，则更不伦。近人好以孔子与苏格拉底相比，以朱子与康德相比。然孔子与苏格拉底两人生平行迹大不同，朱子与康德亦然。人不同，斯知其学亦不同。由孔子、朱子之学而成为孔子、朱子其人。由苏格拉底、康德之学而成为苏格拉底、康德其人。以哲学专家之目光来衡量，则其间容有相似。以通学目光视之，斯双方之不同乃大显"①。文化的经世导向体现在学科知识的比重布局中，"在中国学术界，则政治学、史学正为一切学问中心主要两项目。孔子即为其代表"，"而史学与政治学两项乃终不占西方学术中之重要地位"②。以现代分科追溯确认中国传统人物的身份，易于遮掩其全体精神，"孔门四科，曰德行，曰言语，曰政事，曰文学。言语即今之国际外交，则四科中之二、三两科，全属政治……然则孔门四科，其最高目标，岂不全集中在政治上？但谓孔子乃一教育家，更属近似。谓孔子乃一哲学家，则差失已远。谓孔子为一政治学家，岂不贻笑大方乎！是则中国学问，最重在政治，而独不有政治学一名，是诚大值研寻之一问题矣"③。叶秀山先生认为钱穆对中西学术重心的品鉴"确为知言"④。

所谓"道体"的不同，钱穆侧重从人物所处的政治社会文化环境来立论。"希腊本未成一国，苏格拉底仅居雅典一城市中，其心恐亦仅存一雅典。孔子生鲁之曲阜，其时鲁之立国则已历五六百年之久。曲阜外，至少尚有费、邱、成三都。鲁之外，尚有列国。孔子曾至齐，其后又去卫，又周游陈、楚诸国。是则孔子心中，实有当时一天下，又存有尧、舜、禹、汤、文、武、周公、唐、虞三代文化相承历时两千年一传统。此两人又乌得相比"⑤。孔子活动的政治社会之规模范围远大于苏格拉底，而且特别重视此前两千年的文明传统，这塑造了儒家独到的文化、学术精神。

---

① 钱穆.中国学术通义.北京：九州出版社，2012：201.
② 钱穆.现代中国学术论衡.北京：九州出版社，2012：118.
③ 同②189.
④ 叶秀山.中西文化之"会通和合"：读钱穆《现代中国学术论衡》有感.读书，1988（4）：16.
⑤ 同②132.

第二章 "眼前有景道不得"?: 钱穆与现代思想的宪制进路

这些枢轴时代的圣哲命运不同,对各自文化传统的奠基方式不同,结局差异仍能窥见文化系统的分别。《国史大纲》"引论"早言:"苏格拉底死于一杯毒药,耶稣死于十字架,孔子则梦奠于两楹之间,晨起扶杖逍遥,咏歌自挽。三位民族圣人之死去,其景象不同如此,正足反映民族精神之全部"[①],"孔子周游不得志,而鲁之君臣终敬礼迎归,老死于鲁。果使孔子而生于雅典、罗马,其得罪获辜,恐当不亚于苏格拉底与耶稣。一尚礼,一尚法,此又中西政治传统相异之一征"[②]。

学术与政治之间是否存在高度的冲突性不可调和,亦可见礼治与法治的主导形态取向有别。"西方人须一家有一家之特出思想,而中国人则贵在共同问题中有共同态度共同思想。故西方人贵有一人内心思想之独特异人处,中国人则贵观察于外而有其共同之标准与尺度"[③]。都是以德行提升政治,却显现出以史学和哲学为主要入手路径的不同,也形成了学人与政治间关系的不同处理方式,中国雍容温和,西方激昂暴烈[④]。

道统差异论的逻辑主轴是政学关系,政主要是指政治社会构成和演进的模式(可称为立国形态),这受到地理环境、经济方式、社会活动等因素的制约。学术作为人类精神和智识的主要活动形式,与政治的立国形态相互作用、相互塑造,形成辩证的历史与结构关系。

钱穆曾在《中国文化史导论》中将中西文化的演进模式概括为中国是同体转化,西方属异体变动[⑤]。中国历经朝代变化,但国家规模和范围有较强的延续性和确定性("在大群则五千年来成为一广土众民大一统之民族国家,至今而仍屹立在天壤间,举世无与匹"[⑥]),尤其是文化和国家认同意识表现出强韧的同一性和持久性;相比起来,西方文化历经多次中心地的转移,其间虽也有继承,同一性和持续性远不如中国。"希腊人能创

---

① 钱穆. 国史大纲. 修订第 3 版. 北京:商务印书馆,1996:13.
② 钱穆. 现代中国学术论衡. 北京:九州出版社,2012:145.
③ 同②34-35.
④ 柏拉图. 苏格拉底的申辩. 修订版. 北京:华夏出版社,2017;包利民. 古典政治哲学史论. 北京:人民出版社,2010.
⑤ 钱穆. 中国文化史导论. 北京:九州出版社,2011:12-13.
⑥ 同②146.

造一希腊，但不能守。罗马人能创造一罗马，但亦不能守。现代国家虽亦各有创造，但迄今亦各不能守，于是乃转而为今日之美苏对立。但核武竞赛，今日之局面，此下将仍不能守。故西方历史乃一有创无守之历史，有进而无止，有始而无终"①。

这种政治立国形态的差别对应着学术传统的精神差异，就是中国重会通而西方重分别，中国文化重一体和合而西方不易形成合体，中国重守成延续而西方重开创出新，中国强调学以从人而非以人从学②。"故言学术，中国必先言一共通之大道，而西方人则必先分为各项专门之学，如宗教科学哲学，各可分别独立存在。……同为一国，而其国则亦可大不同。今人则又喜称汉帝国唐帝国，此亦泯此中西双方之立国精神矣"③。

政学关系并非决定和被决定的关系，而是更多地在历史演进过程中相互塑造的。"中国与中国人，古谓之诸夏，乃会通和合成为一体。尧舜禅让，汤武征诛，此皆中国人之简称此一中国之大用所在。中国古人会通和合，明其为一体……此下秦汉郡县制与唐虞三代之封建制，显有分别，而中国人仍会通和合为一体"④。在这个意义上，我们才能明了钱穆强调现代学术必须注重文化传统有其立国论的深厚用意，《现代中国学术论衡》不仅仅是学术自身意义的批评反省。

三、超越困局求新境：会通大体中的学术独立

1945年9月9日，中国战区日军在南京投降签字日的清晨，身在成都的钱穆撰成《建国信望》一文，"胜利完成，建国大业，千头万绪，积年信望，承中央周刊社征文所及，拉杂倾吐，以请教于邦人君子"⑤。这篇文

---

① 钱穆. 现代中国学术论衡. 北京：九州出版社，2012：33.
② 同①28，32，34.
③ 同①40.
④ 同①181.
⑤ 钱穆. 政学私言. 北京：九州出版社，2010：211.

第二章 "眼前有景道不得"？：钱穆与现代思想的宪制进路

章后来被收入《政学私言》，围绕孙中山先生三民主义阐发基于文化传统的立国信望，相对全书可以说是一份立论总纲。

十分醒目的是，全文第一部分对于民族主义的阐释将民族等同于文化，明确提出"独立之民族，创建一独立之国家，必有其独立之文化业绩，尤其如政治、法律、教育制度、文学艺术、宗教信仰、社会礼俗等。必然以独立之姿态而出现"。学术和风俗是文化最核心的两项，文化独立必有学术独立。钱穆特别解释，学术和文化的独立，不等于守旧复古，因为"新旧只是生命之一串，古今只是历史之一环，毁灭旧文化，即是窒息新生命"，"中国民族之文化，在已往有价值，在将来仍有其存在，无旧无新，同是一种民族精神之表现"①。只要民族不亡，不分裂解体，文化的古今新旧就不应割裂打散，相互对立，关于复古和西化的争论应当意识到民族和国家独立这个前提。

钱穆认为文化独立的入手处在于教育制度"必然摆脱模仿抄袭，而有其独特的文化立场与创建精神"。这种立教独立，表现在本国语言文字、学校教科书、文法学院科目、国家级学院建制、国家教育方针各方面，如"本国语言文字之地位，先将与外国语言文字取得平衡，再次则将超出"，在西化大潮流下，先争取与外国文化的均衡，最终则需争取超出。比如法政学界，西方政治思想史和制度史、西方哲学的教学研究，比重上超过中国政治思想史和制度史、中国哲学的教学研究。钱穆认为这个局面必须扭转，后者应当占据主导位置，而西学为辅助。学术如果不能独立，教育又谈何独立？学术上对于中国学术的处理，如果仍然以西学笼罩裁割中学，只不过是变相西化而已。钱穆指陈立学、立教与建国立国的关系，"若非此种站在国家民族独立自尊的立场下面的新教育制度急速完成，则将无法唤起民族之自信，亦将无法争取国际间民族之平等地位。并将无法激发理想的建国真精神"②。

中国的现代立国，需要充分确保自身文化传统的独立性。现代立国的机制，应当是中国传统立国形态在现代情势下的因承损益。文化和教育的独立，在精神和知识维度上为构成现代国家的大群社会提供彼此组织联合

---

① 钱穆.政学私言.北京：九州出版社，2010：211.

② 同①212-213.

起来的共识根基。这方面，钱穆通过国史论述特别注重王官学与百家言的宪制结构意义。三代时期，学在王官，政教合一；春秋战国以降，王官失守，诸子兴起，这些家言家学代表了平民社会新兴的力量和声音。官学属公，家言发于社会，可谓私言。周秦之变，从封建到郡县，平民社会下的大一统郡县国家如何实现有效整合和长治久安？汉代在立教上最重要的经验就是"罢黜百家，表彰六经"。

相对于秦代与先王传统的断裂，汉武帝提倡表彰六经，意在接续古代传统，罢黜百家则是对于战国以来家言家学的清理，清理的过程其实是新王官学的塑造。这个塑造不是对于三代王官学的照搬挪用，而是在诸子百家的基础上通过时人大儒的提炼，推陈出新，依靠家学家言塑成新的公共官学。建立五经博士制度和太学，就是为新秩序立国事业提供共识精神，为新的政治社会提供国家认同这类公共品，进而形成士人政府、礼法秩序。所以，汉武帝更化立教立学，新旧王官学与家言互动，其中是社会升降、政制转换、国家整合的宪制变迁，家言私言推动了新王官学的形成①。这一宪制变迁机制在立教立学上的演绎过程，通过后世的经学正义化、理学官方化科举化不断显示，经历了从"通经致用"到"通史致用"的变化，是我们思忖现代立国时不应忽视的历史前提②。

应对西方现代的巨大冲击，钱穆的立国信望首先强调文化和立教的独立，是出于对中西历史宪制机理的深入透视。中国如果要继续维系广土众民的大一统立国规模，就不能无视王官学与百家言这种政教机制的立教立学模式。他在《建国信望》中的呼吁，就是随顺民族主义通过文化独立来指示立国共识根基的新王官学何以关键。这篇文章被收入《政学私言》，也应合了他在书中《道统与治统》一文对于官学与家言、公学与私言的论述③。

---

① 钱穆. 秦汉史. 北京：生活·读书·新知三联书店，2018：87-89；钱穆. 政学私言. 北京：九州出版社，2010：63-74.

② 关于汉儒之后从"通经致用"到"通史致用"的转变，参见：钱穆. 经学大要//钱穆. 讲堂遗作. 北京：九州出版社，2016：616. 钱先生对于读经的看法颇值玩味，他说，"我不反对研究经学，可是我并不提倡读经"（钱穆. 经学大要//钱穆. 讲堂遗作. 北京：九州出版社，2016：594）。衡之晚近大陆国学复兴中的读经运动，这个建议有其指导价值。

③ 钱穆. 政学私言. 北京：九州出版社，2010：63-74.

第二章 "眼前有景道不得"？：钱穆与现代思想的宪制进路

从这个视角来看《现代中国学术论衡》，"论衡"潜含连通的家言、私言性质具有何种政治宪制指向，应当不难明了。王充的家言家学影响了晚清诸儒，只不过反传统派运用的评论方式，被钱穆移用到现代中国学术这一对象上，颇有反拨意味。当然，钱穆的"论衡"不仅破除虚妄，而且循着吸收性、包容性的传统大路，使现代学术学科回就中国传统，能够真正为大群国家提供有效而长远的立教立学公共品，可谓共和体制的新王官学。每个政治共同体都需要这样的公共品，后者在含义和功能上的差异大大影响了共同体的形态及其演进。中国的现代共和，需要接续立国传统的深层机理。

在《略论中国科学》文末，钱穆认为科学只有以"正德、利用、厚生"的文化精神为宗旨，才能贞定其价值。"故倘一切学问，亦如西方能分别求之，又能会通用之，先正其德，而又能利用厚生，则正如晚清儒之言，'中学为体，西学为用'，先知以会通为体，又岂害于分别之为用。此则诚会通中西，又更有一新学术、新境界之向前发展，仍贵会通以求，不贵分别以观者。余之——比较中西学术异同，则仍贵于异中求同，乃得于同中存异"①。

相比晚清的"中学为体，西学为用"，钱穆提出"会通为体，分别为用"，展现了中西古今问题思考的升华和拓展。对于这个宗旨，不妨从几个视角理解。首先，对于中西文化精神的解释侧重会通与分别而展开。钱穆总结中国文化精神以会通为主，尤其体现为"一天人，合内外"，强调以人文化成为中心的天人和内外关系的和合，认为中国文化对于时间维度的体会至深，尤其注重古今相通。孔子"述而不作，信而好古"里的"述"其实已经把历史的新变与旧传贯通了起来，"两汉亦通于三代，唐亦通于汉，五千年历史相承，仍贵有一通，仍不失其为一中国"②。孔子的《春秋》，最能体现后世四部之学的融通精神。

其次，钱穆将比较进一步聚焦到立国中心上，从政治体的立国形态和精神的异同去阐发历史和民族精神，特别凸显立国精神的共识共学，拈出

---

① 钱穆. 现代中国学术论衡. 北京：九州出版社，2012：65.
② 同①35.

王官学与百家言这一政教机制作为会通和分别关系的历史宪制模式。再次,从学科视角来看,会通和分别的辩证关系既体现在中国学术传统中的王官学和百家言,经史子集四部之学,义理、考据、辞章、经济之学,也拓展到科学、宗教、哲学、文学、史学、政治学等现代分科。学科学术和合的着眼点,在于传统经济之学的大群公共福祉,这是会通大体的归宿。

最后,中西之间的会通在钱穆这里也十分重要,关系到"新学术、新境界之向前发展"。只有"异中求同",才能彰显"同中存异"的必要性。钱穆"异中求同"的眼光,对于西方文化传统有独到见识。比如宗教,钱穆批评新文化运动只看到科学和民主,"鲜明揭起反宗教的旗帜"。他认为西方文化分别多途,"显属一种多角性的尖锐放射。而每一角度之放射指向,都见其世俗欲极强烈,权力追求之意志极执著,个性上之自我肯定极坚决",基督教对此能够有超越融通,"只有耶稣教教人超越现世,转向上帝,再回头来把博爱牺牲精神冲淡实际人生中种种冲突,而作成了那一个多角形的文化体系中之相互融合与最高协调之核心。若在西方文化中抽去耶稣教,则必然会变形,成为矛戟森然,到处只是唯物与斗争之一个人类修罗场","西方宗教亦可谓别有一番礼与信"①。宗教为西方文化提供了统一趋势,而马克思"共产主义,实亦超乎国界,盈天下人类而归之一途,不啻一变相之宗教","惟共产主义究有一种世界性,一种万国一体性,即有其一种人类大群之共同性,则实远超于欧洲人近代商业资本性之上,而更见其有广大共通之一面"②。"西方人主分别,耶稣、马克斯虽专论宗教信仰与经济,但其言偏近和合性,为西方人所无。故西方人不得不采用此两人思想以资调剂"③。

现代国人对于西学的接受,"总是涉其浅,未历其深。遇其害,不获其利"④。五四以后国人接受了共产主义,我们应当看到中国大群立教的传统与西方宗教精神如何在历史进程中展开交汇融合,其间不同也应由此而

---

① 钱穆. 国史新论. 北京:九州出版社,2012:174-175.
② 同①171-172.
③ 钱穆. 现代中国学术论衡. 北京:九州出版社,2012:230-231.
④ 同①175-176.

第二章 "眼前有景道不得"？：钱穆与现代思想的宪制进路

去鉴别。

钱穆批评"近代国人则惟西方是慕，然不热衷于其宗教，独倾心于其科学"，战争越来越依靠高科技，世界大战若带来世界末日，"而死者灵魂尽得上天堂，一切事尽有上帝管，更不由凯撒管，耶稣之言，亦久而有验。耶稣之最先宗旨亦或可由此而达矣。我诚不胜其为灵魂界庆贺，但亦不胜为生命界悲悼矣"。中国文化在此之外应该为人类开辟新路，天人合一，政教合一，从天下公益出发去整顿秩序，这是一个生机。"纵不在中国，或可出现于西方。夷狄而中国则中国之，亦安知其必无此一可能。此其为中国信仰之最后希望乎？我日祷之，我日祷之"[①]。

在《现代中国学术论衡》著成的20世纪80年代，美苏对立竞争。钱穆认为二者之间，美国宣传民主自由，人文意味尚有，在国际上尚能赞助同盟，扩张之意较苏俄少，国内种族务求融和，这些都是值得肯定的大义。所谓"美国为举世多数国家共同慕效，自有其共通大雅之处"[②]。而国人学习美国，应当不忘中国之俗，"以中国之通俗化来学美国"。这个"通俗化"，是注重中国自身文化传统，不能邯郸学步，"中国人仍当读中国书，贵能以中国书中所讲道理来阐扬宏伸美国之大道，不当只求美国之大道，而先自把中国方面一切全放弃"。这种立足中国文化传统的态度，应了解更为理想的境界，看到即使美国也并没有达到尽善尽美，需要提升改善。

在会通与分别的体用关系中追求新学术和新境界，这个展望在钱穆自身学术中也显现出理路的曲折精微。一方面，不知西学无以解中学的困境并非可以轻易绕开，现代中国的思想语境和政治情势需要我们正视二者之间的对话沟通，某种西学格义似乎难以回避；另一方面，格义也好，对话也罢，文化系统和传统的精神差别不可能自然消失，即使传统新变，也需要在变化的大传统脉络中来贞定学术的地位和价值。以钱穆论法治来说，梁启超晚期学术提出中国重礼治与西方重法治的区分，被钱穆视为深具洞见的晚年契悟。而对这一区分的阐扬，在钱穆学术中仍然经历了长期演进。他在《政学私言》的写作时期仍侧重接引西学，以法治为接口来解释

---

① 钱穆. 现代中国学术论衡. 北京：九州出版社，2012：8.
② 同①61.

中国的礼乐典章，论政重心在于强调礼法秩序作为法治与西方的共通性和特异性。虽然也指出中国法治自身的文化特质，法治范式可谓是主导性的①。这一格局到了晚年的《晚学盲言》《现代中国学术论衡》，基本扭转为重新肯认中国礼治的中心性及其相对西方法治的优越性。《现代中国学术论衡》一开篇的《略论中国宗教》，就引出礼治重和合、融通的文化特征，中国礼法易于大群成一体，西方主以法治，"西方一切组织，一切系统，乃尽在外形上作分别。中国则在各己之内心上抟成为一统。此为中西文化之最大相异处"②。但这种肯认是在接受了现代西学洗礼之后的重新阐释，礼法秩序的宪制含义从中而得以生发彰显。本书后面还会详细阐述。再如史学，"此下终当有所变。惟求变而当不失其大统……是则中国旧史体例已不能守，如何成新史，此须有明天人之际，通古今之变，成一家之言者，创为新例"③。

现代国人多认识到钱穆作为史学家的一面，《国史大纲》《中国历代政治得失》晚近越来越得到欣赏和重视。笔者从政治学的视角近年多强调其《政学私言》的重要性，并强调作为政治思想家、立国思想家的钱穆有着不为世人熟悉的丰富面向④。这些认知也每每受限于现代学术分科的既定框架。如果要从根本上把握这一学术大宗师的学思精神，《现代中国学术论衡》（及其背后的《中国学术通义》《学籥》等）更能集中地展现钱穆以通人通学为中心目标的智识视野。这本著作可谓积蓄其一生学养，为后人审慎反思现代学术提供了极具批判性和融通性的资源。钱穆提示的学思方向，既非复古，亦非西化，而是在会通中善用分别，以大群秩序的经世实践作为准衡，来吸收融和中外学识，博之以学而约之以礼。新学术境界的融凝，预示着中国与世界秩序的新生机，这是《现代中国学术论衡》的旨归，也蕴含了钱穆在现代激变中的家言大义。

---

① 任锋. 钱穆的法治新诠及其启示：以《政学私言》为中心. 西南大学学报（社会科学版），2018（5）.
② 钱穆. 现代中国学术论衡. 北京：九州出版社，2012：20.
③ 同②114.
④ 任锋. 钱穆的"明夷待访录". 政治思想史，2018（4）；任锋. 君道再还：钱穆宪制思维中的元首论. 开放时代，2019（2）；任锋. "历代政治得失"的微言隐义. 读书，2020（10）.

第三章 现代中国立国的治道转型

第一节 "统"、大一统与政治秩序的基源性问题

> 中国历史惟一大事，乃是民族抟成与国家创建，形成一个民族国家大统一之局面。但外国人不说这些，因此我们也不说。外国人说现代国家，中国人便说要赶上也成一现代国家。但现代国家之最高理想，岂不应该是一个大一统的民族国家？这是中国史上久已完成之一件事。惟有由此基础，始可走上世界大同。
>
> ——钱穆.史学导言//钱穆.中国史学发微.北京：九州出版社，2020：75.

在现代中国的历史与政治理论中，大一统无疑是一个极具争议性的主题，自晚清以降经历了褒贬纷呈的阐释和评价。这种争议性背后的思想图景，镶嵌在现代中国的转型历程之中，密切关涉对于传统和现代道路的认知辨析、对于中外文明形态及其品质的体会鉴别[①]。大一统主题引发的古今中外之争，至今仍在展示其未尽发掘的复杂意涵，深刻影响着当前政治体的秩序建构。现代立国进程的深度展开，促使我们进一步从历史政治理论的视角把握其秩序价值。钱穆先生的先驱性探索向我们揭示出，大一统指向政治秩序的基源性问题，也是治道要义之一，需要在争议性中领会其理论与实践的中心价值，并应对现代挑战实现其新的转型。

[①] 杨念群.我看"大一统"历史观.读书，2009（4）；杨念群.论"大一统"观的近代形态.中国人民大学学报，2018（1）；林毅."变中求统"：大一统政治思想研究中的语境与逻辑问题.政治学研究，2020（2）.

第三章　现代中国立国的治道转型

一、大一统的现代争议性：从专制主义论到立国本位论的转换

如何理解大一统在中国政治和文明传统中的构建性地位，这一历史认知问题自晚清以来就与我们的现代转型历程紧密缠绕在了一起。换言之，历史认知与现代国人关于国家转型的时代认知和选择，二者紧密关联、不可分离①。

在张灏先生所言的转型时代（1895—1925年），伴随政治和文明危机的加速升级，大一统的讨论很快超越中国经史的义理范围，从西学中引入当时最为流行的一系列理论，搭建了思想分析的舞台②。社会演化论、进步史观、联邦主义、立宪主义、民主理论、世界主义、诸种乌托邦想象，为人们反思自身所处国家的历史传统提供了极具冲击力和颠覆性的新思想坐标。大一统主题的争议性，就是在这种解构意味浓烈的反思中逐渐形成的。反思中，有的思考能够反求诸实，合乎史实地去理解传统，有的思考由中国扩展至世界，提升了大一统论述的检验范围。其中更能代表时代精神趋向的，是对大一统的激烈批判和否定，借此树立西学表彰的价值和制度。这一进路，将大一统与专制主义捆绑在一起，视前者为西方民主自由的传统反题，需要在现代立国中予以扬弃。

梁启超最具代表性地把大一统归结为政治上的君主专制和文化上的意识形态专制，批评大一统抑制了共同体演进的竞争活力，导致了现代转型期中国遭遇西方列强后的不断挫败。梁任公的观点经由舆论场不断扩散放大，时代影响不可估量③。"广土众民而大一统者，专制国之真相也"，严

---

① 姜义华. 辛亥革命以来中国大一统国家体制再造中的承续：上. 学术月刊, 2011 (1); 姜义华. 辛亥革命以来中国大一统国家体制再造中的承续：下. 学术月刊, 2011 (2); 姜义华. 中华文明的经脉. 北京：商务印书馆, 2019.
② 张灏. 转型时代与幽暗意识. 上海：上海人民出版社, 2018.
③ 梁启超. 论中国学术思想变迁之大势. 上海：上海古籍出版社, 2001.

复的这一判断最能代表这种时代认知①。

　　梁启超论题在理论进路上可概括为大一统的专制主义论式，其内里是依据专制-民主的政体类型学将中国政治传统认定为专制政体，举凡文化、伦理道德都可归结于政体论的专制主义解释，大一统被视为专制主义的政治统合形式②。历史认知的专制主义论式，对应的是转型实践的自由民主选择。现代立国应当符合西方现代的文明精神，与此悖逆的历史传统自当加以批判和否弃。历史认知在某种意义上是知识铺垫和陪衬，重要的是要强化论证现代实践选择的启蒙方案。专制主义论式，在判定大一统传统的现代终结之后，更在意的是政体论意义上全新政制的构建。在这个强势理论意向的推动下，历史认知不可能得到充分延展或深化，争议喧嚣中，大一统终归于一种模糊虚浮的知性境地。

　　这个论式的历史认知意涵，或显或潜都指向了对于历史传统的激烈否定，在立国传统认知上极易滑入虚无主义。钱穆先生的大一统论，就是在专制主义论式大行其道的时代风潮中，极具创发性地呼吁国人注重大一统在历史政治理论中的核心地位。众所周知，钱穆对于中国政治传统的专制论批判一直持强烈的保留态度，主张予以具体历史辨析。这种看似防御性强烈的史论立场，往往容易掩盖其立论上更为积极性的思维进路，而后者实则就是以大一统为基点，衍生发展出了关于政治秩序的历史宪制论述。

　　1951年，钱穆在《中国历史精神》的开篇演讲中直言，辛亥革命以来，国人学习西方转益多师而难有所成，自己五千年的深厚传统急切又打不倒，这是近代中国最大的苦痛、最大的迷惘。迷途知返，出路在于用沉静的理智来看待自家历史，历史知识的复活将决定文化精神和民族精神的复活，中国由此才能真正独立自存③。第二篇演讲《中国历史上的政治》开门见山，强调中西政治的异同比较，指出中国政治重"一统"为精神，西洋尊"多统"为常态为本质④。中国即使在多统的分裂时期，仍以一统

---

① 孟德斯鸠. 孟德斯鸠法意. 北京：商务印书馆，1981：175.
② 本章第三节会详细阐述.
③ 钱穆. 中国历史精神. 北京：九州出版社，2016：16-18.
④ 同③24-27.

第三章　现代中国立国的治道转型

为精神取向；西方即使身处一统，也往往以多统为常态。西方在形式上一统的帝国无法达到汉唐郡县国家式的国家同化整合。欧洲共同体的理想直到当代仍然难以落实。从时间上讲，中国历经朝代更迭，但国族同一性的认同绵延不绝，而欧洲文明政治中心多处转移，政治身份上多国之间始终鸿沟深裂，无法融合为一。

钱穆在比较这个异同后，总结道，"所以中国人受其几千年来的历史熏陶，爱讲'传统'，西方人则根本不知有所谓传统。无论就时间讲，或空间讲，他们都是头绪纷繁，谁也不肯承认接受了谁的传统。也有人说，中国今天，就吃亏在这'一统'上，西方人也就便宜在其'多头'上。这话对不对，我们暂可不论。但我们先要问，专就政治讲，究竟应该一统的呢？还是多头的呢？这在理论上，是一个政治系统的问题，是一个政治机构的问题"①。

很明显，钱穆引用的那些时代意见（"一统"吃亏论），包括大一统的专制主义论式，依据现代中国转型初期的国家竞争胜负来回望批判历史政治传统。而钱穆主张的思路，在于首先正视历史传统本身，不能完全依据一时的时代意见做出历史判断，要认识到这个问题在理论上首先是关于政治秩序的系统性问题。在之后论述中，钱穆从国家观念、政治体制的视角，来解释中外政治形态的这个根本差异。

钱穆并没有把中西政治差异直接化约为政体论意义上的专制/民主、人治/法治优劣，而这样的思路在大一统的专制主义论式中是支配性的。钱穆的贡献在于敦促我们首先正视"一统"和"多统"这个基本差异，从以千年为单元的长程经验出发，厘清探索的基本原点。在钱穆看来，中国的一统政治有近五千年传统，是现代政治思维需要尊重的基本前提，是经验原点，也是理论原点。现代国人主张变法，主张革命，提倡民主法治，针对时代政治的弊病探寻病源，但不能因为一时期的病症而否定国家历史传统这一整体生命。

这个思维进路，与大一统的专制主义思路显然不同。后者依据引入的

---

① 钱穆. 中国历史精神. 北京：九州出版社，2016：27.

启蒙标准，趋向于对历史文明传统的激进化、虚无化处理，把历史进程中一个具体时期的弊病视作整个传统的必然归宿或本质，由此并不能将千年传统作为一个必须正视、衡平估量的思想依据。如果大一统被归结为政体论范畴意义的历史实践后果，就很难再作为宏观层面上政治秩序的基源问题得到充分承认。

中国政治思想传统中存在着变革思维与立国思维的张力，前者依据某种外在标准提出对于现实政治的大幅度变革，而后者对于现实政治体的经验保持更为审慎和保守的态度，注重立国本末源流的探讨[①]。在近世思想传统中，理学与经制事功学分别代表了这两个思维范式，前者高举"法三代"而批评后世如汉唐宋明的祖宗家法（"法祖"），后者则重视发现"法三代"与"法祖"之间的历史延续性。大一统的专制主义论式受理学激进历史意识和政治理想主义的传统影响，将"法三代"转换为"以西为师"，对于历史政治传统的激烈抨击则一仍旧贯。比较起来，钱穆更多地继承了经世传统主流的立国思维，将大一统视作探讨现实立国的起始前提，主张在尊重和维系这一前提的条件下思考维新变革。

钱穆在《中国历史上的政治》中提出的大一统论述，不妨称之为大一统的立国本位论。大一统专制主义论式自转型时代以来风行一时，笼罩世人，在这种时代风潮下探索一种更为尊重历史精神的思路，其苦心孤诣的先行者意义需要我们充分体认。对钱穆学思的检索可以发现，至迟在其20世纪40年代的《国史大纲》《政学私言》《中国文化史导论》等代表作品中，这个思路即已形成。而到钱穆学术生涯晚期的《晚学盲言》，这个立国本位论可以说蔚为大观，臻于化境。

中国作为一个广土众民的政治体，能够绵延五千年、扩展为超大规模（"可大可久"）的原因是钱穆历史政治思考的中心主题。中国人"能创建优良的政治制度来完成其大一统之局面，且能维持此大一统之局面历数千年之久而不败。直到今天，我们得拥有这样一个广土众民的大国家，举世莫匹，这是中国历史之结晶品，是中国历史之无上成绩"[②]。正是围绕这一

[①] 任锋. 立国思想家与治体代兴. 北京：中国社会科学出版社，2019.
[②] 钱穆. 中国历史研究法. 北京：九州出版社，2012：18.

主题，钱穆触动并衍发了对于国家、民族、历史、文化、道德、治体与世界秩序等一系列问题的重新阐释，显示出大一统之于政治秩序基源性问题的关键价值。

二、国家形态与政教机制：追溯大一统的古源和动因

对大一统的常见讨论往往呈现出两个进路，即聚焦秦汉以来两千年政治传统，且注重《春秋》公羊学代表的经学义理。在探讨大一统的现代命运时，这两点往往构成立论基础。钱穆的立国本位进路，并未单纯依托经学义理，而是强调在通史基础上通过历史政治传统的实践性阐释来揭示大一统的系统含义[①]。针对上述两个进路，他强调秦汉以前与之后两大段历史的大一统之通贯，可谓"法三代"与"法祖"两个大一统形态并举，同时更看重立国宪制意义上诸种要素如文化、族群、政制的历史政治演化，在经史参证的进路中展开论证。

将大一统区分为封建式与郡县式这两个基本形态，这个区分可以避免只关注秦汉以来两千年的郡县大一统。换言之，由中央集权、君主制和士大夫官僚制度、儒家主导的政教政学合一这些要素构成的郡县大一统，只是大一统的历史形态之一。这一区分在大一统的历史谱系上为我们打开了向上追溯与向下推展两个向度，即秦汉大一统在传统上其来有自，渊源深远，在未来也会有新形态产生，并非终结于历史，已成过眼烟云。

三代以周礼为代表的封建式大一统，不仅是孕育出后世郡县大一统的古史海床，也是我们理解中国国家民族（国族）及其历史文化精神得以奠立的关键起源。如果没有这一源头，大一统的历史传统在秦汉以降势成悬隔之态，大一统的现代重构也将失去元气精魂。钱穆由论述三代大一统，拈出中国国族的立国之本，以此为讨论后世政治得失的大前提，并由此形

[①] 关于大一统的经学解释，参见：刘家和. 论汉代春秋公羊学的大一统思想. 史学理论研究，1995（2）；李长春.《春秋》"大一统"与两汉时代精神. 中山大学学报（社会科学版），2011（3）.

成了国家与政府的基本区分，敦促我们溯源三代来理解国家的基本原理。

《国史大纲》比较秦汉大一统政府与罗马帝国的立国精神不同，指出二者的中心与四维之构成机制迥异，前者"已为国史辟一奇迹"，"此种立国规模，乃经我先民数百年惨淡经营，艰难缔构，仅而得之"①。

钱穆概括秦汉政制演进有三级，第一步为"由封建而跻统一"，"秦汉统一，乃晚周先秦平民学术思想兴盛后，伸展于现实所应有之现象"②。钱穆指出，"吾所谓大一统者，乃由国家整部全体凝合而形成一中心，与罗马帝国之由一中心放射而展扩及于四围者又不同"，"盖中国乃由四方辐辏共成一整体，非自一中心伸展其势力以压服旁围而强之使从我"③。大一统重在国家全体的共同凝聚，从这个凝聚中形成中心，而帝国形态与此大相径庭，以一个强大城邦为中心向四周征服扩张。《国史大纲》对中西文化演进形态的不同稍作引论，指出国族建立得赖于文化长期演进，而论大一统聚焦于秦汉以后，并未明确伸展于先秦。

在钱穆20世纪40年代著成的《中国文化史导论》中，大一统的立国本位论得到有力推进④。大一统被视作中国作为一个国族的基本立国规模、国家形态特质，也是其文化精神和历史精神的精义。

钱穆从自然环境、生活方式切入文化精神的解释。与游牧、商业不同，中国是农耕文化类型的代表。因为环境关系，中国文化在远古就走上独自发展的路径。它产生在特别广大的地面上，在黄河流域的各个支流与大河交汇地域，产生了古史上的各个政治社会。虞、夏、周三氏族文化，很早融成一体，与商氏族构成一西一东两个系统，不断接触往来。黄河流域的支流水系较古代埃及、巴比伦和印度，远为广大复杂，滋养了多层次

---

① 钱穆. 国史大纲. 修订第3版. 北京：商务印书馆，1996：13-14.
② 同①19.
③ 钱穆. 中国传统政治与儒家思想//钱穆. 政学私言. 北京：九州出版社，2016：123，129.
④ 钱穆. 中国文化史导论. 北京：九州出版社，2011. 钱穆的文化学转向与抗战建国有密切关联，这方面研究参见陈勇. 论钱穆文化民族主义史学思想的形成. 史学理论研究，2011（2）. 相关思想史背景，参见黄克武. 民族主义的再发现：抗战时期中国朝野对"中华民族"的讨论. 近代史研究，2016（4）；刘俊峰. 抗战时期顾颉刚与钱穆学术理念的离合. 齐鲁学刊，2016（3）；宋平明. 抗战时期"学术中国化"讨论的双重维度及其理论遗产. 北京党史，2020（4）.

第三章 现代中国立国的治道转型

且扩展性极强的农业文化网络。这样的地理经济环境，在政治发展上，使得人们"自始即在一大环境下展开，因此易于养成并促进其对于政治、社会凡属人事方面的种种团结与处理之方法与才能，遂使中国人能迅速完成为一内部统一的大国家，为世界同时任何民族所不及"[①]。这样形成的政治国家，对于外来异族的抵抗比较有力，能保持文化进展的前程逐渐发展，社会内部也能保持勤奋朴素的美德，文化常有新精力，不易腐化。

钱穆认为，在中国文化中，中国人把民族和国家当作一个文化机体，民族常消融在人类观念里，国家常消融在天下观念里（"国家即天下"），二者的规模和边界极具伸展力。民族融合与国家凝成是一体两面，国族是族群与国家紧密不分的统一体。从上古到先秦，是中国国族融合统一的最先基业之完成时期。从尧舜时代诸部族互推共主，进至夏商王朝长期世袭，再到周代封建、春秋战国的联盟制度和郡县制度，是古代国族逐步融合统一的五个阶段，由此确立了国族和文化单一体的基础。经过两三千年的发展，至商周时代，中国的国家形态已经逐渐完成，凝成统一的大国家[②]。与古希腊相比，西周代表了封建式的统一[③]。与西欧中世纪封建不同，这是中国统一政治进展中的重要步骤，把尧舜夏商以来的国家共同体进一步用封建建国的立国运动加以夯实巩固了。

我们多次指出，《国史大纲》在论述西周封建时，特别集中地强调这一政治实践的立国意义，引出立国形势、立国规模、立国精神和立国理想等概念群，提醒我们不能只是在政权组织形式上理解周代封建[④]。春秋时期则是"霸诸侯"的联盟时期，仍不是希腊那样涣散的城邦形态，霸业逐渐扩大是诸侯间联合的逐渐扩大，同样是国族大一统的进展。战国时期则是"创建世界政府"的"王天下"时期，酝酿新的政治力量代替周王室来重新统一天下。到了秦始皇统一六国，古史的国族大一统历程臻于顶点，

[①] 钱穆. 中国文化史导论. 北京：九州出版社，2011：6.
[②] 同①9.
[③] 同①8.
[④] 钱穆. 国史大纲. 修订第3版. 北京：商务印书馆，1996：42-45.

于是开启新的大一统形态。

钱穆辨析道，秦汉时代，由封建式统一转变成郡县式统一，统一的性质和功能进一步完善强化。这是政府组织体制的转换，而不是国家基本形态的变革。欧洲从希腊罗马历经中世纪封建，直到现代国家，政治形态往往随国族传统而全幅变革；在中国，从周到秦汉再到隋唐、明清，国族传统则维系延续，主要变动在于政府组织。汉承秦制，主要是在统一政府的组织上增加了平民为天子、士人政府两项要素①。而在郡县大一统国家形态中，政治制度也往往有跨越朝代的贯通活力，如君主制、选举（考试）制、监察制、宰相和士大夫政治、土地赋税制度等，这些宪制意义上的稳定安排对于国族共同体的延续性意义重大。钱穆比较中西历史形态，认为西方的变迁多属于异体变动，国族与政府都经历了不断转变，中国则是同体绵延，其最大精义就在于国族形态的绵延不绝，且能够涵摄族群文化和政府组织的调适变迁②。

中国历史上，民族与国家早已融凝为一，中国文化由此而产生，四五千年来传统不辍，屡仆而复兴，扩展多，转变少。转变主要在政府组织体制，扩展主要在国族文化规模。钱穆认为，中国的夷夏之别依据文化，实质在于生活习惯和政治方式。中国古人，尤其是主干的华夏诸系，抱持宽大的民族观念，不以血统界限自封自限。在宗教上，商周两代政治力量已经超于宗教，掌司祭祀的僧侣归属于政府，由公共事业的代表来与上帝沟通。上帝是人类大群所公共的，如果最高统治者失去大群立场，作为私人并无直接感通上帝的权能。上帝以地上群体的意志为意志，民心即天心，上帝与人类全体大群合一，绝不为一姓一族私有。

祭天祭祖制度显示出宗教已经被政治吸收融和，"礼治只是政治对宗教吸收融和以后所产生的一种治体"③，人道观念也吸收融和了政治观念。就国家观念而言，中国古人的民族界限并不清晰，上帝又凸显大群公共，因此国家观念并不绝对化，总是被天下观念笼罩。秦国统一，是当时中国

---

① 钱穆．中国文化史导论．北京：九州出版社，2011：89.
② 同①13.
③ 同①43.

第三章 现代中国立国的治道转型

人"天下太平""世界一统"的观念之实现。中国古人的"民族""宗教""国家"三项观念,内部互相关联,有共通融成一个整体的意义。它们奠基于国族相传的深厚的家族观念和人道观念,主张个体超越一己之私,由父子夫妇推展出去,人与人之间相待以孝悌、忠恕和爱敬,小我生命融入大我恒常的生命。学术上,东周儒墨道等平民学盛行,超越之前的贵族学时代,批评阶级特权和国家主义,从精神上塑造了后世的平民社会和统一国家。钱穆认为这是中国文化的主要泉源,是秦汉以下大一统的动因。

当代学人也逐渐认识到,周、秦分别代表了中国历史上的两次大一统,没有周代大一统,就没有秦汉大一统。国家形态的演进,总趋势是由小到大,由分到合,不能将统一视为变态、分裂视为常态。西方文明的大一统限于宗教,政治上则是马其顿和罗马帝国近之。文艺复兴以来,西方人把一统与分裂化约为专制和民主的对立,但大一统代表大群聚合,在国家形态的进化谱系上处于高端,并非落后[1]。这一点,钱穆早在20世纪中期已有明晰论述。

另外,他对于现代国人套用西方概念保持高度自觉,反复强调帝国并非大一统,前者往往基于征服者与被征服者的区分,中心对于四围的统治并不能实现整体的深度融合,整个共同体的涵化整合无法与大一统国家形态相比。这也是帝国难以长期延续、屡有更迭且先后难续的主要原因。《中国文化史导论》专辟一节,指出秦汉以后国家形态,与城市国家(城邦)、帝国、联邦不同,"城市国家是小的单一体,郡县国家是大的单一体。至于帝国与联邦国,则是国家扩大了而尚未到达融凝一体时的一种形态"[2]。郡县大一统是政治演化的先进方向,"将来的世界若真有世界国出现,恐怕决不是帝国式的,也不是联邦式的,而该是效法中国郡县体制的,大的单一的国家体制之确立与完成,这又是中国文化史在那时的一个大进步,大光荣"[3]。

---

[1] 李零. 我们的中国:茫茫禹迹:中国的两次大一统. 北京:生活·读书·新知三联书店,2016:122-123;马卫东. 大一统源于西周封建说. 文史哲,2013(4).

[2][3] 钱穆. 中国文化史导论. 北京:九州出版社,2011:105.

三、大一统与"统":政治秩序的基源性问题及其现代启示

立国本位的大一统论,首重国族凝定融合即国家形态意义上的统一团结,在此层面下看待各个时期政府体制的安顿和调适,显示出国家与政府双重构造的视野。在这个视野里,先秦古史的封建式大一统得以端正其立国本源地位,国家、民族和文化的国族融凝构成大一统的中心主题,封建制度、礼治是其政府构成要素。秦汉以后的大一统,意味着这一逻辑在历史中实践翻新而精神延续,共和革命以后的现代中国政制,也应置于这个大一统脉络中看待。

如果说国家-政府双重构造是大一统的立国宪制,先秦、秦汉至清、现代共和就是大一统的三大历史阶段。钱穆的国史叙事是在大一统的历史演进与立国宪制两个层面搭配铺展开的。

钱穆概括道,秦以下中国社会的进步,在于经济地域和国家疆域的逐次扩大、文化传播的逐次普及与政治机会的逐次平等(政权逐步解放)。《国史大纲》概括道,"国史于和平中得进展,于变乱中见倒退,实与我先民立国规模相称"[1]。立国规模,就是国家形态和结构。这个评价与专制主义论式的消极图景显然不同,更多地聚焦于大一统视角下的国家成长。这个国家形态的基本特征是广土众民,政治与社会、文化的共同体凝合是其中关键,又因演进渊源不同,因此"立国之大宪大法"也即宪制表达势必不同于西方[2]。秦汉后总趋向是王室与政府逐步分离,民众与政府逐步接近,与平民化四民社会相对应而建构了依靠个人德能作为选才依据的逐渐开放的士人政府。国史虽无西式宪法,却有纪纲法度之通典。考试和铨选是政府纪纲(根本大法)的两大主干,背后有"天下为公,选贤与能"的理性精神为之指导。

---

[1] 钱穆. 国史大纲. 修订第3版. 北京:商务印书馆,1996:16.
[2] 同[1]15.

第三章　现代中国立国的治道转型

秦汉之后的统一与分裂常有交替,但大一统模式中的分裂并未造成与传统脱节,国家和民族经历乱离后仍能扩大发展。以汉末至隋唐为例,政治社会的根本精神依然承续秦汉,与罗马帝国解纽后不同。东晋南北朝的政府规模,以及立国之理论,仍沿两汉而来①。胡人本已居住中国,受中国文化熏陶,只是浸染尚浅,仍需融合,不似罗马帝国、北方蛮族一直是两个不同生命。东汉后佛教输入,影响甚大,也只是文化旁趋,不似基督教填补罗马帝国权力真空,重新建立一套政教系统。隋唐统一政府,精神渊源仍是孔子、董仲舒一脉相传的文治思想,继承北朝汉化的复兴而起。

钱穆高度评价汉唐规模,强调这个立国宪制形态有政治一统与社会平等两个中心特征,其历史贡献在于努力落实先秦人提出的伟大政治理想,为宋以后近世的国家发展奠定了"成规"。隋唐科举制度延续千年之久,"不断刺激中国全国各地面,使之朝向同一文化目标而进趋。中国全国各地之优秀人才,继续由此制度选拔到中央,政治上永远新陈代谢,永远维持一个文化性的平民精神,永远向心凝结,维持着一个大一统的局面"②。

对于国史中的衰败和紊乱,当然可以反思其政治体制上如明清时期的专制弊端,也应该注重从国族凝定融合的国家视角来透视史脉。钱穆提出,宋元明清所谓近世中国的国力比汉唐有所衰落:一个原因是社会中类封建的富于战斗性的组织团体逐渐消亡,中唐以后社会平铺散漫,内部再也没有这种组织力强的集团。另一个原因是近世文化精神中的天下世界情怀对于列国纷争不能够充分正视,理学精神更是偏重修齐过于治平,损减了对于大全整体局面的努力意志。再者,宋代不能占据中国西北和东北,失去国防地理和国防经济的资源优势,偏于向东南发展③。历史考察,聚焦政权组织形态以外,更应深看一重,把握政治与社会、文化共同体的融合进程。近世一大成绩,仍是民族再融合。契丹、女真、蒙古、满洲,虽

---

① 钱穆. 国史大纲. 修订第3版. 北京:商务印书馆,1996:18.
② 钱穆. 中国文化史导论. 北京:九州出版社,2011:152.
③ 同②168.

共和立国与治体新论：钱穆历史政治学研究

然一时在政治上得势，最终还是被同化，消融在国族的大熔炉里面[①]。明以后有政体专制之弊，在国族融合、国家壮大上仍有积极贡献。

钱穆提出生力-病态、生原-病原的区分来分析历史演进，前者是国族历史推进的根本动力（"全部潜在之本力"），后者是一时遭遇的顿挫波折。在国运衰降时期，不能"以一时进落为彼我全部历史之评价"，"毁我就人"，而要对国史"探其本而揽其全"，探究"我民族数千年文化本源"[②]。政治文明传统的生原论、生力论，有助于我们把握到国史演进的主导趋势，认识到大一统所蕴含的基源性价值。

钱穆认为，中国的政治组织受一种相应于中国天然地理环境的学术思想之指导，而早走上和平的大一统之境界。此种和平的大一统，使中国民族继续为合理的文化生活之递嬗[③]。中国政制，偏重于中央凝合，不重于四围吞并，其精神偏于和平，不在富强。钱穆反复强调，中国国家形态，一开始就是在一个广大的地理空间展开的，"满布大地，充实四围"[④]。国家的起源和发展不是单一中心模式，也不是欧洲那样从一个中心不断转向另一个中心，而是多中心共同凝聚推进的。

夏商周三代共生而交替，促进古史中国由西至东开发，构成大一统立国宪制的历史基源。大一统的发展模式强调各地共同发展，形成有机整体，中心是从四围中自由活泼转换、凝聚合成的，而非帝国式的割裂和斗争。从中西文化类型来看，西方"于破碎中为分立，为并存，故常务于'力'的斗争，而竞为四围之斗"，文化进展特色在于转换；东方"于整块中为团聚，为相协，故常务于'情'的融和，而专为中心之禽"，文化进展在于扩大[⑤]。当代学者称之为旋涡模式、雪球效应[⑥]。西方专求力的向外斗争，东方求力于内部消融，相率投入更大的同情圈中，整合为一个更大

---

① 钱穆. 中国文化史导论. 北京：九州出版社，2011：174.
② 钱穆. 国史大纲. 修订第3版. 北京：商务印书馆，1996：26，32.
③ 同②20.
④ 同①224.
⑤ 同②23.
⑥ 赵汀阳. 惠此中国：作为一个神性概念的中国. 北京：中信出版社，2016. 关于这方面的中西对比，可见：刘小枫. 亚历山大与西方古代的"大一统". 海南大学学报（人文社会科学版），2017（2）.

第三章 现代中国立国的治道转型

的共同体。西方历史是力量的升降交替，常表现为革命性的转换；东方历史的治乱系于国家社会内部的情感之麻木与觉醒，大混乱不能有进步，必须于和平中求进展。后者形成了大一统的文明精神①。

大一统的立国宪制视野，启发我们从国族凝合与政府体制两个层面对政治秩序进行长时段的宏观考察。钱穆称中国"由四方辐辏共成一整体"，"中国以大一统国家行使信托政权"，就是由这两个层面来理解大一统的政治统合机制的②。国族凝合在于族群社会与文化的国家整合，政府体制在于国家政治关系的编排安顿。这二者既有区分，又紧密结合。社会、经济和文化生活的长期互动交流，促成族群融合，共生共荣，在文化精神、思想学术上逐渐形成共识公见。国家对此族群融合在政治结构上予以表达，于是有各种政治组织和制度的产生，这方面的政治发展又反过来促进大族群的融合。其间，外来文化、技术和知识会对这个进程提供种种刺激和挑战。

构成立国体制的要素，还有经济社会生活方式（农本）、首都等，对于国家形态影响更为深远。农业或者说农工经济，是大一统长治久安的根本。首都关系到一国的立国形势（"立国体制"），虽非政治制度，却与一切政制有深密的精神关系，必安稳又灵通，衡平而警觉，需要在提撕国家精神的立国层面予以重视③。

常见的大一统论述，往往只聚焦郡县模式，这只是秦汉以来大一统政府体制特征之一。要了解这个阶段的立国宪制，我们还应注重国族凝合层面，如道统论指向的政教关系、夷夏之辨代表的文化族群维度、正统论彰显的天命道义与立国形势等问题。天下为公，不私一姓，不偏不党，这是大一统的大中经义主旨。在郡县制政府体制中，还包括君主制、士人群体、选举监察、礼治纪纲等要素。流行的专制主义论式，缺陷在于只有政体论视野，不能把握国族凝合与政府体制这个双重的立国宪制构造，而把大一统归结为君主制的某种歧出形态，并把对秩序要素（如文化、精神信

---

① 钱穆. 国史大纲. 修订第3版. 北京：商务印书馆，1996：25.
② 钱穆. 政学私言. 北京：九州出版社，2010：108，112.
③ 同②52.

仰)的解释全部归结于这一具体政体形态的历史流弊。我们不是全然否定这种专制主义论式的历史解释力,而是要认识到更为贴合国史脉络的解释范式。对于大一统的辩护和批判,也应当在大历史的内在脉络中产生。

道统相对于治统、礼治相对于尚法、封建理想相对于郡县集权、经术相对于法术势、王道相对于霸道,正统相对于偏僭,在一系列争持中衍生出富有活力的张力结构,内在驱动着大一统体系的辩证宪制逻辑。在漫长历史演进中,正向的积极的政治发展推动促进大一统,实现疆域拓展、文化普及、政权开放,那些违背主导趋向的历史造成一时逆流,但不能否弃大一统主趋。如三代礼治精神,尊尊、亲亲、贤贤,以周为典型。秦汉以后的君主制和士人政府,其成功的政治技艺在于用礼治来改造提升法家式权威与法度,使其体现仁义忠敬精神。如宋以后过度的中央集权化,不利于地方发展,有悖于大一统同体开发的原理,"寓封建于郡县"需在这个原理上理解其必要性。如钱穆批评元代行省制度服务于军事控制,有悖于合理的行政管理,既不利于中央集权,也不利于地方自治,为后世割裂中国疆域埋下隐患[1];清朝部族统治有悖天下为公大义,法术运用背离了制度公共公开的精神,对于边疆的处理并不符合大一统追求的同体提升精神[2]。

钱穆的分析向我们展示出,大一统指向一种以历史演进为脉络的立国宪制视野。这个视野显示出,中国文明需要通过"统"所开立的政治秩序之基源问题,在历史政治思维中得到充分揭示,其关键性远未得到认知。"统"指向群体政治社会秩序的中心建构凝聚问题,钱穆对此曾反复言及。"中国人言一统,有统亦有散。统益大,散益远。西方则有散无统。本于散以求统,则难大难久,至今乃为一四分五裂之天下。中国之国统,乃由人生性命之统来,而中国人则谓之道统"[3]。这一段极为紧要。钱穆进一步将中国与西方文明的核心差异归结为"统"与"散",中国国家可大可久

---

[1] 钱穆.政学私言.北京:九州出版社,2010:87.

[2] "若藏、若回、若蒙、若羌,此皆自有语言文字,自有宗教信仰,自有风俗习尚,清代以部族政权仅图羁縻,未尝有深谋远虑,一视同仁,使此诸族与汉族相融洽为一家之蕲向"(钱穆.论首都//钱穆.政学私言.北京:九州出版社,2010:55)。

[3] 钱穆.晚学盲言.2版.北京:生活·读书·新知三联书店,2014:447.

第三章 现代中国立国的治道转型

（国家有"国统"），西方政治体长期难大难久，就在于是否充分树立了统的秩序基源，避免"本于散以求统"①。西方秩序多倚重法和力来形成组织，"西方一切组织、一切系统，乃尽在外形上作分别。中国则在各己之内心上抟成为一统。此为中西文化之最大相异处"②。

血统、道统、治统、王统、士统、礼统、正统、传统等所指，天下、华夏、家国、政教、礼治、王道、贤能、和合等理念，经由大一统这个概念而形成观念家族的纲宗，在这个拱顶下显示其建构的恢宏与系统。统与大一统代表的基源，不仅在历史时间的意义上指向文明演进的起始和趋向，也在秩序建构的维度上揭示出国家形态与政府体制的根基，确立起对这个根基的尊崇推重。血统、道统、治统、士统、礼统、正统等要素的基源性，在历史源起中形成，并对立国宪制的演进产生规范性、塑造性的关键价值。可以说，大一统至少包括了三个层面的机理，即追求团结统一而反对分裂的大群共生取向（血统）、一系列旨在抟成凝聚的中心性政治安排（封建/郡县制、元首制度、士人政府、首都等治统）、一个现世取向的富含韧性与弹性的文教系统（道统）。"大一统"在春秋公羊学所代表的经义传统中强调对于元始的尊重，钱穆通过历史政治学的剖析较为切实地将其表达为以"统"为精髓的政治秩序之基源性构造，其规范价值与历史演变需结合理解③。一者，元者，基也；统者，始者，源也；大者，古人今人共同尊崇也。现代人惯于从广土众民国家的超大规模与悠久绵延来理解大一统，这只是大一统表达出来的实践成果，其秩序机理应更清晰地得到揭示。

专制主义论式为了引进现代民主共和，导向对于政治传统、文明传统的激进批判和否定。而在立国宪制的历史演进视野看来，民主共和这个政体层面的革新，仍应纳入中国的大一统传统中来贞定其地位，不必以国族凝合和政治传统为代价。钱穆高度评价现代革命中孙中山的五权宪法，就

---

① 关于"统"的哲学解释，可见：罗建平."统"的大一统原型及其当下意义. 社会科学，2009（3）.
② 钱穆. 现代中国学术论衡. 北京：九州出版社，2012：20.
③ 又如宋明理学喜言的"道体"，钱穆将尧舜三代古史中国称为道体，有此道体，才有春秋战国诸子的王道大一统理想. 参见：钱穆. 现代中国学术论衡. 北京：九州出版社，2012：132.

共和立国与治体新论：钱穆历史政治学研究

在于其宪制理念不以断裂传统为前提，而是在中国政治传统的延续线上来吸纳新因素的。对于政党、革命、代议制、法治、权力分立、地方自治，既要引入现代文明的活力和智慧，也需在充分尊重大一统之国族融合和政治传统的前提下加以审视。现代政制的建立，应在公共活力和稳定性之间实现平衡。

"这一种稳定性，实与一较广大的国家，而又有较长久的历史传统性者，为较更适合"[1]。钱穆论元首制度时，就强调这种稳定性或曰"长治久安"是政治发展的前提。从这个角度看，一些对于政治传统的批评并不切实，如中国传统无法治说。传统中国"于此而求定之一统，向心凝结而无解体之虞，则非法治不为功。中国之所以得长治久安于一中央统一政府之下者，亦惟此法治之功"。这个特质包含在礼治的大传统中[2]。五权中的考试和监察两权，延续政治传统，仍需体现其内在精神，如尊贤崇德、注重职分的内倾性政治文化、政民一体精神。钱穆对作为民主基础的地方自治，也强调一方面维系大一统下的中央集权，另一方面在县和村充分实现自治，把地方自治作为由下至上实现造产、兴学和整军的国家基础，更充分落实大公精神，而非作为个人主义民权论或上下争衡（政民对立）的工具[3]。至于革命和政党，同样是在大一统的历史新命中来构建其政治角色的，推进建构大一统的共和民主形态，而非将二者视为两橛对立[4]。

大一统显示出关于人类建构大群秩序的理论逻辑，在中国悠久的政治实践传统中有充分展现，前者在后者中可以得到验证、找到张本。进一步，世界其他文明地区的实践经验，也可以放置在作为政治秩序规范形态的大一统理论中加以反思理解。大一统代表的政治秩序基源，具有理论上

---

[1] 钱穆. 国史新论. 北京：九州出版社，2012：118.
[2] 钱穆. 政学私言. 北京：九州出版社，2010：76；任锋. 钱穆的法治新诠及其启示：以《政学私言》为中心. 西南大学学报（社会科学版），2018（5）.
[3] 钱穆. 政学私言. 北京：九州出版社，2010：40-51.
[4] 林尚立. 大一统与共和：中国现代政治的缘起. 复旦政治学评论，2016（1）. 相关社会科学理论讨论，还可见：陈理. "大一统"理念中的政治与文化逻辑. 中央民族大学学报（哲学社会科学版），2008（2）；张颖. 论中国单一制宪制的"大一统"特色. 武汉大学学报（哲学社会科学版），2012（3）；张强. 作为宪制的"大一统"思想：论古代中国一统思想下的宪制秩序. 南海学刊，2015（1）；苏力. 大国宪制：历史中国的制度构成. 北京：北京大学出版社，2018.

第三章 现代中国立国的治道转型

的开放性质。大一统论的超越性建立在对于人道的大群规定性上。钱穆强调，古史中国通过长期多族群融合，形成了对于人性人道的超个人主义理解，中国人以家族为源头构建共同体，家成为建构文明社群具有延伸性的中心典范机制，主张人性人道需要在不断展开的大群生活中才能有真正的体现和完成。家国天下构成大群生活的连续型共同体，务求人群不断向更大范围融合凝聚。儒家尊奉的仁与礼，就是在这种文明历史的传统中对于大群精神和规范的表彰。大一统的大群人道根基，无疑面向人世间，终极关怀在现世而非天堂。它表现出对于个体一己格局的超越，其精神根基是中国三代形成的天道、天命信仰。天道与人道对应，天道就在大群生活的人道之中，是大一统精神超越性的特质[①]。

大一统论的天下性，意味着这不仅仅是中国国族的自我解释，也能够对世界其他地区的政治体构成一种规范标准。钱穆认为帝国、联邦，只是人类国家形态的过渡阶段，更为融合凝定的政治共同体不应以此为限。被各种群体特征如族群、宗教、阶级撕裂分化的政治体，应当找到超越分裂、融合对峙的共同体机制，大一统为我们提供了宝贵资源，可以实现对于国家理论的重塑[②]。大一统不仅仅是一种国家理论，它的终极理想在于天下太平和世界大同，在于凡有血气莫不尊亲的天下世界。在现代民族国家宰制的世界秩序视野中，天下理想似乎不可能。应当看到，在历史演进中，正是由于人们对于天下理想的追求驱动，才可能在实践中成就中国这样的长治超大共同体，为人类文明开示大群统合的可能路径。在新的科技条件与文明伦理的支持下，取法乎上，才有可能超越以民族国家为本位的国际秩序视野。已有关于天下秩序的讨论，如果不能从历史政治传统的视野对大一统提出合乎情理的充分阐释，世界政治的远景构想也难免虚浮悬隔[③]。面对文明冲突论的阴云密布，大一统蕴含的文明化合思路，具有更为积极协和的新生前景。

---

① 钱穆.中国文化史导论.北京：九州出版社，2011；钱穆.晚学盲言.2版.北京：生活·读书·新知三联书店，2014.
② 钱穆.政学私言.北京：九州出版社，2010：168-169.
③ 赵汀阳.天下体系：世界制度哲学导论.南京：江苏教育出版社，2005；白彤东.谁之天下？：对赵汀阳天下体系的评估.社会科学家，2018（12）.

在大一统遭到专制主义进路解构抨击的现代西化时潮中，钱穆先生凭其平正通邃的史识洞见，呼吁国人正视中国的大一统存续。他为我们揭示出理解和评判这一问题的立国宪制视野，强调了政治秩序之基源问题所具有的关键价值。这是现代中国在转型巨变中首当珍视的治道理念。

第二节　制宪时刻的启蒙迷思：论大国共和的政教问题

自现代立国伊始，我们就遭遇到了围绕政教关系的巨大争论。这是关乎现代国家基本政治原则的治道之辩，凸显出大一统基源问题的文明维度。让我们先从民初制宪时刻开始，然后呈现以钱穆政教论为中心的立国思维视野。

新文化运动自诞生开始似乎就注定了未来主义的宿命：与传统决裂，成启蒙主义之集结号，成革命主义之新发地，一往直前，死而永生。问题与主义的论争，记录了"主义时代"降生之际的震荡与不安，乃诸神混战关键点。而宿命所在，对此论争的回顾往往被锁定在意识形态路径的效验史学之中。即使如胡适之这样的当事人，也不免依随时势与心境的变迁生成其叙事。现代国人踵武其后，更是难于摆脱意识形态竞争的时运束缚，无论是着眼于马克思主义中国化的实践品格，还是自由主义经验论的朴实气息，与更为正统的胜利者叙事不过百步十步之遥。较审慎的回溯，则试图还原论争蕴含的话语潜流，或是各方混沌未分的观念共识（及私谊），或是朝野之际的舆论率振，以更准确呈现问题意识的复杂性。

以主义时代的眼光评定主义时代之助产士，不出意识形态范式的内在模式，也无法形成对于启蒙理性的深刻反省。我们应将其置于更为本源性的历史脉络中，不仅从发生学，还需从原理性的视角推进这一工作。

新文化运动之发起缘由，就在于对儒家传统、现代孔教的彻底批判。而这一批判，乃附着于当时首届国会制宪中兴起的"孔教入宪"之争。无

第三章　现代中国立国的治道转型

此制宪时刻之国教论争,则《新青年》舆论声势不张;《新青年》倒孔声势不成,则问题与主义之争必成无谓之学人呻吟。而此制宪时刻,辗转民初十年立宪(1913—1923年),也恰覆盖了新文化运动之起转承合(晚及末期之"科玄论战")。文化之争与制宪运势相表里,实在是今日重审启蒙主义的大枢轴。

所谓制宪时刻,是指一个政治共同体于某一时期将其宪制即根本性的构成法度,通过成文宪法的形式表述并确定下来。这里虽聚焦国会制宪中宪法起草委员会的往来辩论,却不必限目光于宪法文本之表象。其实质,本在于中国新命转换之际的秩序重建,历晚清君主立宪运动、辛亥鼎革,而终抵共和立宪之大业。对于迈进现代门槛的中国人,它意味着通过制宪来重整文明精神与法政规则,以求新民与立国。而这绝非寻常心智所能胜任。对文明传统、时代脉络须深刻把握,再加上政治过程中各种势力的复杂变动、冲击,使得新生政权的制宪过程很难一蹴而就,遂成一不断延宕、艰苦草成的难题。本书强调的钱穆《政学私言》以抗日战争结束后的政治协商为思考脉络,是现代史上的另一个重大制宪时刻。

从制宪时刻来重审新文化运动中的问题与主义之争,可廓显民初政治与文化变奏的宪制主题。政界论界中人,如何通过各自擅场,逼近并解答之?他们如何把握并运作那些关涉文明根脉、法政宪则的关键议题?其间形成了何种基调与气质的宪制心智和理性,与启蒙理性有何种内在关联?据此,"孔教入宪""打倒孔家店""多研究些问题,少谈些主义",才能获得一个根本意义的再反思。

先来看"孔教入宪"。1912年,蔡元培担任南京临时政府教育总长,认为"忠君"与共和政体不合,"尊孔"与信仰自由相违,明令废止读经。有鉴于此,伴随新政权建立的孔教会于翌年向国会提出立孔教为国教的制宪主张。在1913年夏秋之际的"天坛宪草"起草过程中,国教与省制成为争议最大的议题。由进步党人陈铭鉴、王敬芳、汪荣宝等人提出的立孔教为国教、删去信教自由条款、国民教育以孔子教义为本三动议,前二者均遭否决,后一项以"国民教育以孔子之道为修身大本"通过,为"宪草"第十九条第二项(三读通过而未及公布)。迨及1917年复开之国会,迫于

《新青年》在内的时论与政坛激烈反对，该条被取消，条文被转换为"中华民国人民有尊崇孔子及信仰宗教之自由"的自由权条款。

今日重读民二宪法起草委员会的现场辩论记录，不禁令人感慨！虽然已有学者比较过民初国会制宪与美国制宪会议，对前者政治权威性、利益代表性之不足以及政治经验之孱弱有痛切批评，对制宪模式有到位反思。话说回来，凭借当时议员之素养、智慧与资历（多为留日归国之而立青年），其表现并非全如托克维尔所抨击的文人议政之空妄，可圈可点处倒是远胜于新文化运动的舆论弄潮儿。

首先，"孔教入宪"，特别是国教动议引发了议员的激烈争辩。但是，争论要害在于是否以国教的形态通过宪法规则的形式来确定共和政体的精神文明根基，而非一股脑儿地"打倒孔家店"。现场的反国教派议员几乎都公开表达个人信念上对于孔子、对于儒家传统的高度尊崇。他们质疑的是这个传统是否为宗教传统、有无必要将其宗教化进而国教化、有无必要用宗教宪法化的强力手段来维系文明之根脉。如反对派汪彭年云，"吾国人民之信仰孔教，既非待法律之规定而始然，系由于各人良心上之自然，则今日必欲定之于宪法上，使之成为形式上之规定，则殊为不宜"。

在上述前提下，制宪争议的实质是要为此根脉的接续在共和政体内寻求一个合宜的形式安顿，由此构成国家基本制度。这是一个极为挑战议员公共精神、宪法心智与政治技艺的难题。由于关涉对共同体文明根基的把握和判断，它很大程度上超越所谓政党代表性、地域代表性的考量，而求一普遍、公共、严正的智艺甄定。彼时日人有贺长雄曾谓儒教之用，在以北方之保守维制南方之进取，而儒家立场最有力的推动者如汪荣宝及其他议员，多属南人。虽然持赞成立场的多为进步党人，公民党、大中党、民宪党等原国民党衍生派也不乏其人，并未全受党见支配。辛亥以来的社会道德危机、国家新生发展的文明挑战，是他们焦虑忧心思考治道立法的共同关切。

制宪争议特别显示出由此激发的一种宪制自觉。一方面，承认通过成文宪法的形式将国家宪制构成表达出来，这是中国现代必经之路；另一方面，这个必经之路有无现成榜样可学？议员们大多歆慕美利坚，追美法兰

第三章　现代中国立国的治道转型

西，但儒家立场的议员认为，对于历史远为悠久古老的文明体，自身文明精神如何表达为宪制语言，在复杂时局中，可能并无定例照搬。他们都试图在习惯礼俗、基本生活事实的意义上将儒家传统视为一不成文宪典，而且试图挖掘出这一宪典的特质精义，如尊崇孔子儒家同时包容接纳各种宗教信仰。如何将这个层次转换为成文宪法，就成为必须应对的关键点。

在具体争论中，儒家文明传统究竟如何定位，如何对应共和政体而不引发族群、国际震荡，是两个核心问题。儒家支持者在此付出了大量论证精力，经过宗教形态的正反两路试探（立为国教或不立国教同时也不规定信教自由），最终落定为国民教育制度的指导性精神原则。这个宪法论证的艰辛，值得今人耐心琢磨。

儒家传统是否能概括为宗教性质的孔教并提升为宪法中的国教，若能则与西方现代的信教自由是何关系？面对国教动议的巨大论证负担，议员们一步步提炼儒家传统的精神特质，指出孔子之教是重视人文伦理教化之教，乃孔子之道的传布，进而归结到人性的根底。逻辑过程恰好形成对《中庸》首三句纲领（"天命之谓性，率性之谓道，修道之谓教"）的逆向回归印证，并提升到"国性"的论证层面。这既造成与西方宗教界定的差异比照，事实上不利于国教证成，也为后来论证失败后转而安顿于国民教育层面埋下了伏笔。而在国教宪法化方面，虽有将不成文惯例宪法化的理由辩护，却不得不面对现代发达国家政教分离的榜样否证，不得不面对西方宗教冲突之负面记录的强烈质疑，更不要说民初进化论思潮下对宗教之非现代性的理性主义贬斥。

至于信教自由，儒家支持派一方面认为这本是儒家文明传统内部的基本事实，无须刻意引入西方剧烈宗教冲突背景下确立起来的针对性规则（因此其是特殊而非普适的），另一方面特别提醒反对派议员，在民初革命之际的人心涣散中，强调信教自由无异于对既有文明精神纽带进行进一步削弱，而且在西方强势的宗教输入压力下共同体很容易陷于崩解溃散的烂局中。

一个共同体的凝聚确立，不能教条地引入外部宪制规则，过于乐观地高估所谓自由多元的宪制价值，而首先要审度时势以谋所底立。汪荣宝明确显示出这一立法者自觉,"故我辈立法者若仅仅知开放,而不知更宜有所保障,则人民必有误会,而因以多生流弊矣"。因此,儒家支持派最初指明国教与信教自由并不违背、儒家教化包容各教,而在国教动议失败后,进而试图删去信教自由条款,以防止儒家作为中国"各宗教之中心点"(陈铭鉴语)的地位受到冲击。虽然该动议仍因动摇《中华民国临时约法》之成法、易引发民族国际之无端恐惧,遭到否决,上述论辩却值得回味。

难题症结,不在于删去信教自由条款这一决定的"政治不正确",而在于如何因应中国传统政教相维相制的特性,在辛亥革命引发的政治权威崩塌之后,仍能依靠随之危殆的文教权威将此共同体维系存续,进而重整凝聚,最终实现政教体的平稳转型。皇帝下台,相与维制的精神权威也大受震荡,如汪荣宝直陈:"况自辛亥革命政治共和以来,全国人心为之一变,多谓经此根本之改革,不仅旧日法制当然取消,即所谓数千年来习用之孔教亦应同在废弃之列。斯说一倡,人民遂无所遵守,以致一般少年荒谬背妄之行为,殆不可纪极,此实年来之实在情形也。"

在他们看来,宗教宽容自由本是儒家中国的内在精神。此刻急需,不是亦步亦趋地彰显这一共通权利,反倒是保障那个更为本源的文明基体,用更妥当的宪法语言维系其地位。换言之,文明共同体的凝聚存续,是政治秩序、宪制问题的根本,具体自由权乃是第二义的问题,何况前者本就包含后者。

宗教化路径的正反两路都归于失败,最后形成的国民教育条款显示上述难题的实质挑战只能通过文教安顿稍得化解。这是一条可获最大共识的路径,也可以被视为对民初教育部门激进改革的一个宪制补救。而之后的取消与替代("中华民国人民有尊崇孔子及信仰宗教之自由"),更揭示出了尊崇与自由这两种宪制德性的尴尬混搭以及时人宪法语言的捉襟见肘。

宗教化路径的尝试足以让今天的人们省思。自晚清康有为提出国教化建议,就一直面对巨大的质疑和驳斥。这种明显模仿西方精神组织形态的手法,在广泛的文化保守群体中实难以立足。章太炎于制宪时刻发出《驳建立孔教议》,时人谓"以孔教会气焰之盛,而其建议之案,卒为宪法起

第三章 现代中国立国的治道转型

草委员会所打消,则太炎此文,与有力焉"(钟观光语)。文中指出"盖孔子所以为中国斗构者,在制历史、布文籍、振学术、平阶级而已……孔子于中国,为保民开化之宗,不为教主。世无孔子,则宪章不传,学术不起,国沦戎狄而不复,民居卑贱而不升,欲以名号列于宇内通达之国难矣"。另一名流章士钊亦表示对于第十九条第二项"于斯点庶乎近之"。这也侧面印证文教共识为何最终能被议员接受。而国教论动议,其历史价值乃在于一种宪法论证的试错,以强形态而逼显出自由权、教育宗旨的宪法话语考量,论点未必正确而论证理由须严正待之。

另一议题是儒家与共和政体的关系。个别反对派议员将孔教化约为专制帝制的意识形态工具,认为三纲伦理不容于民主共和。对此,儒家立场的议员清晰地区分儒家本有之精神学理、历史实践中的复杂角色、晚清变迁中的功能等不同层面,指出"大道之行,天下为公",仁义礼乐的基本精神与共和民主相融洽,王权时期的实践及其变型不足以泯灭其精义,儒家传统的根本精神是推进晚清变迁与共和革命的积极力量。针对围绕忠义等伦理的特殊主义批判,议员如汪荣宝也着眼共和精神重新彰显其中的爱国共和指向,应对时势而做出新的诠释。议员们大多认为儒学可以为民主共和提供积极的精神和学理支持。这一点争议远小于宗教化议题。

另一个值得注意的是,议员们重视儒家传统的宪制价值,此处只是试图匡正其精神根基的地位,并未将其视作解决一切政治问题的灵丹妙药(反过来也不将其视作一切问题的罪恶渊薮)。如汪荣宝指出,与信仰自由相关的边疆族群关系,需要别有一番政治能力和智慧去处理,并不必然因为儒家国教论而恶化。即使将喇嘛教定为国教,族群问题仍然有其独立的政治理路与问题实质。换言之,后来新青年们把孔教置于靶心的思想文化决定论,并未宰制议员们的思考。

纵观1913年制宪会议上的议员群体,至少在对待儒家与宪制文明根基问题上,还是体现出比较优良的宪制理性。一些细节也很有趣。比如后来问题与主义之争的重要一方蓝公武是此次会议的参与者,而蓝公武身为进步党、民宪党党员,虽然不赞同取消信教自由条款,不认同国教论,却提议"国民教育以孔子之道不抵触共和国体者为大本",在儒家传统与共和国体之间持一种有限支持的立场。较之后来的主义之争，颇有意味。

而显著者，当属汪荣宝先生。作为本次"宪草"大纲、条文起草人，也是会议影响力遥遥领先群伦的议员，他同时是儒家传统和"孔教入宪"较热烈、较富有技艺的主张派。曾参与清末官制改革、推行宪政改革、力推法律改革、主持编纂清末宪法、参与《清帝逊位诏书》起草，这些重要经验使他在资历、素养与人望方面卓尔不群。在清末刑律改革的礼法之争中，他是沈家本阵营坚定的法理派大将，主张传统法律的现代转变；而民初制宪时刻，虽然在其私拟"宪草"中未如康有为一样表达儒家宪制立场，却在制宪会议上充分论证儒家传统之根基价值，经历国教论失败后及时转变策略，将"国民教育以经训为本"提升到民国存亡之高度，独立应解反对议员的重重质疑，最终实现儒家宪制的文教共识。这是共和初启时刻谋求新王官学的可贵探索，也是治体新构中的治道重定。斯文、斯民、斯国，三合为一，宪制重构统绪大义，于兹现矣！

这段故实，提醒我们注意民初宪制理性虽有诸多不成熟处（如政体选择），却也包含了可贵的范型启示：不同于顽固保守的僵化，而主张传统的开新调适；也不同于革命激进的鲁莽，而主张秩序变迁的稳健。于旧体制中不放弃改良驯致之努力，于崩解无可为之际则顺世鼎革，在新秩序中谋求维道易制。这是共和制宪时刻真正可贵的心智品性。君宪已成黄粱梦，共和不妨且徐行。在民初梁启超、张謇、章士钊、杜亚泉、李大钊、张东荪以及康有为国教论以外诸多思想中，都能看到这种精神的跃动，探索文明传统的中西斟酌、法政秩序的容与竞合、制度文为的古今损益。在时政上，既不同于保守派、激进派的偏执，也不苟于政治现实主义、机会主义的随流。如梁启超、章士钊等人对封闭性制宪模式、立法权独大政体选择的批评，杜亚泉对文明传统"国是""统整"之根本性的强调，对于联邦制的存疑，基于传统大宪章提倡减政主义的审慎，注重共同体文明根基的持存，反对教条引用他国体制，张謇对于孙中山民初不"了澈"故国政教因革的批评，都体现此种立国思维特质的中道宪理的不激不随。

而民初政局对这种宪制理性提出巨大考验，儒家传统本欲为共和奠定

第三章　现代中国立国的治道转型

精神，却难逃权势人物对传统符号的功利运用。袁世凯的权威主义一直重视尊儒，复辟帝制则加深人们对于儒家与传统政制负面关联的焦虑。汪荣宝于袁氏复辟前直陈"愿公为华盛顿，不愿公为拿破仑也"，却难挡其势。而这种政治上的曲折反复，进一步激起了新文化运动代表的反孔教浪潮。

制宪会议中孔教问题只是议题之一，而激于复辟逆流、国教论再度泛起之际开张的《新青年》，把舆论焦点始终置于孔教代表的传统文化伦理上，形成了一套强势的意识形态批判话语，为主义时代与大革命的降临拉开了大闸。

考察《新青年》中以陈独秀为代表的对于康有为、杜亚泉等人的批判，这种话语特征为：首先，以孔教伦理道德为秩序与宪制重建的根本问题，把儒家在王权主义时代的意识形态表达作为导致政治、经济、文化全面落后的总根源，笼统而不加辨析地彻底否定儒家传统；其次，认为中国传统与现代国家不能并立、融合，只有全盘引入西方现代的文化与政治、谋求根本解决才能拯救中国；最后，所有违背上述立场，尝试在古今中西间做调和的努力，都是政治上意图复辟的反动潮流。政治化解读学理讨论，勇于污名标签化，是时潮新青年们的舆论利器。

如果从宪制理性的角度理解，陈独秀追求的是一种绝对现代主义的西式宪法，试图体现欧洲法制的平等人权精神，完全以个体意志的自由伸张为本位。因此"以宪法而有尊孔条文，则其余条文，无不可废"（《宪法与孔教》），对于国民教育规定孔子之道为修身大本决不接受，而删去信教自由条款以保障儒教在他看来更是荒谬绝伦。换言之，制宪会议中本于传统维新的宪法思考，从最强版的国教论到最终形成的文教共识，都不合他的宪法理想。

激起于国教论，终以更加激进的方式否定其他选择，浪漫急切远远超过了民初革命党人。而陈氏更娴于操作舆论而非国民党之行动。本于文明自觉、寻求合宜宪法语言与论证、协衡历史、权威与共和的心智，与这种唯现代西方马首是瞻的执念大相径庭。

陈氏主张彻底否定传统的现代文明-宪制价值，通过伦理觉悟而实现政治社会的全新建设。这种割裂传统纽带、引入一套整全性秩序方案的话语，与其说是否弃传统维新的宪制理性，更准确地说是一种主义宰制的启蒙理性。传统只是黑暗，希望在于未来，只要盗来火种，人间有望天堂。这种心智蕴藏强烈的政治神学与乌托邦意味。它是应对共和制宪时刻提出的一份激进蓝图，传统的断裂宣称与付诸实践曾经让人们把它视作现代中国的开端，而忽视它原本要应对的历史原题与逻辑前提。传统维新的宪制论者从精神到心智要顾及理念与现实多方面的审慎、斟酌与综合，盗火者则以其简洁、教条、激情澎湃而更宜于政治参与爆炸时期的全面动员。这又曲折映射出立国思维与变革思维的基本不同。启蒙主义所憧憬的全盘改造，因其势必与群体生活实践的传统延续性陷入无穷无尽的斗争，只能归于稳定性宪制结构难以承受的革命主义一途，反规则化本能的张扬最终导致基本秩序的崩坍。这几乎构成启蒙理性化为启蒙迷思、文化运动归于文化革命的逻辑宿命。

这种启蒙迷思之降临，是我们理解问题与主义之争的布景。打倒儒家传统，则理性领地驰骋者只需西来福音，西化派只需辨析究竟拿来哪一种主义。而胡适"多研究些问题，少谈些主义"的主张，则是此际虽显暧昧却大纲不差的温和派协奏。

大纲不差，是指虽然主张谈论主义要"低调"，但在文明精神上对于西方现代之理性主义、科学主义、个人主义等信条坚守不渝，对社会主义也曾颇为流连。在思想文化决定论的推动下，对于输入学理、引入主义绝不反对。当然，胡对主义的理解基本上是杜威实用主义路数，表现出强烈个人风格的反玄学反形而上学，可以将戴震实用主义大师化却难以认同其天道性命论。在这方面，蓝公武（知非）对他的驳斥其实甚为精彩，清晰指明主义的根基地位与理想本质，在于凝聚人心、重整精神。那个曾主张孔子之道须与共和国体相容的议员蓝公武，虽皈依新文化运动，倒是比胡适更能把握到驱逐传统之后主义构建的无比重要。而李守常先生之后的革命党人更是充分发挥了意识形态对于政治整合、秩序重建的利器之用。

胡适的暧昧性大半源于其实用主义的方法论本位。他提倡再造文明，

第三章 现代中国立国的治道转型

气魄超人，一方面坚决抨击儒家的政治与意识形态面向，摧毁其独尊地位，另一方面显示出对于学术思想传统的某种温情，于晚年辩称自己的敬圣崇贤心志。而这种温情的实质，在于用西方现代的精神标准发掘出理性、自由、实用等理念在中国传统中的投射。他认为只有这种形式的文艺复兴，才能使中国文明充分世界化现代化，并最终达成与现代文明的折中。这个理想在学术上的"问题"实践是整理国故，在政治上是唤起政治家觉悟，鼓励读书调研，组成好人政府，去推行极易把握的宪制和民主原则。

这种问题导向、不同于根本解决之激进主义思路的启蒙理性，看起来与传统维新的宪制理性有几分神肖。然而，在学理上，终究是以西解中，缺乏真正尊重传统意义上的内在把握，也就只能止步于用自我理解的西方来建构移植西根的传统；在政治上，囿于抽象价值原则的执念，终究无法摆脱对现实政治的异在感和理念洁癖，无法在传统与现实的利益与价值脉络中真正地道成肉身。比如，较之儒家支持派的宪制理性，他的科学主义（反宗教玄学）、自由多元（反尊儒）、个人主义伦理并不能抓住文明与法政规则重整之际的难题实质，而只能沦为一种书斋式的思想教条宣示。这是现代中国自由主义一派的基本病灶。反过来看，宪制理性却包含了一种真正稳健的内生式启蒙，驯服不羁的个体理性以公共、审慎、睿智而有利于秩序宪制的重构。

在《我的歧路》里，胡适先生反省自身"提倡有心，创造无力"。这似乎预兆了百年来中国自由主义的尴尬处境。其根源，就在于打倒传统之后缺乏共同体文明精神、来自根源处的滋养，在于执守外在信条而脱离利益与价值脉络实践的异化存在。反观问题与主义争论之后的激进政治，在构建意识形态话语与实践时，反倒更隐秘更灵巧地挪用和转换了传统内在的诸多资源，更强调主义与问题的实践结合。我们可以说，胡适当年的提醒以某种曲折方式汇入了盗火者教义手册中。而在今天文明复兴呼声渐涨之际，反省新文化运动的根本前设，重新审视制宪时刻的启蒙迷思，拯救启蒙理性，剥离迷思妄念，可能有益于我们的宪制心智更为成熟地引导公共理性。

第三节　再论大国共和的政教之维：梁启超论题与钱穆道统新说的三个面向

现代立国者不得不经常面对传统的某种反转：那些看似被革命埋葬终结的遗产，往往改头换面，复活游荡在现代活剧中。道统说即此中一代表，它在现代语境中引发的争议显露出毫不逊色于传统论辩所蕴含的活力。

革命者往往将道统视作为君主制辩护的意识形态，散发着落后时代的陈腐气息。钱穆先生曾陈言，现代国人"于'道统'一语，则更所鄙弃，认为是封建社会、专制政体所遗下之陈腐语。甚至如宋、元、明历时六七百年之理学运动，专据其不注意女子缠足，即可以'不人道'三字一笔抹煞"[1]。

经受革命洗礼的现代传统派（如文化保守主义者）则不如此鲁莽，一方面就文化精神（内圣）肯定道统说的真确意义，另一方面就政治传统发掘道统与治统之间的抗争性，强调道统对于君主制的批判和抗议精神。

作为深浸故国情怀的现代思考者，钱穆着眼于中国政治传统的悠久智慧与文化体系的根本原理，力图不激不随地阐发对于道统和治统的另一种见地。他的论述，呼应民初制宪智慧在政教问题上的中道，显示出对于大国文明在现代实现共和复兴的深沉忧思，值得我们省察。

一

张灏先生指出，关于传统政教关系有两个代表性看法，一个是张之洞

---

[1] 钱穆. 治统与道统//钱穆. 钱宾四先生全集. 台北：联经出版事业公司，1998：61-62.

第三章 现代中国立国的治道转型

提出的政教一元论，另一个是港台新儒家接续宋明儒所强调的政教二元论（政教对等论）①。从思想史考察的视角，张灏先生认为前者代表了传统主要趋向，它奠立在两个基本观念上，一是对于政教合一典范之三代理想的坚持，二是天道观念的实化（包含对于君主制的吸纳和神圣化）。然而，也正是由于天道观自身不可化约的超越性，政教合一论蕴含着强烈的内在紧张，即道统与治统之冲突。张灏先生称其为"不稳定的均衡"，它使得道统抗议性在传统中时隐时显，并在现代转型中促进接引了源自西方基督教传统的政教二元论和反权威主义的自由民主观念。申言之，现代中国的保守主义（如康有为孔教运动）、自由主义及其激进后裔，都不同形式地激活并吸纳了传统的道统资源。

这一关联，可再次以西儒狄培理先生《中国的自由传统》为例来窥视②。狄氏大力表彰宋明儒道统观念中生发的自任意识，结合近世儒者的社会政治思想和实践，发掘出近世儒家传统的古典自由和宪制精神。这个自我意识，在他看来，不同于现代西方的个人主义，代表了自成一系的人格主义，在激励精神自主的同时表彰个体人格的天命维度和社群内涵。

我们指出过，狄百瑞曾受教于钱穆，他的这一论说可谓道统说的现代自由化表述。至于钱穆先生，则代表了现代新儒家的独特一脉，其道统说显示出广、狭二层，更显示出现代语境下的复杂用意。

狭义上，道统说本是宋儒接续韩愈、为理学传承指示出来的精神与学术谱系。宋儒认为道统自孔、孟后中断千年，始由其人发覆重光。其严如朱子论二程衣钵传授，谢、杨、尹三家皆不与。"中国文化大传统，自孔子以下两千五百年迄今，可谓历代有传。然每一大师出，亦可谓每不易得其衣钵之传"③。这一狭义论强调文化真精神的辨析与坚守。

更多地，钱穆从广义上将道统与"吾中华民族五千年之文化大传统"

---

① 张灏. 政教一元还是政教二元？: 传统儒家思想中的政教关系//张灏. 转型时代与幽暗意识. 上海：上海人民出版社，2018.
② 狄百瑞. 中国的自由传统. 贵阳：贵州人民出版社，2009.
③ 钱穆. 宋代理学三书随札. 北京：生活·读书·新知三联书店，2002：89-90.

相关联，综合审视道统在其中的价值①。"中国得成为广土众民一统之大国，又绵延五千年迄今，为并世其他诸民族所无有。此皆由学统政统道统和合成一文化大传统之所致"②。这一解释，已经大大越出传统理学、儒学争论的藩篱，其要点落在大国一统与文化大传统的关系上。换言之，道统，与其所抟成之文化大传统，需要放在中国之为中国的广阔文明视野中来定位。

我们已经指出，钱穆晚年论述现代中国学术，曾直陈其中心关怀，"试问此五千年抟成之一中华大民族，此下当何由而维系于不坏？若谓民族当由国家来维系，此国家则又从何而建立？若谓此一国家不建立于民族精神，而惟建立于民主自由。所谓民，则仅是一国家之公民，政府在上，民在下，无民族精神可言，则试问西方国家之建立其亦然乎？抑否乎？此一问题宜当先究"③。相对于民主自由，民族精神在钱穆看来是理解立国之道的更深层因素。而民族精神所系，就是所谓文化大传统，系统呈现在政教、政学关系上。

"故言学术，中国必先言一共通之大道，而西方人则必先分为各项专门之学，如宗教科学哲学，各可分别独立存在。以中国人观念言，则苟无一人群共通之大道，此宗教科学哲学之各项，又何由成立而发展。故凡中国之学，必当先求学为一人，即一共通之人"④。道统提领学统，成就治统，三者相维，就是钱穆所谓的"和合成一文化大传统"。

可以说，钱穆的道统说，是放在中国作为广土众民一统大国的立国之道上来理解的。这个层面的秩序意涵，置于现代中国立国的大转型中，看得更为透显。现代中国经过辛亥革命以后的政体变迁，由君主制跃升至共和，自由、民主、解放渐成时代精神，此种巨变下该如何对待道统？如果将它视为君主制意识形态，则弃之如敝屣。然而问题并不如此简单，这一点在钱穆对于梁启超的隐秘回应中可窥消息。

---

① 钱穆. 宋代理学三书随札. 北京：生活·读书·新知三联书店，2002：117.
② 同①140.
③ 钱穆. 现代中国学术论衡. 北京：九州出版社，2012：5.
④ 同③40.

第三章　现代中国立国的治道转型

二

钱穆在《中国历史上的政治》文章开首提出一个论点：中国政治重"一统"为精神，西洋尊"多统"为常态为本质。其区别在于是否有一个具备强大凝聚和整合能力的文化-政治中心，使社会、文化、政治活动能够形成适于共同体的有效规范，并发展为一个悠久传统。钱穆特别概括，"所以中国人受其几千年来的历史熏陶，爱讲'传统'，西方人则根本不知有所谓传统。无论就时间讲，或空间讲，他们都是头绪纷繁，谁也不肯承认接受了谁的传统。也有人说，中国今天，就吃亏在这'一统'上，西方人也就便宜在其'多头'上。这话对不对，我们暂可不论。但我们先要问，专就政治讲，究竟应该一统的呢？还是多头的呢？这在理论上，是一个政治系统的问题，是一个政治机构的问题"①。

钱穆在文中提出民国以来的一个流行论点，"也有人说，中国今天，就吃亏在这'一统'上，西方人也就便宜在其'多头'上"。文章并未点明此论出处。考诸近史，此类论调自晚清严复、梁启超以来逐渐流行，尤以梁任公《论中国学术思想变迁之大势》为代表②。

梁书所收论文于1902年开始连载于《新民丛报》，被认为是影响一代中国学人与学术的重要论著③。梁任公站在建立现代新学术的立场上，提出对于故国学术思想的系统整理和评价。四千年传统有伟大源泉胚胎、全盛繁荣，也有大不幸。后者就是秦汉之交的儒学统一，所谓"政界共主一统，则学界亦宗师一统"④。政治一统支配了学术一统，导致缺乏竞争进化，国家走向僵化凝滞。在任公看来，泰西文明是经过学术自由竞争形成

---

① 钱穆.中国历史精神.北京：九州出版社，2016：24-27.
② 刘巍.试论钱穆通史路径之时代根源及其所成就的"中国主义".人文杂志，2017（12）.
③ 梁启超.论中国学术思想变迁之大势.上海：上海古籍出版社，2001；张勇.梁启超与晚清"今文学"运动：以梁著清学史三种为中心的研究.北京：北京大学出版社，2017.
④ 梁启超.论中国学术思想变迁之大势.上海：上海古籍出版社，2001：51.

自力的统一，不同于中国出自政治权力的"他力"统一。这是秦汉之际专制政体控制人心的势出必然。

梁任公在这里的论述可以说塑造了晚清以来的主流文化话语，开启十多年后新文化运动的先声。这一类型的中西文化对比采取了一种鲜明的评价方式，现代西方代表人类文明已经实现的最高成就，经由充分保障思想和言论自由，为稳定富强的政治成就提供了精神学术基础。这也是严复所推崇的"学术政化之极则"，日进以疆，进化到富强就能摆脱治乱兴衰的周期率。这一番学术评估的工作，在梁任公，就是要一新学术，以造就新民和理想政治。

政治一统束缚学术思想自由，导致学术一统，最终导致国运颓废。这大概就是钱穆前面所引述的时代意见主旨（或可称为"梁启超论题"）。一统批判紧密关联道统批判，这在同期1903年《国民日日报》刊载的《道统辨》中也有反映。文章指出："中国自上古以来，有学派，无道统"。学派贵分、尚竞争、主日新、求胜前人，而道统贵合、尚统一、主保守、尊尚古人。作者认为道统乃是宗教家说法，非学术用语。不知与梁任公之间有无关联，作者同样用进化论作为评价标准，认为统一扼制竞争、阻碍进步。近世以来的道统说造成了孔教统一、宋学专制。由于清朝正统意识形态仍依附理学，这里的反道统其实旨在反对清朝统治的正统性[①]。

可以说，钱穆提出来的一统与多统之辨，直指中西政治主导形态的不同，紧密关联着中国传统的道统评价问题。与梁任公一统批判的隐秘对话显示出，这个问题包含政治上的两个不同层面，国家政治统一与君主制（君主专制政体）。梁启超论题主要归向政体论域，国家政治一统化约为君主专制，学术一统一尊（被视为道统问题）也被理解为专制，二者都妨害进化所需要的自由竞争[②]。

钱穆的道统说与梁启超论题相比，显示出不同的思维视野。"试问偌大一民族，只有些低级迷信，更无一崇高的共同信仰，如何可以使此民族不涣散，不分裂，日滋日大，共同向一历史文化之大目标而前进，又绵延

---

① 桑兵. 中国思想学术史上的道统与派分. 中国社会科学，2006 (3).
② 梁启超. 论中国学术思想变迁之大势. 上海：上海古籍出版社，2001：71.

第三章　现代中国立国的治道转型

如此之久，而不停不辍？岂果是中国历代皇帝专制，能使其达于此境？只细读中国史，便知其绝非如此"①。这一诘问，将视野提升至国家民族的凝成即立国层面，较之政体论视域更为宽广辽远。

三

道统观念在近世降生过程中，本有其秩序建构的指向，只是随着理学内圣化的凸显，其心性性理一面更为人熟知。晚清以来的现代政治巨变，又将道统说的秩序意蕴豁显出来，与君主政体、大一统、国运之间的负面关联（被指认为意识形态或宗教）受到强烈抨击。

钱穆在道统说的政治面向上紧扣立国之道，指向了比政体批判更为广阔深邃的国家论域。钱穆对一统的思考更重视国家政治统一这一层面，并未急于也不同意将此化约为一个专制与否的政体问题②。中国立国之道的可大可久，是钱穆反复强调的一点，自有其文化、经济、社会和政治理由。至于传统政治是否能用专制论定，钱穆的异议也是世人周知的。他的道统说，一方面需要对应立国的精神根基和纽带来理解，另一方面也需要对专制政体、学术思想自由的问题做出解释。

可以说，不同于梁启超论题聚焦的政体论域，钱穆的道统说显示出更为广袤深邃的国家建构视野，围绕立国之道的政教或曰政学关系呈现出三个面向的展示。

首先是政治的基本理念。钱穆提醒我们，中国文明传统的政治理念本身蕴含了对于教的高度尊崇，以人文化成为政治的终极蕲向。"吾国自古政治，即抱有一超阶级超民族的理想，即抱有一对人类全体大群尽教导督

---

① 钱穆. 国史新论. 北京：九州出版社，2012：130.
② 钱穆认为中国立国之道的核心在于"向心凝聚"不同于罗马帝国代表的"向外征服"，"吾所谓大一统者，乃由国家整部全体凝合而形成一中心"，"盖中国乃由四方辐辏共成一整体，非自一中心伸展其势力以压服旁围而强之使从我"（钱穆. 国史新论. 北京：九州出版社，2012：123，124，129）.

共和立国与治体新论：钱穆历史政治学研究

率之责任","吾国自古政治，即已兼尽宗教教育之任"，"中国政治之终极责任在教，中国政治之基础条件，亦在教"①。道统作为教的承载，由此滋生繁茂。这一点贯彻于传统对于人类普遍秩序的连续思考中，自然也涵括立国之道。在这个意义上，道统是人类群体建构国家共同体的共同精神信念、公共理想、共识规范，并形成悠久的延续。

钱穆在这个层面，极为强调道统作为立国精神的根基价值。作为可大可久的文明共同体，中国在秩序构建传统中的立国精神经历了怎样的演变，这是钱穆作为现代历史学家、作为政治思想家予以不懈追问的大问题。他一方面在传统解读中点拨开示不同精神信念对于各代立国兴衰的影响作用，另一方面应对现代挑战而凝聚提炼出立国精神的积极格局，为道统说赋予了极为鲜活而丰富的新命。

道统说虽出自道学，钱穆的运用却大大超越了儒家义理范围，将其看作理解政学政教关系的结构性、形式性因素，指向关系到立国精神的"社会公见"。钱穆认为，"尊政统则主以政治领导学术，尊道统则主以学术领导政治"②。两汉时期，仍有尊重政统的精神，周孔并尊，且周公代表的官学犹在上。南北朝，庄老道家言凌驾周孔学，"此实已见道统尊于政统之意向，盖其时视庄老为得道统之正"，唐代道统又移至佛教，乃至老子、诗赋，"儒不如佛已成一时公见"，"是则此一时期已成为道统高出政统之时期，道、释出世法被视为乃道统所在"③。

儒家意义的尊孔孟道统，是宋代以来事。孔孟论道亦兼论政，不像佛老偏于出世，因此以学术领导政治，道统与政统势必有冲突，两宋先后压制程朱之学，明代打压阳明学、东林党，清代压抑学人更甚。"然而道统高出政统已成社会公见"，钱穆认为这是历史大趋势，学术教育命脉转在社会民间。这个演变，"正可见中国民族性、中国文化传统，乃及中国历史大趋势，具有一番精神力量，有以使然"④。从各朝代立国精神来看，政

---

① 钱穆. 政学私言. 北京：九州出版社，2010：104.
② 钱穆. 国史新论. 北京：九州出版社，2012：253.
③ 同②254.
④ 同②255.

第三章　现代中国立国的治道转型

教之教的实质内涵并不限于儒家，更重要的是在形式架构的意义上道统与政统之间的关系。这又看出钱穆道统说的立国宪制取向。

在论首都问题时，钱穆剖析立国的传统精神，提醒人们注意中国作为复式人文国家在立国规模上对于精神教化的重视。在国家进取凝聚的意义上，如何形成强有力的文化和政治中心，在空间地理上有效调动四围资源，最终促成整体的团结整合，并维系内在的多样性——这就是首都选择关系到的立国问题（"向心凝聚"）[1]。钱穆在此坚持西北定都取向，在立国精神上呼吁面向内陆高地进取拼搏，显示的是对于文化大传统之扩展潜能的乐观期待，也是着眼于恢复汉唐盛期的蓬勃元气。若定都偏向东南，"人文国家的大体制，历史国家的大精神，终将无从发挥，到底抉发不出中国民族内心深处的至高情绪"[2]。这一点在传统的道统说中可能并不凸显，当钱穆将道统与立国之道紧密结合起来讨论时，其潜在关联获得显化。这也可视为其道统新论的一点重要启示。

钱穆还认为中国政治传统尚法，易于抑制人的实践活力，因此需要树立道统，强调道统尊于治统，崇尚自由独立讲学，为的是培养阳刚健全的民气，在制度实践中儒士、法吏并用，尤其是前者应负责教化、议论。在引进西方法治时，需要对此传统特征明白把握，才不至于以水济水，并积极吸取西方宪制"听于人而不听于法"的优点[3]。

政学或曰政教关系的相维和相制分别构成钱穆道统说的第二和第三个面向。政学政教的相维，表现为道统在政统治统中的构建作用，强调教育学术与政治实践的沟通合作。这一点深刻影响了传统政治形态的演变，钱穆特别提出政民一体、信托政权、士人政府、学治、文治、政学相通等术语来描述道统与治统相维的一面[4]。

钱穆解释，君主政治下政府百官的选拔，本于学校，学校教育又本于

---

[1] 钱穆. 中国传统政治与儒家思想//钱穆. 政学私言. 北京：九州出版社，2010：95-111.
[2] 钱穆. 战后新首都问题//钱穆. 政学私言. 北京：九州出版社，2010：139-154.
[3] 钱穆. 人治与法治//钱穆. 政学私言. 北京：九州出版社，2010：82. 钱穆建议同时吸取儒家、道家对于尚法之弊端的矫治。参见：任锋. 钱穆的法治新诠及其启示：以《政学私言》为中心. 西南大学学报（社会科学版），2018（5）.
[4] 任锋. 钱穆的"明夷待访录". 政治思想史，2018（4）.

道，"人道之至中大极溯于天"，因此"宗教、政治、教育一以贯之，而世间出世之障隔亦不复存在，此儒家论政理想之大端"①。政府依据社会形成的精神和知识标准，选举贤良，使得士人成为联结社会与政府的主要渠道，钱穆称这个政治形态为学治、文治、贤能政治。在他看来，学人政治将权力信托给社会中的贤良群体，相比依据身份门第或财富势力而形成的贵族政治、富人政治，比较接近一种"中和性之政治"。

"中和性之政治"的提法值得我们高度重视，它不易刺激社会阶层阶级之间的群斗，可以说是广土众民大一统国家民众预闻政事不易的现实产物（"士治"），"政事间接委之贤才之士，则不得不重教育，重考选，务使贤者在位，能者在职"。换个角度看，也许正是这样的政治形态，才能比较有效地维系广土众民的国家大一统格局。儒家论政，在此意义上讲求仁、礼，实际上是"主以无人我之公心，而创建大社会之秩序者"。学治的精义，钱穆反复强调，在于"以学术指导政治，运用政治，以达学术之所蕲向"②。其条件是学术独立于政治，不受后者干预与支配。这也正是道统尊于治统的精神。

在《道统与治统》一文中，钱穆还特别聚焦于政府机构的一个相维传统，"于政治机构中，有不少专属学术文化事业之部门，不仅为学人占仕途，乃谓于政途干学业。政府中多设专官，不问政事，而主持一切学术文化事业之保存扩大与流传"③。如史官、博士官，如收藏图籍、校雠簿录的著作郎、馆臣，相关的文学侍从之臣、翰林院、庶吉士，多涉政事，所需资源非社会私家能胜任，因此多属政府，但同时具有源自道统的自主精神。这类制度不仅奖兴学术，而且培育贤俊，为实政部门提供候选政治人才，可以保障政治和学术的密切融洽和渗透，仕学相通，"终不失为一种优良之制度"④。

政学政教的相制一面，主要落实为道统在政治秩序中的引领性和批判性。钱穆屡屡引用"王官学"与"百家言"的互动变迁来申发这一精义。道

---

① 钱穆. 政学私言. 北京：九州出版社，2010：105.
② 同①68.
③ 同①63.
④ 同①67.

第三章 现代中国立国的治道转型

统于君，是王官学；道统于下，是百家言。孔子是由前者转向后者的枢纽。汉代博士制虽有尊政统的意向，然而六艺出于孔门，奉孔子为素王，已趋向重下统，道统于师。钱穆概括为"治权上行，教权下行"，"人道之大端，在师统，不在君统"①。天子亦需尊师傅，宰相必用学者，政府专掌考试，教育权则在民间，这构成传统的演变趋向。

这又牵涉到道统说的文明特质。从政教和政学关系来看，中国的文化大传统基本上不是一个宗教形态，它的教更多是一种人道教、人本位、人文性的教育教化（"人文教"），虽然也蕴含了深厚的宗教精神和宗教情感②。如果把道统理解为绵延不绝的立国精神，它与其他文明族群的政治差异也正在这一特质。

钱穆将道统精义概括为"通天人，合内外"，天人关系是形成中西政教关系差异的根源。天人合一，意味着天命天性在人道、政治中的呈现与后者对天道的敬畏探索，本自不能偏废。重视天道、人道和政事的和合，因此大不同于西方政治与宗教世界的分离。

钱穆对道统观念的诠释，着力凸显了大群整合这一秩序面向。个体人性的展开，需要在不断扩展的社群生活中实现，这主要基于仁之本性和礼之良能。政教之教，道统之道，端在"把个人没入大群中而普遍化"③，个人发展不忘"人文整体的共同目标"④，表现出"一种附有宗教意味的关切大群体的热忱"（"对社会大群体之关切心"）⑤。儒家论政，主以大公之心，修齐治平以达天下，建构社会大秩序也正是顺乎这一认知。

从历史演变的角度看，三代尤其是西周的封建政治，"逐渐酝酿出一种同一文化、同一政府、同一制度的'大同'观念来"，影响到春秋战国时期的学者仍然追求"天下一家"的理想，并且在世界性、社会性和历史性中探求一种人文精神，作为理想秩序的中心，对于后世秦汉统一以及改

---

① 钱穆. 政学私言. 北京：九州出版社，2010：70.
② 钱穆. 国史新论. 北京：九州出版社，2012：213.
③ 同②150.
④ 同②152.
⑤ 同②171.

制变法产生深远影响。"故封建社会与四民社会之间虽有变，而仍有一不变之大传统，此乃吾中国文化精神一贯相承之所在。今当统称之曰'人道社会'，亦即'人心社会'，或称'人本社会'，即是以人道人心为本之社会。修明此道以领导社会向前者，在先曰圣君贤相，在后则曰士。'作之君，作之师'，君在上，师在下。政府、社会，自道论之，皆属一体"①。西方社会建本于工商业，国家建本于军人武力，形成重视富强的政治传统，近代帝国主义和资本主义皆渊源由此②。西方人生"血气向外"，中国人生"心性内向"，中国传统更注重人类相处的道义观、天下观③。

中国的政府和社会能够拥有共遵共由之大道，与西方大异其趣。治平大道，代表了"大群集体人生中之政治道义阶段"，相比对社会财货的争夺、民主对于社会多数意见的崇尚，属于"超社会以上更高一层之规矩道义"④。四民社会中，士人群体"于人伦修养中产出学术，再由学术领导政治。广土众民，永保其绵延广大统一之景运，而亦不走上帝国主义、资本主义之道路，始终有一种传统的文化精神为之主宰"⑤。从历史演变中反思现代中国的趋向，中国在 20 世纪以来强化国家能力，与西方竞争富强，这一点有其必然之理，但是不能"亡天下以求存国"⑥。换言之，"指导政治的，完全是功利与唯物，更无道义与理想"，将是人类文明一大忧患。

道统隐含了一种民族文化思想的形成机制，"由四围共向一中心，其中心地位愈高，则四围向之者愈广，如孔子是已。故其中心之相同，不害四围之互异，但终见一共同向往之大同而已"⑦。在共同崇奉与多样创新之

---

① 钱穆. 国史新论. 北京：九州出版社，2012：57.
② 同①58.
③ 同①173.
④ 同①52.
⑤ 同①47.
⑥ 同①59.
⑦ 同①199.

第三章　现代中国立国的治道转型

间，形成真正通贯包容的体系，以儒为本，吸取佛老百家，是中国文明道统的传统胜义。

钱穆认为，中国文明形成了真正的传统观念，西方则单薄得多。五伦中，夫妇子女成血统，君臣为政统，朋友属道统。"中国道统则本之心性，可以历久而常存"[1]。大群之道义，人类之性情，可以形成真正的传统。现代国人学习西方，好谈"法统"。钱穆认为："法由人造，随时更改，何得有统？"科学智慧本质上属于人心兴趣，并非人天赋的真性情即心性，兴趣并不能形成真正的传统，不像道义可成道统。现代西方，"科学愈发达，其群乃更无常道可期"。钱穆并非否认科学技术之发展，而是认为仍要将其纳入中国文明的大道中来，使其为大群厚德而用[2]。上述两点，其实把民主和科学放置在道统的天平上来评估，隐含了对于新文化运动的再评价问题。

钱穆论述现代西方社会，资本主义代表了财统，操纵选举权；学校教育与媒体言论属于学统，但自隔于政治。政教分离，信仰自由，属于教统。"依中国人观念言，西方学统转近教统，政统则转近财统"，政教分离是其基本格局。另外，劳工争取平等独立自由，与财统共同支配西方政治，其间有党统为之主干。中国传统则以士统寄托道统，"中国学术之最具领导性，而为中国士人之所教，乃超于物质生产之上，以大群相处相安之道为主"[3]，"此诚中国民族生命文化传统之独有特色，为其他民族之所无"[4]。

钱穆给予西方的宗教如基督教很高评价，因为它能在西方文化体系中，将呈多角性尖锐放射的世俗欲望和个性肯定用"超越现世，转向上帝"的博爱牺牲精神来冲淡协调，从而"作成了那一个多角形的文化体系中之相互融合与最高协调之核心"[5]，西方宗教也别有一番礼与信。中国道

---

[1] 钱穆. 国史新论. 北京：九州出版社，2012：81.
[2] 同[1]83.
[3] 同[1]209.
[4] 同[1]194.
[5] 同[1]174.

统，可以代替宗教功能，亦不反对外来宗教传入，接受外来宗教以不在现实社会为非作歹为基本条件，而要成功则须顺乎中国文化大传统的流向。

以道统辨析中西文明差异，钱穆将其解释为道体之不同。"宋代理学家言道体。孔子当时，唐虞以来之中国，是即一道体。孔子则生此道体中。若谓苏格拉底与耶稣亦各自生于一道体中，又岂得与孔子所生之道体相比。所谓历史哲学，即在认识此道体，与此道体中所有之种种变。孔子之学，与此下中国之史学皆是。若依西方之所谓历史哲学来寻究讨论中国史，则宜其失之远矣。"[1] 道体，可以说就是在大一统政治中成就的大群性命。从枢轴时代以降的大哲行迹论，孔子、朱子周游天下，苏格拉底、康德主要活动于城邦一区，中国成其为连贯不绝的中国，希腊终为一希腊而自成一局、后续则各个独立。钱先生扩大道学家之道统观，以文化大传统为其内涵，并在中西比较中视之为中国"一统"的特质所系。道体的秩序意蕴，在这种比较中清晰可见，并形成对于梁启超论题代表之道统批判的强烈反转。

四

钱穆的道统说，除了政治-文化系统的洞察，还蕴含了一套历史哲学的阐释，并从中发散出关于政治道路的启示。

若要把握道统的传统角色，需要充分重视三代典范的根源价值。夏商周三代的历史成就，在钱穆看来，是在氏族社会的血统基础上衍生出人文化成的政统，并在优秀政治家群体的实践中（圣君用贤相）逐渐树立大公贤良的道统。周代封建制广立诸侯，寓天下于封建共治，通过周公而集中彰显出治统与道统合一的典范。钱穆特别强调周礼代表的治统、道统、血统之综合构造，融合政治、教化、经济民生于一体，支撑起封建一统的中

---

[1] 钱穆. 现代中国学术论衡. 北京：九州出版社，2012：132.

第三章 现代中国立国的治道转型

国根基。"由血统中创出政统,又由政统中完成道统,而使中国成为一封建一统之国家。此可谓是中国文化进展之第一阶程"①。

秦汉之变开启中国文化进展的第二阶程,在郡县一统的新国家架构下,凭着春秋战国诸子传承下来的道统,通过士人政府的文治而逐渐树立起政统尊奉道统的新理念,君主世袭而选用贤良贤相。由汉至唐,原有三代尊奉政统的旧精神仍有遗响,即在周孔并尊。然而大体上,封建一统转为郡县一统,血统的政治地位下降,学统和道统更为重要,是一个终不可逆的大趋向。至宋开始的中国文化进展的第三阶程,孔孟新传统终于替代周孔并尊,道统与治统之间的张力更为活跃,尊师重道、社会自由讲学成为文化重要推力。论政统,汉唐强盛,明代稍逊。而论道统、学统,"则宋以后尤盛于宋以前。社会下层递有进步,中国依然是一中国,而旺盛繁华递有升进,亦一不可掩之事实也"②,"社会下层有转超于政治上层者,则宋代之较汉唐,其在中国文化展演之阶程上,不得不谓其又进了一步"③。黄宗羲在《明夷待访录》里提出的学校构想,是这一时期文化政治精神的典型代表(道统所在),并成为遥启第四阶程文化发展的关键先驱。

这一文化发展的大传统,显示出中国文明如何处理血统、治统、道统之关系的基本进路及其演进。相比西方文明的教统、政统、学统、财统、工统、法统、党统,道统与治统和血统构成精妙体系,汇聚了中国传统的深奥精义。在钱穆看来,只有真正根基于对于人性天道的把握,才能形成具有历史生命力并不断扩展延伸的传统。血统本于天然,政统本于人文化成,由族群集体实践一步步衍生出了贤良政统,最终透显结晶为"一天人,合内外"的道统意识,这是中华民族的伟大文明遗产。

钱穆从中提炼出中国历史传统的一个特征,可称为少数与多数循环转化的"递进递盛"模式④。中国传统每以少数人之德性和功业作为历史阶段的代表,实则此少数人必出自社会多数,而其德能从中卓然转出,

---

① 钱穆. 宋代理学三书随札. 北京: 生活·读书·新知三联书店, 2002: 216.
② 同①222.
③ 同①219.
④ 钱穆用此形容中国士人社会的流动性, 参见: 钱穆. 国史新论. 北京: 九州出版社, 2012: 207.

共和立国与治体新论：钱穆历史政治学研究

超乎一般多数人之上，最终也能代表多数人。自上古之伏羲神农，三代尧舜文武，至现代革命先驱如孙中山，莫不如此。其中，又贯穿一条社会线索，即代表社会下层多数的平民化不断推动此少数与多数的递进演化。

先秦诸子讲学推动的百家言取代王官学、宋明儒展开的第二次社会自由讲学运动，是其典型表达。由先秦智识分子已经可以看到，虽然中国文化精神的载体在士人君子少数人，其智识化对象和终极目标却在平民化。即使在中世士族社会，也可窥见文治大潮流的历史潜力，后来以贡举进士突破门第限制，政治权进一步解放，仍是"天下为公，选贤与能"的传统本源精神。门第世族与平民的历史博弈在近世新儒学表现为后者的充分张扬，以道统为旨归建构大群共体的经世构想成为宋明儒的中心关怀。钱穆反复提及的社会下层递有进步、转超政治上层，就是在此意义上立论的。宋明儒作为平铺散漫之近世社会的秩序担纲群体，正是在君主官僚制政府与平民社会之间充当建构、联结者的。这也是理解近世文化和政治中心之建立及其命运的主线①。

"由多数中演出少数，又由少数中演出更少数，而其更少数，又必回归于大多数，而为之作代表"②。这个历史进程逻辑有一演出，又有一回归。钱穆以此解释中国历史传统的治统与道统演进，着眼强调的是贤良士人与大群秩序建构之间的紧密关联，社会多数之下层在文化演进中发挥越来越积极的作用，然需经历自由讲学滋养出的贤良转换与来自历史传统的检验。中国政治之所以不同于支配西方历史进程的阶级和族群斗争，其内在张力经由少数与多数之"演出—回归"逐渐得以调衡，政治权愈趋开放，大公贤良政治得到提升，泰半职此之故。

辛亥革命以来，政统变于上，道统变于下。这一点，其实在上文提及的梁启超论题中已露先机，道统被绑定在君主专制政治上成为现代进化的献祭品。钱穆曾曰，"两汉的缺点，是平民社会智识分子，骤遇到大一统政权之建立而相形见绌，不免带有内心怯懦的自卑感"，遂有王室与智识

---

① 任锋．"近己则俗变相类"：钱穆与近世儒家传统．天府新论，2008 (1)．
② 钱穆．宋代理学三书随札．北京：生活·读书·新知三联书店，2002：226．

第三章 现代中国立国的治道转型

分子的对抗①。套用这个分析,晚清民初的智识分子,身逢共和骤立,也产生一种民主激情下的迷思。钱穆的道统说旨在驱散迷思,指出共和的统一不能与道统在内的传统遗产一刀两断。换言之,从君主制下的郡县统一到现代共和的大一统,中国之所以为中国的一些基本构成条件实则具有很强延续性。即使是新文化运动"打倒孔家店",在钱穆看来,也是宋明理学所形成之道统说思维的现代版本,只不过尊奉的对象由三代典范换成了舶来的民主和科学,历史传统的潜在深层影响要远远大于人们一时的觉察。

共和统一下的道统应当如何安顿,这才是现代国人需要深思的问题。钱穆对此的分析,紧密衔接着近世中国尤其是有清几百年来的国家精神之趋势。道统说中大群共体精神的衰落,其实为晚清以来各种西方意识形态学说的涌入提供了机会,现代中国那些掀起时代巨浪的主义号召可根据其道统相关性来衡量价值潜能。

此处可以钱穆对于孙中山的认知略做剖析。1945 年,钱穆在《道统与治统》一文末尾特别针对尊奉孙中山为国父提出辨析,强调国父论仅限于政统意义。"故言中华民国之政统,必推中山先生为不祧之祖,若言中华民族之道统与教统,则中山先生亦一孝子顺孙,岂得同样奉为不祧之祖乎?"②针对当时愈加泛化的国父崇拜,钱穆认为这是绌学统于治统,违背民族传统,也非中山先生乐受。

如何在治统和道统关系中对待孙中山,钱穆晚期思想的辨析更为深入成熟。1981 年的《中国文化传统中之士》指出,"中山先生之'三民主义',乃属长期之建国纲领,而非一时之施政方针。故仍当归于道统,不属治统。此为中山先生之先知先觉,深体中国五千年相因之文化大传统而发,不得以西方人近代之思想言论相比附"③。最后一句,具体指现代人每以林肯的"民有、民治、民享"去解释孙中山的三民主义。钱穆多次强调二者不同,尤其是民族主义,钱穆特重其传统维度,强调传统生命和精神自有特质。钱穆也多次批评国民党统治将三民主义政党化、教义化,未能

---

① 钱穆. 国史新论. 北京:九州出版社,2012:165.
② 钱穆. 政学私言. 北京:九州出版社,2010:73-74.
③ 同①196.

真正畅发孙中山的道统精义。在现代中国的共和大业中，民族主义是一个"明道设教"的问题，其道统说意涵不言而喻①。

钱穆将孙中山的五权宪法归于治统，三民主义归于道统，相比1945年的论点，凸显的是共和宪制下的新道统问题。"孙中山先生起，始唱'三民主义'，尤为中国传统政学合一之一新发现、新创造"②。钱穆更倾向于将其禅位让国、讲和、理念思考等政治行为放在道统中来理解③。孙中山提出三民主义系统论说，是在北洋政府军阀当权期间，于沪上沉潜研索的结果。在钱穆看来，这其实代表的是自下而出的道统精神。孙中山将革命党视为包括由领导者到党员再到民众的先知先觉、后知后觉、不知不觉，在钱穆看来极不同于西方组党原则，仍是属于中国文化大传统的道统-治统思维。现代中国的秩序担纲者，仍须是接续这个大传统的新士人群体，来阐发旧邦新命的新士统④。

"依中山先生之三民主义，首重民族主义。依中山先生之五权宪法，必尊考试制度。又依中山先生军政、训政、宪政之三阶段，于全国平定后，实行训政，则应重学校。道统终在政统之上，少数必从多数中来。权力非所重，道义乃所本，庶亦合于现代民主政治之大趋势，而不失为中国文化演进之第四阶程矣。"⑤ 所谓中国文化第四阶程，要接续第三阶程黄宗羲的学校构想，以社会自由讲学运动为治统奠基，通过教育和考试产生贤良，这才是符合中国文化大传统的民主道路。

钱穆在此的道统新说，一则为共和一统的国家指明其源自传统的立国精神，另一则表示共和国家的宪制形态仍需从道统与治统相维制的文化大传统中演进出来。后者的集中表达，见于钱穆在20世纪40年代中期出版的《政学私言》，即从中国政治传统来对五权宪法进行提升转化。

---

① 钱穆. 政学私言. 北京：九州出版社，2010：218.
② 钱穆. 中西政教之分与合//钱穆. 文化学大义. 台北：正中书局，1987：204.
③ 钱穆. 宋代理学三书随札. 北京：生活·读书·新知三联书店，2002：226.
④ "孙中山先生的'三民主义'，一面保留了中国文化旧传统，一面采纳了世界新潮流，调和折衷，揭示出一大纲领。但此下如何配合现实，不断充实其具体内容；又如何使此一主义，能成为中国社会新的士阶层之共同信仰，共同理想，不落入西方圈套，只成为一个政党的政治号召；此是中国人此下所待努力的一件事。"（钱穆. 国史新论. 北京：九州出版社，2012：132）
⑤ 钱穆. 国史新论. 北京：九州出版社，2012：132.

第三章　现代中国立国的治道转型

钱穆概括道，"故真求民主精神之实现，必使人道大统，下行而不上凑，必使教权尊于治权，道统尊于政统，礼治尊于法治，此乃中国儒家陈义，所由为传统文化之主干，亦即中国传统政制精意之所在"[①]。钱穆洞察到现代政治中的政党和资本擅于操控国会和宣传舆论，而人民的言论、出版和集会自由又得自教育。如欲人民不被权贵和市场资本控制，有必要标举道统高于治统这一传统宪制精义[②]。

道统的优先宪制地位体现为以一种自由独立的方式提供共同体精神根基。钱穆多处指出，"政学亦当分，使学校得超然独立于政治之外，常得自由之发展，民气借之舒宣，政论于以取裁，此亦发挥中国传统文化精神一要目"[③]，又如"然以自由教育领导政治，则政治有生机，可以活泼而向荣。以国家政治统制教育，则教育无命脉，终必萎缩干枯渐至于死塞"[④]，"欲求民气发舒，助长其阳刚之美，消散其阴柔之恶，而又不陷于启争端召分裂，则莫如宏奖儒术，尊崇师道，教育独立，讲学自由，又于考试院与国民大会多方罗致耆贤硕德，而尤要者在于伸道统于政统之上"[⑤]。

在宪制形态上，钱穆主张抑制五权宪法中现代西方政党政治的成分，强调公忠不党的传统精神，提升国民大会的贤良代表性，保持五权的各个独立（尤其是考试、监察的超党派特性），发扬元首制度的德教作用，激活首都的立国精神导向，这些又可见道统在政制机构中的具体透显，即其相维功能。钱穆努力将政民一体、信托政权、文治、礼治的传统精神再度注入现代宪制，对五权宪法进行传统化洗礼。

道统既不是革命派尽力批判的君主制意识形态，也不能简单对接西方政教体系中的抗议型宗教信仰。钱穆先生的文化大传统视野揭示出，道统作为立国根基的精神信念共识，本身蕴含了中国文明基于天人相合原理的政教秩序构设，与治统之间发展出了相维与相制两种基本关系。中国政治传统，可以说与道统之间形成了紧密的一体关联，不能脱离文化系统而单

---

①② 钱穆. 政学私言. 北京：九州出版社，2010：71.
③ 同①169.
④ 同①163.
⑤ 同①84.

独想象。

在思考现代中国的共和立国问题时,钱穆超越了梁启超论题的政体论范畴,在共和一统的国家建构方向上重新诠解道统新义,思忖宪制新态。他对孙中山三民主义和五权宪法的论述显示出这一新义的时代面相。也正是这一点,使得钱穆与现代新儒家(尤其是港台新儒家)的主流大为不同,他那种新传统主义的政治思维精神在20世纪显得极为另类。新世纪传统文化复兴之际,他的孤独先知值得后来者重温咀嚼:"不要怕违逆了时代,不要怕少数,不要怕无凭借,不要计及权势与力量。单凭小己个人,只要道在我身,可以默默地主宰着人类命运……中国民族屡仆屡起,只是这一个传统直到于今,还将赖这一个传统复兴于后。这是人类全体生命命脉之所在。中国人称之为'道'。'教统'即在此'道统'上,'政统'亦应在此'道统'上。"①

正如其所谓:"有了新的中国智识分子,不怕会没有新中国。最要关键所在,仍在智识分子内在自身一种精神上之觉醒,一种传统人文中心宗教性的热忱之复活。此则端在智识分子之自身努力。一切外在环境,全可迎刃而解。若我们肯回溯两千年来中国传统智识分子之深厚蕴积与其应变多方,若我们肯承认中国传统文化有其自身之独特价值,则这一番精神之复活,似乎已到'山穷水尽疑无路,柳暗花明又一村'的时候了。风雨如晦,鸡鸣不已,新中国的智识分子呀!起舞吧!起舞!"②

第四节 三论大国共和的政教维度:民心与治体生成

民心是中国治道传统中关乎正当性的政治要素,在人民民主的现代有机政治中仍是如此。对于民心和政治的关系,在政治哲学的讨论路径以

---

① 钱穆. 中国历史上的传统教育//钱穆. 国史新论. 北京:九州出版社,2012:223.
② 钱穆. 中国智识分子//钱穆. 国史新论. 北京:九州出版社,2012:177-178.

外，我们不妨结合历史政治学的方法，或许在对重要政治现象的历史和理论清理中可以帮助我们明了其更为渊源深厚的滋养。本节引入治体论作为探讨民心与政治关系的理论视野，希望观照我们习以为常的智慧而透视其不凡之处，揭示其蕴含的根本原理禀性。

一、"君民者"不敢有君民之心：秦汉政治巨变下的民心失范与治体论源起

治体论是中国政治文明中源远流长的思想、制度与实践传统[1]。治体，顾名思义，是指实现善治的体要和关键。从内涵构成上说，治体论指向人们对于政治秩序要素与演进的系统思考，传统词汇中的治道、治人和治法是其中三个要素范畴。转换成现代语言，治体的核心是政治原则、政治主体和制度方略三个类型要素的宪制整合关系。荀子提出"有治人，无治法"，一直到明清之际黄宗羲在《明夷待访录》中提出"有治法而后有治人"，他们辨析的问题就属于治体论的典型议题。现代语境中出现的人治与法治之辨、政体论述，本土渊源就是这个悠久的治体论传统。对于治体的明确论述，自汉代贾谊到清代《清经世文编》，经历了两千多年，蔚为大观，是中国政治学本土资源的宝藏。这个传统对于现代政治思维仍然有着深远影响，值得深入观察。

回到民心与政治的关系，我们发现，治体论的提出与民心问题紧密联系在一起。贾谊是首位明确论述治体的政治家、思想家。在对于周秦、秦汉政治巨变极富洞察力的政论剖析中，这个政治天才正是从政治社会最深层的溃败腐烂中指出了治体问题的根本重要性。

---

[1] 任锋. 立国思想家与治体代兴. 北京：中国社会科学出版社，2019；任锋. 治体论的思想传统与现代启示. 政治学研究，2019（5）；任锋. 道统与治体：宪制会话的文明启示. 北京：中央编译出版社，2014.

《新书·俗激》提出,"大臣之俗,特以牍书不报,小期会不答耳,以为大故,以为大故不可矣。天下之大指,举之而激。俗流失,世坏败矣。因恬弗知怪,大故也。如刀笔之吏,务在筐箱,而不知大体,陛下又弗自忧,故如哉。夫邪俗日长,民相然席于无廉丑,行义非循也。岂且为人子背其父,为人臣因忠于主哉?岂为人弟欺其兄,为人下因信其上哉?陛下虽有权柄事业,将所寄之?管子曰:'四维,一曰礼,二曰义,三曰廉,四曰耻。''四维不张,国乃灭亡。'云使管子愚无识人也,则可;使管子而少知治体,则是岂不可为寒心?"

问题的重要性要在秦汉立国的政治巨变中来领会。秦朝终结了古典政治形态,创立了君主官僚制的郡县国家,但是致命缺陷在于异常短命。对于继起的汉人,如果不能找到问题根由,难免重蹈覆辙。从后世视角来看,汉代成功延续政治生命的奥秘很大程度上得益于从贾谊到董仲舒的政治谋虑,他们促成了秦汉立国议程的有效衔接和整顿。而政治谋虑是否有效,取决于这些立国思想家的见识深浅厚薄及其实践影响。

贾谊此处首先区别了"刀笔吏"与"大臣"两类政治人物,二者的区分在于对政治事务的理解深浅不同。前者关心的是官僚行政事务,而大臣代表的政治家不能只关心这类事务。政治家如何观察由乱到治的立国问题?政治家应当具备什么样的辨识和抉择能力?贾谊特别批评当时的大臣习气("俗"),自我混同于行政官僚,这是"不知大体",是秦代法家政治的简单延续。真正的政治家,应当深入洞察政治社会的民心风俗(伦理德行)。民心风俗问题的重要性,决定培养出什么样的人,政治共同体的事业由什么样的人来承担。"陛下虽有权柄事业,将所寄之?"秦制"以法为教,以吏为师"国策下形成的政治社会,民众只是国家政治机器中的工具性存在,在政治激变中极易溃败。如何养成适应君主官僚郡县制国家的民众,这关乎立国精神,的确比财政税收、军事治安等事务更为根本。贾谊引用管子的"四维"说彰显国本纲维,由此提出治体的问题,追问善治的关键所在(这个立国精神思路一直延续到民初共和之际的严复)。这关系到对于政治的根本理解,即什么才是好的政治、如何实现好的政治。

"夫移风易俗,使天下移心而向道,类非俗吏之所能为也。陛下又不

第三章 现代中国立国的治道转型

自忧,窃为陛下惜之。"(《新书·俗激》)移风易俗被认为是实现善治的根本,关乎政治社会的信念伦理与精神风气这些最深层的行为模式塑造,政治家的使命正是在于"使天下移心而向道"。心自身是流转不定的,善恶杂呈,优良政治应当将其从非道的状态转移到合乎道的状态。从这里可以知道,民心失范,说明对应秦汉变迁的立国精神构造还未确立。而治体论指向了解决问题的政治原则与制度方略。

"秦灭四维不张,故君臣乖而相攘,上下乱僭而无差,父子六亲殃僇而失其宜,奸人并起,万民离叛,凡十三岁而社稷为墟。今而四维犹未备也,故奸人冀幸,而众下疑惑矣。岂如今定经制,令主主臣臣,上下有差,父子六亲各得其宜,奸人无所冀幸,群众信上而不疑惑哉。此业一定,世世常安,而后有所持循矣。若夫经制不定,是犹渡江河无维楫,中流而遇风波也,船必覆败矣。悲夫,备不豫具之也,可不察乎?"(《新书·俗激》)

强大的秦朝能够战胜关东六国,结束数百年战乱分裂,创建伟大的郡县国家,却在短短十数年间就土崩瓦解。贾谊《过秦论》把这种政治视觉差距揭示得可谓惊心动魄、淋漓尽致。民心失范带来的社会失序和政治溃败,是秦政坏灭最为触目惊心的直接表征。继秦而起的汉朝,如果对此没有惩治,只满足于继承君主官僚制度的遗产,恐怕很难持久。贾谊的治体方案,针对民心失范问题而起,出路在于确立经制。经制是指具有恒常性的原则与具体制度方略的综合体,也就是涵括治道和治法的治体系统。治体建设需要积极有为的政治精神,"此非天所设也。夫人之所设,弗为持此则僵,不循则坏"(《新书·俗激》)。贾谊通过经制强调客观治理体系的长治久安功能("此业一定,世世常安")。

《新书·时变》同样概括了秦汉治乱代兴的政治机理。"秦国失理,天下大败。众掩寡,知欺愚,勇劫惧,壮凌衰;攻击夺者为贤,贵人善突盗者为忻,诸侯设诈而相伤,设轘而相绍者为知。天下乱至矣!是以大贤起之,威振海内,德从天下,曩之为秦者,今转而为汉矣。"一个拥有了皇帝制度、官僚制、郡县制的统一大国,怎样才能找到维系和巩固已有政治成就的立国机制?贾谊施展其伟大的战略眼光,通过古老传统经验指出了弊病所在:"蹶六国,兼天下,求得矣,然不知反廉耻之节、仁义之厚,信

并兼之法，遂进取之业，凡十三岁而社稷为墟，不知守成之数、得之之术也，悲夫！"（《新书·时变》）

攻守之势既变，国家政权确立后谋求长治久安，治国方略和制度也应有相应转变。大范围的社会失序和政治溃败直指民心失范，贾谊由此而深入立国精神层面，以四维为国本，强调治体、经制的中心性。仁义廉耻为民心带来政治原则上的规范，相应有纪纲法度（包含根本和重要制度的体系）和一系列方略的建立实施，而这些有赖于政治家超越行政官僚体制加以战略认定和积极建设。

中国政治传统早在商周之际，就已经确立了天命的政治信仰和正当性来源。"天"的高度抽象性，通过神秘性、难测度的天象与更具公共表征性的民心两个基本途径得以具体显现。民心与政治施为之间可以建立更为理性化的联系，相比于天象（无论祥瑞或灾异）更易于作为印证天命天意的方式。政治的善恶治乱，可以在与民心的呼应中予以建构。这是天命政治转化为民心政治的基本逻辑。《孟子·万章上》解释尧舜禅让，基于"天与""人与"两重支持逻辑，着重指出"天不言，以行与事示之而已矣"，特别强调虞舜依据其施政得到诸侯和民众的归从。

社会失序、政治溃败中的民心失范，更易于激发人们思考民心政治建构的正当规范问题。《孟子·离娄上》解释"得天下"这个政治根本问题，认为"得天下有道：得其民，斯得天下矣；得其民有道：得其心，斯得民矣"。反之，桀纣失天下，在于失民，在于失去民心。

鉴于中国基于天人合一生成的政教相维模式不同于西方宗教与政治的二元分离，民心作为政治正当性根基内在蕴含着神圣性，是治体的政治信仰和共识前提。作为得失天下的基本动力源，民心进一步引生治体的具体思考，而贾谊正是这一生成环节的思维创建者。

其后，董仲舒在《春秋繁露》《天人三策》中对于统治方略的比较更为明晰而深化。"自古以来，未尝有以乱济乱，大败天下之民如秦者也。其遗毒余烈，至今未灭。使习俗薄恶，人民嚚顽，抵冒殊扞，孰烂如此之甚者也。"（《汉书·董仲舒传》）周秦政治巨变，是一个世界文明变迁的大问题。有识之士感到最为痛切的就是人民的失范，而非制度衰败、军事财

第三章 现代中国立国的治道转型

富的衰败,因此出路也因应民心民俗问题。

董子提出:"传曰:政有三端:父子不亲,则致其爱慈;大臣不和,则敬顺其礼;百姓不安,则力其孝弟。孝弟者,所以安百姓也。力者,勉行之身以化。天地之数,不能独以寒暑成岁,必有春夏秋冬。圣人之道,不能独以威势成政,必有教化。故曰:先之以博爱,教以仁也;难得者,君子不贵,教以义也。虽天子必有尊也,教以孝也;必有先也,教以弟也。此威势之不足独恃,而教化之功不大乎?"(《春秋繁露·为人者天》)威势与教化,是两种基本统治方式,威势是一个基础,教化则关乎政治生活的向善提升,覆盖了从君主到民众的整个政治社会。

董仲舒进一步指出:"传曰:天生之,地载之,圣人教之。君者,民之心也;民者,君之体也。心之所好,体必安之;君之所好,民必从之。故君民者,贵孝弟而好礼义,重仁廉而轻财利,躬亲职此于上,而万民听,生善于下矣。故曰:'先王见教之可以化民也。'此之谓也。"(《春秋繁露·为人者天》)在天心即民心这一神圣性前提下,君是民心,民是君体,君民心体合一,政民融为一体,这是对于民心政治的元典式表达。在政治体系中,君所代表的政治领导对应着民众群体的"心"。难道民自身没有可以自主表达的"心",只是沉默的大多数,而需要"君民者"如天子、皇帝、士人等予以代言?可以认为,这里隐含了一个极为重要的政治建构,即民心与君体的合一。民心在应然层面,本是天心天命的人世显现,具有大公至正的规范性,其实质是人类社会注重公义、维护公利的基本原则。

民众是政治领导的"体"之所在,而"君民者"要主动呼应民众的精神品性,在这种呼应中建构起政治领导。如果"君民者"私性膨胀,背离民心的公义公利,就是失民心。民心失范,很大程度上就是政治不善的结果;当然,反过来也会影响政治社会的治理。中国政治更强调政治统治者自身的责任检讨。政治领导的建构,尊重悠久传统中形成的实践美德,从而上行下效,实现政府与社会更为紧密的团结。民心与君体,二者不可或缺,也不能分离,其中关窍则在于"心"对于政治体的引导。

而最精妙的境界(王道)在于,政治领导自身对于这个统治意志的辩证否定，所谓"五帝三王之治天下，不敢有君民之心。什一而税，教以爱，使以忠，敬长老，亲亲而尊尊，不夺民时，使民不过岁三日。民家给人足，无怨望忿怒之患，强弱之难，无谗贼妒嫉之人。民修德而美好，被发衔哺而游，不慕富贵，耻恶不犯，父不哭子，兄不哭弟"（《春秋繁露·王道》），在统治主体意志的约束下实现对民心民性最大程度的平等尊重，这也是"原君"重民的大义。

从教化治理的视角来看，"君民者"以身作则、率先垂范，是善治生成的来源。民的存在，涵括了多重层面，诸如民力民生、民气民志、民情民意、民智民德。何以民心最为重要？因为"君民者"与民相连通的纽带主要在于心，相比于财富、情意、知识，这是最具公共相通属性的精神德行领域。优良政治，是"生"，是"化"，是民心以君主作为领导者、先行者将美德品质的养成推广到更广大范围。相对于单独倚重威势，治化和教化充分关注民心的向善治理，首先是"君民者"的政治主体养成与规范问题（"治人"），其次是民众的转化提升。

"今汉继秦之后，如朽木粪墙矣，虽欲善治之，亡可奈何。法出而奸生，令下而诈起，如以汤止沸，抱薪救火，愈甚亡益也。窃譬之琴瑟不调，甚者必解而更张之，乃可鼓也；为政而不行，甚者必变而更化之，乃可理也。当更张而不更张，虽有良工，不能善调也；当更化而不更化，虽有大贤，不能善治也。故汉得天下以来，常欲善治，而至今不可善治者，失之于当更化而不更化也。"（《汉书·董仲舒传》）董仲舒向汉武帝提出更化主张，依据的是表彰五经、确立五经博士制度和太学、改进察举制、推动士人政府成型的治体建构[①]。其中，制度体系奠定在王道教化这个民心政治性原理之上，根本信念在于礼乐教化能实现"圣王已没，而子孙长久安宁数百岁"（《汉书·董仲舒传》）。秦汉立国进程至此构设可称完备，即在土地人口经济整合、政法中心性制度建构之后，在政教关系层面建立起了文教礼教机制，可以有效应对周秦政治巨变带来的人心失范挑战。

后世国家兴衰、政治变迁必须不断应对这个根本问题：在经历皇帝制

---

① 钱穆.秦汉史.北京：九州出版社，2015；任锋.革命与更化：立国时刻的治体重构//任锋.立国思想家与治体代兴.北京：中国社会科学出版社，2019.

度、官僚制、郡县制不断调适的统一大国,怎样才能找到维系和巩固已有政治成就的秩序机制,真正实现长治久安?对于超大规模的中国政治文明共同体,其可大可久的治体要义是什么?

从贾谊到董仲舒,这些立国思想家在仁义廉耻(政治原则)、经制礼纪(制度方略)与教化治理(政治主体)中发现了答案。作为领导力量的政治家而非行政官僚、移风易俗的立国精神而非官僚行政事务、经制礼法而非刑罚威势,是呼应民心、治理民心失范的善治关键。政民一体是中国治道的核心要义、第一原理,在其中,民心又是联结人民与政治领导的关键纽带,是秩序构建的缘起和依据。在这个意义上,民心作为得失天下的基源性动力,成为治体的生成要素,发展出对于优良政治的规范性理解。"君民者"引导下的民心政治思维构成了对于民心失范之潜在可能性的克服。后世立国政治家与思想家需要在这个路径依赖下进行因承损益。

二、从政教-政法本末论到治体论的成熟:近世变迁中的民心政治

类似问题在隋唐易代之际有更为典型的展现。治体论透显出政治家的治国理性指向,民心失范现象与治国方略的选择紧密联系在一起。我们可以通过《贞观政要》这本记录唐代立国治体(政,治也;要,体也)的史册体会到民心政治思维的切实探索。

此书首端论君道和政体,是治体论思维的代表性表达。《贞观政要·君道》首言:"贞观初,太宗谓侍臣曰:'为君之道,必须先存百姓。若损百姓以奉其身,犹割股以啖腹,腹饱而身毙。若安天下,必须先正其身,未有身正而影曲,上理而下乱者。朕每思伤其身者不在外物,皆由嗜欲以成其祸。若耽嗜滋味,玩悦声色,所欲既多,所损亦大,既妨政事,又扰生人。且复出一非理之言,万姓为之解体。怨讟既作,离叛亦兴。朕每思此,不敢纵逸。'"谏议大夫魏徵对曰:"古者圣哲之主,皆亦近取诸身,

故能远体诸物。昔楚聘詹何,问其理国之要,詹何对以修身之术。楚王又问理国何如?詹何曰:'未闻身理而国乱者。'陛下所明,实同古义。"

《贞观政要·君道》讲述为君之道,实际上是通过君主这个政治领导来解释政治共同体之构成原理(群道)。存百姓,不扰生民,这是政治的基本原则。魏徵引用詹何故事肯认"近取诸身""远体诸物"的政治原理,从身治到国治的逻辑链接还是在心。唐太宗警诫自己,"且复出一非理之言,万姓为之解体。怨讟既作,离叛亦兴。朕每思此,不敢纵逸",就是看到了这一点,强调民力民生存养之外,君德民心的关系要理顺,预防"万姓为之解体"。

《贞观政要·政体》记载了太宗君臣对于治国方略的深入讨论,这是贾谊-汉文帝、董仲舒-汉武帝统治集体实践探索的延续,再度彰显出政治家群体如何锻造其智慧。"贞观四年,太宗与秘书监魏徵从容论自古理政得失,因曰:'当今大乱之后,造次不可致理。'徵曰:'不然,凡人在危困则忧死亡,忧死亡则思理,思理则易教。然则乱后易教,犹饥人易食也。'太宗曰:'善人为邦百年,然后胜残去杀。大乱之后,将求致理,宁可造次而望乎?'徵曰:'此据常人,不在圣哲。若圣哲施化,上下同心,人应如响,不疾而速,期月而可,信不为难,三年成功,犹谓其晚。'太宗以为然。"(《贞观政要·政体》)同样是大乱之后如何实现善治的政治变迁和转型问题,太宗对于短期实现治化存在犹疑,魏徵对此的解惑依据民心原理展开,仍然是在民心政治性逻辑上强调教化治理的可行性,与董仲舒的更化同调。

吴兢记载了贞观群臣对于这一方略的质疑。"封德彝等对曰:'三代以后,人渐浇讹,故秦任法律,汉杂霸道,皆欲化而不能,岂能理而不欲?若信魏徵所说,恐败乱国家。'徵曰:'五帝、三王,不易人而理。行帝道则帝,行王道则王,在于当时所理,化之而已。考之载籍,可得而知。昔黄帝与蚩尤七十余战,其乱甚矣,既胜之后,便致太平。九黎乱德,颛顼征之,既克之后,不失其理。桀为乱虐,而汤放之,在汤之代,既致太平。纣为无道,武王伐之,成王之代,亦致太平。若言人渐浇讹,不返纯朴,至今应悉为鬼魅,宁可复得而教化耶?'德彝等无以难之,然咸以为不

第三章 现代中国立国的治道转型

可。"(《贞观政要·政体》)这段方略论争有些类似秦始皇统一初期淳于越与李斯围绕封建与郡县的政见较量。他们基于对民心民性的不同信念，提出各自的治国方略判断。封德彝代表了民心民性的退化史观，认为教化不适用于当世民众，教化政治只能导致国家失败。魏徵批驳这种心性退化论，认定政治领导者的积极有为对于由乱归治进程中的民心归淳有直接影响，这与汉儒强调"君民者"建构的民心政治性原理一致，同样是对国家官僚统治化（任法、杂霸、刀笔吏）的克制和超越。

《贞观政要·政体》接着记载："太宗每力行不倦，数年间，海内康宁，突厥破灭，因谓群臣曰：'贞观初，人皆异论，云当今必不可行帝道、王道，惟魏徵劝我。既从其言，不过数载，遂得华夏安宁，远戎宾服。突厥自古以来，常为中国勍敌，今酋长并带刀宿卫，部落皆袭衣冠。使我遂至于此，皆魏徵之力也。'"《贞观政要·仁义》有两则记载，也可作为对民心政治性原理的印证。"贞观二年，太宗谓侍臣曰：'朕谓乱离之后，风俗难移。比观百姓渐知廉耻，官民奉法，盗贼日稀，故知人无常俗，但政有治乱耳。是以为国之道，必须抚之以仁义，示之以威信。因人之心，去其苛刻，不作异端，自然安静。公等宜共行斯事也！'""人无常俗，但政有治乱"，民心民俗是可塑的，治国方略就是基于"因人之心，去其苛刻，不作异端，自然安静"的教化治化。"太宗曰：'饬兵备寇虽是要事，然朕唯欲卿等存心理道，务尽忠贞，使百姓安乐，便是朕之甲仗。隋炀帝岂为甲仗不足，以至灭亡，正由仁义不修，而群下怨叛故也。宜识此心……'"仁义礼乐相对于军事治安，占据了立国构架中最为根基的地位，通过政教方略直接影响到政治社会的安乐或怨叛。

《贞观政要·公平》收录了魏徵的一封上疏，对民心政治原理有精详阐释。他指出："不择善任能，而委之俗吏，既无远度，必失大体，惟奉三尺之律，以绳四海之人，欲求垂拱无为，不可得也。故圣哲君临，移风易俗，不资严刑峻法，在仁义而已。故非仁无以广施，非义无以正身。惠下以仁，正身以义，则其政不严而理，其教不肃而成矣。然则仁义，理之本也；刑罚，理之末也。为理之有刑罚，犹执御之有鞭策也。人皆从化，而刑罚无所施；马尽其力，则鞭策无所用。由此言之，刑罚不可致理，亦已明矣。故《潜夫论》曰：'人君之理，莫大于道德教化也。民有性、有情、有化、有俗。情性者，心也，本也；化俗者，行也，末也。是以上君抚世，先其本而后其末，顺其心而履其行。心情苟正，则奸慝无所生，邪意无所载矣。是故上圣无不务理民心……'"

魏徵比较仁义与刑罚，提出治理的本末论。仁义治理，致力于人心从化，民心政治性原理的枢机就在于"生""化"，合乎人的性情成长大体。魏徵还引用了东汉王符的《潜夫论·德化》，其中对于民心政治有精微阐述。民心指民的情性，这是根本，相对地，化俗是行为，居于次要地位。民心论述可以划分出本末，情性是本，化俗是其客观行为表现，被认为是末。民心论更多是在具有规范意义的情性层面来讲的，对应民风民俗。

王符提出"夫化变民心也，犹政变民体也"，教化是更高一级的政治。而最理想的政治，就是"上圣无不务理民心"（《潜夫论·德化》原文为"上圣不务治民事，而务治民心"）。这仍然是贾谊《新书·俗激》的主张，对于国家政治的官僚政治化抱持抑制立场。"是以圣帝明王，皆敦德化而薄威刑也。德者，所以修己也；威者，所以理人也。民之生也，犹铄金在炉，方圆薄厚，随镕制耳！是故世之善恶，俗之薄厚，皆在于君。"（《贞观政要·公平》）社会群体的生存状况之所以产生差异，责任主要在于君所代表的政治主体。在这个意义上，历史上的各种民生状态，都对应着不同的塑造者政治。而民心政治，试图用大公至正的公共精神来引导政治构建，政治主体能够担当这个重任，制度方略能够落实这个基本精神，就可证明其合法性和有效性。德化政教的治国方略，倾向于上下同心呼应，易于形成精神品性上的紧密共同体；而威势刑罚，倾向于上对下的统治管理。一个健全的政治国家，当然政教与政法兼有，而以政教为本、政法为末，则被认为是健全国家的提升方向。

这种政教-政法本末论在唐宋变迁以后的近世历程中有一个重要变化，就是"以法为治"这个被现代眼光遮蔽的近世议程推动了治体论的成熟[①]。宋人、明人对于宋以降政治统治的特质都提到了对于法度的重用，"以法

---

① 任锋. 立国思想家与治体代兴. 北京：中国社会科学出版社，2019；任锋. "以法为治"与近世儒家的治道传统. 文史哲，2017（4）.

第三章 现代中国立国的治道转型

为治"或曰"任法"成为政治社会的主导趋势。在治体论思维中，治法的地位有显著提升，也就是制度方略的重要性不断加强。这一点与宋代君主官僚制国家政治理性的愈发成熟相对应。从民心政治性的思维逻辑来看，这个发展并没有超出民心与君体的基本架构，而是强调仁义原则与制度方略体系的精密对应，前者落实于治法层面。

应对这个变化，近世政学传统一方面推进了治法方面的理论思考，另一方面继承传统民心政治论的教化、德化、治化思路，不断重申政治主体、政治领导（治人）层面的重要性和改善空间。在前者，如治体论的代表论述吕中的《宋大事记讲义》"序论""治体论"就提出："古今论治者，不过曰宽与严而已。然宽非纵弛之谓也，而世之尚宽者则流于纵弛；严非惨刻之谓也，而世之尚严者则流于惨刻。反是则曰宽当施之所当宽之地，严当施之所当严之人。遂以为自古之所以得天下者，曰民心也，军心也，士大夫之心也，是宽之所当施也。自古之所以为天下患者，曰外戚也，宦官也，藩镇也，权臣也，是严之所当用也。"子产、孔子以来的政论注重宽猛宽严之辨，如对待民心主张以宽得天下。吕中指出，这种分辨不够精当，军民士大夫之心亦岂徒宽者所能系属哉？盖宽者仁义浃洽之谓，严者纪纲整肃之谓。仁义之与纪纲二者并行而不相离，则不待立宽严之而治体固已定矣。圣人之治天下，固以仁义为本，而其施之于政，则必有纪纲法制，截然而不可犯，然后吾之所谓仁义者，得以随事及人，而无颓敝不举之处[①]。

民心问题，不能限于宽严思路，而应放到治体的仁义精神与纪纲法度架构中来处理。纪纲法度，不是刑罚或三纲，而是指郡县、君相、礼法等根本性、中心性制度构成的制度体系。宋人的这个发展，可以说是政治宪制理性的一大发展，在我们讨论民心政治性时应当注重。君民民心，政教德治治化固然重要，制度方略体系的建设也是同等或者更为重要的。比如南宋叶适论述宋代国本，推崇礼臣和恤刑，就是从宋代政治传统中提炼那些反映善待大臣和民众的故事、成宪和良政，从礼法体系来看民心、士大夫之心的安顿。

---

① 任锋. 立国思想家与治体代兴. 北京：中国社会科学出版社，2019.

另一方面，对于政治主体、政治领导的强化，这尤其能体现政学传统在治人与治法关系上的辩证思考，任法趋势越是明显，对于治人主体的强调越是显得可贵。"徒法不能以自行"，不仅是纪纲法度的发展建设部分取决于政治主体素质，政教德治本自有其经久可行的效用，二者实则相辅相成。王夫之在《宋论》卷一中称道宋太祖："三代以下称治者三：文、景之治，再传而止；贞观之治，及子而乱；宋自建隆息五季之凶危，登民于衽席，迨熙宁而后，法以斁，民以不康。繇此言之，宋其裕矣。夫非其子孙之克绍、多士之赞襄也。即其子孙之令，抑家法为之檠括；即其多士之忠，抑其政教为之薰陶也。呜呼！自汉光武以外，爰求令德，非宋太祖其谁为迥出者乎？"祖宗家法和政教，这是立国政治家缔造政权之初为后世遗留下来的宝贵传统。

另外，值得注意的是，民心在近世政治中有一个重要的历史表达，就是继承历史上"清议""乡议"而来的公论现象，自宋至明蓬勃发展，成为近世平民社会结构中最具公共精神的政治和文化实践[1]。"公"本来就是民心的基本规范特质，对应民心进行政治建构需要满足公共精神。在近世，公论与国家公法、公道形成一个公共义理系统，公论可转化为表达国家基本方略的国是，同样与国法、国体相维相制。明人黄潜提出，"行于朝廷则为公道，发于士君子则为公论。公道废而后公论兴，公论息则天理灭"[2]。王世贞有言，"在下为公论，在上为公法。公法立则公论行而不显，公法亡则公论显而不行"[3]。东林学者缪昌期的《公论国之元气》《国体国法国是有无轻重解》将公论视为宇宙本体论意义上的元气根源。天下民众的公论代表了一种不受政治权势控制的独立权威，国是把民心民意汇集到一起，与政府体制控制的国体、国法几乎构成一种对峙关系。在实践中，国是公论需要由能够体现此公共精神的士君子来代表，与国体、国法可以相维相制。公道、公论（国是）、公法（国法）的区分，仍然可以放在治体

---

[1] 任锋. 道统与治体：宪制会话的文明启示. 北京：中央编译出版社，2014.

[2] 黄潜. 景印文渊阁四库全书：第1209册 文献集：卷四：跋朱椽辩诬诗卷后. 台北：台湾商务印书馆，2008；360.

[3] 王世贞. 景印文渊阁四库全书：第1281册 弇州四部稿：卷一百二十六：奉樗庵先生. 台北：台湾商务印书馆，2008；117-118.

论的道法复合结构中来看待，公论所依据的民心还是治体中心要素，通过国家政治原则和制度方略得到具体表达，也生成了相当程度的自主性。这个自主性最终在黄宗羲《明夷待访录》的学校构制中得到最具冲击力的表达，在君主代表的权威体制遭到放逐之际，把民心公意的抒发交由学校这个相对独立的宪制机构。"天下为主，君为客"，为民心君体的再造提供了新的主客模式。这个创制代表了近世治法传统与公论政治的最高结晶，为现代中国转型预置了伏线和契机①。

三、现代转型中的民心政治：民主政体论与治体论传统的融会和张力

概言之，民心政治关系到国家建构的根本层面，周秦政治巨变带来的民心失范刺激引生了政治家和思想家的治体自觉，在秦制确立的君主官僚体制之外强调实现善治的体要关键。移风易俗的教化方略、确立经制纪纲（如文教机制）在这个问题意识下被引入，完善了秦汉立国的政治建构。其间，民心政治原理表现为民心与君体的合一，"君民者"这一政治领导角色需要在与民众公意精神的呼应中构建自身权威，并尊重悠久文化传统中的公共德行规范。"君民者"不敢有君民之心，强调的是对于政治统治意志的约束和规范。唐代立国者依然是在民心政治原理的理路上经过对于教化和任法杂霸的治国方略辨析，再度确认了政教优先的立国根基。国家的官僚统治化是汉唐大规模政治体极为基础的禀性，在这个意义上最高统治集体通过不断肯认政教的优先性，强调政治治理应该有本末自觉，在变民体、务民事之外，变民心和治民心是治国理政的向善进取。宋代以降，国家政治的任法趋势推动治体论进一步成熟，仁义精神与纪纲法度的相互加持得到强调，制度方略体系对于民心、军心、士大夫之心的切实治理成为治

---

① 任锋．立国思想家与治体代兴．北京：中国社会科学出版社，2019．

体论中心。纪纲法度强调根本性、中心性的制度体系，同时，政治主体、政治领导的政教传统进一步发扬，共同见证了近世治体论的成熟。

概括起来，基于情性的民心论，对于在政治巨变时期表现出的民风、民俗、民德的普遍失范和由此引发的社会失序和政治溃败，相对于制度和政事变迁更加强调其治理绩效的扩散效应。自贾谊以来，治体论为应对这个政治中心问题，发展出了一套涵括政治原则、制度方略和政治主体的秩序思维，成为中国政治传统的核心思路。

晚清以降，中国经历政治和思想文化的转型，国人引入西学，倾向于以现代西方政治中的自由、平等、民主及其背后的主权、民权、法治和政体理论作为政学评价的绝对标准。在历史文明评价上，以西非中、以今非古的文化立场曾一度占据主导地位，这是中西文明现代碰撞中的初期激进表现。中国的历史传统，尤其是政治和文化，逐渐成为被批驳、否弃的对象，民心政治及其治体论思维在这种境地中也不易得到正视和同情理解。

黄宗羲以其《明夷待访录》在晚清被推尊为"亚洲的卢梭"，这本在明清之际激于时变而形成的抗言成为晚清中国接引西学如卢梭等启蒙思想的桥梁。品读《明夷待访录》可以看到，黄宗羲有与贾谊、魏徵相似的历史政治遭遇，目睹易代鼎革巨变。不同的是，贾谊、魏徵由民心失范引发出的治体论，在黄宗羲这里已经是近世理学心学与经制事功学两个主要思潮的融会结晶。这个融会一方面仍然保留了对于三代政治的尊重，承认君主教养民众的职责具有正当性；另一方面却继承理学对于历史的二元史观，激烈否定秦汉以降政治，以古非今。他的政治思维更带有理学家气质的论理性，而历史感稍弱，在对君主、宰相、法度、学校的论述中往往从一种理论的自然状态出发（如人性的自私自利），阐发政治应然意义上的构设。人性的利害权益是其逻辑端始，民心政治的逻辑——尤其是民心君体意义上的政教德治——除了在其学校中有较为微弱的表露，已大幅销匿了[①]。

现代国人正是在这样的近世伏线牵引下，依据现代西学对传统政学逻辑进行了解构和颠覆。刘师培《中国民约精义》以卢梭的社会契约论为标

---

① 任锋.立国思想家与治体代兴.北京：中国社会科学出版社，2019.

第三章 现代中国立国的治道转型

准，对中国传统中的相关论说进行评判。刘氏基本继承了《明夷待访录》的基调，而将民主、法治、民权注入天下为公的公道公理，依据"民为主，君为客"原则，猛烈抨击秦汉以降的政治传统是君主专制。相对于民心君体的传统逻辑，民众在自然权利的意义上挺立为真正的政治主体，不需要君主作为民心代言人，也因其具有自我教养的能力而摒弃政教教化。在民主主义标准下，政治国家本是公共事务，公意是立国之本，人民拥有不可剥夺的政治权利，政府由人民授权产生。相形之下，君主制度是君主个人私利的极大化和最恶化，所谓教化多半属于愚民，人民权利得不到保障和落实，公共福利得到破坏。

笔者曾指出，中国现代转型中形成了源自西学的神圣政制论崇拜，将来自域外的政治理念加以普世化和理想化，作为救治中国政治危机的灵丹妙药[1]。刘师培《中国民约精义》就属于其中典范。中国政治文明的数千年传统可以放在现代西方形成的某个启蒙理念之下加以批判，由此形成民主主义判准下的国史政治叙事。这样的运思在思想资源上一方面触动并启明了本土传统中的某些相近或潜在的部分，从外部植入了具有爆破性的新义理系统；另一方面，也造成了对于本土资源内在思维理路的极大遮蔽和无视。刘师培在文中尚在运用治体、治人、治道这些传统概念，但是在显性思维上基本摆脱了治体论的自身逻辑。比如在论叶适一节，叶适的治势论在民心君体的逻辑上强调政治领导依靠善治形成客观权威，属于综合治道、治法和治人的治体论思维，而刘师培则批评他误将主权理解为权势，不明白主权含义，也违背了民约原理[2]。再如论陆九渊的典宪论，将公意立法作为公法标准，斥责三代之后的法律都是君主家法，是私法而非公法，与黄宗羲原法论同调而益张[3]。在这里也可看到，传统治体论意义的公道、公论、公法，作为支援要素被吸纳到现代民主主义的整编论述之中，其原有脉络架构趋于虚化消弭。

这种西学引入初期的偏激，在对中西交汇经历有深入反思的思想心灵

---

[1] 任锋. "历代政治得失"的微言隐义. 读书, 2020（10）.
[2] 刘师培. 中国民约精义. 长沙：岳麓书社, 2013：55-56.
[3] 同[2]58-59.

那里，得到很大程度的纠偏。我们从梁启超、严复的论述中可以看到这一点。梁启超虽批评中国秦汉以后政治为君主专制，但晚年在《先秦政治思想史》中对于中国政治智慧中的世界主义、民本主义和社会主义给予了高度评价，认为春秋战国时期这些思想的阐发居于世界文明前列。中国文明以天下为政治之范围，超越国家主义，关注人类大群共同福祉。人民享受平等和自由，远比欧洲为早为宽。元首地位，"亦不认为先天特权，而常以人民所归向所安习为条件，此种理想，吾先民二千年前，夙所倡导，久已深入人心，公认为天经地义。事实上确亦日日向此大理想进行，演成政治原则，莫之敢犯"①。民心政治被概括为民本主义，根源信念上承认天生万民的平等（"人人皆可以为天子"），这是大群的公共义理②。梁启超称之为"公共信条"。"国为人民公共之国，为人民共同利益故乃有政治。此二义者，我先民见之甚明，信之甚笃。"③"得民心者得天下"表达的就是民心生成治体，所谓"得天下"最后落实为立国久远广大。

梁启超将这个民心政治原理称为民本主义，同时从现代民主主义的判准出发，提倡改进民治，发展民众参政权利。在这里，梁氏分析其实已经显示出民心政治的治体论与民主的政体论在解释中国政治文明时的某种兼容性，虽然其显性意识仍为民主政体论支配，但其深层文化思维调用了古老传统的内在资源。梁启超提醒我们辛亥共和的成功，正是这个传统资源在发挥作用。按照民心政治原理，应对民心大公精神，如果君主体制不能胜任，人民参与性挺立，维新共和只是提供了一个新解题思路。现代民主主义在其中扮演了"催化剂"角色，提供了应答旧问题的新工具和新方法（如将民心解读为人民是事实上的最高主权者，革命是历史悠久的人民正当权利，满足民意制裁恶政有传统的制度方法）。

梁启超特别强调民众国民意识的传统重要性，任何西学植入必须经过这一层吸收，这个强调其实正是侧面印证了民心政治的基本原理逻辑④。当然，这种解释的共存性，随着西学支配性的日渐巩固，也可转为民主政

---

① 梁启超. 先秦政治思想史. 北京：商务印书馆，2017：7.
② 同①38.
③ 同①8.
④ 同①10-11.

第三章 现代中国立国的治道转型

体论的独大,将民心政治的逻辑完全融化在政体论中,这个逻辑演变下的民本至多只是君主政体的治理伦理或道德理想。民心政治本旨上代表了对于政治世界及其本质的一系列根本理解,诸如公共性原则、平等精神、政治家使命、经制礼法与仁义思维,政体论的改编使得这些相对自洽独立的治体观念趋于喑默。

民心政治的治体思维与现代西方民主思想的混融在严复这里也有典型显现,且显示出前者理论上的涵容性与优胜处。写于1906年的《述黑格尔唯心论》诠释黑格尔的主观心、客观心和无对待心,以人心解主观心,以道心解客观心。他援引自由和法治人权来解释道心,将社会契约论作为国家法制的胚胎。严复指出,法家对于规范人的言行有效,但是内在心德还需要化民易俗。"仁义者,民心之法典也",伦理和礼俗的民心政治法则更为重要。严复特别强调立国需要公义公道,能够超越家庭宗族社会,"故往者之治,散而近于私,极其成就,分据小康而止;后乃除弊去偏,和同调燮而成一统大同之治体,一统大同者,思理之治制也,客观心之现象也,而人治以此为之极则",皇极大中之道所合成的道心是理想政治体的根本①。以道心为实质的民心,是治体的生成要素,在这里有了现代肯认。"君主者,治之正制也",作为道心客观心的"代表"和"有形之皇极",是民心政治意义下的治法。

严复又以皇极无对待心引入黑格尔的历史辩证法、绝对精神说,讲述国家历史嬗递的因承损益之道,指出国家竞争代替的实质在于道心、教化之争,国际竞争的主义之争就是显例。民心政治的世界秩序指向,在严复的文明史演进叙事中显露清晰,"五洲之民,相与竞进于皇极而世降世升,常有其最近之民族。此当其时,则为世界文明主人而为他族所宗仰。此如古之埃及、叙利亚、希腊、罗马、法兰西是已。盖一切之民族,各自为其客观心,而无对待心为之环中枢极。前所指之先进民族,尝一一焉为其喉舌,为其代表者也"②。

严复在民心政治的原理史观中,对于民群天演的三候进行了解读,从

---

① 严复. 严复论学集. 北京:商务印书馆,2019:231.
② 同①234.

亚洲君主专制到希腊罗马共和，历经帝制霸权再到现代基督教国家的民主政治，将西学所谓政体演变归于治体论的治法层面①。其论英国宪法之演变，也以治体论的纪纲法度语言（"治制"）加以解读，批评美国和法国受孟德斯鸠偏见支配，不理解英宪"其枢机妙用，即在此以行政之政府，为立法议众之纪纲"，而非"以议院为立法之纲纪"②。"凡国家法制之变也，必以渐而无顿，此其理至易明也。盖虽专制治国，主治者无独断之实，而恒左右于其国人之思想。思想发为清议。"③ 这又是将治法治制的变迁追溯到民心公论。严复认为政体即治制，西学论者中孟德斯鸠注重政体的精神维度，优于亚里士多德，实际上对应中国民心政治的"有道无道"。"所谓道非他，有法度而已"，因此，孟德斯鸠的政体分类应当理解为"民主之精神在德，独治之精神在礼，专制之精神在刑"，其注重政体的精神维度正与治体论重视民心生成要素相近。前两种治法都是有道的政治，专制弊病在于有法度而君主超越其上④。

　　严复认为，中国政治传统属于独治礼治，是一种宪制而非专制，仍然调用了治体论思维。晚清立宪倡议，严复直接表述为"立宪治体"，是要以外国政体变换中国政体，"然而此数国之政体，其所以成于今日之形式精神，非一朝一夕之事。专归其功于天运，固不可；专归于人治，亦不可；天人交济，各成专规……制无美恶，期于适时；变无迟速，要在当可"⑤。而治法治制的根本要义，又在于是否"心乎国与民"，实则仍是民心政治原理。"顾欲为立宪之国，必先有立宪之君，又必有立宪之民而后可"⑥。卢梭的《民约论》倡议民权，其实没有孟子"民为贵，社稷次之，君为轻"更为明了⑦。而严复的《导扬中华民国立国精神议》则为民心政治与20世纪共和改制建立了有机联系。国家"必以其民俗、国性、世道、

---

① 严复. 严复论学集. 北京：商务印书馆，2019：235.
② 同①240-243.
③ 同①255.
④ 同①259.
⑤ 同①263.
⑥ 同①260.
⑦ 同①265.

第三章 现代中国立国的治道转型

人心为之要素",这是普遍义理。"独至国性丧亡,民习险诈,则虽有百千亿兆之众,亦长为相攻相感不相得之群,乃必鱼烂土崩而不可救耳。"① 贾谊应对民心失范而倡议治体的问题意识,从周秦之际一直延续到了清末民初之际。严复在提议开端,就与贾谊一样引用管子的四维说来强调立国精神,读者应于此意识到其后源远流长的治体论脉络。"吾国处今,以建立民彝为最亟,诚宜视忠孝节义四者为中华民族之特性。而即以此为立国之精神,导扬渐渍,务使深入人心,常成习惯","治制有殊,而砥节首公之义,终古不废","治制虽变,纲纪则同,今之中国,已成所谓共和,然而隆古教化,所谓君仁臣忠、父慈子孝、兄友弟敬、夫义妇贞,国人以信诸成训,岂遂可以违反,而有他道之从?"② 政体论可以置于治体论的治道和治法相维视野中,作为治法的一部分加以安顿,严复思想显示出这一古今中西相融的契机。

如果说严复在晚清民初揭示出治体论与政体论的涵容空间,并且呼应了治体论传统的立国思维取向,那么相比起来,李大钊在民主立宪政体论的显性论述之下,通过政治主体的再造以一种隐秘方式激活了治体论中的治人能动性,从而呼应时代的变革思维推进了政体法度的再造重整③。

在《民彝与政治》(1916 年)中,李大钊视政治为民彝的结晶成果,这是民心政治原理的现代版本,其中更强调了人民主体的良知理性之诚。"政治之良窳,视乎其群之善良得否尽量以著于政治;而其群之善良得否尽量以著于政治,则又视乎其制度礼俗于涵育牖导而外,是否许人以径由秉彝之诚,圆融无碍,而为象决于事理得失利害之余裕。盖政治者,一群民彝之结晶,民彝者,凡事真理之权衡也。民彝苟能得其用以应于事物之实,而如量以彰于政,则于纷纭错综之间,得斯以为平衡,而一一权其畸轻畸重之度,寻一至当之境而止。余信公平中正之理,当自现于从容恢廓之间,由以定趋避取舍之准,则是即所谓'止于至善'矣。良以事物之

---

① 严复. 严复论学集. 北京: 商务印书馆, 2019: 260.
② 同①288, 290, 374.
③ 关于立国思维与变革思维的区分, 参见: 任锋. 立国思想家与治体代兴. 北京: 中国社会科学出版社, 2019: 导论.

来，纷沓毕至，民能以秉彝之纯莹智照直证心源，不为一偏一曲之成所拘蔽，斯其包蕴之善，自能发挥光大至于最高之点，将以益显其功于实用之途，政治休明之象可立而待也"，其中理学人格论及《大学》明明德、止于至善的精神资源十分清晰①。

"群演之道，在一方固其秩序，一方图其进步。前者法之事，后者理之事。必以理之力著为法之力，而后秩序为可安；必以理之力摧其法之力，而后进步乃可图"②，法、理二维，即是治法与治道的现代表述。而其取向，是进步政治、解放政治及其史观。李大钊推崇的是民彝中那种日新进取求自由、求民主的理力。这种民彝理力，其实也是道统圣贤的生命精义，"盖尧、舜、禹、汤、文、武、周、孔之所以承后世崇敬者，不在其法制典章示人以守成之规，而在其卓越天才示人以创造之力也。吾人生千百年后，俯仰今昔，惟有秘契先民创造之灵，而以创造新国民之新历史，庶以无愧于先民。若徒震于先民之功德，局于古人之成规，堕其自我之本能，蔽其秉彝之资性，是又尧、舜、禹、汤、文、武、周、孔之罪人也矣"③。这是在继承立国政治的传统基础上，更加强调在现代情境中的创新，可谓是立国与革新、秩序与进步的某种融合取向。

李大钊的民心常道论述是要树立现代国民的革新主体性，"国之存也存于法，人之生也生于理。国而一日离于法，则丧厥权威，人而一日离于理，则失厥价值。故立宪国民之责任，不仅在保持国之权威，并宜尊重人之价值"④。立国传统引入了现代立宪启蒙后的政治主体精神，背后有一套深刻的政治社会哲学观念，"必使法之力与理之力，息息相攻，即息息相守，无时不在相摩相荡相克相复之天，即无时不得相调相剂相蓄相容之分。既以理之力为法之力开其基，更以理之力为法之力去其障，使法外之理，无不有其机会以入法之中，理外之法，无不有其因缘以失法之力。平流并进，递演递嬗，即法即理，即理即法，而后突发之革命可免，日新之

---

① 中国李大钊研究会. 李大钊全集. 北京：人民出版社，2006：150.
② 同①162.
③ 同①155.
④ 同①162.

第三章　现代中国立国的治道转型

改进可图。是在民彝与国法疏通之脉络途径何如耳，是在吾民本其秉彝之能以为改进之努力何如耳"①。

这个论述的来源之一是黄宗羲代表的近世理学心学挺立的治体论变革思维，依据民主潮流的天理道统塑造新政治主体来开辟新宪制，撑开现代道统与治统相维相制的新局，也可说是立国思维传统在治体新论的治人革新激励下被注入了动进精神。李大钊注意到理与法的平流并进、不断疏通演进，这仍透显出治体论思维应对道法要素关系时的那种辩证气质。"是则民彝者，可以创造历史，而历史者，不可以束制民彝"②。在民心君体的传统原理中，民作为政治主体真正地挺立起来，而君主/英雄之类的独一主体被批评为专制主义，与人民主导的民主立宪主义成为历史政治中的对立两元。民心的内涵被灌注以自由权利，有待其充分伸展后加以理性讨论形成天下公论③。"真能学孔孟者，真能遵孔孟之言者，但学其有我，遵其自重之精神，以行己立身、问学从政而已足。孔孟亦何尝责人以必牺牲其自我之权威，而低首下心甘为其傀儡也哉！"④

对于民心政治与治体论传统在现代思维语境中的延续和转换，钱穆先生通过其博大精深的学思探索为我们树立了典范。这个典范的意义，首先在历史政治学的方法论启发。钱穆对于现代转型以来学人奉西学政治原理为圭臬，抱有深刻的反思自觉，倡导依据坚实的政治经验来发展具有解释适当性的政治学理论。他的历史撰述逐渐发展出清晰的政治理论自觉。我们对于其终生针对君主专制论持有异议比较了解，更应对他依据中国历史提炼并构建政治学理论加以认识⑤。就民心政治而言，我们不妨扼要从治体论三要素的层面来看待其努力。在政治原则层面，钱穆强调中国政治文明注重从大公中正的人心精神来构建大群秩序，"所谓人心者，不以小己

---

① 中国李大钊研究会. 李大钊全集. 北京：人民出版社，2006：162.
② 同①154.
③ 同①161.
④ 同①152.
⑤ 任锋. 立国之道的新和旧：钱穆与中国政治学的自觉. 中国政治学，2018（1）；任锋. 钱穆的"明夷待访录". 政治思想史，2018（4）.

个我之乐利为心，而以大群全体文化进向之大道为心"①。颇具反讽意味的是，钱穆经常引用《明夷待访录》来批评卢梭的《民约论》缺乏经验依据，并非实践产出的政治真知。他特别从政教关系的文明类型高度，指出中国文明的宗教特性在心教，与西方一神教注重灵魂大不同。心教，基于天人合一原则，注重现世秩序构建而赋予其神圣性，强调人心的相通相连（如尊尊、亲亲）对于大群凝合的根基意义，不似西方将灵魂事务和政治事务基本区隔开来，造成政治理解偏重力量和组织的运用。民心政治的精神信念基源与君权神授论、自然权利论和社会契约论都不同。

钱穆将一统与多统作为中国和西方政治文明的根本差异，而一统的终极依据就在于心的独特文明意蕴。从这个角度来看，他对于现代国人援引社会契约论作为普遍解释信条，不轻易赞许。他高度推崇孙中山三民主义，对于民族主义、民权和民生的解释，体现出以民心文化为本位的传统精神。中国作为一个长治、超大国家的大一统是他进行理论解释的根本实践出发点。针对主权论、权力论、契约论、专制论，钱穆提出的大一统论、政民一体论、职分论、信托论、道统论和士人政府说，都可在这一脉络中来理解。在制度方略和政治主体上，他肯认西方民主学说的国会、政党组织、立宪法治等主张，同时将其置于中国政治文明脉络中加以安顿，使其能够畅发民气、表达民情、存法外之意②。更为重要的是，依据历史政治学方法，他对于政治家、贤能政治主体在现代政治中的重要性相对民众组织进行了周全稳健的论述，构成对民主制度的有力调剂③。从政治类型上，根基于心教，钱穆着重辨析礼治与法治的文明精神差异，认为礼治是出于大群人生性情而形成的优良秩序类型，具有扩展和绵延的禀性。这一点在其晚年的《现代中国学术论衡》《晚学盲言》中有集大成的总结，以之为未来国族和世界秩序开新的张本。在这方面，钱穆的思考为我们摆脱现代政体论的思维教条、实事求是重识民心政治的原理性价值提供了极为珍贵的先导。

现代中国政治转型是革命和立国的综合体。民主政体论的植入对于革

---

① 钱穆. 政学私言. 北京：九州出版社，2010：103.
② 任锋. 钱穆的法治新诠及其启示：以《政学私言》为中心. 西南大学学报（社会科学版），2018（5）.
③ 任锋. 君道再还：钱穆宪制思维中的元首论. 开放时代，2019（2）.

命和政治现代化发挥了驱动作用，自由、平等、共和等现代西方价值，权利、主权、宪法、政体等概念，议会、政党、法治、分权制衡等制度和组织，作为政治主体的人民都成了现代国家构建的新要素和动力。但现代立国并非无中生有，中国作为一个古老政治民族，有着数千年立国传统。在这方面，革命转型要接续源远流长的立国传统，治体论在这个意义上仍有其客观不可消解的地位和意义。民心政治的治体论传统不断启发我们思考，对于中国这个超大规模的文明和政治共同体，应当如何真切探析其政治得失和善治逻辑。经历了一百多年的西学洗礼，当今国人应该有更为恢宏远大的气魄和智识来回望数千年政学传统，在实践中领会其传远经久的智慧，这是我们吸纳西学并生成大智慧的基本前提。

第五节　文明冲突，还是文明化合？：从钱穆礼教论省察亨廷顿命题的困境与出路

亨廷顿在其学术生命晚期提出的文明冲突论、国家认同论，对晚近三十年来的世界秩序变迁可谓影响深远。无论其立论动机的纯驳善恶，亨廷顿命题基于美国国家利益，一方面主张从普世主义的意识形态战线撤出，以文明类型的思维视野甄辨敌友，指示出西方欧美文明国家与伊斯兰文明、儒教文明的潜在冲突；另一方面面向美国国内强调夯实盎格鲁-撒克逊民族的新教信仰传统，克制文化多元主义对国家认同的剥蚀，预防文明冲突内转化。在其逝世后当今美国政府的内政外交中，人们纷纷指认其中盘结幽深的亨廷顿幽灵[①]。亨廷顿命题是否会成为一个自动实现的预言，

---

① 亨廷顿. 文明的冲突与世界秩序的重建. 修订版. 北京：新华出版社，2010；亨廷顿. 我们是谁：美国国家特性面临的挑战. 北京：新华出版社，2005. 国内学者近期的论述，参见：杨光斌. 作为世界政治思维框架的文明范式：历史政治学视野的《文明的冲突与世界秩序的重建》. 学海，2020(4)；张飞岸. 特朗普时代的镜像：亨廷顿与美国政治. 学术月刊，2020 (5)；欧树军. 美国的国家认同危机. 读书，2020 (9)；欧树军. 亨廷顿：一个现实主义的保守主义者. 文化纵横，2019 (3).

这个令人不安的可能性前景似乎越来越强。

伴随中国的逐步复兴，如何在世界秩序构建中应对以亨廷顿命题为代表的西方挑战，需要我们深思熟虑。鉴于这一命题展现出以宗教信仰系统为其核心的文明论视野，我们的回应不能仅限于国际政治和比较政治层面，而应该发展出基于中华文明的系统性、批判性思考，能够深探文明信仰体系的根底，涵括贯通国家内外格局①。在这方面，钱穆先生围绕礼教文明的深厚学思具有真切积极的相关性。除了史家这一众所周知的形象，钱穆终生思考中外文明异同，同时以通人通学自勉，宗教学面向在其学术思想体系中十分紧要，却又少为人知。基于两次世界大战和冷战的经历与洞察，他的礼教论与其文明类型论-政教秩序观已然凝为一体，为我们指示出回应亨廷顿命题的一个替代性思路，值得特别关注和发掘。

一、"为天地立心"与礼教：中国宗教正名的平天下旨归

钱穆先生漫长学术生涯的最后一篇文章《中国文化对人类未来可有的贡献》发表于1990年，将天人合一视为中国文化的最高宗旨，其中包含的会通融合精神对于人类未来寻求和平出路极为珍贵②。这是钱穆留给世人的临终遗教，在冷战即将结束、亨廷顿三年后提出文明冲突论的时代潮流中，这份教诲尤其显现出中西精神心智的不同。亨廷顿命题的文明论视野主要关注文明圈及其核心国家在现代国际视野中的政治、经济和意识形态状况，将中国归为中华文明（或儒教文明），缺乏从宗教代表的文化和传统维度对这一文明类型的精深阐明。而这一点，正是钱穆论学的优长。

钱穆并非严格意义上的宗教学者，正如并非现代学科分野中的史学

---

① 对于文明冲突论深入西学内部的近期反思，参见：赵汀阳. 天下秩序的未来性. 探索与争鸣，2015（11）；陈赟. 亨廷顿"文明冲突论"的深层逻辑. 中国社会科学文摘，2020（8）；刘小枫. 重评"文明冲突论". 二十一世纪（香港中文大学·中国文学研究所），2020. 基于中华文明立场的代表性批评，参见：汤一介. "文明的冲突"与"文明的共存". 北京大学学报（哲学社会科学版），2004（6）.

② 这篇文章收入钱穆. 世界局势与中国文化. 北京：九州出版社，2011：359-368.

第三章 现代中国立国的治道转型

家、政治学家或思想家①。然而，终身以中外文化比较为中心关怀，钱穆对于宗教的论述实则相当丰富，只是并未以学术八股的严整形式加以系统呈现。有学者认为，以宗教为切入点进行中西文化比较，代表了钱穆中年以后学术重心的一个转向②。他在很多专著中对宗教都有论述，包括《中国文化史导论》《文化学大义》《中国史学发微》《人生十论》等，较为集中的阐述见于《灵魂与心》，而关于宗教与现代文明体系的论述在晚年《现代中国学术论衡》《晚学盲言》中有充分展现。

我们先从其晚年论衡来把握其宗教观。《现代中国学术论衡》成书于20世纪80年代中期，是钱穆在一生治学基础上对于现代中国学术的系统性反思，其宗旨可归纳为"会通为体，分别为用"③。在接续弘扬中国文明和学术传统的基础上，对于现代中国引进的西方学术分科体系加以调适和转化，使其融通于中国的会通精神，实现"正德、利用、厚生"的大群公道。通过对于宗教、哲学、科学、史学、教育学、政治学、文学和音乐等十二个分科的分别论述，这本书背后有一个中外文明比较的体系性视野。

最值得关注的是，钱穆的《现代中国学术论衡》将《略论中国宗教》放在开端首篇的位置，分两节阐述。钱穆的论点也颇具启示性的模棱意味（fruitful ambiguity）：一方面，对标西方文化的宗教论，认为中国的宗教主要为舶来品，且在自身文化体系中不占主要地位，传来后若真能延续需要经历深入的本土化、中国化；另一方面，如果扩展对于宗教的界定，中国文明也有自身的宗教体认，与西方大为不同，中国宗教主要表现为心教、礼教、名教、人道教、情意教、大群教、周孔之教、淑世教等名相。

将宗教放在现代学术论衡的首要位置，这个做法的学术意义是凸显宗

---

① 关于钱穆宗教学的研究，参见：张志刚. 钱穆的宗教观与中西文化比较研究. 北方民族大学学报（哲学社会科学版），2016（6）；金泽，赵广明. 宗教与哲学：第五辑. 北京：社会科学文献出版社，2016；梁淑芳. 钱穆先生论天人合一观初探：以《中国文化对人类未来可有的贡献》为中心的考察. 国文学志，2004（8）；梁淑芳. 钱穆宗教观再探：从三不朽谈起. 宗教哲学，2016（77）；戴景贤. 钱宾四先生与现代中国学术. 上海：东方出版中心，2016；韩云. 钱穆宗教观研究. 北京：中国社会科学院研究生院，2020.

② 韩云. 钱穆宗教观研究. 北京：中国社会科学院研究生院，2020：109.

③ 任锋. "会通为体，分别为用"：钱穆《现代中国学术论衡》的大义家言. 开放时代，2021（2）. 收入本书第二章第三节.

教在人类文明政治系统中的根基性，尤其是在处理中外文明比较时透视这个问题的典型意蕴，即宗教相对中国文明在表象上的外部性与实质上的切要①。钱穆在《略论中国宗教》的两节中分别处理了这两个方面。外部性是表象浅在的一面，即所谓西方宗教的信仰主体和对象分别为二，超越者较之中国的"天"为具体，中国信仰中主体与心、天和合为一，天在一己性命中，更重信仰者自身；西方是"信不求证"，宗教与科学可各自发展，中国"信必求证"，实证于修齐治平、历史实践传统。钱穆认为西方宗教的核心在灵魂，个体灵魂与外在超越者的直接联系是宗教文明的根本，中国则重心，个体能尽心知性知天，此心与古今他人天地相通，必在大群及其传统中显证。如果宗教就是西方式以灵魂为本位和枢纽的对于外在超越者的信仰，那么中国文明中的信仰体系并不如此安顿，也非以此为重，佛教、基督教、伊斯兰教相对中国原有信仰主要为外来传入者。

但更为重要的是宗教问题的切要性。当钱穆说中国无自创宗教、宗教外来且次要之时，他是就宗教的西方式界定来言的；当钱穆说中国宗教就是心教、礼教、人道教、大群教等时，他无疑认为对于宗教可以不限于西方样式，而开辟更为通达的理解。这个开通视野为更好地理解人类文明的精神信仰现象提供了替代性思路。他认为中西精神信仰差异的根源在于古代中国重农而西方重商贸，前者尽人事而顺天，后者对于外界物资流动的依赖性更大，"此乃西方宗教信仰崇奉外力所由起"②。如果深入宗教这种信仰体系内在，钱穆认为中国的心教其实代表了世界各个宗教的共通性。"故若谓中国有教，其教当谓之'心教'。信者乃己之心，所信亦同此心。其实世界人类其他各宗教亦可谓同是一心教"③。他指出，犹太人-欧洲人的心在个人，本无心于斯世斯人，一手持《古兰经》、一手持刀是阿拉伯人之心，离家出世修炼是印度人的心，而中国人的心是修身、齐家、治国、平天下。"凡教必本于心，此亦中国古人所创之'人文大道'，可以证

---

① 任继愈先生在 20 世纪七八十年代之际明确提出儒教宗教说，与钱穆学术论衡有异曲同工之妙，其间思想渊源值得关注。关于儒教论研究，参见：邢东田．1978—2000 年中国的儒教研究：学术回顾与思考．学术界，2003（2）．

② 钱穆．现代中国学术论衡．北京：九州出版社，2012：5．

③ 同②7．

第三章　现代中国立国的治道转型

之当前世界全世界之人类而信矣"①。

在钱穆看来，心是人类宗教的一个共通的基本质素，但人类之所以出现宗教形态的差异，在于由心所衍生出的群己关系模式不同，西方宗教多主出世，连带政教关系呈现分离。这具体表现为中国的心教与宗教之灵魂的不同，也在政教关系形态中呈现出基本差异。这方面，钱穆提出的大群教（道）、人道教提醒我们，需注意中国心教的神圣维度与天地万物一体不二分，其根底在人类结群形成的文明秩序特别注重尊尊和亲亲，心之所尊亲才可为神圣。心教的立足点在人类大群，而其所信仰崇奉者虽有神圣不可测处，也不脱离人类大群的治平大道。由于重视己心与他人之心、古人之心、天地之心的相通，心教的经世取向十分确实。

重视灵魂的宗教，往往强调的是信仰主体与信仰对象的紧密联系，相对造成对于同类伙伴、天地众生的轻忽，重视个体赎罪而非大群经世，这是政教分离的主因。钱穆为中国宗教正名，不是要树立其独特的例外性，而是试图指示出人类宗教的共通面向，然后及其歧异所生。

从心教这一根底，钱穆还提出文教、礼教、名教、孔教诸辞名。天地君亲师是人类世界万物一体中围绕尊者分别设立的名，人们亲之敬之，本原于心，正是由于这个万物一体的根本就在于个体可与人类群体由心相通。用中国人魂魄的分别来说，心就是魂气，身属于魄能，后者腐朽后，终与心汇合于气的流散。周公、孔子能通于古今的心灵魂气，只要我们能与其心、与其精神共鸣呼应，相通相续，周、孔魂气就永垂不散，这是中国人的主要信仰。他在《略论中国宗教》第一部分提出这些论说，本是一篇独立作品。后来又增加第二部分重点从礼教阐发这一义理。如果结合他晚年学术思想之作《晚学盲言》，窥见其推崇礼治而针砭法治的立论，更能清晰地看到钱穆对于礼教的特别强调，其实蕴含了更为关键的意旨②。

钱穆批评近代中国人衡量中西宗教信仰的高下时以一神多神为标准。

---

① 钱穆.现代中国学术论衡.北京：九州出版社，2012：8.
② 钱穆.晚学盲言.2版.北京：生活·读书·新知三联书店，2014.学者多能把握住钱穆对于心教的注重，将这个视为其宗教观内核，但对礼教论这一面估计不足。参见：韩云.钱穆宗教观研究.北京：中国社会科学院研究生院，2020：105.

中国多神，实际是中国心教的表现。凡心之所亲所敬，尊以为神。知亲为仁，知敬为智，教亲教敬，行之真实不虚，就是礼。礼涵盖人际的交往，也遍及天地可亲敬者，这背后是天地万物一体的精神，这个体的根本在于心，实践表现为礼。"通天人，合内外，皆此心，皆有神，皆有礼。则天地只是一篇大文章，故中国人之教亦称'文教'，又称'礼教'，则多神又何鄙夷之有"①。

为什么钱穆更倾向于强调礼教的正名进路，拈出礼教一名来概括中华文明的宗教精义？《略论中国宗教》的第二篇在前文提出的礼教基础上，展开了更为充分的论证。这一篇开头提出佛教东来中国化的问题，作者以礼教为系统性和历史性的论证脉络来解释佛教本土化的因缘。中国文化最重教育教化，这源于周公制礼作乐的政治实践，后来又由孔子推广于社会，形成儒家尊师重道的精神传统。在周孔塑造的政教形态中，礼代表的尊尊亲亲、相互依存精神是其主干。"礼之流衍，有各种制度。一切限制与度数，皆为对方留地步，与掌握权力以把持其下之意义大不同"②。

钱穆通过礼教极富创见性地为甄辨中西宗教树立了一个新的坐标体系，即是否与人类群体的人文大道合为一体。从"通天人，合内外"的文明宗旨出发，中国宗教，既信内，也信外，"教其修养所信于己身己心，而加以表现加以发扬，不啻教人各以释迦、耶稣自任"③。钱穆对"礼者，体也"的古义加以新诠，人类行为实践随外在环境而有变化，心又必合内外而成体，需要在常道的一贯和变化多端之间不断融通。中国的宗教和政治，就是礼教和礼治的和合。礼是人类大群的人文大体，凡属宗教都是礼。如果我们在人文大体中别创一礼，将其树立为宗教，那么后者就成为文化中的另一体，势成二体格局。

中国文化早在周孔时代，已经形成礼教、礼治的体系精神。钱穆早在1942年的《中国民族之宗教信仰》中对此有精彩发抉④。三代、商周时期

---

① 钱穆. 现代中国学术论衡. 北京：九州出版社，2012：9.
② 同①11.
③ 同①13.
④ 钱穆. 灵魂与心. 桂林：广西师范大学出版社，2004：22-35.

第三章 现代中国立国的治道转型

中国古代宗教，与政治平行合流，特重大群全体，诸神有秩序条理而与人事凝结。孔子以仁弥补古代礼教的缺陷，强调仁心灵觉沟通天人，构成古代宗教的大革命。由此，礼象征大群生命的体段，仁代表大群生命的感性。中国文化的大统变为以教化教育为首，政治次之，古典式宗教信仰又次之，而西方则是宗教与政治对峙，教育乃屈居二者之下①。

回到《略论中国宗教》，钱穆认为，佛教东来，中国人成为僧侣，其实践则把礼教心教精神化入佛教中，如为家庭亡者超度亡魂、发挥佛心佛法常存宇宙之义、主张以己为主而"即身成佛""立地成佛"、大乘佛教流行、提出判教说等。中国人能信佛教，也能信回教和耶教，同时和平相处。道家后来成为宗教，儒家则终不走狭义宗教一路。这是礼教心教的广大融通特质，以大群人道本心为公共信仰的根本，包容不同的神圣宗教，而使后者汇通入中国文明大体中。"中国之礼，皆大通合一，故中国宗教，亦同在此文化大体系中，而可不别成为一体"，"西方文化乃求合诸体以成体，而此诸体则皆各求发展，不易合成为一体。中国文化则从一体中演出此宗教、科学、哲学、艺术之诸项，凡此诸项，皆不得各自完成为一体，此其异"②。

一体，还是多体，我们不妨将这个区分称作宗教文明形态的一体论与两体论，礼教是前者的代表。在其中，有着宗教功能的礼教既能涵化外来宗教，同时将政教与政学融为一体，使得中国的宗教体系呈现出政教与政学的二重性，道统涵括教化和教育（德行和学术），二重而一体，共成一个文明系统③。政教、政学合一，与政教分离、政学分离，是一个基本文明分野。

钱穆在《现代中国学术论衡》开端就围绕中国宗教揭示此一文明系统的大义区分，不仅仅是在学术学科的意义上强调宗教价值。笔者曾分析这本书的论述结构，指出钱穆其实是将这十二分科对应中国学术传统的儒家

---

① 钱穆. 灵魂与心. 桂林：广西师范大学出版社，2004：25，27，28.
② 钱穆. 现代中国学术论衡. 北京：九州出版社，2012：19.
③ 对于政教和政学的二重一体，钱穆提撕推崇学的部分，对伴随而生的宗教化似并不积极肯定，如对于阳明后学的态度即是，参见：钱穆. 政学私言. 北京：九州出版社，2016：197. 关于礼教涵容宗教，可参见：姚中秋. 一个文教，多种宗教. 天府新论，2014（1）.

四科之学（德行、言语、政事、文学），宗教、哲学、科学、心理学对应着德行一科。这种对应，如果按照严格的西学分科，很难理解。只有明了钱穆会通为体、以中化西的用意，才能看到其精微[①]。《略论中国宗教》在为中国宗教正名的过程中，对人类文明系统进行了融通式理解，从中确立心教礼教的正当性。人类大群人道的共通性情，是心教礼教的中心纽带，为德行政事提供了精神信仰层面的前提，因而钱穆将中国宗教而非哲学或科学置于首篇。这是为天地立心，也是钱穆在现代西方冲击下为国人立教而正名，其后连带着在现代世界治国平天下的一体事业。

二、从立国政教视野反思文明错位和失位的三重悲剧性

　　钱穆在《现代中国学术论衡》中的宗教正名并非晚年初现，在其前期思索中已有伏线，并且这一思考与世界局势变迁有着密切联系。他1950年在《民主评论》上发表的《世界文化之新生》《孔子与世界文化新生》和1951年的《中国智识分子》已经显现出围绕文化类型思考宗教与文明体系发展的洞见。当然，这一时期钱穆已经由史学过渡到文化学的探讨，《中国文化史导论》和《文化学大义》是这一学术转向的主要成果，而这些时评性质的文章更能显现出时代风云变幻的影响。需要指出的是，钱穆使用文化一词，与更为侧重物质经济社会的文明相区分，但在论述中，其文化的实质含义不仅仅限于精神学术层面，而是通于我们所谓的"文明"[②]。

　　人类文化是指全部人生的物质及其背后引生及支撑推动这种物质生活的观念、信仰、理论以及欲望等"精神积业"[③]。它包括三个文化阶层，即

---

　　① 任锋．"会通为体，分别为用"：钱穆《现代中国学术论衡》的大义宏言．开放时代，2021（2）.

　　② 钱穆．中国文化史导论．北京：九州出版社，2011；钱穆．文化学大义．北京：九州出版社，2017.

　　③ 钱穆．文化学大义．北京：九州出版社，2017：90.

第三章　现代中国立国的治道转型

物质经济、政治法律礼俗与宗教哲学文艺。人类文化，主要类型有欧西文化、回教文化、印度文化与中国文化。钱穆称之为"文化线"[①]。近代文化受西欧文化指导，经过数百年发展，已经经过巅峰开始下降，两次世界大战就是这一文化没落的信号。钱穆撰写这些文章时，冷战伊始，他指出美、苏两型对立，不是政治和意识形态如民主与极权、资本主义与共产主义的对峙，而是现代西欧文化内部一条不可弥缝的裂痕，属于这个文化内部的斗争[②]。这与亨廷顿区分七个文明的思路相同，同样不限于意识形态的思维框架。不同的是，钱穆在二战刚结束，就认为人类未来命运不在于西方意识形态政治的斗争胜负，美、苏只是同一文明的内在争斗，这一文明已经濒临世界战争的绝境，需要有世界文化新生另辟生路。中国、印度、伊斯兰文化的出路，不能用民主/极权、资本主义/共产主义的老套来限制，需要从其各自的文化生命来开拓。

钱穆在这些文章中对中国文化的讨论，涉及宗教问题，显现出思考过渡期的不确定性。《世界文化之新生》比较中西，认为中国没有热烈深厚的宗教情绪，我们的文化传统精神是历史性而非宗教性的，由于缺乏强烈权力意志所以也缺乏征服世界与主宰一切的确切智识[③]。《孔子与世界文化新生》稍进一步，强调重视上述文化三阶层中的核心或领导势力，认为世界文化如果有新生，应当有一个世界性的哲学或宗教来做核心领导。基督教和佛教要求超越物质经济和政治礼俗，连累自身在精神阶层中不稳定；回教容易陷落到政权阶层，失去其超越的领导功能。比较起来，儒家孔子教义对于第一、二阶层能够正视，也要求它们必须接受超越的第三阶层的精神领导。这个核心领导，是入世而非出世的，是超越同时也是包含的，是客观同时是属于人类自身的。钱穆认为孔子教义对人性善恶有周全洞察，但以仁爱作为人生的核心领导，来融合协调其他人性动向。这是一种"超越性的文化真理"："一切地、一切时、一切群中的一切个人，只要能反就己身、认识自性，把来与历史文化的客观存在相印证，相对照，即可

[①] 钱穆. 文化学大义. 北京：九州出版社，2017：101.
[②] 同[①]91.
[③] 同[①]104.

相悦而解，莫逆于心"①。

钱穆确认，孔子教义中的精神，是地道十足的宗教精神，使得中国文化可以不需要别的宗教，而可以容纳其他宗教。稍后的《中国智识分子》也肯定先秦学术的希贤希圣之学，带有浓厚的宗教性，"所谓宗教性者，指其认定人生价值不属于个人，而属于全体大群。经此认定，而肯把自己个人没入在大群中，为大群而完成其个人"②。上帝是超越外在的信仰，圣人则反身内在，在人文生活中做一个平常人。儒家代表的宗教性，与西方宗教一样，为呈现"多角性的尖锐放射"的群体社会提供公有共享的理想精神，而这个宗教性能够包含人文社会，与大群全体融为一体。

比较起来，《现代中国学术论衡》从更为广大开通的层面为中国宗教进行正名，不停留于宗教精神、宗教性的说法，而是肯定了心教、礼教、大群教、人道教。而且，钱穆更为明确地提炼出宗教文明的一体与二体分别，指示出宗教与人文大体（第一、二个文化阶层）之间的关系是文明系统的枢轴。钱穆对于礼教/心教二重面向的归纳更强调其间礼教的特质，这个强调与一体论、两体论的区分紧密联系，相对于后人强调儒教的"内在超越"性更有系统宪制自觉，也有助于反省着眼于"心教"宗教性和继周而后发之"孔教"的单一思维③。质言之，钱穆提醒我们，认知文明系统的关键在于从立国形态理解政教模式。这一点可谓钱穆晚年学思的一大要旨。

立国形态是指政治体在特定客观环境中受其经济社会方式影响而形成的构建和维系国家及更大规模共同体的进路特质，这个特质表现在政治礼俗中，也表现在精神信仰与政治礼俗的互动关系模式之中。这构成了钱穆礼教观、宗教观的文明论视野和立国政教思路④。概言之，钱穆认为，西方在立国形态上以分裂斗争为主，政教分离模式是其特征，法治构成政治

---

① 钱穆. 文化学大义. 北京：九州出版社，2017：124.
② 钱穆. 国史新论. 北京：九州出版社，2012：143.
③ 关于"内在超越"说，参见：唐君毅. 生命存在与心灵境界. 北京：中国社会科学出版社，2006；牟宗三. 圆善论//牟宗三. 牟宗三先生全集：第22册. 台北：联经出版事业公司，2003. 仅仅从心教、宗教性着眼，不利于把握中国礼教精神，容易造成对于钱穆观点复杂性的低估，可见：李天纲. 简论中国的宗教与宗教学. 天津社会科学，2016（1）.
④ 有学者在总结钱穆宗教观特质时，特别指出史地结合的路径，触及这个层面。参见：韩云. 钱穆宗教观研究. 北京：中国社会科学院研究生院，2020：100-103.

第三章 现代中国立国的治道转型

体系的主干；中国的立国形态强调一统和合，政教关系属于内部有辩证活力的合一模式（"兼体分用"），礼治是政治精髓①。双方特点与两体和一体的文明系统精神对应一致。

先来看西方。钱穆认为西方的政治社会在发源时期多从各自分开的碎小局面确立，农业社会如埃及、巴比伦所依存的河流水系较为单一，农业系统局促脆弱，而希腊作为欧西文明源泉，重商贸航海更过于农业，城邦政治难以团聚成更大规模的国家共同体。罗马依靠征战立国，以罗马城邦为基地建立了帝国统治，征服与支配的主从关系使得国家的同化凝结能力有限。后世欧洲的政治单元不外乎希腊城邦型和罗马帝国型及二者的综合，其特征是核心规模较小而难以大范围同化团聚，斗争精神贯彻其中。国与国纷争歧异不已，国内族群和阶级斗争不已。西方文明发展是多种国家形态的不断流转，文明中心也多点转移，但这些国家多能开创，鲜能长久守成。

在政教模式上，基督教促成了政教分离的基本关系，上帝与恺撒畛域分离是基本精神。西方古代宗教犹太教、伊斯兰教多生成于西亚北非地理条件单一的环境，多为这种自然地理对应的一神教系统。个人注重灵魂得救，教义上对政治事务不积极，原罪说和末日论难以为政治生活带来生机希望。众多国家认同基督教，但是各自纷争不已。基督教自身在中世纪又恺撒化，形成等级严密、世俗利益浓厚的组织。宗教文明对于世俗和政治的影响极为深刻多面，宗教的世俗化是西方现代文明的核心机理。钱穆认为个人主义有其宗教根源，属于从灵返肉的转化。"近代西方只把中古时期向天国灵界的无限追求，转一方向，而对着肉体的现实人生来寻索、来争取。这是领导与支配近代世界文化的一个最独特的面貌，一种最主要的精神"②。这个转向，落实为科学精神、个人自由、民主政治、资本主义（企业精神），核心精神是"尊重个人权力意志的自由伸舒"。在这个延长线上，极权政治只是把个人权力的自由伸舒，集中在一个人身上象征化，是西方政教的情绪化世俗版本。共产主义也在这个脉络中，依托无产阶级寄寓国

---

① 任锋. 政教相维下的"兼体分用"：儒家与中国传统的文教政治. 学海，2014 (5).
② 钱穆. 世界文化之新生//钱穆. 文化学大义. 北京：九州出版社，2017：93.

际主义情怀，体现出宗教精神的变相转化。民主与极权、资本主义与共产主义的两型对立，实际上都是来自基督教的无限向前的精神在驱遣。

中华文明的情形有所不同。中国文明从远古时期就逐渐发展出依存于纵横复杂之水利系统的大规模农业社会，善于协调融合，这是政治能力胜出的基本环境，因此不断在东亚广大的地面进行扩展。这种经济社会态势塑造了中国人进行超大规模政治体建构的政治和文化精神。三代以来、秦汉以来，中国的国家形态已经重视会通糅合，确立了强韧的文化和国家认同，政制上的转换如从封建到郡县都配合着立国形态的一统凝聚。立国形态的"可大可久"显示出政教精神在空间和时间双重维度上的优良治理品质。相比西方文明中立国中心的不断变动，中华文明形成了历史传统中超凡的贯通性和调适能力，能够维系长期的国家政教认同。中国的大一统和天下秩序代表了这一立国政教的大群文明精神，即实现超大规模的政教整合、强调依据礼教求同存异、人文化成。

《国史大纲》"引论"曾概括，"西方之一型，于破碎中为分立，为并存，故常务于'力'的斗争，而竞为四围之斗。东方之一型，于整块中为团聚，为相协，故常务于'情'的融和，而专为中心之翕。一则务于国强为并包，一则务于谋安为绵延。故西方型文化之进展，其特色在转换，而东方型文化之进展，其特色在扩大。转换者，如后浪之覆前浪，波澜层叠，后一波涌架于前一波之上，而前一波即归消失。西洋史之演进，自埃及、巴比伦、波斯以逮希腊、罗马，翻翻滚滚，其吞咽卷灭于洪涛骇浪、波澜层叠之下者，已不知其几国几族矣。扩大者，如大山聚，群峰奔凑，蜿蜒缭绕，此一带山脉包裹于又一带山脉之外，层层围拱，层层簇聚，而诸峰映带，共为一体"①。从中西历史演变把握其文明系统的精神，钱穆逐渐抽绎出立国政教形态上的礼治与法治之区分，即分别以情与力为中心的类型学阐释。

《略论中国宗教》第二篇强调礼教，特别标识出礼治与法治的不同精神。这个问题，其实是钱穆继承晚期梁启超的思绪而来的，将后者《先秦

---

① 钱穆. 国史大纲. 修订第3版. 北京：商务印书馆，1996：23-24.

第三章 现代中国立国的治道转型

政治思想史》中提出的问题加以系统阐发[1]。《政学私言》中数篇论述中国法治的文章，从法治的系统来解读中国政治传统中礼法的宪章典制精神，仍能看到法治范畴的现代支配性[2]。到了钱穆晚年，《晚学盲言》《现代中国学术论衡》代表了对这一问题的成熟思考，即中国政教传统的礼治精神，相比西方的法治更有利于促成人类大群的秩序建构。当然，在这个思考过程中，对于礼法秩序的现代阐释也吸收了西方法治思维的有益因素。钱穆强调中国不是不讲法，而是在礼法和道法的意义上来看待法。"但言'礼法'，不言法礼，则法亦必统于礼"，钱穆特别指出这"乃从一体中生出法，非由法以抟成此一体"，"中国人又言'道法'，则法必统于道。法则为一种力，其力在己之外。礼与道则为一种情，一种意，此情意则在人之心"[3]。

中国立国形态中，礼与教融合为人文大体，不像西方政教分离，超越者外在立法，依据宗教而于人文外别立一体。中国礼教文明中的法统于礼教，而西方社会中教堂与法堂两辙并行，人的生命由两个系统实施管辖。宗教重视灵魂事务，政治活动偏于依托财富和军事等力量进行建构。更为吊诡的是，二者在分离前提下又相互影响。钱穆剖析道，"西方教会组织实亦是一种法，一种力"，这是依据其恺撒化而言的，人与人相争好讼，立国形态亦难以凝聚整合，政与教之间相互同化而趋于重法权之力。"中国不尚法，不尚力，故若中国无宗教。西方一切组织，一切系统，乃尽在外形上作分别。中国则在各己之内心上抟成为一统。此为中西文化之最大相异处"[4]。这个判断极为紧要。中国在政治系统上的大一统、文治政府有自觉的教化功能，政治与教育教化的一体关系是文明枢轴，同时整体社会能够包容外来和本土的宗教信仰，这个特质是礼教心教善于和合内外天人、融通一体的文明成就。心教作为大群共通性极强的纽带，并未走向政教分离、以法权为中心的形态建构。西方的政教组织和系统，之所以相比起来显得落入外形做分别，注重权力意志与斗争，体现了立国政教形态的文明特质。

---

[1] 任锋. 历史政治学的双重源头与二次启航：从梁启超转向到钱穆论衡. 中国政治学，2019（2）.

[2] 任锋. 钱穆的法治新诠及其启示：以《政学私言》为中心. 西南大学学报（社会科学版），2018（5）.

[3] 钱穆. 现代中国学术论衡. 北京：九州出版社，2012：19-20.

[4] 同③20.

共和立国与治体新论：钱穆历史政治学研究

《灵魂与心》论礼，不仅包含教育，而且是立国政教（"兼举政治宗教而一以贯之"），"凡使小我融入于大群，使现世融入于过去与未来，使人生融入于自然，凡此层层融入，俾人类得以建造一现世界大群体之文化生命者，还以小我之一心之敏感灵觉操其机，而其事乃胥赖以礼乐。凡所以象征此文化生命之群体，而以昭示于小我，使有以激发其内心之敏感灵觉者，皆礼也"①。建造现实世界人类大群的文化生命，这是礼教的文明宗旨，其要义在于使个体融入更大范围的社群、实践传统与天地中，同时又不泯灭自我。个人主义抑或集体主义等二元区分，并不能把握其间精义。《晚学盲言》对于礼的精神不断挖掘，"中国人观念，国之本在民，民之本在其生，而民生之本则在其有积世相传道一风同之共同标准，即所谓礼乐教化，即今人之所谓文化。而教化之本，则在德不在力。权仗力，不仗德。立国之本，在德不在权"②。这里其实是对照西方现代文明对于权力的强调，突出中华文明构造政治体的不同进路，即礼教。

在"礼与法"一章，钱穆概括，"礼即是此大群之生之体"，"仁即人生群居之情"③。可以说，钱穆从现代群学的视角勘定秩序凝聚的中心所在，否则依据物质财富、权势力量，这都是"有散无统"，或是"本于散以求统，则难大难久"④。他强调观察中国政治体要看到礼教使得大群的生发性能涵盖体制组织性，通过亲亲、尊尊、贤贤形成了非常有持久性和调适性的政教传统，这一点应该被现代国人充分领会⑤。

从"一体-政教合一-礼治"与"两体-政教分离-法治"的中西文明比较视野出发，钱穆洞察到了现代西方支配下世界秩序走向的文明错位与失位。"今西方之资本主义与共产主义，民主自由与极权独裁，亦从人生外部之财力权力上生此分别，与人类心性之共同大生命无关。故其所争，亦惟在力不在道。有强弱，有胜负，而无是非本末可辨"⑥，"西方人不了解

---

① 钱穆.灵魂与心.桂林：广西师范大学出版社，2004：32-33.
② 钱穆.晚学盲言.2版.北京：生活·读书·新知三联书店，2014：233.
③ 同②431.
④ 同②447.
⑤ 同②469.
⑥ 同②447-448.

东方，也不了解自己，以为只要全世界各地都能接受他们的一套个人自由或阶级斗争，便可世界大同天下一家。而实际则仍是西方人自己更深的一套权力意志之无限伸展的内心要求在后面操纵，这就造成了现代世界不少的悲剧"[①]。文明意义上的无知自大是悲剧的根源之一。西方将其一元普世论强加于全世界，这是现代世界悲剧的第一重，即文明错位。

"今天的东方人不了解西方，同时也不了解自己，以为只要在外皮形式上便可学到西方的那一套个人自由或阶级斗争，而追上了西方，而不知其后果则只在自己内部徒增纷扰，这又造成了现代世界不少的悲剧"[②]。东方人自己将学习西方作为出路，无视自己的文明传统，轻视西化造成的文明内部紊乱，这是第二重悲剧意义上的文明失位。

更复杂的是悲剧第三重，东方人接受了权力意志向外斗争的现代西方精神，自己文化中与此相互冲突的部分却不断在潜意识中做出反抗，增强了对于西方的敌意，又以个人自由和阶级斗争作为外在伪装。钱穆称这个历程"更为现代世界造成了不少更深更重的悲剧"[③]。西方树立文明霸权，非西方主动"西化""普世化"，西方与非西方之间势必冲突，这是现代西方普世文明论推演出的悲剧性前景。相比亨廷顿在20世纪90年代冷战结束后针对历史终结论、普世主义提出批评，钱穆在亨氏四十多年前的冷战伊始之际就洞察到西方文明霸权对于世界历史的多重悲剧意蕴，并且相应展开了对治思路的探索。

三、"齐一变至于鲁，鲁一变至于道"：文明新生的化合进路

"摆在现代世界人类面前的最要大问题，是在如何各自作文化反省的

[①②] 钱穆. 文化学大义. 北京：九州出版社，2017：109.
[③] 同[①]110.

工夫，如何相互作文化了解的工作，如何合力作文化调协与文化新生的工夫"①。这是钱穆在七十多年前（1950年）的呼吁。经历了冷战与后冷战时期的时势变迁，这一呼吁相对于亨廷顿命题的文明冲突论更显示出积极有为的深思远虑。

《现代中国学术论衡》中的《略论中国科学》谈到现代通学应在文化学，"当通各国之人文，会通和合，以求归一，斯为文化学"。钱穆随之引出孔子的比较文化学，即《论语·雍也》的"齐一变至于鲁，鲁一变至于道"。他指出，"今试问，当今之世，孰为齐？孰为鲁？又如何而始为道？此非当前一最大见识最大学问乎？"②当孔子之时，齐国善于变革，权谋功利，厥为霸主，而鲁国承先王遗泽，礼乐深厚，齐国应学习鲁国提升自己。这个转化的终极，又不止于鲁，而应以人道仁义流行为蕲向。在类似战国的冷战时期，美国、苏联两个超级大国对抗，究竟谁代表了更理想的文明方向？中国在其间又如何自处，走哪条道路？这是齐、鲁、道三阶层代表的世界秩序之问。

钱穆对现代齐、鲁、道问题的解答，在传统治国平天下的思维下，以大同太平为最高理想，从文明化合的进路提出了判断和选择。常常有人指认或指摘钱穆的民族主义情志太强，其实并没有把握到他的大同或曰天下理念。在这个层面，他坚持自己关于人类大群人道的见解，认为人性人情相通趋善，只有在天地万物一体的大群体生活中才能实现公共福祉。个体的修身、齐家、治国，最终应该通向超越国际的性情大同、天下公义。礼教终极境界，实则又不止于人道。"君臣朋友，忠信相处，乃国与天下治平和合一止境。逐步得其止，又可逐步再向前。则止处即其起步处。止乃无止，此乃一番抽象大理论，而中国人则谓之中庸之道，人人能知能行"，人文最终参赞天地化育③。

---

① 钱穆. 文化学大义. 北京：九州出版社，2017：110.
② 钱穆. 现代中国学术论衡. 北京：九州出版社，2012：58-59.
③ 钱穆. 晚学盲言. 2版. 北京：生活·读书·新知三联书店，2014：39.

第三章　现代中国立国的治道转型

人类文明史中的国家演变，多受地理环境、生活经济方式的约束，形成相对长时期的积习，这是风俗民情的一面。文明演化的更高阶段，应该是化俗为雅，反省并超越积习，回归到共通的大群性情，这有赖于文明国家的教化，即《中庸》所谓"修道之谓教"。各个文明有自知之明，同时深化反省，更应彼此了解，相互学习。通过比较和学习，在和平的交流和竞争中，文明新生才有机会通过化合而孕育。钱穆凸显礼教和心教的人道教和大群教特性，是要在天下大同的维度上确认人类共同体的性情共通根基，不仅仅是为中国立教立法，更着眼于天下秩序。礼教是大群共通之道，蕴含现世的普遍交往规则，同时可以包容特殊的外向超越型宗教。

然而，美国看似强大，其实已走向衰落。美国立国，实则体现出欧美文明的性质。盎格鲁-撒克逊民族的大传统是其根源，美国与英国的关系有深厚民族情感为纽带，"亲英，遂亦连带亲及西欧"[1]。另外，在美犹太人与以色列心心相连，与后者为亲密盟友。七八十年代的纷争和事变，并非简单的意识形态政治斗争，而是有民族传统在后鼓舞的，现代化的过程是民族传统、文明系统之间的斗争。美国在其间的命运，不能离开文明系统的长期规律。如钱穆批评西方善于开创、难以守成，美国也难逃此运。《略论中国史学》认为其一跃为世界元首，积极干预世界事务，"富益求富，强益求强。进取愈进取，如骏马千里，乃不知税驾之所在"[2]。美国立国有融合诸多民族之意，但白人、犹太人和黑人不相融洽，也不能如汉、唐华化会通，多人杂处，各有所求，各有所争，"若在静定中而不胜其动乱性"，即使富强，也难得安定[3]。美国人也没有中国的天下观，只知（甚或不知）有联合国，不知有天下，对于领导世界，缺乏明确定向。假如没有基督教信仰的维持，只依仗科学和民主，国内更不能实现安定

---

[1] 钱穆. 现代中国学术论衡. 北京：九州出版社，2012：140.

[2] 同[1]147-148.

[3] 同[1]221.

团结[1]。

在分析二战末期东亚格局时，钱穆就认为美国重划势力范围，这不能用民主/极权、资本主义/共产主义来分析，而是民族血统、文明形态的逻辑使然[2]。资本主义和帝国主义，都是基督教精神世俗化后权力意志伸张、争夺权力与财富的表现。西方文化传统的文明困境在于"希腊商业，罗马军功，帝国主义与资本主义相依为命，无可缺一，无可转变，而加以死后灵魂升天之共同信仰为之调剂"，形态固化，难有突破[3]。近代西方文化杀气多于生机，资本主义和帝国主义征伐掠夺不已，"又言人生原始罪恶，世界必具末日，则可怒亦可伤。乃以天堂极乐补偿其缺憾"[4]。政教分离下的宗教对此无法解决，反成文过饰非。钱穆同意罗素对于美、苏、中都是大陆农业国而有发展前途的远见，但认为美国和苏联终究不能摆脱西方文明"内不足而一心外向"的文明积习，也不能摆脱海洋国的立国精神传统，因循罗马帝国模式，使得世界大战如人类梦魇挥之不去，世界文化前途形成一大停顿[5]。

亨廷顿提出文明冲突论和国家认同论的命题，对内强化其新教信仰与主体民族认同，依然是在这个文明困境中打转。更重要的是，这样不会带来国内安定，个人主义滋甚而家庭社群衰败，种族、阶层和社群冲突不断加剧，资本主义和帝国主义对外形成了长期的体系依赖性。这方面，亨氏关于美国改弦易辙的国际退缩战略，只会使得国内境况更加紧张和恶化。同时，亨氏对于文明潜在冲突的预判，有评论者指出不啻为多元文明时代的"马基雅维利"，也是看到了西欧文明中现代化权力意志伸张的这一传统，亨廷顿命题及其"避免原则""共同调解原则"仍在西方崇尚多统的

---

[1] 钱穆. 中国史学发微. 北京：九州出版社，2020：279.
[2] 钱穆. 国史新论. 北京：九州出版社，2012：172.
[3] 同[1].
[4] 钱穆. 晚学盲言. 2版. 北京：生活·读书·新知三联书店，2014：211.
[5] 同[4]1102.

第三章 现代中国立国的治道转型

纷争常态逻辑中徘徊①。

钱穆慨叹,现代中国人力主西化,追求科学和民主,实际上并没有看到更大的文明系统差异,最后只是同化于西方的恺撒主义,追求富强。现代西方出于文明错位来驯服世界其他文明,非西方文明又在此驯化中深化其文明失位,最可悲的是依附国家斗争、文明冲突的他者逻辑来规划自己的道路。如果不能从文明化合的进路反思现代道路,这不仅是中华文明的悲剧,也是世界文明的灾难。

现代国人应该依据历史传统对自己的文明系统自觉体认,由此来思忖现代发展道路。中国广土众民不断凝聚、绵延千年的历史传统,已经为我们开示了不同于其他文明的优秀智慧,即注重人类大群会通和合,关切人道人伦与天人一体,通过一体而富于活力的政教模式实现大一统政治体的长治久安。这是历史实践的经验智慧,也指示了未来人类文明的合理前景。

钱穆在《建国信望》中曾对此提出大体规划②。他依托孙中山先生的三民主义,将其理解的文明系统精神灌注其间,在民族主义层面不仅强调国家的文化独立,而且将此作为国外文化宣导的预备,中国应作为促成未来东亚区域会通和合的主角,而王道大同是民族主义的最高理想,这与中国文化的平天下志向一致。当然,这个远大目标需要在中国自立自强的基础之上逐步实现,这是个长期过程。"中国欲负荷东亚之和平,必由其国内独特之文化发生力量,若稗贩西方文明,依仗国外领导,则担不起此重任"③。中国的现代道路,不可能尾随依附任何外国。在文化教育宗教上,钱穆妥善处理了政教、政学的二重性,强调学术教化教育的根本地位,在此前提下安顿具体宗教,如肯定新佛教作为东亚共同信仰的重要性,并强调认可宗教信仰的自由④。各个宗教对于个体心灵精神的安顿功莫大焉,

---

① WANG G W. A Machiavelli for our times. The national interest, 1996 (46): 69-73; 亨廷顿. 文明的冲突与世界秩序的重建. 修订版. 北京: 新华出版社, 2010: 292-295.
② 钱穆. 政学私言. 北京: 九州出版社, 2010: 211-220.
③④ 同②213.

而礼教更加担负着提供立国公共秩序纽带的大任,这是由我们文明传统的实践道路和宪制机理所设定的。

文明化合,在信仰和宗教层面尊重多元多样,同时在政治经济与信仰宗教的整合机制上持守一体论。承认中华文明的立国政教蕴含大群公义性与天下潜能,不是固化或扩张国家利益,而是为世界秩序重建引入一个开放、进取、协和的化合机制。这一点较之亨廷顿命题的"共同性原则"更为开通和积极[1]。与其忍受阴郁恐惧的相对孤立和潜在冲突,为什么不能朝向保障人类共生的竞争与合作去努力呢? 各文明与其核心国家可以在这个层面展开竞争,为人类大群提供和平、会通的天下公共品,由实践来检验各自的优劣得失。钱穆对于中华文明礼教作为世界秩序公共机制的潜力深具信心,因为五千年广土众民政治体的可大可久是其论证根据,这是礼教论前景优越于冲突论前景的实践张本。

中国的现代化从自身文明系统出发,在经济与政治层面也必然发展出适合自身传统的新模式。钱穆的立国信望,在政治上是王道政治、全民政治,追求合乎政民一体精神的尚理协和、公忠不党的民主政治,在经济上是以新型农业为基础、工农配合的安足主义,偏重大陆,不走资本主义和帝国主义旧路。可以看出,钱穆对于现代中国文明的展望,吸收了民主、科学和工业等西方现代文明因子,更注重与本土经济政治传统和结构的配合。《政学私言》依托五权宪法勾勒出关于选举和考试、法治、元首、地方自治、首都、国防的宪制架构,尤其表彰道统更新对于宪制的根基价值,强调自由独立之教育相当于西方宗教的角色[2]。"抑更有进者,在西方有宗教,在中国有儒礼……苟不尊奉耶、佛诸教,其道必返求之于本国之传统而推阐儒礼,使教育精神与传统文化相得而益彰,此在中国传统政制本有此趋向,抑已有其确然可考之成绩,而堪为今后新政制之所当取法"[3]。这一点其实与《现代中国学术论衡》首重中国宗教遥相呼应。他是从文明论三阶层的大视野来规划立国政教的。这本身是中国文明不断巩

---

[1] 亨廷顿. 文明的冲突与世界秩序的重建. 修订版. 北京:新华出版社,2010:295.
[2] 钱穆. 政学私言. 北京:九州出版社,2010:211.
[3] 同[2]71-72.

固、不断更新的传统精神在现代世界秩序中的会通和合。汉唐明清的中国早就蕴含了小天下的规模和精神，现代世界秩序仍将进一步见证中国吸收众缘、会通新生的伟业。

如果把钱穆礼教论视为回应亨廷顿命题的替代性思路，那么这个思路的相对优势在哪里？从20世纪90年代以来针对文明冲突论及其国家认同论的回应来看，大体有三个思路：首先，是去政治化的政教二元说，强调宗教与政治的区分，坚持宗教信仰的美好情怀，批评政治的僭越和把持，对于中华文明也是推崇儒教理念的崇高而批判帝制儒家的专制自大；其次，是再政治化的政教重构说，如国教论、公民宗教论和文教论；最后，是轻政治化的天下秩序说，应对国际关系无政府状态和民族国家困境，提倡从天下理念传统来发掘资源[①]。能否准确把握中华文明的立国政教精神，能否真正进入历史实践的大传统，能否提出现代立国的切实进路，这是进路论衡的判准。钱穆礼教论从文明系统视野把握到了一体论的立国政教机理，较之天下秩序论既深邃又切实，对中国自三代至秦汉以后的立国政教特质做出了精深而统贯的阐释，并对西方政教文明提出了深邃切要的批评。重要的是，这一思路能够正视历史传统实践，基于封建和郡县的大一统印证了与文明系统相应的立国政教机制，使得理不悬空，即史见经，以事见教。尤为重要的是，这一思路应对现代化规训，能够切实提出现代中国的经济、政治与立国规划，展望新中国对世界秩序的贡献，体现出古今贯通的思维精神[②]。

钱穆紧扣立国政教来审视文明新生，而模仿西方式宗教的国教进路落

[①] 第一个思路可见：HUANG C C. A confucian critique of Samuel P. Huntington's clash of civilizations. Journal of East Asian studies，1997：147-156. 第二个思路参见：蒋庆. 政治儒学：当代儒学的转向、特质与发展. 修订本. 福州：福建教育出版社，2014；陈明. 文化儒学：思辨与论辩. 成都：四川人民出版社，2009；姚中秋. 一个文教，多种宗教. 天府新论，2014（1）. 关于天下秩序说，参见：赵汀阳. 天下体系：世界制度哲学导论. 南京：江苏教育出版社，2005；白彤东. 谁之天下？：对赵汀阳天下体系的评估. 社会科学家，2018（12）.

[②] 有学者从学科会通的角度把握到了中国宗教研究的整体性需求，也可印证钱穆文明系统论思路的先见之明。"目前的宗教研究，真正缺乏的是一种综合性的整体研究，即将'中国宗教'作为一个整体看待，不分儒、道、佛，结合文、史、哲，兼及社、法、经等多学科，建立一门真正独立的'宗教学'，对'中国宗教'加以系统的研究。"（李天纲. 简论中国的宗教与宗教学. 天津社会科学，2016（1））

于外在，最能继承发扬政教传统精神的进路需要落实于家庭、学校与政府体制，这是礼教"亲亲、贤贤、尊尊"的核心载体。钱穆的礼教论代表了基于保守宪制精神的政教文明进路（"中国传统文化之大方案、大图样、大间架"），以此为主干选择吸收现代性因子[1]。一个在东亚地区首先担负起主导责任的现代中国，逐步参与到世界秩序重构的过程中，超越资本主义和帝国主义路径，推进文明化合，促进太平大同，这是"中庸立国"的要义所在[2]。

在齐、鲁、道的三阶层中，世界各国都应在大群人道理想的引导下，积极依靠教化和治化进行改善。没有任何一个国家能够说已经完美实现了"道"，在这个意义上，"道"是一个悬准、指向，文明和国家应向道而化。中国、美国，任何大国，既可能是齐，也可能是鲁，都可以扮演文明化合的领导角色。世界文明的演变，既可能是美国的中国化，也可能是中国的美国化，最终都应该向道转化。

在论述家庭观念相对于个人主义的根本性时，钱穆就认为，如果美国更注重家庭，则"中国一变乃至于美，美一变始至于道矣"[3]。反之，则美国需要中国化。承认和推重文明化合，这是钱穆不同于亨廷顿文明冲突论的紧要处。后者相对停滞、分离地看待各个文明及其核心国家的特质，更重要的是不能领会教化、化同的文明化合理念[4]。钱穆曾分析美、英之间的差异变化，美国显示出更多的大陆特征，对于人情、家庭也有注重的一面，经济和政治结构的变化更需以文化自省、文化协调为引导，这就是教化可发挥大用之地[5]。文明化合的基础是人类人文化成，钱穆在20世纪80年代并不赞同将美、苏比作战国齐、秦，因为当时并没有诸子百家那样超

---

[1] 钱穆. 文化学大义. 北京：九州出版社，2017：73-74.

[2] 这方面思考参见：钱穆. 世界局势与中国文化. 北京：九州出版社，2011；钱穆. 晚学盲言. 2版. 北京：生活·读书·新知三联书店，2014：145. 国际关系学界近来关注礼治在东亚秩序中的贡献，参见：田野. 礼治与国家建设：将中国元素植入政治秩序理论. 世界经济与政治，2020（9）.

[3] 同[1]218.

[4] 关于亨廷顿将宗教差异视为文明冲突的核心，相关批评参见：陈纳，范丽珠. "文化断层线"的谬误：亨廷顿"文明冲突论"再批判. 文化纵横，2017（2）.

[5] 同[1]177，212-216.

第三章 现代中国立国的治道转型

国别的天下谋议,对于化合无识无虑①。针对西方现代文明陷入争权夺利、杀伐不已的恺撒化,钱穆呼吁需要次第推进恺撒的耶稣化、耶稣的释迦化,进而是释迦的孔子化。所谓孔子化,是指人类从原始罪恶、世界末日的恐惧中走出,振奋作为,向大群共处的善路走,克服攻伐不已的现代弊病。最终,"以和平相处来静待上帝之批判"②。文明新生或许能从这个化合进路开辟出致治景象。

附录一 治化的三重世界:严复《天演论》导言探微

在现代中国政治思想的历程中,严复及其《天演论》无疑是转型时代开启的一个主要标志。一般认为,其人其书几乎重塑了中国人对于宇宙天地、道德与政治领域的基本看法,也是今人回顾现代中国政治学发源的主要门径。对于严复《天演论》的研究需要深入传统及其现代转型的思想机理,本部分聚焦于该书导言中的治化论述,尝试提出一些新的观察。了解严复关于现代世界论述的思维多重性,对于我们思考当下的新世界及其前景,依然蕴含着未过时的理论启发。

一、治功与治化:现代"奇观"的提出

《天演论》导言是严复对于赫胥黎原著 *Evolution and Ethics* 引论"prolegomena"的翻译,他曾先后用卮言、悬疏来称呼这个部分③。商务本《天

---

① 钱穆. 晚学盲言. 2版. 北京:生活·读书·新知三联书店,2014:163.
② 钱穆. 中国史学发微. 北京:九州出版社,2020:281.
③ 严复. 严复全集:卷一:天演论(商务本). 福州:福建教育出版社,2014.

演论》在上卷收录了导言十八篇。比较起下卷的十七篇正文，导言对于政治的讨论似乎更凸显。严复带有鲜明改作色彩的翻译，在这个部分表现得意味深长。

让我们先以导言第十六篇"进微"为例。在这一篇的开篇和结尾，严复都在原著以外增添了相当大的篇幅来发挥自己的思想。开篇，严复首先承接上文，指出"前论谓治化进则物竞不行固矣"①。这里的前论，是对此前导言部分的一个概括。从结构上看，导言第十五篇是"最旨"，对前面十四篇的论证宗旨做了一番总结。这十四篇的内部结构，我们稍后再剖析。在最接近的几篇中，治化作为政治社会秩序的核心内容得到阐发，这触及与严复概括的物竞天择之间的关系。治化进，则物竞不行，意味着二者之间是此长彼消的关系，政治社会秩序演进意味着天演物竞的某种消退。

接下来，严复在"进微"开头继续推进，指出存在有两类物竞，所谓"天行物竞"与"人治物竞"，前者指"救死不给，民争食也"，后者指"趋于荣利，求上人也"②。如果治化演进意味着宇宙自然的天行物竞会消退，那么，政治社会中的物竞则不同，"犹自若也"。换言之，对于荣誉和社会利益的追求竞争，作为比生存温饱更为深刻的人类激情渴望，并不会随着治化演进而改变。

正是在这个基础上，严复指出政治事务存在的永恒条件："惟物竞长存，而后主治者可以操砥砺之权，以砻琢天下。"③ 人世间对于荣誉及相关利益的物竞，是治化得以证立自身的前提条件，同时也是治化无法彻底消除的人性本然。这种竞争，不停留于"争食""救死"这样的物质肉身层面，更体现出"荣利""上人"的社会性、精神性意志维度。

请注意严复在这里提到的"主治者"角色。不同于我们现在主要从医学上使用类似词语，严复是在政治社会意义上加以运用的。但是，谁是"主治者"？"主治者"如何实现"主治"？在提出这一点的时候，严复的论述脉络从政治由于物竞而永恒存在，转移到了群体的治乱强弱这个问题

---

①②③ 严复. 严复全集：卷一：天演论（商务本）. 福州：福建教育出版社，2014：292.

第三章 现代中国立国的治道转型

上,为我们认知这一点提供了视野。

扼要来说,严复从两个方面来解释主治者。一个是"夫所谓主治者,或独具全权之君主;或数贤监国,如古之共和;或合通国民权,如今日之民主"①。这一解释指向我们今天熟悉的政体因素。作为西方政治学经典概念最早且最重要的翻译者,严复在《法意》《社会通诠》等译著中用"治制"来指称政体,显示出中国治体论传统中治法维度的现代转换②。主治者,在这里可以首先理解为政体意义上的政治主体,从属于治法部分。严复指出,各个政体,"其制虽异,其权实均,亦各有推行之利弊"③。紧接着,严复话锋一转,指出群体的治乱强弱,主要看"民品之隆污"④,提出了民品的重要性,而主治者的政体维度相对居于次要地位。随后,严复从主治与民品的角度,引出主治者的另一方面。"然既曰主治,斯皆有导进其群之能"⑤。除了政体意义上的决断用策之权,主治者还有领导、引导群体的职责和能力。可以说,主治者包括了政体和领导要素这两个并不相同的方面。在"导进其群之能"方面,"课其为术,乃不出道齐举错,与夫刑赏之间已耳"⑥。"道之以德,齐之以礼"与刑罚奖赏,这是中国传统的礼法治术,被严复置于"主治者"的领导职能之内。如果说主治者反映的是关注治人的视角,领导者的礼法与作为权力分配形式的政体,构成与治人相对的治法即制度方略,作为领导要素的礼法与政治主体紧密联结在一起。

严复在这里引入礼法维度,是在主治者与民品之间搭建起了桥梁。主治者用礼法激励或惩戒人民,"其始焉为竞,其究也成习,习之既成,则虽主治有不能与其群相胜者。后之衰者驯至于亡,前之利者适成其弊,导民取舍之间,其机如此"⑦。通过礼法,主治者塑造、影响人民的品行和品性,进一步影响到群体的治乱强弱。而群体的风气习俗形成后,人治的主治权力(可能及其政体要素)只能相对发挥功用,"即使圣人当之,亦仅能集散扶衰,勉企最宜,以听天事之抉择"⑧。严复称这个习俗形成的过程

---

① 严复. 严复全集: 卷一: 天演论(商务本). 福州: 福建教育出版社, 2014: 292.
② 任锋. 现代转型中的礼法新说与治体论传统. 江苏行政学院学报, 2022(1).
③④⑤⑥ 同①.
⑦⑧ 同①293.

为"人治天演"。他提出,"是故人治天演,其事与动植不同,事功之转移易,民之性情气质变化难"①。

截至这里,都是严复在赫胥黎原著内容之外自己增加的改作论述②。紧接着,严复翻译原著内容,比较都铎王朝以来的三百年英伦,政治社会的治功(人治事功)可以说变化显著,而"民之官骸性情,若无少异于其初","不仅声音笑貌同也,凡相攻相感不相得之情,又无以异"③。也就是说,治功的政治事业有进步,而最能体现治化水准的民品却没有同步提升。从伊丽莎白一世到维多利亚女王统治的三百多年间,物竞天行如军事战争并不多,政策和法律上面的"择种留良"也不少,但是并没有太多改变民情民性。

在这部分对于原著的翻译中,严复同样加以发挥,"苟谓民品之进,必待治化既上,天行尽泯,而后有功",民品与治化之间是不是正向的同步演进关系呢? 民品的进步是否依赖治化的进步?④ 在政治应对物竞天择的必要性之外,在作为政体的主治者之外,民品与治化的关系显然构成严复这篇政治论辩的主要兴奋点。这其中奔涌着古典传统关切政治之道德维度的深沉遗响,也传递出现代人民兴起之际对于古典政治理念的承继。

这一点,在导言第十六篇最后的增译中体现得尤为激人奋思:"今者即英伦一国而言之,挽近三百年治功所进,几于绝景而驰,至其民之气质性情,尚无可指之进步。而欧墨物竞炎炎,天演为炉,天择为冶,所骎骎日进者,乃在政治、学术、工商、兵战之间。呜呼,可谓奇观也已!"⑤

好一个现代"奇观"! 赫胥黎在本篇末段的原文语带犹疑地指出,英伦人民的天赋品性四五百年来实质上没有大变化,生存竞争主要是间接通过国家之间的军事和产业竞争展现出来的,原文是"In my belief the innate qualities, physical, intellectual, and moral, of our nation have re-

---

① 严复. 严复全集:卷一:天演论(商务本). 福州:福建教育出版社,2014:293.
② 赫胥黎原著参见 Evolution and Ethics and Other Essays 的 XIII 部分,第 20-21 页.
③④ 同①.
⑤ 同①293-294.

第三章　现代中国立国的治道转型

mained substantially the same for the last four or five centuries. If the struggle for existence has affected us to any serious extent (and I doubt it) it has been, indirectly, through our military and industrial wars with other nations"。严复的翻译则服从于自身的思想阐发逻辑，突出了治功与治化之间的吊诡走向，并且把现代物竞的领域极大地扩展到了政治和学术。在19世纪末叶，社会达尔文主义更多地通过国族竞争而非市场上的个人互动呈现出来，"社会达尔文主义的流行形式就是与帝国主义联系起来的种族优越性"①。严复以一种更敏感焦虑的形式拓展了对于这一时代精神的领会。

严译《天演论》各个版本的细节表述略有不同，有的是说五百年治功，有的是说二百年治功，两次言三百年②。《天演论》的手稿本全名本是《治功天演论》，看得出"治功"是严译本想重点突出的一个主题，"治功天演"至少对应导言第十六篇中的"人治物竞"③。后来的流行版本隐去了"治功"，仅言"天演"，但阅读诸多译本可知，"治功"以及与其紧密相关的"治化"，仍然是严译重心。严复的思想关切聚焦在治功、治化与民品的关系上。治功侧重政治事功，治化更凸显一种演进变化。欧美现代世界的辉煌成就，在于物竞天择下的长足进步，这是治功。严复进一步把赫胥黎原文指出的范围扩展到学术和政治，显示出他对于这一治功的极高期许和深邃估量。然而，更令人寻味的是严复这里提出的所谓"奇观"：治功进步，而民品也就是人民的品性却没有同幅度进步。质言之，在治功与治化之间，进而在政治与道德之间，是否形成了深刻断裂？

为什么严复会把这个现象称作"奇观"？这个判断并不清晰，高度模棱。一个理解思路是对照上文严复增添的群治与民品之关系的部分。严复强调群体的治乱要看民品隆污，人民的品性会深刻影响政治发展，高明的主治者会积极塑造和引导民品。因此，如果我们承认英伦现代的治功了得，那么，似乎这也意味着英伦现代的主治者对于民品应该是有一番作为

---

① 摩根. 牛津英国史. 北京：人民日报出版社，2021：472-473.
② 严复. 严复全集：卷一：天演论（商务本）. 福州：福建教育出版社，2014：30, 112, 234, 294.
③ 同②5-7.

的。但是严复又指出现实并不是这么一回事，英伦的现代成就似乎证伪了严复的政治理论预设。从这个角度来看，理论与历史之间的差距，是否足以支持严复将后者称为"奇观"呢？另一个理解思路是，如果从本篇的首尾呼应来看，开头提出治化进步并不意味着人治物竞的改观，民趋于荣利的竞争品性并不会伴随治功进步而改变，那么，英伦现代进步的成就没有包含人民气质性情的进步，看起来是逻辑一致的，符合天演论的社会政治规律。如果这个理解成立的话，这应该是合乎天演常理的发展，"奇观"之谓，又从何谈起呢？

二、从 ethical process 到治化

如何理解严复指出的英伦现代"奇观"？如果第一个思路（可称其为理论与历史的反差）成立，严复有什么必要非在导言第十六篇开头增添那一大段发挥，强调民品升降对于治理的重要性呢？如果第二个思路（可称为人治物竞的一致性逻辑）成立，"奇观"之谓听起来难以成立，实属不知所云。

探讨这个问题，需要明了《天演论》导言中关于治化和民品的系统论述，并顾及译者在中西两重文化背景之间的转换以及对于中文世界阅读反应的预期和估测。

让我们从治化进入。"治化"这个词，与"治功"一样，是传统中长期运用的概念，从属于治体论传统。治功是政治过程的成就和功业，治化强调政治过程统治与教化兼具的综合属性。如从纪纲、道揆法守和国势的治体角度来理解治功、治化，"朝廷有纲纪，斯天下有治化，纲纪不立则威令不行"[1]，"国势自尊而治体以成，治功以立"[2]，"上有道揆，下有法

---

[1] 郭谏臣．鲲溟集·鲲溟奏疏//四库全书·集部·别类．清康熙五十二年郭鸢刻本．
[2] 杨冠卿．客亭类稿//四库全书·集部·别类．清康熙五十二年郭鸢刻本．

第三章 现代中国立国的治道转型

守,治功可期"①,"给事中李凤来奏言六事曰:执治体、明治功、正纪纲、慎刑狱、禁暴敛、重水利"②,"一以定治体而兴治功"③。或从批评重文轻儒、杂以法律来强调治化的道德维度,"近世重文轻儒,参以法律,此治化之所以益衰也"④。治功和治化,都指向治体秩序的成就结果,细辨起来,治化可能会相对凸显民品教化的意味。

从概念上说,严复借用治化来翻译赫胥黎原著中的 ethical process(伦理进程)。很显然,治化与 ethical process 在各自语言世界中的意涵有相交重合的区域,然而也有不容否认的差异。前者并没有直接呈现出后者所标识的进化、进程维度。这个翻译的正式出现,是在导言第十四篇"恕败","群之所以不涣,由人心之有天良。天良生于善相感,其端孕于至微,而效终于极巨,此之谓治化。治化者,天演之事也。其用在厚人类之生,大其与物为竞之能,以自全于天行酷烈之际"⑤。赫胥黎原文是:"I have termed this evolution of the feelings out of which the primitive bonds of human society are so largely forged, into the organized and personified sympathy we call conscience, the ethical process. So far as it tends to make any human society more efficient in the struggle for existence with the state of nature, or with other societies, it works in harmonious contrast with the cosmic process."伦理进程是指人情作为人类社会赖以锻造的原始纽带演进为组织性和个体化之良知的过程,其功用是有利于生存斗争,与物竞天择的宇宙进程处于一种和谐而又有张力的关系中。可以说,严译将天演进化的维度赋予了传统"治化"概念,这是中西理念转译时的溢出和变型。治化作为古典道德政治概念的原意重在教化,未必没有进程意味,但应当不是本质上意欲凸显的维度,更缺乏生存斗争、物竞天择的宇宙论指向。

不仅在概念翻译上,在主题概括上,严译也积极使用"治化"一词。

---

① 王结. 王文忠集//四库全书·集部·别类. 清康熙五十二年郭鸾刻本.
② 范守己. 肃皇外史:卷二十一. 清宣统津寄庐钞本.
③ 吴亮. 万历疏钞:卷一圣治类. 明万历三十七年刻本.
④ 司马光. 资治通鉴:卷一百九十三. 北京:中华书局,1956.
⑤ 严复. 严复全集:卷一:天演论(商务本). 福州:福建教育出版社,2014:288.

导言十五"最旨"中，严译指出，第三篇"专就人道言之，以异、择、争三者明治化之所以进"，第四、五篇"取譬园夫之治园，明天行人治之必相反"，"天行则恣物之争而存其宜，人治则致物之宜，以求得其所祈向者"，第六篇"人治所以范物，使日进善而不知，此治化所以大足恃也"①。除了第一、二篇阐述天演、物竞天择的基本天道，第三到第六篇侧重人道，论述人治、治化，治化是人治的主要含义。接下来的第七到第十篇，以垦土建国（建立殖民地）为例，论述人治的正术、穷途及其救治；第十一到第十四篇从天演角度论述群体政治的成立；第十四篇正式提出治化的概念确解。第十六到第十八篇进一步阐发治化的特点和复杂性，如治化与民品的关系。可见，治化作为人治事业的主要概念，构成了导言的中心性主题。

一个有趣的问题是，既然主题设定上治化明显是主导，为什么治化的正式界定迟迟到了导言第十四篇才出现？另外，也不妨追问，严译在赋予治化天演含义之外，ethical process 即伦理进程的理念是否同时也受到了来自传统政治思维的某种规训和改造？要探讨这些问题，需要潜入严译文本内部，来认识治化论所蕴含的多重理论面相。

我们可把导言分为五部分，第一、二篇论天道，第三到第六篇进入人治论述，第七到第十篇论垦土殖民立国，第十一到第十五篇是群体政治的天演阐释，第十六到第十八篇属于治化问题的申论。

第一部分申述天演作为天道基本原理的内涵。中国传统政治思维以天人关系的合一为思考政治事务的前提和起点。严复这里的思维逻辑进程是同样的，只是天道含义发生了巨大变化，天人关系也随之经历范式转型。古人如董仲舒言"天不变，道亦不变"，严译强调天演变化，"不变一言，决非天道，其悠久成物之理，乃在变动不居之中"②。常变中有一个不变者，严译在《治功天演论》手稿本特别增加一个评断，"此之不变者谓何？非如往者谈玄之家，虚标其名：曰道，曰常，曰性而已"③。严译从哲学根

---

① 严复. 严复全集：卷一：天演论（商务本）. 福州：福建教育出版社，2014：289.
②③ 严复. 严复全集：治功天演论（手稿本）. 福州：福建教育出版社，2014：10.

第三章 现代中国立国的治道转型

基和认识论来瓦解政治思维的传统起点,天道、经常、性理这些玄思,如果没有来自客观世界现象验证的支撑,很难作为政治思考的坚实依据。透过现实世界的物竞和天择现象,严译强调在即用见体的逻辑上揭明天演公理。

手稿本"卮言二"指出,"凡兹运行之理,乃化机所以不息之精,苟能静观,在在可察:小之极于跂行倒生,大之放乎日星天地;微之则思虑智识之无形,显之则国政民风之沿革,言其要道,皆可一言蔽之,谓之'天演'"①。商务本导言二稍有不同,"隐之则神思智识之所以圣狂,显之则政俗文章之所以沿革"②。涵括国政民风、政俗文章,从人之圣狂到政治社会秩序的变动,我们都能观察到天演进化的道理。导言二末尾明确指出,天演覆盖的事情极为繁复,本书重点在于阐明"生理治功"(手稿本作"生理民治"),即所谓"治功天演"③。

第二部分的导言三指出异、择和争是生物天演机理。导言四指出,天生人,人的气力、心智和事业事功,都称为人事。功,是事业的结果,其中的过程是治化。而这些,究极而言,都受到天演规律支配。"由斯而谈,则虽有出类拔萃之圣人,建生民未有之事业,而自受性降衷而论,固实与昆虫草木同科,贵贱不同,要为天演之所苞已耳,此穷理之家之公论也。"④ 圣人及其事业,是天演世界中的一部分。传统政治思维中的圣人及其事业同样敬天尊道,区别在于天演的天道内涵已大大改变了。天人势不相能,二者同原而相反,"小之则树艺牧畜之微,大之则修齐治平之业,无所往而非天人互争之境。其本虽一,其末乃歧"(卮言五)⑤。天人互争,而不是天人合一,成为新天道的要义,也构成新的治道原则。

严译在导言五"互争"的"复案"中澄清斯宾塞和赫胥黎的宗旨差异,将前者概括为任天,比拟黄老之学的明自然⑥。治体论传统对于政治

---

① 严复.严复全集:治功天演论(手稿本).福州:福建教育出版社,2014:11.
② 严复.严复全集:卷一:天演论(商务本).福州:福建教育出版社,2014:267-268.
③ 同②268.
④ 同②273.
⑤ 同①15.
⑥ 同②275.

类型的划分，往往标识出其主要依循的治道原则，如任人、任法、任德、任刑①。任天为治，也属于这一思维界定方式。严复又提出任情和任习的辨析，强调习性偏执（任习）与任天、任情之间的区分，人有常性常情，如饮食习气违背常道，过度偏执，就成为"任习"。斯宾塞主张任天任情，而非任习②。严译透过天演之道的黄老自然化，强调这一规律的客观性，相对抑制圣人代表的人类精神心智之主动能力。"凡人生保身保种，合群进化之事，凡所当为，皆有其自然者。为之阴驱而潜率，其事弥重，其情弥殷。设弃此自然之机，而易之以学问理解，使知然后为之，则日用常行，已极纷纭繁赜，虽有圣者，不能一日行也"③。

虽然天行和人治都属于天演，二者目的不同，天行以物竞为功，人治恰恰相反，以物不竞为功（导言十六进一步指出，治化只能消弭天行物竞，不能消解人治物竞）。天行是对于客观环境的听任自然，人治则要发挥人类政治构建的主动性，创造事务发展的适宜条件，维持损益，目标在于保证秩序的"可久可大"④。"可久可大"是治体、治功和治化的宗旨。这个意义上，人择与天择又不同，"夫如是积累而上之，恶日以消，善日以长，其得效有迥出所期之外者，此之谓人择"⑤。由此也能看出人择的伦理进程意味，这是治化本义。严译特别加上一句指向时代使命的评论，"嗟夫！此真生聚富强之秘术，慎勿为卤莽者道也"⑥。

三、殖民垦荒的立国实验：正途与极限

导言的第三和第四部分之间呈现出一种耐人寻味的奇妙关系。为了进一步阐发治功天演的理论，第三部分以殖民立国为例进行了一个政治实验

---

① 任锋. 立国思想家与治体代兴. 北京：中国社会科学出版社，2019：51.
② 严复. 严复全集：卷一：天演论（商务本）. 福州：福建教育出版社，2014：275-276.
③ 同②275.
④ 同②276.
⑤⑥ 同②277.

第三章 现代中国立国的治道转型

(同时也是思想实验),一步步推演如何在一个荒地上建立政治社会、加以治理,并应对治理衰败。这个例证自然有其现代世界的对应经验,即殖民主义的开拓竞争史。严译慎始基斋本在"复案"中就称道英国殖民经验("浮海得新地")的长处,不仅在于民众习海擅商,狡黠坚毅,更在于"能自制治,知合群之道胜",具有治理统治的能力,凭借知晓合群之道而在竞争中取胜,建造了几与欧亚埒的帝国。霸者之民、霸权不制之国如法兰西,不如英格兰,就在于人民缺乏自主的治理能力("君有辟疆,民无垦土")。英国在中国的租界人口不多,制度却可取,"隐若敌国",国人移民在外而地位卑下,从垦荒的成败也能看出民种高下①。这应该是导言十六所谓英伦现代经验的一个重要内容。

严译称立国荒地是"以一朝之人事,闯然而出于数千万年天行之中,以与之相抗,或小胜焉而仅存,或大胜焉以日辟,抑或负焉以泯而无遗,则一以此数十百民之人事如何为断"②。这样的开拓殖民,面对的可能是得而复失的美利坚,也可能是赢利丰厚的印度,或者是屡征不果的阿富汗。各地天行不同,胜负岂能逆料。但这不妨碍严译对于治化的理想过程这样勾勒:"使其通力合作,而常以公利为期,养生送死之事备,而有以安其身,举措赏罚之政明,而有以平其气,则不数十百年,可以蔚然成国。"③

治化理念集中体现在导言八,基本的政治过程包括立君(圣人主治)、排除威胁性物竞力量、选贤与能、创制立法、保障民生、教化养成。严译的语言风格和思想倾向都体现出来自中国传统政治思维的影响,值得细细品读。

严译将原著中的 administrative authority(管治权威)翻译为圣人④。圣人首出庶物,聪明智虑优于常人。圣人主治的方式,取法于园夫治园。凡是不利于自己民众的威胁性物竞力量,无论是猛兽草木,还是戎狄蛮夷,都排除禁制。然后,在实现理想治化的意义上,选举贤能来辅佐治理。进一步,为民制产,消除竞争;依据一国公是公非,制定礼刑,奠定

---

①② 严复. 严复全集:卷一:天演论(慎始基斋本). 福州:福建教育出版社,2014:96.
③ 同①17.
④ HUXLEY T H. Evolution and ethics and other essays. Dave Gowan for Project Gutenberg,2001:14.

太平之基。严译重申，治化就是创造适宜人民生活的条件，保证立国事业可久可大①。因此，各项民生措施必不可少。

在教化养成的部分，严译特别显示出来自传统政治思维的增华生发。赫胥黎原著在这环节上，比较简要，申明要增加人民中有活力、有智慧和道德优秀的群体之比重②。严译特别加入学校庠序的制度，强调民力、民智和民德是理想政治的根本。严译提出"且圣人知治人之人，固赋于治于人者也。凶狡之民，不得廉公之吏，偷懦之众，不与神武之君"，这是从治体论传统来强调治人这一政治主体的价值③。而这里的政治主体，突出的是作为政治社会基础的现代人民。对于民力、民智和民德的着重强调，是严复自1895年发表《原强》政论以来就高举的思想旗帜④。在导言八的教化部分，现代人民的品性再次被置于治化的中心地位。"故欲郅治之隆，必于民力、民智、民德三者之中，求其本也"⑤。这应该就是民品的中心内容。发展学校庠序，就会养成智仁勇的民众，然后才能群策群力，实现国家富强。严译文末再次抒发自身的时政感慨，"嗟夫！治国至于如是，是亦足矣！"⑥

严复在案语中对自己申发的治人和民品之论进一步阐明。西方现代政治把善治植根于民智之上。政令善政，需要以民智开化为条件，否则制度政令迁移到不同环境，效用也必然不同。另外，以传统精英治人为转移的政治，相比现代人民品性开化后的政治，不具备可持续性，无法使秩序摆脱一治一乱的规律⑦。严复进一步用现代早期的国家竞争来证明其论点。西班牙民众最信宗教，民智卑下。虽然时有强大统治者，殖民开拓，国势大振，但最终受制于民智水准，无法跻身于第一等强国。"虽道、咸以还，泰西诸国，治化宏开，西班牙立国其中，不能无所淬厉，然至今尚不足为第二等权也。"⑧ 正面例证则是英国平税政策，经过长期的理财启蒙教育，

---

① 严复. 严复全集：治功天演论（手稿本）. 福州：福建教育出版社，2014：18.
② HUXLEY T H. Evolution and Ethics and Other Essays. Dave Gowan for Project Gutenberg，2001：54.
③ 同①19.
④ 严复. 严复论学集. 北京：商务印书馆，2019：167.
⑤⑥ 同①19.
⑦⑧ 严复. 严复全集：卷一：天演论（商务本）. 福州：福建教育出版社，2014：280.

第三章　现代中国立国的治道转型

国民终于接受,政令得到实施,国家利益方能保障。"夫言治而不自教民始,徒曰'百姓可与乐成,难与虑始';又曰'非常之原,黎民所惧',皆苟且之治,不足存其国于物竞之后者也。"① 导言十六强调民品相对于政体制度的重要性,与这里的逻辑一致。而民品之现代人民性的突出,也提醒我们,导言十六主治者的礼法治术,势必是在现代启蒙的语境中展开推进的。同时,强调治人,强调学校庠序和智仁勇,这些传统色彩浓厚的翻译被吸收进了民品与国家富强这一治功的现代立国议程之中。从这个地方我们也可看到与导言十六强调治乱兴衰与民品高下之间的思想呼应。导言十六的民品部分,在这里已经埋下了伏笔,而且两次都是严复基于中国道德政治传统的升华发挥。

导言八在描绘教化政治之后,讨论了治化可能企及的最高境界:天行物竞的暴虐力量完全消失,人治使得人民和资源的配比最为合理化。草木禽兽都变得有利无害,娱情适用,人民中的优秀成员日益增加,不良人日益减少。"驯至于各知职分之所当为,性分之所固有,通功合作,互相保持,以进于治化无疆之休"②。这是人治的极致,而不是任天之治的逻辑结果。也正是因此,严复把这样的理想政治境界称为乌托邦,认为在古今世界不可能实现,仅仅存在于思想推演之中。我们知道,在传统的天人合一秩序中,这样止于至善的古典境界是可能、可欲的,《中庸》所谓"天地位焉,万物育焉",万事万物和人民明晓并且能够安于自己的职分和性分。但是,在以天演变化为基本原理的秩序设定中,这样的理想即使有可能实现,也无法维持。在任天为治与任人为治中,天演自然将更深刻的动力原理寄托在前者,而且以变动的不确定性为基调。

也正是这个原因,推动立国政治实验发展到一个瓶颈极限,即导言九设想的治化大成、人口增多,与有限资源产生紧张关系,争斗再起。这是政治社会难以逃避的治乱循环限制。这是摆在人治及其代表者——圣人、主治者面前的大考验,"设前所谓首出庶物之圣人,于彼新造乌托邦之中,

---

①② 严复. 严复全集:卷一:天演论(商务本). 福州:福建教育出版社,2014:280.

而有如是之一境，此其为所前知，固何待论"①。在设想了一些效果有限的挽救方法之后，导言十提出一个根本挑战，就是可否效仿天行物竞，在政治社会中主动实施"择种留良"（其逻辑令人想起新冠疫情下某些国家的群体自然免疫）？导言十的基本判断是不可行，其理由值得关注。那就是，很难保证治化理性的最高代表者、圣人般的主治者拥有实施"择种留良"的知识和能力。在这一点上，政体形式不是关键因素，也就是说无论专制还是民主，都不能确保单个的或群体的政治主体可以获得对于人类社会种群加以鉴别取舍的能力。"以人择人"，此路不通②。这是天演大道对于人性智能的基本限制和设定。主治者，可以通过礼法塑造民品，可以选择政体形式，但是不能代替天行，对于人群社会加以鉴别取舍，人为淘汰一些人，保存一些人，来突破治乱循环。在这个关口，天演的客观力量再次当道，治化有极限，人治会下行。

导言第三部分的这个政治（思想）实验向我们展示出一个立国的动态过程，人事"闯然"进入天行中，治化的人为构建力量暂时实现某种秩序，又不得不经受秩序的瓦解和崩溃。在治化背后，是更为深远漠然的宇宙天行演进。在后者设置的脉络中，治化能够发挥主动的构建作用，然而这个作用终究是有限的。这一点在治化精神的人格化象征——严译所谓圣人那里、在严译对于治化极致的乌托邦自觉中都有表现。圣人主治能够选择治人、创制立法、教化养成，在政体上发展多样形式，在民德、民智和民力上积极启蒙，政治社会可以在资源与人口之间实现最优配置。但是最优配置是暂时、不稳定的均衡，长期看势必不敷人口增长的需求（马尔萨斯的宿命），因而民品的教化启蒙也必定有不可企及的极限。古典明分知类的礼乐秩序，在严译笔下，倾向于被标识为乌托邦：人民的气质性情可以变化，可以支持治化治功的进步，但这一切有其不可逾越的界限——导言十六指出的人治物竞（趋于荣利）或许会有些许改变，终究抵不过天行物竞（争食救死）的侵蚀和颠覆。

---

① 严复. 严复全集：卷一：天演论（商务本）. 福州：福建教育出版社，2014：281.
② 同①282.

第三章　现代中国立国的治道转型

四、"国家进化于何而极"：乌托邦，还是大中境像？

理解了第三部分立国实验的极限，导言第四部分的意味就较为明晰了。"故首出庶物之神人既已杳不可得，则所谓择种之术不可行。由是知以人代天，其事必有所底，此无可如何者也"①。阴骘下民的天已隐去，圣人已隐去，探索人类群体的目光被转移到"斯人相系相资"的理和术上面，遂开启群道探索的客观理性之旅。如果第三部分是一个立国主题的政治（思想）实验，第四部分就是群道主题的天演学理阐发。

以蜂群为例，文本重点展示出群体内部体现出客观必然精神的机理，"此自无始来，累其渐变之功，以底于如是者"②。人如何从禽兽，一步步经历山都木客、毛民猺獠，经数万年天演，逐渐形成人类。严译有些版本，把这个过程也称为"治化"③。治化内在于天演，天演未必即是治化。这个治化凸显的是物种客观演进的过程和机理，而不是超凡圣贤的聪明运用。天演学理为我们提供的解释，在于人性的独善自营（合理运用的有限自私）和模仿能力，是着眼于平常人的人性机制，由此奇妙地衍生出超过人类理性估测逆料的伦理进程（如"由私生慈，由慈生仁，由仁胜私"④）。

就是在这个环节，导言十四引出了正式的治化概念，即天良的形成及其群体价值。治化与天演的关系，一方面是与后者抗争，通过礼法平息物竞，另一方面，如果自营自私被抑制到了一个程度，导致人类弱化了与物为竞的能力，治化就要被天行胜过，从而下行颓败。治化有其天演界限，以人的自我理性与群体公利、群体公利与其他生物生存的互动为衍生机制，根本上受制于人类群体在自然界中的生存命运。

---

① 严复.严复全集：卷一：天演论（商务本）.福州：福建教育出版社，2014：283.
② 同①284.
③ 严复.严复全集：治功天演论（手稿本）.福州：福建教育出版社，2014：24.
④ 同①286.

在第四部分的天演学理剖析中，文本更凸显的是现代科学意义上对于群体政治和伦理的客观分析，与第三部分混杂着古典与现代气息的立国政治实验相比展示出不同的思想精神气质。一个显著的标志是在立国政治中超凡人格代表的圣人隐退，代之以漠然公行的客观真理，潜行于平常人构成的群体中。严译文本中的治化穿行于这两个气质有别的思想世界之间，其在导言十四中身披科学华服的正式登场，是在参悟洞透了第三部分的建国得失之政治正剧后，一次意味深长或曰交感杂陈的加冕亮相，一次失落卡里斯玛（Charisma）乃至遭遇失乐园之后的平实化回归。行文的逻辑指向似乎是，治化从卓越优异者引领下的有为进取进程呈现为现代平常人互动生成的科学义理机制。

治化的这两重含义，在导言十六的严译"奇观"中以一种戏剧化的方式交汇在了一起。这不是一种简单文本意义上的汇合，而是译者跨文化思辨带来的某种意境。既不是自相矛盾的理论与现实反差，也不是天演治化意义上简单的逻辑首尾一致，所谓"奇观"，实质上蕴含了治化思维在礼法教化与竞争富强这两重世界的不期然遭遇中碰撞生发出的深沉喟叹。这其中既激荡着严译对于现代天演治功的称道和歆羡，显示出对于政治事功的首肯，也潜藏了一个来自古老文明的观察者对于现代治化的更高期许和憧憬。这不仅吸取了来自西方现代的启蒙，也蕴含了古典传统对于现代的忧思，它既向现代开放，也折射出自身传统的内在张力。这两方面的思想生发在严复政治思想中是交缠错综、启示丰厚的。

英伦代表的现代政治事业，在治功与民品的关系上究竟带给世人什么教诲，这未必是现代人的优先关切，却透露出严复及其身后古老文明的传统问题意识。现代事业在民品或曰道德问题上的模棱，的确为道德意识浓厚的政治思考者带来了诸多困惑。现代文明可能是道德中立、避谈道德的：严复在《教授新法》（1906年）中就承认变化气质太难，现代文明至多是变化人民的心习（心灵的习惯），科学（首先是物理科学）被看作最重要的心习变化途径[①]。如果承认这个解释，现代天演政治不去改变气质

---

① 严复. 严复论学集. 北京：商务印书馆，2019：333.

第三章　现代中国立国的治道转型

性情意义上的民品，可以解释得通。

更有甚者，围绕富强这一治功及其科学基础，现代文明还有可能将道德视为其经济、社会与政治构设的函数表达之一，就像孟德斯鸠所称谓的"法的精神"。这一社会科学思路，在严复后来《法意》的翻译评介中得以施展：他将治制（主治者的政体）作为政治核心，来阐释民品表征的一套宗教、社会习俗和思想文化。如英伦立宪政体对应英国民众的新教、通商和法律权利意识[1]。政体是政治秩序核心，并且政体变迁有进化规律，有位阶高下之分。中国传统政治在政体上介于君主制和君主专制之间，因此其礼法传统更多被置于君主制的国民精神中来理解。在这方面，民主政体得到大力推崇，政体革命是现代转型主题。这种社科意义上的民主政体优胜论，将政体中心主义深深植入我们对于现代治化的理解之中，占据优势的政体意味着在民品（如国民性话语）价值序列上的优位（民主的精神是德，独治是礼，专制在刑）[2]。而这个逻辑的拱顶，实际上是国家竞争的优胜劣汰论，民品道德依附于国家富强或霸权，有其民族国家的界限（"近世欧洲诈骗之局，皆未开化之前所无有者"[3]）。治化的富强世界，以其国家雄盛震惊被征服者，引导后者从富强倒推其道德理由，也由于其在民品道德问题上的模棱性和有限性而使得古老文明的被征服者若有所解而又心有不甘。

治化的另一个世界，更愿意积极地理解治化与民品的关系，不妨称之为治化的礼法世界。人民的气质性情，是否无法摆脱政体论限制，摆脱富强竞争主导下的政体中心主义，以及有限摆脱物竞规则的束缚，在主治者的礼法教化中实现更丰富的向善可能性？换言之，民品与治化在礼法教化中是否有对治趋于荣利的潜力。政治的事业很大程度上也是道德的事业，这一古典理念对于严复的支配不应被低估。严译在导言十六中提出，事功转移易，民之性情气质变化难。这个判断放在近世政治思维中看，也有强劲的思想史渊源，可以说体现出理学与事功学的深刻紧张。比如朱子与陈

---

[1] 严复. 严复全集：卷四：法意. 福州：福建教育出版社，2014：356.
[2] 同[1]356, 334-346.
[3] 严复：严复全集：卷九：评点《老子》. 福州：福建教育出版社，2014：32.

亮关于王霸义利的争论，就展现出政治的道德与事功两个维度之间的张力[1]。严复对于政治与道德之关系的看法，深刻地受到这个传统的影响。他肯定事功富强这一近世思想的边缘传统，同时也显露出深厚的理学道德政治取向。

我们看他1895年以来的早期政论，看他中华民国初期关于立国精神的提倡，可以清晰发现他对于礼法教化的高度强调。"中国名为用儒术者，三千年于兹矣，乃徒成就此相攻、相感、不相得之民……儒术之不行，固自秦以来，愚民之治负之也"[2]。《原强》这里的分析呼应了理学式的历史政治哲学，从民品、治化来严厉否定三代秦汉以来的政治，并把民智、民力和民德视为变法图强的治本。共和初立，严复在《导扬中华民国立国精神议》中明确指出，民俗、国性、世道和人心是国家演化的要素，中外皆然。他强调，治制虽然有转型，立国精神相对有更强延续性，不应陷入人治物竞的铁笼或政体中心主义。民品凋敝沦丧，"则虽有百千亿兆之众，亦长为相攻相感不相得之群，乃必鱼烂土崩而不可救耳！"[3] 不要忘了，严译《天演论》导言十六描述现代英伦民品没有进步，就是说"方今之人，不仅声音笑貌同也，凡相攻相感不相得之情，又无以异"[4]。立国礼法应该"导扬"树立现代人民的民品，现代英伦看来并不是楷模。从治化的礼法视角来看，现代中国应当寻求一种切实提升民品的现代理想政治，这不仅是对于秦以降历史政治的超越，也是对于现代先发国家的超越。共和，在政体更替之外，更应当是一个民品升华的德礼历程。

从治体论传统来看，治化的礼法世界相比富强世界，更能充分展开对于治道、治人和治法的理解视野，打破某种科学法则（天演物竞、政体）对于政治思维的化约改造。借着某一个被认证的科学真理来推导客观秩序法则，这样的原理思路如果并非客观坚实，治道、治人和治法的具体架构有可能重新改变，如从物竞到互助的嬗变。就像严译导言十六所言，礼法

---

[1] 任锋. 立国思想家与治体代兴. 北京：中国社会科学出版社，2019.
[2] 严复. 严复论学集. 北京：商务印书馆，2019：167.
[3] 同[2]288-291.
[4] 严复. 严复全集：卷一：天演论（商务本）. 福州：福建教育出版社，2014：293.

第三章　现代中国立国的治道转型

世界更注重政治主体的能动性，如领导职能，更注重人作为政治主体的情性气质。这就把丰富深厚的习俗、道德、宗教、文化学术纳入政治理解的视野，引入积久成型的历史传统和文明类型，能够相对超越经济或军事代表的力量、权势逻辑。

我们看到，严复对于中国现代立国的思索，一方面展现出基于政体中心主义的严厉传统批判，另一方面更展现出对于中国传统礼法、学术和道德的尊重和乐观信念。观察者所谓严复晚年思想的保守化，从思想观念的构成谱系来看，至少在《天演论》导言的治功与治化、治化与民品论述中，已有根源。但这个保守，不是所谓早年激进而晚年转向保守，而是在其思想母题中已经与富强变革、批判性思绪同期共生。治化的礼法世界与富强世界交错盘结，随后的《法意》、立国精神论等，是在不同路向上对于这一母题的进一步推展。

特别值得注意的是，顺着礼法世界的逻辑延展，严复治化论的第三重世界，即进化大中世界也悄然隐现。这一点主要见于严复的《述黑格尔唯心论》[1]。严复翻译阐释黑格尔的唯心论，提出主观心（一己之心）、客观心（群体会合所成）与无对待心（皇极大中）。人心变化处在天演之中，先是从受命于形气的主观心发展出礼法，人道得以成立。在政治上，依据个人自由而有天直（自然权利），依据社会契约而有国家法制。文明进化深入发展，如治化与民品所论，客观心再度塑造主观心，法典可成就民德，礼法成就民品。一个群体的伦理和礼俗积累深厚，"将以会人人之志气而使之共从事于一途"。严复指出，这个"一途"，就是客观心的证果，即"皇极"[2]。它代表了对于社会个体私利的超越，体现出群体追求的向上理想。这个会合不是个人主义的简单叠加，而是通过国家及其竞争演化。国家的结合，本质上是一种观念的结合，是一种道的有形体现。国家竞争的历史，是道常新的进程，"道常新，故国常新，至诚无息，相与趋于皇极而已矣"[3]。"皇极"出于《尚书·洪范》，是依托商周天命转移而陈述的

---

[1] 严复. 严复论学集. 北京：商务印书馆，2019：228-236.
[2] 同[1]230.
[3] 同[1]232.

治国大法，皇极也就是大中之道被视为这个大法的核心。在这里，大中之道被纳入了国家进化天演的世界历史文明图景中。与万物进化类似，"国家进化于何而极，虽圣者莫能言也"，这是一个人类理性难以揣测预估的进程①。

从原则上看，皇极是大中至公，无对待，超越对待意义上的相对竞争。从人治物竞的个体趋于荣利，发展到国家趋于皇极，这并非一个天演物竞原理的简单扩展，治化在其中发挥重要作用。国家竞争如物竞相胜，有兴必有灭，兴灭之间，胜者往往将被征服者的文明顺承发皇，吸取他者的文明精华。以治化的富强世界与礼法世界为例，如果说它们代表了现代文明与古典传统的一个对待，那么作为文明古老大国，中国追求富强治功，同时发扬其立国精神，在现代人民的品性中并重活力与礼让，这不就是一种超越对待的向上提升？国家竞争说到底是理念和教化的精神较量，这一点要从皇极大中全体来观察。国家竞争的参与者，如果要成为"世界文明主人"，考验的是民族的"通国之智力与教化"是否能够最接近皇极大中的公理大道。因此，民智、民德和民力不仅是一个国家内部政治兴衰的重要因素，也是决定国家在国际竞争、世界文明进化中命运的要素。在晚清严复笔下，英伦法度是当时模范，但如前文指出的，英伦并非止境，历史并未终结。

现代世界，是"五洲之民，相与竞进于皇极而世降世升"②。古老的皇极大中理念，同样在中外文明融会中被赋予了进化维度，被注入了历史辩证法，其主体是聚合了所有历史民族群体的世界文明进程，是包容了中国与世界各国的新的天下。"故往者之治，散而近于私，极其成就，分据小康而止；后乃除弊去偏，和同调燮而成一统大同之治体，一统大同者，思理之治制也，客观心之现象也，而人治以此为极则"③。这里又显示出治体论传统的思维影响。

对于大一统，严复在《拟上皇帝书》里面有一个经典划分，认为大一统追求的长治久安已经不能适应列国竞争的天演物竞时代，后者追求的是

---

① 严复. 严复论学集. 北京：商务印书馆，2019：232.
② 同①234.
③ 同①231.

第三章　现代中国立国的治道转型

富强。中国治体需要从一统形态转变到国家竞争格局。这个思路体现的是治化的富强理念上升变成常理，大一统、长治久安、礼法被视为现代规则的例外，价值上落伍、政体上专制[①]。然而，复杂性在于，如上文所示，严复又从治化的礼法思路来高度评价大一统的治体典范价值。在《天演论》导言十五末尾，严译将现代文明指认为"天下非一家，五洲之民非一种"，"物竞之水深火烈，时平则隐于通商庇工之中，世变则发于战伐纵横之际"[②]。将古典中国由列国到一统的历史政治逻辑进一步扩展到现代世界，一统大同是否仍然可以被奉为具有普遍意义的秩序理想？或许，皇极大中是群体政治的更高进化境界，代表了超越各层次部分利益的天下大同一统，指向一种文明竞争而进化和合的竞合前景。这一思路在晚清士人中也有类似发展，如欣赏《天演论》的孙宝瑄就把进化与春秋公羊三世说结合起来，认为大同之世是在仁道上的竞争，免于私而进于公。《天演论》论一语云"平者不喧之争"，孙宝瑄认为这是太平之统争而不喧的境像[③]。

《天演论》导言十八终篇咏叹，治化"可日进于无疆之休"，然而，人的有限性、天行的客观阻力，使得"曰人道有极美备之一境，有善而无恶，有乐而无忧，特需时以待之，而其境必自至者，此殆理之所必无，而人道之所以足闷叹也"，终极理想"可日趋于至近，而终不可交"[④]。而严复的第三重治化世界发出追问，即使天演物竞是规律，天人相争有无可能被天人合一有限度地和缓与调适，或者在天演中发现与物竞同样有原理意义的合作互助，治化由此实现最大程度的积极作为？朝向皇极大中的进化，是乌托邦边际的游走，还是人类治化精神的至善探险呢？

严译《天演论》为我们打开了治化的三重世界，分别指向现代政治的三个向度，即富强（事功）的、礼法（民品）的与世界秩序（文明精神）的。这三重世界在道德关切上是不确定（或曰弱）的、积极的（强）与进化融会（广远）的，分别对应着众民、圣贤与国族种群的不同层次竞争，

---

① 严复. 严复论学集. 北京：商务印书馆，2019：27-29.
② 严复. 严复全集. 卷一：天演论（商务本）. 福州：福建教育出版社，2014：290.
③ 孙宝瑄. 忘山庐日记//王天根. 《天演论》传播与清末民初的社会动员. 合肥：合肥工业大学出版社，2006：145.
④ 同②297.

构成了现代政治精神内在不可化约的多维张力。严复的治化论述激活了中国思想传统内在的多样性（如刘禹锡的天人关系论、易学和老庄佛学），对于近世政治思维的大争议有所呼应（如朱子和陈亮的道德事功之辩），也在接纳现代西学思维范式的同时承续了中国道德政治传统的一些核心关切。大体而言，严译西学代表的现代中国思想发端，对于现代文明既歆羡仰慕、啧啧称奇，也有来自文明传统审视下的犹疑不安、心有不甘，更展现出不同文明类型碰撞下的互诘和憧憬。这其中不仅生发出对于中外文明和国家处境的反省，还激励了文明传统精神在新世运中的生机与奋进。

附录二 《先秦政治思想史》的"百年孤独"

梁启超所著《先秦政治思想史》在 1922 年问世，距今已有百余年。这常常被视为中国政治思想史作为一个独立学术领域在现代诞生的标识。说来惭愧，笔者对于这本书，知之虽早，很长时期并未用心去读。就好像看待初生婴孩的脸庞，人们只是视之为一个开端、一个起点，在进化论心态的学科成长中，它注定是混沌、稚嫩的。

这一点也与梁任公晚期的思想学术走向相关。革命派往往抨其不够彻底，保守派讥其不够古典，启蒙主义者总是怀疑他背叛了普世理想。在意识形态狂飙越来越猛烈的起风时刻，想要做个清明节制的思想者，想要中庸调和，被时代大潮晾在一边已是很温和的待遇。诸多世象，没有足够遥远的距离，恐怕是不易评判其价值的。即如任公此书，三十年后遭遇阶级评判，六十年后预闻变革易辙、宪制调适，大概百年后方得豁显文明视野、传统启示。

不妨从两个进路走入这部书：一个是文明、国家与宪制的竞争视野，另一个是立国思维与共和治体论。

现代政治思想及其历史书写，离不开世界体系中国家及其宪制的比较

第三章　现代中国立国的治道转型

竞争。就在1922年，英国两位杰出的历史政法学家詹姆斯·布赖斯和戴雪相继去世。这对好友曾一起考察美国，凭借比较视野而发展出对于自家英宪的精彩解释（如柔/刚性宪法）。前者的政治学名著《美利坚联邦》（*The American Commonwealth*）立志超越托克维尔，早在晚清民初就推出多个中译本，对包括康、梁在内的政学名流影响颇大。后者的《英宪精义》流行更广，中国政治思想史的另一位先行开拓者谢无量先生早年就曾节译过这本名著。通过观察他者——尤其是现代文明中心的他者来帮助人们思考自身特质和出路，这在梁启超《先秦政治思想史》的思想后景中同样重要，那就是1920年影响巨大的《欧游心影录》。

布赖斯曾在19世纪晚期讲座中指出欧洲意识和技术正在全球迅速普及，而中国由于其巨大体量会使得这个过程迟滞至少数代人。《欧游心影录》则显示出，中国政学精英在一战焦土上已经开启了更为自觉的现代反思。时至今日，欧洲仍然是世界战争的大渊薮。而梁任公在实地考察后对其早年启蒙的诸多心得有了更为健全的审度和反省。欧洲现代文明在个性解放基础上释放出巨大活力，凭借科学、民主和世俗化试图征服世界和确立支配。个性的自由平等进一步通过群众化获得普及，并产生了温和与激烈的道路争持，而国家作为这种争持的终极载体将人类带向世界大战，和平在国家主义的斗争浪潮中难以得到长期保障。任公估计一战后和平能维持三四十年，事实证明犹是过于乐观。

《欧游心影录》并非宣布欧洲现代文明破产，而是激发国人不再迷信其普世性，需要从各自文明传统来审视现代国家道路。梁任公特别提出中国人对于世界文明的大责任。世界战争给人类带来的惨烈灾祸及其潜在悲剧前景对于一心向现代西方虚心求教的中国人不啻一记沉重警醒，对于辛亥革命前已经生发启蒙反思的梁任公更是催化剂。他的基本立场从西学启蒙转移到中西互补，在学习西方强化中国的同时对于西方现代弊病提出中国的诊治补救，中西应实现某种化合。作为引进一波波西学前沿的弄潮儿，梁任公经历二十多年磨炼，充分认识到西方现代自身的多变性、极端性和自毁潜力。出于中国文明均衡协调心与物、灵与肉、理想与现实的基调，他倾向于对西方文化的一系列冲突加以中庸调和并超越之。

中国在一战后的国家道路应当怎样拓展？梁任公提出几点大纲领，包括世界主义的国家、全民政治、组织力和法治、社会主义。梁任公在1903年曾有国家主义转向，汲取德国伯伦知理的学说强调现代国家的重要性。此时他辩证地强调国家主义的边界，国家之上不是真空，应该有平天下的世界主义规范来克制国家理性的极端肆虐。全民政治重在反思狭义党派政治的不足，批评精英主义思维，强调人民政治自觉的全面发动和政治能力的积极养成，体现出积极民主立场。旅欧途中，他实地考察英国议会政治，后者政治生活中的组织力与法治习惯令他印象深刻，这方面新成立的共和国仍然需要学习。至于社会主义理想的实施，他看到民主社会主义与俄国革命之间的分野，尽管难以预料其竞争前景，更倾向于中庸的温和道路。

作为清末民初转型时代的枢纽型人物，梁任公的政治和文化剖析未必能够印合后续的中国实践主趋，未必能产出解决时局问题的锦囊妙计。历史实践的诡秘往复远远超过任何天才人物的心智边界和思想逻辑，有远见的思想者能做的恐怕是敏锐地发现问题、勾勒方向和尽其所能地呈现内在复杂性。《欧游心影录》宣告了启蒙主义欧洲中心论的终结，预示中国新生的可能性系于重温文明传统的自知自重（而非全盘反传统），无怪乎沿着启蒙或革命道路继续前进的人们纷纷咎责其开历史倒车。

扩大历史视野，在一战硝烟中警醒起行的不止中国，较为相近者如印度。甘地、尼赫鲁等印度政治和文化精英正是在一战期间加快了谋求从英帝国独立的步伐。有学者把现代印度立国的主要原则概括为民主主义、社会主义和世俗主义。与梁任公的建议相比，现代印度缺乏的是一个强大而独立的国家传统，再加上殖民地经验，致使其在当时的国际秩序中尚缺乏世界主义的眼界。而深厚沉重的宗教（冲突）传统、种姓制度，对于印度是大难题，在中国则非是。梁任公和甘地等人都对英国立宪政治表示欣赏，而甘地作为立国精神领袖以"萨蒂亚格拉哈"为中心的诉诸内在精神转化的政治实践方式，乃是深鉴于印度文明传统对于暴力问题的敏锐思考，非暴力不合作道路与全民政治的积极行动取向大相径庭。一战后欧洲以外国家的宪制发展，深度折射出文明系统的差异，《欧游心影录》呈现

第三章 现代中国立国的治道转型

的是文明、国家与宪制叠加的丰富转型信号。

这本游记的政论思想引导了梁任公的学术议程,《先秦政治思想史》就是从学术智识上探索文明传统对于现代立国会产生什么启示的。其"序论"总结出先秦诸子的思想共识,包括世界主义、民本主义与社会主义,与欧游建议可谓先后呼应。其结论直面现代性挑战重新贞定先秦思想的时代价值,陈言自己在相互冲突的价值原则难题之间踌躇徘徊十余年,萦绕脑际绝非始于一战。这就涉及品读这本学术著作的第二个视野,也即立国思维与共和语境下的治体论。

相比于1903年的国家主义转向,梁启超在民国建立前后经历的思想转型更为重要,可谓从变革思想家到立国思想家的转型。以现代西方为典范,谋求变革现实中国,倡导大变、速变,这是晚清变革思维的特征;而注重一个国家政权建立的系统条件,谋求巩固和维系,确保可持续发展,这需要历史现实自觉较强的立国思维。中国政治传统长期以来有关于立国之道的发达思想和实践,而当政权遭遇挑战和危机,则兴起变革思维,希冀从头再来。梁启超早期的西学启蒙大体属于变革思维的范畴,而他转型的缘由,从内在说是思想心境在见识阅历丰富后趋于成熟稳健,从理想主义浓烈变为注重历史政治实践,其外部缘由则是伴随晚清覆灭、共和新生而促使他必须系统理解一个文明古国的现代秩序凝定。

我们看到,至迟在1910年创办《国风报》期间,他于《说国风》中强调国民心性习惯在国家构成中的重要性,在关注"良法美意"的制度移植之际,关联到国风所蕴含的关于政治原理和主体特质的传统维度。这就指向传统立国之道的自觉,"泰西正学,浸润输将,而祖述之者,大率一知半解,莫能究其本源,徒以其所表见于外者,多与我不类,则尽鄙弃吾之所固有,以为不足齿录,而数千年来所赖以立国之道,逐不复能维系人心,举国怅怅然以彷徨于歧路间,其险象固已不可思议矣"。革命转轴,共和既立,梁任公在民元即强调"国性",指出"缘性之殊,乃各自为国以立于大地。苟本无国性者,则自始不能立国。国性未成熟具足,虽之焉而国不固。立国以后而国性流转丧失,则国亡矣",于共和立国之初即窥见其险象衰势。

概要说来，转型时代的立国思维需处理三重国度的关系，即传统立国、当下立国与外邦立国。即使当下实践立国为确定项，也要看到另外两者的多个层面，如传统立国中三代的典范性与汉唐明清的经验性，外邦立国包含时空多维，如 17 世纪英国与 19 世纪德国，现代立国早发与后发也特质各异。当下立国的理想立场是兼收传统立国和外邦立国的启示，而转型时代的危机是反传统情绪日益滋长下对于外邦立国的单向倾慕，漠视了传统与当下之间不可断裂的关联是立国首要根基，忘记了现代立国无法摆脱传统立国而超越重生。

1912 年的《中国立国大方针》提出既要把握中国立国的传统精神，又要顺应世界发展大势。他认为中国国家属于早发，然而需要更加团结有力，树立世界责任和使命感。在立国指导原则上，他有意超越西政语境中的自由和干涉两橛，而提炼出保育作为立国要道，从中可见周孔以来政治精神的遥远影响。鉴于共和后政治浪漫想象的流行，他批评自由至上、无政府主义、乌托邦主义对于秩序和法治的轻忽，强调建立强有力政府，在此意义上肯定英国阁会一体的制度优点。

与启蒙主义治学不同，梁任公的这些政治思考使他不再从书本到书本、以西式理念来规训自家实践，而是首重立国时刻的中外情实和时势，注重把握自身传统的规范意义，在立国智识资源上必须开放多元、融汇一体。这不意味着完全放弃以前的西学心得，而是将其放在立国导向的稳健思维中加以审度，如论民权、论自治，在立国规模的传统中为其定位调适。他在《先秦政治思想史》"序论"中特别指出："中国文明，产生于大平原。其民族器度伟大，有广纳众流之概。故极平实与极诡异之学说，同时并起，能并育而不相害。其人又极富于弹力性，许多表面上不兼容之理论及制度，能巧于运用，调和焉以冶诸一炉。此种国民所产之思想及其思想所陶铸而成之国民意识，无论其长短得失如何，要之在全人类文化中，自有其不朽之位置，可断言也。"

中国文明的立国之势对应其立国精神的广纳众流，立国思想也从来不会是一家一派之言的独白，而必定是切合立国规模的熔冶凝合。萧公权先生称其政论没有成见、今昔不断交战，也是这种思维气质的体现。他最终

第三章　现代中国立国的治道转型

在春秋战国时期选取儒道法墨四大家来讲授，首先是认识到这个时期思想争鸣对于秦汉以后国家构造的奠基意义，其次是着眼于自身所处转型时代与战国的某种类似性，想在新战国时代再思立国思维资源的现代价值。他把世界主义、民本主义和社会主义当作诸子共识，与《中国立国大方针》《欧游心影录》背后的立国关切一脉相承。当我们在现代新儒学、新法家等诸子范畴中回望梁氏时，不能忽视立国思维这个基本架构。

《先秦政治思想史》不仅显示出立国思维下的学术探究，也颇具创新性地激活了立国传统中的治体论。古人论述立国秩序，注重从治人、治道和治法代表的政治主体、政治原理与制度方略三类要素的辩证统合关系去把握其大纲要领，这个治体论传统至少自贾谊而下长期塑造着中国政治的实践智慧。及至晚清，严复、梁启超等人大力引进西学，政体论大为流行，治体论似乎已成绝响。当今政法学人反思现代中国的政体中心主义，替代性资源尚难追寻。笔者近年稍复研读严复、梁启超等人文献，发现情况并非此进彼退那么简单。严复引进孟德斯鸠等人的现代政体论，恰恰是在传统的治体论脉络中以"治制"对应 regime、form of government 的，并用习惯的体用范畴来分别表示治制的形和用，据形质言体，体立而制度形，一步步推演出现代的政体观念。而脍炙人口的《天演论》，同样显示出治功、治化等治体论观念对于严译的深刻影响，塑造了其译本里西学与中国传统的思想张力。

梁启超是政体中心主义的主要缔造者，然而立国思维转型也促使他重评治体论传统。《先秦政治思想史》改变了以往对于荀子"有治人，无治法"的专制主义批评，正本清源，揭示出儒家相对制度规则注重政治主体能动性的辩证思维。在儒法关系上，他多次重申儒家"人能弘道，非道弘人"的合理性，人的精神心灵及主体实践相对于客观的道和法，是最为根本的，并进一步引申为具有现代针对性的"人能制法，非法制人"。晚清以来至民国尤为流行的制度移植，由于不能触及政治主体关联到的国风民情，难有良效。治本必有存乎政制之外者，"至于无形之秩序与继续之秩序，则非涵养新信条，建设新社会组织，无以致之，而下手之方，则首在举整齐严肃之政治以范铸斯民"，塑造新民是政体等新治法变革的一个重要条件。而治道蕴含着相对超越政体治法的政治原理，"夫治道无古今中外，一而已。以智治愚，以贤治不肖，则其世治。反之则其世乱"，如批驳以民主政体贬低民本的时论，"政府无论以何种分子何种形式组织，未有不宜以仁政保民为职志者"。

质言之，治体论主张在政治主体、政治原理和制度方略三维的辩证架构中思考秩序体要，而政体论相对强调政体制度这个新治法要素的中心价值。立国思维引导下的治体论思考更加强调国民意力精神、政治家素养、保育民本等政治原理、大一统基源与政体再造之间的配套关系，这不是对于政体论的简单否定，而是将其置于共和立国的治体系统中加以重新定位。

与治体论紧密相关的是《先秦政治思想史》对于礼治的推重。礼教是新文化运动之传统批评的主要罪魁，现代立国如果要将打倒传统转为结合传统，不能不调整或转换对于礼治的认知，同时进行立国思维的自我重审。礼法之辨是梁著的一大主线，法治在政府制裁力上而礼治在社会制裁力上分别得到肯认，并且前者被置于后者的根基上得到规范引导。任公的眼光不限于政治社会组织方式本身，而是深探其文明意蕴，讨论治法背后关于人性人群的价值基设和主体特质。他揭示出礼治与法治各自代表的交让与交争两种基本人伦取向，认为礼治诉诸人格的彼此相摩，由追求良善正义的相互交往而形成信条、伦理、习惯风俗。这个过程尊重人的人格精神，强调经由关系互动形成优良的活习惯，这是要比政府立法和命令更为深刻的社会秩序机体。

任公在启蒙新学中曾为法家正名，发掘其与西方法治相近的资源。追及此书，对于二者的历史和现代价值都表现出更多保留态度。这一点可见于他对待西方权利观念的严厉批评。《欧游心影录》曾指出现代过渡混杂时代见证了罪恶的大规模涌现，转型时代的中国同样是满身罪恶。《先秦政治思想史》将这样的罪恶感知的根源溯及西方的权利观念，指认西方文明中以个体为本位的斗争伦理实应为各种功利主义、国家主义负疚。"交相争"的个体伦理着眼于利益最大化获取而非人格交互完善的和谐正义，法治就是适用于此的政法组织方式。

梁任公对于民权的看法几经变化，萧公权先生《中国政治思想史》对

第三章 现代中国立国的治道转型

此有过梳理,大体指认其为温和的民权主义者,然似乎未措意于《先秦政治思想史》的权利观批评。后者多处谴责权利观念是现代罪恶的一大渊薮,在论民权的专节里强调人格完善重于人权,应以儒家君子成德充实民权,引导全民政治。梁任公剑指政坛,谓中华民国冒民权之名以乱天下,政治上各种方案和制度走马移植只不过是"导之以政,齐之以刑"的"案乱而治"。这也可解释为何梁任公要在政体论之外激活治体论思维。政体中心主义风行之际,缺乏礼治引导的法治,煽动的是人民好斗夺利、党同伐异的激情,无法走向长治久安。

这种扬礼治而抑法治的取舍,不是要在新战国时代保守复古,乃是有鉴于一战标识的新战国时代之"交相争"愈演愈烈,在文明反省维度上比较中西、切摩古今。其况味,大概类似于强秦覆灭灰烬中的贾谊激愤俗败而启治体之思,唐贞观初魏徵驳斥封德彝教化难行、重典当先的国策论。只是梁任公还需面对这类传统立国不曾经历的现代挑战,比如他在结论中提到的个性与社会性之关系问题。19世纪晚期以来的现代秩序中,议会、学校和工厂代表的政治、文化和经济组织建制愈发巨大庞杂,个体如何在这种现代性中实现天赋良能天性?出路恐怕不在彻底否弃之,"如何而能使此日扩日复之社会不变为机械的,使个性中心之'仁的社会'能与时势骈进而时时实现,此又吾侪对于本国乃至全人类之一大责任也",礼治优于法治的思路价值也在于此。

另外,以周礼为历史典范的礼治在治体类型上强调政治、文教与经济的融凝一体,注重政府与社会、中心与四方、公私之间的相维兼济。而梁任公把世界主义、民本主义和社会主义提炼为诸子共识,表彰均安主义、全民政治、国家的世界责任,揭示中国政治思想融合哲理、经济和典制的特征,这些线索有利于深入解析礼治意蕴。现代中国立国,仍是在大一统架构中均衡调剂央地、公私、政民之间的活力关系,礼治秩序其实是旧命新生。

梁任公早年运用专制政体范式激烈解构大一统,认为后者在政治和文化上造成了导致国家活力衰退的专制主义。这个判断在《先秦政治思想史》"统一运动"中有大幅调整。中国以统一为常态,不同于西方常陷于分裂，先秦圣哲学说推进同类一体意识（"定于一"），奖兴同类意识而非异类意识，不囿于国家主义，这是思想上一大积极业力。可以说，类似《中国立国大方针》这样的立国实践思考应是推进任公调整的一大因素。任公用和平式联邦、武力式帝国来对应理解儒墨和法家的大一统理念，以秦为帝国而汉为杂糅，则显示对大一统的观念解释仍不能确立自身话语体系。

作为百年中国政治思想史书写的开端，这本著作难免是孤独的。鉴于对现代性精神中罪恶灾难的警醒，它没有将权利观念、斗争哲学和国家主义奉为圭臬法则，而是在文明根源上试图为诸神之争泊定天人性命的仁义原点。它并非纯然学院书斋的撰述，而是继承古典学统百家言和王官学的精神，荟萃多源，振起政教规模，为共和立国凝练长治久安的人心共识。任德而不任刑，执法而归于礼，统纪一而法度明，其撰述方式是治体论衡，而非学案记注。受益于梁任公"晚年契悟"，钱穆先生继武增华，为故国招魂，可视为这一理路的世纪回响。

梁任公一行离开欧陆不久，现代文明最为深邃冷峻的思考者之一韦伯溘然辞世。这两位活跃于世纪大转折期的巨擘有诸多可比性。两人均享年五十六岁，在韦伯凝神极论的政治和学术两个志业领域，梁任公维新变法和再造共和的事功对于现代中国的意义不必赘言，他对现代中国学术的奠基开造之功也皇皇可观。他们在现代文明的伟大业力中窥见了异化力量的销魂蚀骨，在民主彷徨中惊闻卡里斯玛的异响轰鸣。相对于韦伯在国家崛起和衰败中凸显荣光与幽暗、在诸神之争中孤苦漂泊，梁任公经由文明反省而生成超旷中的清明，诉诸文明复归而避免无家可归，这份审慎和远见值得致敬，更须重温。

第四章
「有治法而后有治人」？──革命立国中的人民与政制

共和立国与治体新论：钱穆历史政治学研究

第一节　现代转型中的礼法新说与治体论传统

中国自晚清经历现代转型以来，在围绕传统与现代的关系问题上形成了两个思考路径：一个是推倒传统，拥抱现代化。这个进路长时期以来对于我们的法政思考发挥着支配性作用。另一个进路相对温和，即不否认传统的现代价值，主张在西方现代性主导的前提下吸收传统要素作为配方，最终发展出以西方为本源的多元现代性[①]。

今天或许可以反思：源于现代西方的政治学概念、命题和理论体系，是否具有普遍解释力，对于指导我们的实践是否足够有效？我们不妨转向中国自身的传统资源，从其历史与现实的实践展现中重新发掘线索。这个转向着眼于古今中西关系的本末源流辨识，旨在形成更具传统智慧和现代活力的中国政治学话语。

中国政治传统中的治体论为理解大一统国家的思想、制度和政治实践提供了中心性视野[②]。本节进一步聚焦治体论传统的现代展现，试图探讨治体论传统在现代转型以来如何成为严复、梁启超与钱穆等人提出礼法新说的理论脉络和资源。对于礼法新说与治体论传统的考察，不仅能够推进对于国家治理体系、法治文明等当代实践命题的理论透视，而且从学理上有助于深入辨识传统资源在现代政治理论创新中蕴含的丰富启示。

---

　① 张灏. 转型时代与幽暗意识. 上海：上海人民出版社，2018.
　② 任锋. 立国思想家与治体代兴. 北京：中国社会科学出版社，2019；任锋. 治体论的思想传统与现代启示. 政治学研究，2019（5）.

第四章 "有治法而后有治人"？：革命立国中的人民与政制

一

在中国政治传统中，治体指向由治道、治法、治人三类要素整合形成的理想政治秩序。依据现代语言表述，我们可以将其理解为由政治原则、制度方略和政治主体三类要素构筑的宪制性关系。自汉初贾谊肇始，治体论经历两千多年演进，在近世政学实践中逐渐成熟，一直到清代魏源编纂《清经世文编》，源远流长的国家治理传统才形成起来。治体论在先秦诸子思想中已经初见端倪，《孟子》《荀子》《管子》中关于徒善与徒法、治人与治法、任人与任法的辨析是代表性论述。贾谊代表的立国思想家群体对于治体的阐发，揭示出郡县大一统国家在政治秩序建构中对于道、法和人三类要素的整合性辩证处理。透过这一脉络，我们还可了解到一个被遮蔽的近世议程，那就是"以法为治"，显示出纪纲法度在秩序建构中自宋以降有了长足发展。纪纲法度是传统法的中心性概念，指向政治秩序的根本性和重要性制度。如陈亮所言，"人心之多私，而以法为公，此天下之大势所以日趋于法而不可御也"[1]。黄宗羲在《明夷待访录》中提出原法论与代表治法创制的学校论，脱离这个历史脉络是难以想象的。对于治体论及其演进的充分认知，是我们重新理解现代法政思考的必要前提。

严复在晚清以极富创发性的翻译引进为现代法政思考奠立了基础。相比后起的西学翻译，严复更丰富地展示出中国思想传统在新生之际的古今融会样貌，也为探讨中西法政词汇和观念的对接转化保留了珍贵的资源和线索。既有严复研究多以西学范式作为评解基准，比如革命与自由主义，对中国思想传统在其间的作用缺乏系统纵深的探讨[2]。严复在翻译中大量运用治体论语言，并用治制、治体来解释西学政治核心概念。我们这里通

---

[1] 陈亮. 陈亮集. 北京：中华书局，1987：124.
[2] 对于严复政治思想研究的现代视角，代表性批评参见：戚学民. 严复《政治讲义》研究. 北京：人民出版社，2014：绪论.

过《社会通诠》和《法意》进行初步探讨。

在 1904 年年初将甄克思（Edward Jenks）*A History of Politics* 翻译为《社会通诠》时，严复的原序译文称其为"言治制之书"，认为该书"真得失之林，而言治道者之所镜也"[①]。严复翻译第一章（"开宗"）时，将 politics、the business of government 翻译为"治制"，"治制者，民生有群，群而有约束刑政，凡以善其群之相生相养者，则立之政府焉。故治制者，政府之事也"[②]。同时，他将没有历史、没有组织的偶合之众翻译为"经制不立，无典籍载记之流传，若此者，几不足以言群，愈不足以云社会矣"[③]。有学者认为，"以'经制'译 organization，尤加强了这一在西文中较普通的字眼的神圣性，使之与中文中的'经'挂起钩来"[④]。"经制"一词兼指普遍治道与具体治法，在古典传统中以《周礼》为典范，是治体论典型概念，贾谊、王通、南宋经制学派、马端临、丘濬等自汉以降尤为重视。严复将其与现代西方的组织观念对接起来，契合点在于政治社会秩序的制度化和权力化建构。这个契合是治体论传统中重视制度纪纲一脉在现代西学催化下的凸显。至于组织能否对应经制治体，后来钱穆对此有深入反思。

在"开宗"中，严复将 institutions 具体翻译为法度经制和治制。经制、法度是涵括治道和治法的概念，严译借此指"社会之机杼也，得此而后有其组织之事。礼刑政教，官府兵赋，伦位爵禄，皆此物也"[⑤]。第九章"国家初制"开头提出施行政治事务的组织与制度，严复增加自己的解释，"法度者，凡其所以经纬纪纲，以善其生养，行其政教者是已"[⑥]。民生政教作为规范性维度被赋予西学中的组织。

《社会通诠》特别注重的是"合群驭众"的治制（the business of government、the origin and development of the institutions of government），"生养之制，行政之经，将溯其最初以驯至于今有，则以是为吾书之义法

[①] 王宪明. 语言、翻译与政治：严复译《社会通诠》研究. 北京：北京大学出版社，2005：271.

[②][③][④] 同[①]275.

[⑤] 同[①]279.

[⑥] 同[①]412 页注释 1.

第四章 "有治法而后有治人"？：革命立国中的人民与政制

云尔"①。严复进一步以"治制"翻译 form of government。政体类型学，被概述为治制、国制的不同。"盖治制本无优劣，视与其民程度相得何如"②。对照治体论的概念系统，广义上的国家政府、狭义上的政治制度和组织被严复视为经制法度之下的治制，相当于治体中的治法维度，有时称为经制③，有时称为治术，有时则以治体概称，运用还不统一。如亚里士多德的《政治学》被严复翻译为《治术论》④。孟德斯鸠诸贤"皆深明法学之士，其论治制也，尝低徊流连于英之宪法"⑤。

援引治体论来译介政治制度和组织，礼乐政刑、经制法度这类传统观念很自然进入其中，在面临中国以外更为丰富的政治现象时被延展来发挥其阐释作用。第六章"耕稼民族"总结部分肯认亲睦与遵从是 kinship 和 lordship 的两大组织原则⑥。严复译文远溢原文，论述群体秩序天演的"大例"，指出从民族到乡村、强国、五洲，都离不开礼乐原理的亲亲和尊尊。人类群体和谐有序的根基，在于"序以为礼，和以为乐""陶钧民质，久道化成"⑦。严复将礼引入现代西学话语的翻译中，一方面使陌生的外来事物借由读者熟悉的本土语言得以接受和理解，另一方面也为本土的特有语言和观念赋予了潜在的普遍性格。换言之，礼乐政刑、礼刑政教成为可以指称多元文明现象的一般化概念。第五章"种人群制"论种人官制中的庶长（the council），严复视其为"后世国会之滥觞"，特别强调庶长的职能，"其极重者，在传守典常，议礼布教，兼秩宗、司徒之所为"。"其极重者""兼秩宗、司徒之所为"都是严复的增文。甄克思认为这是后世立宪政府的源泉（the germ of future constitutional government），严复译为"其寓立宪治体之始基"⑧。

由礼论到法，严复揭示中国传统并非不重法，只是法度演进，渐成弊

---

① 王宪明．语言、翻译与政治：严复译《社会通诠》研究．北京：北京大学出版社，2005：280.
② 同①520.
③ 同①521.
④ 同①520.
⑤ 同①531.
⑥ 同①376.
⑦ 同①361.
⑧ 同①335.

病。"天下惟吾之黄族,其众既足以自立矣,而其风俗地势,皆使之易为合而难为分。夫今日谋国者之所患,在寡,在其民之难一,而法之难行。而吾民于此,实病其过耳,焉有以为患者乎?""使一旦幡然悟旧法陈义之不足殉,而知成见积习之实为吾害,尽去腐秽,惟强之求,真五洲无此国也,何贫弱奴隶之足忧哉"①。中国尚法而生积弊,这一点后来钱穆反复论及。

严复在《法意》中的翻译和评论在揭示出治体论传统的延续与新变方面有了深入丰富的表达②。一方面,严译透露出治体论语言和思维的系统性传统影响,另一方面,治体论传统在西学引入过程中显示出内涵与形式架构的巨变。治制对应西学中的政体,成为现代政治思维的重心,而治道与治人的比重大为降低。表现在围绕礼的论述上,法、国法、公法、宪制的范畴和权力逻辑成为主导,中国传统礼的意义内涵(如亲亲、尊尊)历史化、相对化,被吸纳到了现代政体论中。

在《法意》中,"治体"概念指政治国家的基本层面,运用频次远不及"治制"。孟德斯鸠引用意大利格拉维那(Gravina)的名言,严复将其翻译为"惟小己之合力,成国群之治体",此处治体对应"政治的国家"③。"治制"被用来对应翻译西学中的政体,而且强调政体与法制之间的紧密关联。"国有治制(如君主民主),国法者,所以成此治制者也;民法者,所以翼此治制者也。故其立法也,不可以不察其治制之形质精神而为之"④。政体性质与政体原则,就是治制的形质和精神。严复以形质为体,即政体主干,指示从政府本质直接产生的法(of the laws directly derived from the nature of governments),是根本法典,而精神为用,表达人情民心道德⑤。严复特别将此章标题中"the nature of the three different governments"翻译为"立国三制",揭示出思考的立国关切,并且强调政制对于国家构成的核心意义。亚里士多德的《政治学》被严复确定翻译为《治制论》⑥。

---

① 王宪明. 语言、翻译与政治:严复译《社会通诠》研究. 北京:北京大学出版社,2005:529.
② 关于严复《法意》研究,参见:颜德如. 严复与西方近代思想:关于孟德斯鸠与《法意》的研究. 长春:吉林大学出版社,2005.
③ 严复. 法意//严复. 严复全集. 福州:福建教育出版社,2014:11.
④ 同③11.
⑤⑥ 同③13.

第四章 "有治法而后有治人"?：革命立国中的人民与政制

严复论述了治制形质和精神，"形质以言其体，精神以著其用，体立而后制度形，用明而后人情著"①。孟氏原文只是简述政体性质和政体原则，严复则引进了传统的体用范畴，并对应于制度和人情，这是孟氏原文没有的。治体论源于对治理秩序体要的理论自觉，关于治道、治法与治人的关系在近世就出现了依据体用论的探讨，严复的深层支援意识来自近世儒学思维及其间纪纲法度论的强化②。这里以制度组织结构为治制形质，政制和国法被置于秩序思维的中心。从治体论中抽离出治制，为其确立体用，"体立而后制度形"，一步步衍生出传统思维现代化的演变节奏。由此再到从表述上用"政体"替代"治制"，确立现代政治理解的新体要，就只是一步之遥，而且在严复翻译中已部分实现③。这是现代思想生成中的政体时刻、制度时刻，可谓政学观念史上一大事因缘，由来自中国传统与现代西学的合力共同抟成此节。

在"治制"的现代运用中，一方面，严复使用的是传统既有概念，纪纲法度代表的治法维度被援引过来彰显西学的政制范畴，另一方面，政制被视为具有根本性法典价值，这一点所表达的理念及其思维已经融入现代政体论。同时，对于政制论而言，这一转换在历史纵向的传统之外，又增添了全球视野下的横向比较。治体治法在周、汉、唐、宋、明之间各有不同，《法意》表述为"五洲治制，不出二端，君主、民主是已"，"夫五洲治制，皆宗法社会之所变化者也"，在东亚与西欧之间对治制政体不同展开比较④。

严复选择用"法意"来翻译孟德斯鸠这本名著，从中国政治传统来看有其治体论思维渊源。传统讲论法度，比如先王之法、祖宗之法、法后王，往往分辨法之迹与法之意，或探讨法外之意。如吕中辨析治体，就是立足于纪纲法度与仁义精神之间的整合关系来讨论的⑤。严复在翻译中解释法意并非法自身，而是指制与所制者之间的对待关系，例如治制与宗教之间的相互作用。严复称"得其相维相剂之理"，相维相剂本就是凸显治

---

① 严复. 法意//严复. 严复全集. 福州：福建教育出版社，2014：26.
② 任锋. 立国思想家与治体代兴. 北京：中国社会科学出版社，2019.
③ 同①78.
④ 同①20-21.
⑤ 同②.

体论思维意味的用语①。治体论传统注重的是治道如仁义精神与纪纲法度、治人主体之间的辩证关系，严译法意论强调的是治制政体代表的根本法与政体精神、地理环境乃至宗教风俗之间的对待关系。法意论引入治体论的传统概念和词汇并不奇怪，尽管这种引入给传统与西学本土化都带来了新变。

治体论传统的要义在于辨析治道、治法和治人的整合关系，三者形成了较为均衡的价值格局，而政体论主导下的现代转型使得治法维度对应确定最高权力分配的制度和组织并成为秩序中心，治道和治人等要素类型从原先均衡甚至更为重要的位置降格于第二义，这构成了治体论现代转型的主要导向。传统治体论中的礼，在这个转型下被置于政体论视野中，也显现出现代思维中的新面相。

孟德斯鸠对于中国政体的讨论大量涉及礼，严复由此展开的辨析显示出政体论维度的法律优先视野②。《法意》第一卷第一章通论法律，严复在按语中指出，"中国理想之累于文字者最多，独此则较西文有一节之长"，即西欧语言中物理和国法都用"法"来统称，而"西文'法'字，于中文有理、礼、法、制四者之异译"③，"西人所谓法者，实兼中国之礼典。中国有礼、刑之分，以谓礼防未然，刑惩已失……故如吾国《周礼》、《通典》及《大清会典》、《皇朝通典》诸书，正西人所谓劳士"④。严复分别以宗教、哲学和治制（政体）产生的法律为教法、道法和国法（公法），"国法者，经世法度之家所以设之堤防，使无至于相害也"⑤，"今之所谓公法者，即古之所谓五礼也"⑥，礼不仅在于孝悌秩序，而且在于生聚合群，这是"古之法典"⑦。在另一段按语中，严复指出"孟氏之所谓法，治国之经制也。其立也，虽不必参用民权，顾既立之余，则上下所为，皆有所束。

---

① 任锋．立国思想家与治体代兴．北京：中国社会科学出版社，2019．
② 关于孟德斯鸠政体论与论礼的多面性，参见：李猛．孟德斯鸠论礼与"东方专制主义"．天津社会科学，2013 (1)．
③ 严复．法意//严复．严复全集．福州：福建教育出版社，2014：6．
④ 同③10．
⑤ 同③7．
⑥ 同③161．
⑦ 同③452 – 453．

第四章 "有治法而后有治人"?:革命立国中的人民与政制

若夫督责书所谓法者,直刑而已"①。严复对于法家的刑法与礼做出了区隔,治国经制才是孟德斯鸠意义上的法。

在"支那特别之治术"一节,孟德斯鸠认为中国的礼综合了宗教、法典、仪文和习俗四者,是政府经制。严复盛赞孟氏伟识,指其呼应了曾国藩围绕先圣制礼之体的言论,进一步认为中国的礼更综合了现代的科学和历史②。严复对于儒者经世以礼深有观察,日用实践呈证人心、寻求治理,这是传统政学主流,近世以来的永嘉经制之学为其代表。然而近世理学受佛老影响,在这一点上有所偏差,认为礼学逐物破道。严复认为,"顾自今以西学眼藏观之,则惟宗教,而后有如是之纷争,至于学界,断断不宜有此。然则,中国政家不独于礼法二者不知辨也,且举宗教学术而混之矣"③。这一点线索极为重要,后来钱穆从宗教论衡中把握礼治精义,确立礼教文明系统视野,在严复这里已有端倪。

严复主要依照政体类型学的君主制和君主专制来讨论中国传统的礼。礼治对应君主制政体,代表能够对君主统治形成规范的大法,君主专制政体则连礼治都付之阙如④。严复把宗教典常和传统民谣风俗视为"为民所重,埒于宪章"的"无法之法"⑤。"无法之法",黄宗羲在《明夷待访录》"原法"篇中用其来指三代之法。严复引介政体论,遂认为中国自炎黄以后都是君主治制,秦以后治世少而乱世多,显然也是承接黄梨洲之说⑥。针对孟德斯鸠以专制论中国传统政治,严复认为"以是而加诸中国之治制,不必尽如其言也,亦不必尽不如其言"。从治乱来说,政治清明,礼是先朝成宪,政治出于法度之朝,及至政治衰乱,就落入孟氏所谓专制政府。严复在按语中悲叹,引发政治衰乱的专制政治,主导了历史趋势⑦。礼作为君主政体中根本性的法则,相当于宪章典制,所谓

---

① 严复.法意//严复.严复全集.福州:福建教育出版社,2014:24.
② 同①331-332.
③ 同①333.
④ 同①30. 对于贵族政体的灵魂,严复以"礼让为国"翻译 moderation,作为"贤政治制"的精魂。
⑤ 同①23.
⑥ 同①31.
⑦ 同①72.

"有恒旧立之法度"①。礼是儒者治天下的名器②。而作为名器的礼，相对于朝代制度，重要性是第二义的，尤其是相比君主、民主这样的政体论根本问题③。

礼对应君主政体，既包含国法成宪，也蕴含治制精神（政体原则），即孟德斯鸠所谓荣宠。严复在按语中又从权力角度解析作为荣宠精神的礼，"礼之权不仅操于上，而亦臣下所可据之以为进退者也"④。进一步，严复对于立宪的古今形态做出严格辨析，礼属于古典传统的宪章，而现代立宪的一个关键要素是民权参与，能够保障立法得到统治者遵循。他倾向于以现代民权宪法作为模板，礼治的古典宪制特征未得其表彰，因此使得君主制良治更接近于人治，即所谓"有累作之圣君，无一朝之法宪，如吾中国者，不以为专制，而以为立宪，殆未可欤"，"嗟乎！中国数千年间，贤圣之君无论矣，若其叔季，则多与此书所以论专制者合"⑤。在论述君主专制的"权力授受"时，严复在原文之外特别增添了一句，"此专制者，所以云'有治人无治法'也"，用来描述君主以自己意志为法律的政体⑥。这句话出自《荀子》"君道"篇，原意是强调没有能够自动实现优良治理的法度，需要有君子之类的治人作为政治主体，是治体论最具原典性的论点之一。严复详细辨析了专制治制的名与实，认为君主制如果没有民权伸张，结果或者是依赖明主的有道立宪即礼治，或者是中材之主的无道专制⑦。"中国以政制言，则居于君主专制之间"⑧。

我们知道，贾谊作为立国思想家代表了治体论在秦汉之际的开端。严复在按语中多次论及贾谊，也能把握住后者的治体意识，但在解释中主要

---

① 严复. 法意//严复. 严复全集. 福州：福建教育出版社，2014：25.
② 同①32.
③ 同①33.
④ 同①34.
⑤ 同①25，72.
⑥ 同①82.
⑦ 同①79.
⑧ 同①121. 这里指在君主政体和专制政体之间。

第四章 "有治法而后有治人"？：革命立国中的人民与政制

将其思想收纳在君主制政体的框架中①。"贾生之《治安策》，古之至言也，顾必用之君主之国而后有合，此尚论者所宜知也。重名器，立法度，严等衰，分淑慝，而行之以恭俭不忍人之心，则其世为昌期，其君为明圣。三代以后，仅仅见之汉文帝、光武、唐太宗而已"②。治体论重视治法与治道相维，而在严复思想中，仁义政治原则被吸纳到以治制政体为中心的新思维中。"夫制之所以仁者，必其民自为之"，具体而言就是民权（"必在我，无在彼，此之谓民权"），国家长治久安依赖于民权主导下的治制。

儒家往往尊礼治为常法，而道家高据道德对之批判。严复在按语中屡屡称引道家语，而批评视角则引用了现代政体论。他翻译"立宪之国，臣子所以畜其君者以礼"，而礼因时损益，代有因革，在按语中称读后"恍然于老子道德、仁义、礼刑递降为治之说，而儒者以礼为经世之纲维，亦此意也"③。在礼为古典君主制宪章的意义上，严复为儒家礼治提出了新解说。新义之一就在于牢固地将礼治对应君主政体，所谓"民主者，以德者也。君主者，以礼者也。专制者，以刑者也"。儒家礼治优于法家刑治，然而四千年仅成一治一乱之局，缺乏进步④。

相比在治体论传统中代表治法、关涉治人和治道，礼的君主政体化实际上在政治历史演进意义上被普遍化、历史化、降格化了。普遍化，是指从中国文明经验中显示出全球历史的普遍性。"巫祝瞽史，常为三古之所重，而一国之典章礼乐，彼实守之。此不独中国然也，五洲皆如是。古之欲学，必于是四者求之"，从中衍生出政治权力，在西欧对应教会掌握学术、参与大政⑤。在中国，圣人制礼，贤者乐礼，君子时中达节，礼法可以进化。"吾闻礼法之事，凡理之不可通者，虽防之至周，其终必裂，裂则旁溃四出，其过且滥，必加甚焉"⑥。在"专制国之礼俗"一节按语中，

---

① 严复.法意//严复.严复全集.福州：福建教育出版社，2014：229.严复按语云，"臣民得自达于其君，此左右观赏所大不便者也。故是法行，则必有廉远堂高之曲说，与夫垂疏毹犷之谬谈，谓其非治体者"。"廉远堂高"，出自贾谊《新书》"阶级"篇。另《法意》第二十九卷第九章（第582页）同样引用贾谊《新书》"阶级"篇。
② 同①82.
③ 同①37.
④ 同①147.
⑤ 同①318.
⑥ 同①483.

严复认为传统礼俗宗教延续数千年，近世三百年的时代特质在于通，交通促进各地各国交流，民富国强依赖于此。这也使得传统礼俗宗教必须接受从地方知识（"起于一方"）到普遍化的检验（"天下之公理""人性之大同"），否则难以延存。他举例俄罗斯，批评其专制政体保守拒变，在国家竞争中不易强大取胜①。即使在传统内部，礼俗也并非一成不变，严复认为唐宋礼制差异很大，并且批评"顾他国之变也，降而益通，而吾国之变也，进而愈锢"，国民尚武好事风俗越来越弱化，民气愈偷②。礼被放在政体比较的层面加以审视，西方现代政法制度的优胜是礼无法比拟的。严复在按语中积极评价西方殖民与租界中的治理制度，这是其国家势力扩张的根本因素。孔子生于现代，对于礼的看法也需要变更③。

严复的思想经历揭示出，治体论在西学引进过程中仍发挥重要影响，其现代转型的关键在于现代政体化和法治化成为支配逻辑，这导致了治体论语言的概念重塑和理论重组，产生了朝向制度和组织维度的强化。新的观念要素（如政体、主权、民权、立宪）与传统中多样化的思维模式产生了现代融合，礼作为治理模式被吸纳到君主政体之中，相对于政体制度居于次要地位，同时也在全球史视野中被普遍化和历史化了。

二

梁启超是现代中国政治学的奠立者，他对礼法关系的开创性论述影响深远，所开启的治体论复兴值得重视。钱穆对梁启超晚年的"契悟"高度推崇，顺其遗绪将礼法新说和治体论推进到了新境界④。

---

① 严复.法意//严复.严复全集.福州：福建教育出版社，2014：327.
② 同①328.
③ 同①346.
④ 任锋.历史政治学的双重源头与二次启航：从梁启超转向到钱穆论衡.中国政治学，2019(2).

第四章 "有治法而后有治人"?：革命立国中的人民与政制

《先秦政治思想史》完成于 1922 年，被视为梁启超法治论说的成熟作品①。梁启超自陈治中国政治思想二十多年，初期"粗疏偏宕"，晚年"还治所业，乃益感叹吾先哲之教之所以极高明而道中庸者，其气象为不可及也"②。任公强调现代社会的传统维度（"本由多世遗传共业所构成"），思想和制度是共业传统的两大要素，思想又是其中根本③。任公特别批评辛亥共和以来，国人汲汲移植欧洲政治制度，不能注重制度的思想根基，新思想建设的大路应该是"从本社会遗传共业上为自然的浚发与合理的箴贬洗炼"④。中国传统政治思想对于我们的现代立国，价值不言而明。

礼法之辨是梁启超《先秦政治思想史》叙事的主线。从历史演变来看，氏族和封建组织维系团体主要依靠情谊和习惯，而以法治国的观念早在战国时期已经成立。法原指刑罚，施行于异族和庶人，"刑不上大夫"与"刑以威四夷"相通。后世儒家盛赞周代以礼治国，实际三代已有刑法的运用，只是以教化主义为其精神。梁任公称之为"礼刑一致"⑤。春秋末叶，随着成文法制定的出现，礼治和法治之争出现。任公以儒、法、道、墨为春秋战国"百家语"的四大流派，儒家为人治主义、德治主义或礼治主义，法家为法治主义或物治主义，道家为无治主义，墨家为新天治主义的教会政治。法家学派成立较晚，而法治思想早在宗法政治瓦解之际发生，春秋时期的管仲、子产等政治家即已施行法治，法家之学至韩非子集大成。梁启超指出，儒家以"人能弘道，非道弘人"为主要信条，依据同类团结意识、爱亲观念为源泉的人道是其根本，其政论以人生哲学为出发点⑥。这与现代西方的国家主义、唯物斗争史观不同。梁启超在书中特别设问：儒家的人治主义是不是世俗所谓的贤人政治，"专以一圣君贤相之

---

① 喻中. 梁启超与中国现代法学的兴起. 北京：中国人民大学出版社，2019.
② 梁启超. 先秦政治思想史. 北京：中华书局，2016；自序 1-2.
③ 同②8.
④ 同②9.
⑤ 同②67-72.
⑥ 同②100.

存没为兴替"①？任公认为，儒家政治精神乃是迈向民治。他在民治导向的政治视野中来理解儒家理念。健全政治的必要条件是健全的人民，儒家重视的是多数人的政治道德、政治能力及政治习惯，即所谓"国民人格提高"，这主要依靠任公概括的礼治主义②。人治离不开礼治，这是儒家政论的精髓。

梁启超是现代中国政体论的最早阐发者之一，也是法治论最有力的推动者③。他认为礼治依靠社会制裁力，而法治依靠政府制裁力（制度号令），社会制裁力倚赖社会公论，强调的是政治习惯和政治道德。孔子优先肯定礼治，在任公看来是"最彻底的见解"④。他以学校和国家为例，特别举出英国宪制，指出英宪主要是一种深入人心的无文字信条，"无文字的信条，谓之习惯，习惯之合理者，儒家命之曰'礼'"⑤。政治领导者在礼治主义中的作用，在于化民成俗，最终使民自得，而非事事亲为、专权夺利。其作用类似教育家，任公称之为"君师合一主义"⑥。值得注意的是，梁启超辨析礼治的政治主体绝不仅仅是上层政治领导，而是全体人民，教化修身涵括全民（"'普遍人格'中各个体之相互的关系"）⑦。

他特别指出，荀子的"有治人，无治法"并不是错谬，实际上就是"人能弘道，非道弘人"的意旨。梁启超特别引证民初实践，"如曰法不待人而可以为治也，则今欧美诸法之见采于中华民国者多矣，今之政，曷为而日乱耶？"⑧ 这样的反思突破了制度移植论和制度决定论，从政体中心主义的制度理解中走出，有利于展开对治人、治道的综合思考。这提醒我们，需要关注梁启超政治思维的治体论面向。梁启超早年在《中国法理学

---

① 梁启超. 先秦政治思想史. 北京：中华书局，2016：115. 梁启超在"五四"讲演中曾经认为贤人政治属于儒墨共有，礼治是儒家独有，参见：梁启超. 先秦政治思想史. 北京：中华书局，2016：284.

② 梁启超. 先秦政治思想史. 北京：中华书局，2016：119，129.

③ 关于梁启超对于政体论的处理，可见：侯旭东. 中国古代专制说的知识考古. 近代史研究，2008（4）；张昭军. "中国式专制"抑或"中国式民主"：近代学人梁启超、钱穆关于中国古代政治制度的探讨. 近代史研究，2016（3）.

④ 同②116.

⑤⑥ 同②117.

⑦⑧ 同②119.

第四章 "有治法而后有治人"?：革命立国中的人民与政制

发达史论》里，还是将"有治人，无治法"视为落后的人治论调，与严复借此批评专制主义相通①。而《先秦政治思想史》更准确把握了这个论点的原意，注意到了诸子学说中政治原则、政治主体与制度方略等层面的区分和联系，礼治和法治被视为属于制度方略即政治手段和路径，对应不同的原则和主体。礼治相对于法治，豁现出政治实践中制度组织以外更为广阔精微的领域，即理念、精神、行为、情性等多要素的交互影响及其客观化。梁启超的礼治新说不属于专制论，也非道德主义，而是置于公共政治的政治习惯和道德层面的，归属于共和治体论。

梁启超为孟子的性善论和义利论辩护，就是立足于治道和治人的层面来反驳功利论、效率论（如权利观念）的，质疑西方文化中的对抗斗争精神能否成为理想秩序的根基②。他依据孟子批评国家主义、各种专制主义（君主专制、中产阶级专制、劳农阶级专制），强调仁政保民是"治本"，绝非民主主义者曲解的"奖励国民依赖根性"，不能在民主优越论的高地上将其贬为民本治术③。在治人与民权问题上，梁启超揭示出儒家的复杂面向。在现实政治中民众主要是受治客体，不是能治主体，政治重视民意，但不等同于直接肯定民权。在原则上，儒家区分治人主客体，不是依据阶级，而是本于人格德行的"成人"。从理想来说，儒家重视教育教化，人人皆成君子构成其"全民政治"的远景。民权以教育为条件（"以人格的成人为限制"），否则，就如任公批评的："今之中华民国冒民权之名以乱天下者，岂不以是耶？"④

儒家礼治主义至荀子大成，同时滋生流弊。礼在物质欲望上的量度价值凸显，注重身份差等上的分际之义。梁启超认为，荀子的礼论在认定权利度量分界上，不如法家的法治明白彻底。更为重要的是，作为政治习惯的礼贵在以社会个体为基本，从个体互动的活力中形成适应环境和时代的"活的良习惯"，具有超越成文法的弹性。政治家在礼治中发挥积极的人格

---

① 梁启超. 饮冰室合集. 北京：中华书局，2015：66.
② 梁启超. 先秦政治思想史. 北京：中华书局，2016：127.
③ 同②131-132.
④ 同②264.

引导作用，能在民众中形成风化效应。而荀子的礼更接近于成文法，缺乏损益弹性，与法家机械性的制度方略相比没有优势，活的礼容易僵化为死的规则①。

梁任公认为，法家思想由儒道墨三家的末流嬗变汇合而成，从儒家这里接受了正名礼数说，荀子是其中衔接。法家中的术治、势治推崇权势专制，不是法治正宗。法治批驳人治，不仅强调恶人恶治，即使明主任智也在反对之列。它追求的是客观法则的公平治理（"以物为法""任法"的物治主义）②。法治以人性恶为理论基础，以法律为绝对神圣，由此确定政府边界，并通过人民法律智识的普及保障自身。

梁启超认为秦汉政治家如萧何、贾谊都属于法家，对于传统国家建构甚力。但法家尚不足以成为政论正则。法家的最大缺陷在于立法权不能正本清源，在君权政体中君主权力意志是最大的不确定因素，此必待立宪而可清明。另外，法家误用自然界的理法来解决人事，混淆量物与量人、物矩与心矩，轻视民众意见，这一点不及儒家絜矩之道精深③。梁启超针对民初政局，批评法家的非民治面向，"颇有似今日军阀官僚反对民治主义者之所云，今语军阀官僚以民治，彼辈辄曰'国民程度不足'"，把治者和被治者截然区分为高等低等，"殊不知良政治之实现，乃在全人类各个人格之交感互动而骈进"④。

法家从物的角度看待人，法治走到极致遂轻视人的因素。梁任公再次引申荀子的"有治人，无治法"之论，肯定孟子的"徒善不足以为政，徒法不能以自行"，强调"法不能独立"。任公的法家批判重新激活了治体论资源，再度彰显了儒家对于治人、治法、治道的辩证思考。作为启蒙思想家，梁启超与严复在晚清引进了现代西学的政体论，治体论在严复笔下仍显示出传统遗存。当其语言遗响都将消退之际，又借梁启超晚年思忖得以复活。

---

① 梁启超. 先秦政治思想史. 北京：中华书局，2016：139-140.
② 同①205.
③ 同①218.
④ 同①219.

第四章 "有治法而后有治人"?：革命立国中的人民与政制

礼法之辨经由梁启超在民初政局中的政学反省，得以奏鸣其共和新声，"试看有约法之中华民国，其政象如何？借曰约法不良，则试揣度制定最良之宪法后，其政象又如何？政治习惯不养成，政治道德不确立，虽有冠冕世界之良宪法，犹废纸也"①。在共和立国的宏伟事业中，礼治能够为政制提供公民主体的政治习惯和政治道德，共和的公共信条借此树立。法家"道之以政，齐之以刑"，在儒家看来是"案乱而治"的苟且政治。任公批评民初政治，"不见今日之民国乎？案乱而集国会，国会集滋益乱。案乱而议联省，联省建恐滋益乱。案乱而言社会主义，社会主义行恐滋益乱。何也？法万变而人犹是人，民不新，世不易，安往而可也"②。儒家移风易俗，在现代就是革新社会，进行学术思想改良以成就新人新民。梁启超重新诠释礼治主义，看到礼的社会习惯根源上具有强大的传统力量，但他不仅从尊重传统的基调上对此做保守主义褒扬，而且指出共和革新必须从礼治的革新改良开始，其实也触及了与新文化运动类似的变革逻辑，让我们窥见礼治新说的时代意蕴（不必拘于君主政体而视为旧物）③。

法治是否代表了优良政治的最高理想？任公指出，"就令人人不作弊于法之中，人人能奉法为神圣以相检制，而其去治道也犹远"④。法治的物治理念，不能尊重人的个性自由，远于《中庸》"能尽人之性"的理想。梁启超认为由活泼性灵的人生观支撑的儒家礼治主义，明显优于法家机械唯物的法治主义。任公在法治批判中重申"人能弘道，非道弘人"这一"儒家最精深博大之语"，并将其引申为"人能制法，非法制人"。这是对于治体论传统的汲汲援引，也是共和语境下对于治人和治法两个维度的新论⑤。

梁启超立足实践中现代国家的确立和巩固来发掘并整合既有的思想资源，无论儒法，都是服务于实现优良共和秩序这一根本议程的。他的思考不是纯然书斋性的，而是实践导向的立国思维。《先秦政治思想史》论述

---

① 梁启超. 先秦政治思想史. 北京：中华书局，2016：221.
② 同①238.
③ 同①295-296.
④ 同①.
⑤ 同①222.

儒家正名思想，梁启超举民国国号为例，希望国人认真对待"共和"属性，力求名实相符，殊非闲笔[1]。相对于启蒙思想家的早年角色，民国创立之后梁启超的政治思考愈发走向成熟，注重国体稳定、政治渐进与宪制系统审慎，更加体现出立国思维的特质。他在1912年的《中国立国大方针》中强调组织完全国家要采取保育政策，依靠强有力的政府和政党内阁，已经对政体论的条件和界限显示出清晰思辨，对于简单应用西方政治学教义的思路依据历史国情特点做出了驳斥[2]。在晚清启蒙思潮中，梁启超曾将中国的统一与政治和文化专制主义紧密绑定在一起，从进化竞争角度批评大一统。到了撰写《先秦政治思想史》"统一运动"一章，评价标尺发生巨大转变，他认为中国以统一为常态、分裂为歧出，根本原因在于政治心智上能够提供一种牢固的普遍纽带（"抟之以为一"），其洞见直指立国精神[3]。这也构成钱穆后来对于梁启超晚期新变大为激赏的重要一点。严复在1914年中华民国参政院会议上提出《导扬中华民国立国精神议》，强调"治制有殊，而砥节首公之义，终古不废"，"治制虽变，纲纪则同"，同样揭示出治体论的共和启示[4]。这些启蒙巨子在共和新建之初从国家建构角度有选择、有引申地激活传统智慧，将其融会冶炼于共和伟业之中，都是在借由治体论导向一种共和共识的凝成。

三

钱穆拓展了梁启超晚期思想透显的治体论生机，在与政体论对话的维度上将其推向深化，并结合中西文明类型论在立国视野中给予了充分阐释。钱穆先生的礼法论说可分前后两阶段，20世纪40年代的《政学私言》

---

[1] 梁启超. 先秦政治思想史. 北京：中华书局，2016：111.
[2] 梁启超. 饮冰室合集. 北京：中华书局，2015.
[3] 同[1]226.
[4] 严复. 严复论学集. 北京：商务印书馆，2019：288-291.

第四章 "有治法而后有治人"?：革命立国中的人民与政制

《中国文化史导论》代表了前期论述，20 世纪 80 年代的《现代中国学术论衡》《晚学盲言》是其晚年定论。《政学私言》收录的《人治与法治》《中国人之法律观念》《法治新诠》是其早期礼法论说的代表性作品。

《政学私言》诸篇的论证方式显示出，它们很大程度上在应对晚清以来形成的法治挑战，钱穆处于时论浪潮中不得不对法治提出基于中国传统的解说。针对政治传统属于君主专制的流行论调，钱穆认为，在事实层面上中国有法治而且向来重法治，但是，为了纠正实践中的尚法之弊，在思想言说上形成了以儒家为代表的人治导向。时潮排斥人治，趋赴法治规模，以英美为取法典范。然而，我们应该从国家的实际构成来平实理解。就国家形态来说，中国广土众民、历史悠久，而西方自古希腊罗马以来主要是城邦政治和帝国政治的形态。如果没有统一的法将人口、土地、风俗民情等多种异质要素整合起来，中国怎么能够实现在东亚大陆历史上的不断扩展？钱穆的法治新说揭示出法的三个层次，包含普遍性规则和制度、立国宪制与政体制度[①]。他的文化学还引入文化系统的三个基本层面：首先是地理环境、经济生产方式形成的立国形态，其次是政治法律制度，最后是政教关系、道德宗教信仰。钱穆把法治问题放在国家构成即立国宪制的视野中来思考。

从政治实情来看，中国自周秦以来依靠一系列普遍性法度（如土地、赋税、兵役、选举）实现了国家整合，形成了以法为治的传统。周秦以来的治乱兴衰可以从法的建构、偏至、分裂与不适用来解释。与梁启超不同，钱穆首先从政治实践即国家构成视角而非观念史来探讨，严格区分法治的做法与说法。观念史属于说法，治国从不能单纯按照某一家主张来施行。中国政治注重法治，钱穆对这一点相比梁启超更为确定。这个法治不只是法家意义上的法治，也与西方法治不同，而是礼法传统的法治。周礼是法治的早期封建阶段，秦制是法治的郡县型构，都对应着中国作为超大规模国家的立国形态。封建礼治作为周的代表性遗产，在秦以后被吸收到郡县形态中，形成了礼法政治。"汉、唐、宋、明之盛世，所以立一王之

[①] 任锋. 钱穆的法治新诠及其启示：以《政学私言》为中心. 西南大学学报（社会科学版），2018 (5).

大法，建数百岁规模，以兴当代之治者，莫不有深意焉"①，"一代之兴，莫不有法，为上下所共遵而不敢逾。然而中国学者终不言法而言礼，盖礼可以包法。孟子曰：'上无道揆，下无法守'，道法兼举即礼矣"②。

中国的法治形态和西方不同，这是钱穆强调的真问题。他认为中国的法治形态密，现代西方则疏。宽疏与繁密，其中重要的区分变量就是治人也即政治主体的作用。钱穆认为西方比较好地发挥了政治主体的作用，对于政治法度演变的调适性强，而中国限于大一统的农业大陆国家格局，强调法的静定性，因此使治人受到较强约束。中西之所以有这个差异，和它们的立国起始条件非常相关。比如西方城邦人口少，市民阶层意见重要，而且商业分立，对外贸易依赖性强，必须不断调整法治以应付国情民情的不断变化。而中国广土众民，注重内部凝和，尊重传统，强调法度传统的稳定治理。

现代国人普遍批评人治，而钱穆却从治人与治法的治体论传统进行了视野调整，"故治法之美者，在能妙得治人之选。昧于人而言法，非法之至也"。从法治政体论来看，需要区分的是立宪与专制问题。治体论的命题却是政治主体与制度方略的相对关系。钱穆承认中国政治历史存在专制，但不赞成以此一概论定传统。他认为中外国家统治都有法度治理的部分，但法的形态不一样，政治主体的角色也不一样。法治政体论下的中国政治议程是对标立宪、推翻君主专制、引进西方政制如权力分立和政党政治，这是基于政体论进化思维的中西优劣成见。站在治体论上看，政体论视野的历史政治理解处理中国实情过于粗略，没有把握到中国政治的尚法积习。不明于此，一味强调尚法来引导其现代转型，只能是"昧于名实""以火救火"③。真正应当思考的是，怎样克服尚法传统的积弊，这方面可以吸收现代西方政治的成功经验，使民情民气与法治演进的对应性转换更加紧密。

可以说，《政学私言》相对《先秦政治思想史》是一个呼应，激活了

---

① 钱穆.政学私言.北京：九州出版社，2010：190.
② 同①183.
③ 同①83.

第四章 "有治法而后有治人"？：革命立国中的人民与政制

治人和治法的辩证视野，从治体论架构来审视法治主题，更加全面和积极地评估法治传统对于现代国家建设的价值。法治传统既有值得继承的部分，也需要改进，而非依据专制判决将其全盘打倒。另外，政治主体的信念、习惯和道德是政治实践的源头活水，需要释放其政治活力，而不能陷入法度主义的教条。现代立国要为人民的精气活力设置制度化的空间和渠道，这是钱穆与梁启超的共识。

钱穆在《政学私言》里结合孙中山五权宪法提出把"公忠不党的民主政治"作为理想模式，这正是引入了治体论视野来涵化政体论目标，民主政治被放置在更广阔的治体架构中，强调政治原则和政治主体的宪制条件（"公忠不党"）。钱穆肯定共和革命，但这不能等同于对西方政治如国会和政党政治进行简单移植。"公忠不党"是传统治道的核心精神，强调政民一体的公共精神，相对抑制党派纷争。钱穆认为五权宪法继承了中国传统重法过于重人的特点，比如国民代表资格的获得需要经过考试，为了避免国会角色过重而抑制国会中的政党影响。这是一个大国在现代巨变中维系立国稳健不得不承袭的传统特质。相对于此，钱穆在《政学私言》里揭明道统高于治统，强调文化教育学术自由，肯定超党派贤能的重要性，这是彰显治道和治人相对于治法的优先性和能动性[①]。

钱穆强调法的规范目的是"人尽其才，官尽其职，事尽其理，物尽其用"，相比梁启超《先秦政治思想史》标举"人尽其性"作为法治宗旨，可以被视为同一逻辑的拓展。钱穆对于治人和治道的理解，更体现出历史政治思维上的深化与成熟。梁启超解释治人的法治价值，对于政治主体的政治习惯、道德和公共信条，仍然是附着在西学宪制模式如政党内阁上来理解的。钱穆更能结合中国历史政治传统的实践来体会民情民风，进一步思考政治主体与政体制度的适配关系。如果政体制度在具体模式上对于西方不必亦步亦趋，在政制精神上可自成一格，在政治主体构成上也应在中国传统本位的基础上形成自身特质，如政民一体、尊尊贤贤、协和尚理、行重于言。

[①] 任锋. 钱穆的法治新诠及其启示：以《政学私言》为中心. 西南大学学报（社会科学版），2018（5）.

共和立国与治体新论：钱穆历史政治学研究

在关注钱穆的法治论之际，我们需要了解到钱穆后期的礼治论述逐渐占据了更多的比重。《中国文化史导论》论周代祭祀礼制时指出，"礼治只是政治对宗教吸收融和以后所产生的一种治体"[①]。周代封建、宗法和井田紧密联系的礼治是一种将政治制度、伦理文化与经济利益融凝合一的治体[②]。严复在孟德斯鸠政体论的视角中将礼看作君主制下具有古典宪制意义的规则和制度，相比政体制度居于第二义。梁启超对于礼治的解释强调了制度法律以外的政治习惯和道德层面，并开始脱离政体论束缚，在一种被激活了的治体论视野中重新肯定礼治所蕴含的根基价值。钱穆进而将任公的共和谏言回溯为一种历史政治维度的重构，着眼于更悠久视野的大群秩序构建、立国宪制来提出演进性解释。

《晚学盲言》有"礼与法"专篇，提出"中国重礼治，西方重法治"，强调西方社会不是没有礼，中国政治也不是没有法，但二者在中西社会中有主从轻重之别[③]。这个判断的重心与前期的法治论已然不同，并非追求法治肯认之上的治体辨析，而是指向法治反思之上的治体重构。礼就是体，是衣食住行等维生手段以外、表征人类文化精神的群体客观实践（人文大体）。"尚礼则主者与受者，人我易成为一体，尚法则执法者与犯法者，彼此敌对。故礼启和，法启争。礼即是此大群之生之体，礼以处群。仁是人生群居之情"。以儒家语言来说，礼是仁的精神的实践表征[④]。《灵魂与心》曾有精彩阐释，"凡使小我融入于大群，使现世融入于过去与未来，使人生融入于自然，凡此层层融入，俾人类得以建造一现世界大群体之文化生命者，还以小我之一心之敏感灵觉操其机，而其事乃胥赖以礼乐。凡所以象征此文化生命之群体，而以昭示于小我，使有以激发其内心之敏感灵觉者，皆礼也"[⑤]。礼治作为一种治理方式和机制，能够使个体依据侧重性情道德的路径在大群生命中安顿与发扬自我的生命意义，注重人生和自然、现世和非现世、小我和大群之间的层层融通，相对合法性暴力

---

① 钱穆. 中国文化史导论. 北京：九州出版社，2011：43.
② 钱穆. 周公与中国文化//钱穆. 钱宾四先生全集. 台北：联经出版事业公司，1998：157.
③ 钱穆. 晚学盲言. 2版. 北京：生活·读书·新知三联书店，2014：429.
④ 同③431.
⑤ 钱穆. 灵魂与心. 桂林：广西师范大学出版社，2004：32-33.

第四章 "有治法而后有治人"？：革命立国中的人民与政制

指向秩序建构的深层逻辑。严复强调群学，梁启超注重政治习惯和道德，而钱穆则从秩序本体维度对礼治进行了阐释。

晚年钱穆往往在与法治对比的视角中映衬礼治特性，并反复强调其对于群体长治久安的根基价值。从人类群体的基本关系结合来看，以婚姻为例，"法制双方之外，礼则实根于双方之内，而相通相和，成为一体"，礼厚而法薄。钱穆指出，现代国人只知道从王权专制的角度批判历史政治，"不知专制民主，皆西方语，皆从法律制度言。中国则崇礼"[①]。钱穆强调礼的规范精神在于为相对关系中的双方各留地位而共成一体，而非支配与服从，"礼之流衍，有各种制度。一切限制与度数，皆为对方留地步，与掌握权力以把持天下之意义大不同"[②]。要达到治理的优良境界，不能只依靠法治，必须认识到礼的重要性。现代性个人主义主张独立平等自由，其逻辑若贯彻到底，难以立群，"群日大，争日烈，惟有绳之以法，而法亦终难以作长久之维持"[③]。社会如果仅重经济，不重礼俗，"上下无礼，何以言治。此为西方历史演进与中国大不同处"[④]。严复在翻译中好引老子批评礼为忠信之薄的言论，钱穆论礼法也首举老子之言予以驳斥，"人无忠信则其群乱，群之乱，则非法无以为治，故当曰'礼失而后法'"[⑤]。礼在此不再附属于某一政体，而是相对法律呈现为更为优良的普遍秩序机理。

现代国人对于礼治的理解，由于受制于政体论（尤其是专制政体批判）的权力逻辑，把传统的夫妇父子上下之礼，都斥为不平等或封建思想，视为专制政体的附丽。钱穆正本清源，厘清礼治与法治在大群秩序中的分界，也豁显出现代政体论的界限，即不能正视礼治及其背后的治体论架构。"中国人知礼守礼，其中乃有一套大学问"[⑥]。"中国之人生变文化变，当以礼之变为最重大最首要。所变者，不在其仪式之表于外，乃在其

---

① 钱穆. 晚学盲言.2版. 北京：生活·读书·新知三联书店，2014：435.
② 钱穆. 现代中国学术论衡. 北京：九州出版社，2012：11.
③ 同①436.
④ 同①.
⑤ 同①432.
⑥ 同①436.

情感之存于心。中国民族成为举世最大一群体，其来源首当及于其心之能有诚"①。

钱穆的礼治论述从梁启超的共和期待转回历史传统，寻绎经久实践中业已确立的礼治原则，特别重视尊尊（尊贤）和亲亲。人的所亲所尊，从其自然内心衍生，并非建立在财富和权力之上，也难以把法律和制度组织作为尊和亲的稳定对象。有尊无亲、有亲无尊，大群秩序支撑的政治共同体就难以扩展并持久。钱穆的问题是，"人群相处，而心不相亲，又何以善其群，此诚一大问题。故人群相处，终必建基于各人内心之相亲。有亲斯有尊，尊必本于亲"②。礼治是人道的精髓，也是中国立国传统的精义，"其道乃人群之道，乃我民族自古相传之大道。可广大，可绵延。今人乃讥中国人为守旧泥古，宇宙间宁有一日新月异之上帝与天堂？又宁有一日新月异之国与群？惟个人在人群中，无尊无亲，乃见其短暂多变为可慨耳"③。

中国政治传统重礼乐，尊尊、贤贤、亲亲，轻视财权刑罚，而西方则尚法不尚礼，"大资本大企业大组织皆赖法"④。礼治利于形成社会政治上下一体化的大群秩序，周代宗法是其历史典型形态，这代表了比政制形态更为基本的秩序底盘。钱穆认为中国政治社会融合一体，公私关系上务求融合，这一点并未随着政制上的封建郡县转型而有根本分别。今后中国如求大国长治久安，这个传统也不应该伴随政制形态而大变。中国作为大一统国家的可大可久及其在现代的维系发展是钱穆的核心关怀。他针对新文化运动的科学和民主主张而追问："中国文化大传统中之所谓礼，则与商业与宗教信仰皆有扞格不相容处。仅言民主科学，似非穷源探本之图，此有待善言历史文化者有以阐发之。"⑤

钱穆辨析了秩序机理上西方的组织逻辑与中国的生发逻辑，对于礼法之辨提出了更为深刻的阐释。严复将组织翻译为经制，而钱穆认为西方的

---

① 钱穆. 晚学盲言. 2 版. 北京：生活·读书·新知三联书店，2014：437.
②③ 同①412.
④ 同①420.
⑤ 同①438.

第四章 "有治法而后有治人"?：革命立国中的人民与政制

组织逻辑与经制表征的礼治逻辑大为不同。西方秩序构建主要依靠组织和法律，宗教也是这样，"亦仍是西方社会一形态，一组织，乃必附带有法律。苟非法律与组织，即不能维持此信仰之存在"。西方社会建基于"分裂性之组织"，或称"组织性之分裂"①。个人与组织争，组织与个人争，这个争斗状况贯彻国家政治、社会经济、宗教信仰和学术思想。礼治并不遵循组织的权力和法律逻辑，而是强调人事物关系深层情性的和谐融合，以促成连贯绵延的大生命。中国政制变迁，并没有根本改变深层的礼治逻辑，并且受这个逻辑支配，在政制形态上也注重和合成体②。中西秩序精神分别，就在于中国"由其生命生发出组织，非由组织可以产生出生命"，其特质在于群体内部的公共生发涵括了外部组织性，而西方"以组织代替生命"，组织逻辑吞噬机体生发③。西方权力分立、政党竞争，都从组织分裂逻辑上衍生出来，不利于政治社会一体化。钱穆不具名地褒扬梁启超的礼治法治论，认为其已基本把握到中西这一区别④。

政体论对制度、法律和组织的强调往往关联同体，而礼治敦促人们去思考制度、法律和组织以外的政治主体、政治原则及其关联转化，注重人的主体实践属性。孟德斯鸠依据政体论解释中国礼治，已经触及礼代表的治理模式不同于政体之处，钱穆的分析将这种不同引申到治体论与政体论的比较范围⑤。钱穆特别指出中国文明是从礼法和道法的复合结构维度来理解法的，显示出内在的治体论视野。"但言'礼法'，不言法礼，则法亦必统于礼"，"乃从一体中生出法，非由法以拼成此一体"，同时，"中国人又言'道法'，则法必统于道。法则为一种力，其力在己之外。礼与道则为一种情，一种意，此情意则在人之心"⑥。对于理解礼治与法治，治体论提供了比政体论更为广阔深邃的框架，引导我们去探究制度法律之外的构建性要素。政体论强调法治，礼在其中仅为附丽，对于政治原则和政治主

---

① 钱穆．晚学盲言．2版．北京：生活·读书·新知三联书店，2014：556．
② 同①559．
③ 同①469，560，565．
④ 同①559．
⑤ 李猛．孟德斯鸠论礼与"东方专制主义"．天津社会科学，2013（1）：44-48．
⑥ 钱穆．现代中国学术论衡．北京：九州出版社，2012：19-20．

共和立国与治体新论：钱穆历史政治学研究

体的关注依附于制度与法律；而治体论对于治法的理解相对宽阔，礼涵括法又不限于法，对于政治原则和政治主体的理解也呈现出广袤视野，如在政治主体上不限于掌握政治权力的直接主体，统摄民族与天下，在政治原则上能够深探至政治体的文明基层（宗教和信仰体系）。

《现代中国学术论衡》开篇的《略论中国宗教》对宗教概念提出新的解读，树立了一个理解和评价世界各大文明宗教与法律的坐标系。钱穆指出人类大群秩序的正当构建原则是天和人的一体融合论，而非西方文明中上帝与人的二元对立论。天人合一，枢纽在于人的心与客观的礼，二者内外相通。西方的政治法律思考基于造物主与人类之间的鸿沟来伸张上帝意志、法权及其世俗版本，对抗精神贯彻其间，宗教强调教会组织，也受此思维支配。而中国用天所内化的心通过礼去涵括物的层面，与西学灵魂寻求超越救赎不一样，必须在现世大群的礼治中实行践履。这源出于周孔教化，是我们文化学术的大根脉，也是文明一统的基点。"中国不尚法，不尚力，故若中国无宗教。西方一切组织，一切系统，乃尽在外形上作分别。中国则在各己之内心上抟成为一统。此为中西文化之最大相异处"[①]。梁启超的《先秦政治思想史》论统一时已经触及这一点，钱穆对此结合礼治提出了系统性的文明论解释，将其归结为宗教文明形态的一体论与多体论之别[②]。

礼治在大群人文之体与个人生命之间蕴含了丰富的神圣性和宗教性，其建制表达并不是在政治社会体制之外另立一个系统，大群人文秩序是一体，而不是宗教与世俗建制多体纷呈。"西方文化乃求合诸体以成体，而此诸体则皆各求发展，不易合成为一体。中国文化则从一体中演出此宗教、科学、哲学、艺术之诸项，凡此诸项，皆不得各自完成为一体，此其异"[③]。不是否定法治，而是要看到法治内在于礼治系统之中，因此需要充分彰显礼治的文明论及其立国宪制价值，"中国人观念，国之本在民，民

---

① 钱穆. 现代中国学术论衡. 北京：九州出版社，2012：20.
② 梁启超. 先秦政治思想史. 北京：中华书局，2016：226；任锋. 文明冲突，还是文明化合？：从钱穆礼教论省察亨廷顿命题的困境与出路. 世界宗教研究，2023（1）.
③ 同①19.

第四章 "有治法而后有治人"？：革命立国中的人民与政制

之本在其生，而民生之本则在其有积世相传道一风同之共同标准，即所谓礼乐教化，即今人之所谓文化"[1]。政体论强调在制度、法律和组织层面讨论问题，发展出基于权力范畴的法治形态，体现出惟力是尚的文明精神。而中国政治尚情性，注重人群精神情感的协调弥合。这就从根本上提出对于现代性政治规范的反思，政治的根底究竟是权力，还是人的性情？[2] 钱穆基于中国文明指出，"中国传统政治自有其一套内在精神。换言之，此亦一种生命性能之表现，不断绵延，不断发展，此可谓之乃代表民心民意，而始有此一种生发"[3]。这一以礼治为本位的治体论思维，更能支撑其关于现代立国的中心关怀，并且最终提升到基于立国形态的文明类型论层面，为困扰其终生的中外文明辨析提供了至为重要的解答。

启蒙转型以来，严复和梁启超等人都经历了转向，这不是晚年的保守化，而是在共和立国的激发下复归对于中国实践传统的审慎评估，同时在国家建构与文明竞争中激活传统生机，这种转向在现代转型中颇具代表性。他们铸成的启蒙教条对于转型时代以降的中国人产生了支配性影响，导致在民主、专制、法治等议题上很难对政体时刻的耀眼光照投以反思[4]。治体论的现代再生为我们提供了反思性资源，钱穆接续了严复的议论端绪，对梁启超晚年反省大力申发。观察者往往顾及钱穆的专制异议，而忽视其建构性一面的治体论思考[5]。钱穆的新说始于以法治为中心的政体论阐发，最后归于推重礼治而批评法治，将二者内置于治体论模式予以辨析。法治是现代秩序要素之一，然而，只依靠法治能否确保治理秩序的长治久安，现代礼法新说为我们提供了值得汲取的传统智慧。对于作为

---

[1] 钱穆. 晚学盲言. 2 版. 北京：生活·读书·新知三联书店，2014：233.
[2] 钱穆对于权力政体论的反思，还可见其《国史新论》（北京：九州出版社，2012年）、《中国历史精神》（北京：九州出版社，2016年）中论政治传统诸篇。
[3] 同[1]561.
[4] 反思政体论，不意味着彻底否定其价值，而是要把握其有效性边界，同样也不等于否定反专制的合理性。我们应该理解梁启超、钱穆这一类思想家处理治体论与政体论时的相互启明关系。
[5] 严复重视尊尊、亲亲的礼治原则，比较礼与西方宗教、科学和历史的文明体系差异，比较中西文明中的礼，在钱穆后来的论说中都有发挥。

"'治理'概念的引介者和治理价值的倡导者"的政治学人而言，治体论或许蕴藏着国家治理研究有待开发的宝贵资源①。

第二节　钱穆的法治新诠及其启示：以《政学私言》为中心

上一节从现代转型的宏观视野勾勒出礼法新说与治体论传统，接下来聚焦到钱穆，给出一个较为清晰的展现。本节以钱先生的《政学私言》为主，聚焦于其中的法治论述，尝试剖析其间触及的重要思想议题。

一、法治新诠的三层含义

钱穆先生常被视为历史学家、考据学者，这一世俗之见极易遮蔽其作为士人-思想家的复杂性。如钱先生曾言："余本好宋明理学家言，而不喜清代乾嘉诸儒之为学。及余在大学任教，专谈学术，少涉人事，几乎绝无宋明书院精神。人又疑余喜治乾嘉学。则又一无可奈何之事矣。"② 按其一生行止，先秦、汉、宋诸儒精神，尊德性而道问学，明体达用以经世，实则贯彻始终。时代风云激荡中著述立言，化解古今中西之纠结，是我们理解其精神特质的关键处。

1944—1945 年，钱穆于养病期间，缘会时政，撰写了七篇政论，由东方杂志社代为刊载。后又于《思想与时代》上发表的八篇旧作共辑一编，

---

① 杨雪冬，季智璇. 政治话语中的词汇共用与概念共享：以"治理"为例. 南京大学学报（哲学·人文科学·社会科学），2021 (1).
② 钱穆. 八十忆双亲·师友杂忆. 长沙：岳麓书社，1986：133.

第四章 "有治法而后有治人"？：革命立国中的人民与政制

名《政学私言》，交商务印书馆付梓印行①。前文已多次介绍过这本书的写作背景。钱先生此作虽非专为抗战后政治协商会议而发，在时代运势中却无疑不能脱身其外。事实上，由于抗战期间中共等在野力量的成长、国民党实力削弱而谋求更多合法性，多党协商国是的制宪议程在抗战后期已然开启②。这一政治主题为战乱之中的人们带来了重新构划共和宪制的一次良机。实际参与政治角逐的在野党派希望针对"五五宪草"提出修正，与国民党围绕政治民主化、军队国家化、央地关系等议题展开交锋。理解钱穆的论述，不可能脱离这一层宪制争论。

由于不介入具体政争，钱穆更侧重围绕五权宪法提出基于学理深思的宪制析论。虽也涉及"五五宪草"的修订纠正，其思考层面更为广阔深远，如道统与治统、人治与法治、首都和国防、政治家与政治风度，已非单纯宪法问题，而关乎一国根本构成之宪制问题。

法治是《政学私言》中的一大主题。自晚清以来，受西方现代思想话语影响，关于法治、人治、礼治与立宪等问题的讨论可谓活跃。依据西方自由主义的民主法治论，批评中国政治落后的人治、礼治形态，成为流行的理论套路。钱穆应对种种坊间之论，甄别名实，就实平情，形成了自己的"法治新诠"③。按其谨慎对待"以西释中"的思想立场，钱先生这里的诠释颇为不同，值得重视。

《政学私言》收录的《人治与法治》《中国人之法律观念》《法治新诠》属于集中探讨法治之作，对该主题的讨论还散见于其他著作中。综合起来，我们可以从三个层面来透视钱穆的法治论。

法治的第一层含义指向人、事、物赖以成其所是、充分实现各自内涵的架构条件。钱穆在《法治新诠》开篇即言，"近贤好言法治，顾法之为

---

① 钱穆. 政学私言. 北京：九州出版社，2010.
② 汪朝光. 1946 年早春中国民主化进程的顿挫：以政协会议及国共关系为中心的研究. 历史研究，2000（6）.
③ 梁启超的法治论说在晚清民初最具影响力，代表了引入西学的主流。钱穆批评的诸多流行论点，虽未点明，在任公处皆有主张，可谓隐然以任公为商榷对象。代表者如，中国传统专制而无法治、儒家人治主义而法家法治主义、法治必基于自由权利和限权等。二者异同，有赖于首先对钱氏观点的阐明，再做对比。囿于篇幅，本节未及展开这一议题，此处点出，留待今后研讨。

义，固不仅于信赏而必罚，而犹有其大者"，"刑罚者，其殆行法之最后，善治者不得已而一用之。苟一以刑名绳墨为法治，此必误其国有余而治其国不足"①。他指出，"法之大义，在求'人尽其才，官尽其职，事尽其理，物尽其用'"②。以法的目的来探讨其意义，在于实现人才、官职、事理、物用，从根本处着眼于人、官、事、物的才用发挥。

这一法治大义牵涉到一个本体论问题，即如何理解人之才、事之理。钱穆在此依然从比较传统的观念来申发其认知，如民气、才情、人情、德行。若以儒家语言来概括，即人道。政治、法律所致力者，终究在于立人道、扶人极。"然则人尽其才，乃法治之大本要宗"③。他借大学"明明德"指出，"个人、家庭、国家、天下，都有一个共同的任务，就是发扬人类最高的文化，表现人类最高的道德"④，中国人认为政府"只是一个机构，来执行一种任务，积极发扬人类理想的文化与道德的"⑤。

在《中国人之法律观念》中，钱穆较为系统地比较了中西法律观念的异同。他重点梳理了亚里士多德的希腊传统、罗马法传统以及近代英国、美国、德国（耶林、耶利内克、冯特）、荷兰（克拉勃）的法律学说，以彰显中西观念的不同。简言之，西方以法律规定道德并领导道德，基于个体理性强调群己分限，因此以权利和公平为中心，而中国将法律视为道德的补充手段，为了禁防个人不道德而偏重惩恶之法，法律观为道德的而非权利的。从各自国家观念来看，西方国家至上的传统很强势，法律主要处理个体与国家政治组织之间的权益争斗，国家支配与权利诉求是博弈主线，而中国的国家只是群体组织序列中一环，下有家庭社团，上有天下世界，国家在于护导人民道德长进，将法律看作补充手段⑥。

钱穆指出：西方所谓的法，在中国大部分属于礼的范围。而中国日常所谓法，本侧重刑律⑦。这本是二者文化系统不同造成的不对等。

---

①②③ 钱穆. 政学私言. 北京：九州出版社，2010：190.
④ 钱穆. 中国历史上的政治//钱穆. 中国历史精神. 北京：九州出版社，2016：29.
⑤ 同④33.
⑥ 同①172-189.
⑦ 同①181.

第四章 "有治法而后有治人"？：革命立国中的人民与政制

儒家言礼即已包含西方所谓法，"道法兼举即礼矣"[①]。作为一套处理个体与群体组织之关系且为群体所遵循的普遍性、系统性规则与制度，具备这一内涵与功能的法在中国传统中实已有之，只是称谓、定位、运用精神与西方不同。钱穆辨析道：法律平等和司法独立，在中国传统俱有精神与制度表达。另外，中国的治法观念包括一切典礼，不限刑法。那些批评中国不知法治、无法治的流俗之论，实为"谬说""瞽说"[②]。在现代西方法治话语的强势挑战下，明了中西文化系统之不同，或者依据中国传统原有语言阐明礼治精义，或者在同一范畴下诠释中国的法治精神，对照中西差异。钱穆在《政学私言》中选择了第二条解释路径[③]。

法治的第二层含义，由一般层次聚焦于国家政治体如何成其所是的构成要素，即立国建国的根本法度，或曰宪制问题。

对于钱穆这方面的论述，须注意到两个层次。一是就一般政治体的成立与维系而言，都需有一套构成性要素和法度。二是就其间的构成性要素而言，有的政治体偏重法治，有的偏重人才。对于钱穆来说，中国作为具有悠久传统文明的大国，在第一个意义上不可能没有一套构成性要素，即不可能无法度。更进一步，钱先生特别强调，中国作为大国的统治治理，其实比较重视法度，实际上具有一个尚法的政治形态。只有认清这一现实政治特征，才会形成对于中国政治实践与理论之传统的准确判断，进而提出正确的实践主张。

这一法治内涵被置于中西国家成立的不同脉络中予以豁现。钱穆反复强调，中国在历史上的形成，是要把广土众民，具有高度异质性的族群、区域、信念习俗整合为一个规模巨大的政治体，化多为一，并实现长治久

[①] 钱穆. 政学私言. 北京：九州出版社，2010：183.

[②] 同[①]182-183.

[③] 钱穆在其他处，会选取另外一进路。如侧重讲中国政治思想史上的礼治与法治言说时，参见：钱穆. 礼与法//钱穆. 湖上闲思录. 北京：生活·读书·新知三联书店，2000：48. 另外，钱穆更为引人注目的观点是反驳关于中国传统政治的专制论，偏于反驳辩解。法治新诠，可视为从正面揭明传统积极内涵。与此相关的反驳专制论、士人政府论，也需系统梳理。囿于篇幅，本节不能全覆。初步评介，可见：戴景贤. 钱宾四先生与现代中国学术. 上海：东方出版中心，2016：72-76.

安。政治上的有效整合与长期维系,逐渐形成了一套构成性的法度框架。这是法治的一个政治根本义,也即宪制的构成义①。"汉、唐、宋、明之盛世,所以立一王之大法,建数百岁规模,以兴当代之治者,莫不有深意焉",能够建立一个维系发展数百年的政治体,形成可观的文明贡献,背后须有一套政治架构来支撑。"若是者,其在中国,常称之为'一代之典章制度',而不尽谓之'法'"②。宪章、典章、礼法、治法、经制、纪纲法度、治体,其实都属于法的这一层次③。"一代之兴,莫不有法,为上下所共遵而不敢逾。然而中国学者终不言法而言礼,盖礼可以包法。孟子曰:'上无道揆,下无法守',道法兼举即礼矣"④。

一系列普遍、客观、系统性的规则和制度也即礼乐政刑、纪纲法度,是其间重要部分。除此之外,相应于中国这一政治体的构建经验,钱穆还强调这一宪制的其他要素,如首都问题、道统问题(精神根基)。《政学私言》虽包含了对于当时"五五宪草"、五权宪法的具体探讨,整体的论述结构却较为广博,应对立国宪制而立,覆盖道统、首都、农业国防等重要方面。在写于抗日战争结束、中国战区日军投降签字当天的《建国信望》一文中,钱穆曾依据孙中山三民主义,指出民族、民权和民生构成建国三纲领,民族主义是"明道设教",民权主义乃"立法创制",民生主义在于"亲民行政",道、法、政共同支撑起立国的宪制构架⑤。

在论述首都问题时,钱穆区分欧西与中国为两类立国体制不同的国家,前者为单式的自然国家,中国为复式的人文国家,国家构建能够超越自然地形和民族隔阂的限制。而所谓"人文",依传统义,就涵括政法意

---

① "依照中国国情而论,中国是一大农国,以一个中央政府统治偌大一个国家,应该有一种普遍而公平的法律,才能将全国各地摄合在一起。而且农业社会比较稳定,不多变动,那一种法律,因而也必得有其持久性以相适应,因此中国政治从其客观要求论,实在最易走上一条法治的路,用一种统一而持久性的法律来维系政治"(钱穆. 礼与法//钱穆. 湖上闲思录. 北京:生活·读书·新知三联书店,2000:48)。

② 钱穆. 政学私言. 北京:九州出版社,2010:190.

③ 任锋. 重温我们的宪制传统. 读书,2014(12).

④ 同②183.

⑤ 同②211-220.

第四章 "有治法而后有治人"？：革命立国中的人民与政制

义的规则和制度措置，如定都选择如何可促进一个充满活力的大规模政治体之形成①。

在宪制结构的法治含义中，钱穆纠正时人流俗之见，指出中国传统政治形态其实尚法，即重视法度在宪制结构的重要地位。周代尚文重礼，礼兼政俗，法在其中。秦变封建法为郡县法，精神内涵改变而重视法度则一。汉代继承秦法之基本规模，王霸杂用，仍然不能舍弃以法为治。"中国传统政制，隋前本于秦汉，越后则一遵隋唐。大抵有法守法则治，违法无法则乱。"② "中国之所以得长治久安于一中央统一政府之下者，亦惟此法治之功。秦汉以下，可以考诸史；隋唐以下，有可以征之典籍。言政治如《唐六典》，言刑法如《唐律》，其书皆现在。自唐以下，递演递密，列代会典，其荟萃之所也"③。

钱穆认为，西方政治起于规模狭小的城邦，国家林立，其活跃者以商业立国，重视对外应变，市民意见易于支配政治形势，因此虽有法，却更重视人的因素。中国是大陆农业立国，对内重于对外，又须安顿广土众民，追求治安，因此总体上求静定，抑人尊法，重视传统约束，不似欧西重人偏于动进，需应对多变。这显然是在宪制构成的意义上看待法的。

钱穆描述这一历史政治特质，非常注重历史环境、现实国情与文化传统的长时段作用，"故中国之偏尚法治，西方之偏尚人治，此亦现实所驱，大势所趋，有不知其然而然者"，"此正我所谓传统文化潜力，国情现实，有以阴驱而潜持之，使有不知其然而然者在矣"④。尚法治这一政治特质，是在历史发展实践中形成的，显示出历史环境与实际国情的制约力量，民情人心等习俗也是在这一实践传统中发挥传统牵制力的。如钱穆对于政党政治，就十分注重民情、民德、积习，认为中国传统形成的群体心智对于政党政治缺乏严肃和充分的兴趣⑤。钱先生此处体现出来的法治理解心智

---
① 钱穆. 政学私言. 北京：九州出版社，2010：52，139.
② 同①77.
③ 同①76.
④ 同①82.
⑤ 同①95-111.

可以说是高度现实主义、保守的，强调尊重长期形成的客观情势，如其所言，是"就实平情"①。另外，这一实践传统有"不知其然而然者"，钱先生论述中反复运用此语，流露出对于理性探求的低调认识论态度。这提醒我们，对于现实政治传统的认知须实事求是，尤其要避免现代人的想当然之论。他特别强调，后人理解中国政治，应注意政治实践状况与政治思想言说之间的不同，不能看到传统思想主流强调德治、以礼非法，就将其等同于政治实践状况②。二者是实情与言说之分别。他在对于政治实践传统的认定前提下，在尚法而易趋于任法的实践背景下，来解释诸子百家传统政治思想的缘起和意义③。

从法的第一层到第二层，是一个政治导向上的具体聚焦，注重国家根本构成意义上的宪制问题，强调为事物运行和实现提供一个政治架构。从第二层到第三层，进一步收拢到政体-官制意义的制度安排。大体上，钱穆的法治新诠表现为由一般本体论向政治宪制、政体官制的层次递进。

对于政体官制意义的法治，钱穆借传统政体说明其理念，"故一国之政，必有元首焉，有大臣焉，有诸司与群吏焉，四者各识职而分理明，则法举而治成。四者各失职而分理梦，则法隳而治坏。汉、唐、宋、明之称良法美意以成其一代之治者，靡不推本于此"④。钱穆似乎认为君、臣、司、吏四个基本部分的法理阐释，可以作为对一般性政体制度的通用说明。

可以从两个层面理解钱穆的这一处理方式：首先，就历史传统的形式前提而言，欲理解中国的现代新政体，必须对延续数千年的古老政体有一番内在认知和审视，否则，在认知的断裂基础上只能滋生片面移植外来理想的诸种迷思；其次，即使就现代政体建立而言，古典政体（包括君主制、贵族制、混合政体等）也包含了理解和反思现代的必要视野，可使现

---

① 钱穆.政学私言.北京：九州出版社，2010：75.
② 理解钱穆的论述，也应注意到这一区分，明确他具体境况下的论述对象。如《中国传统教育精神与教育制度》中说"更端言之，则中国社会重礼不重法"，就是侧重政治言说的旨趣讲，"法律操之政府，礼义明于学校。礼义之阐明，即法律之依据"（钱穆.政学私言.北京：九州出版社，2010：169）。
③ 同①75-86.
④ 同①192.

第四章 "有治法而后有治人"?：革命立国中的人民与政制

代政治更为健全稳固。这个理由自然带有保守主义的意味，钱穆也能预料到俗论的反应，"近贤言法治，皆指欧、美民主宪政，此独举汉、唐职官制度。古之人言之曰：'贤者识其大，不贤者识其小'。中西政制虽异，亦或有精义之相同。此虽小节，不失为法治之一端"①。在下文所述对于五权宪法、"五五宪草"的评议中，钱穆即贯彻此一精义，对后者进行了保守化的宪制改造。

这个层面的善治，需要君、臣、司、吏各自明确职业功能，相互分限明晰，同时又相互协作，浑然一体。君即元首，掌握赏罚权柄，但不揽权侵事，尊重官僚体系运作，"古之人君必有得于此而后可以言法治"②。走出君主制，现代共和民主依然要处理元首制度，尤其是中国这样超大规模的文明-政治共同体，不可不深思元首对于国家整合、凝聚、稳固的积极功能。大臣，德盛位尊，分掌国家赏罚，"指挥诸司而陶铸裁成"，负最后之重责。诸司骋才效职，竞能骈进，兢兢业业，充当政务中坚。群吏则负责具体的行政事务③。元首与大臣司吏之间形成一个尊严-效能相维制的平衡架构。

衡诸三代以下历史，钱穆称赞汉法汉制，最为典范，其弊端仅在君位世袭。清代政制弊端最重，大臣失职，被剥夺了施展才能的空间，诸司官品急降而不振，地方亲民官沉沦不拔，导致庶政荒乱。官制的成功，在于最大限度地激励各部分之运作，即通过"官尽其职"实现"人尽其才"。这一点依赖于"明分职，简阶资"基础上的赏功，推动贤能治理。钱穆伸张传统中礼臣之精义，讲求"大臣之体""优礼大臣"，认为"此最法之美者"④。"虽今欧西民主诸国，莫不有元老，有贵臣，亦此其意"⑤。换言之，如何理解民主制中的贵族制成分、平等与卓异之衡平，礼贤敬臣是一重大议题。另外，曹司与州县，负责亲务亲民，应当使其疏通条达，在官僚体系内缩小上下等级，赋予充分施展的空间。"故治法之美者，在能妙得治人之选。昧于人而言法，非法之至也。而所以求治人之选者，又必于亲民

---

① 钱穆. 政学私言. 北京：九州出版社，2010：195. 相似批评与回应，见第81页.
② 同①191.
③ 同①191 – 192.
④⑤ 同①194.

亲务之职求之，此又百世不变之通则"①。强调治人相对治法的重要性，重视亲民亲务官员，这都是法治的重要内容。

钱穆对于善治、善政，从治人与治法、人与法的关系强调优良法治必须提供政治主体得以充分施展的空间，人民人物得以畅发舒展是衡量善法的根本标准。他区分出三个法治水准，"故古之善为治者，太上莫如尊才而逊法，务求容人之才，使得宽深自尽于我法度之中，而我操赏罚以随其后，以鼓舞而奖惩之，此其上"，第二等"守法以害才"，只知有法，不计才德，最下等"困于法而自败其赏罚"②。钱穆认为西方法治精神的妙处，在于"彼常使夫人情伸于法律之上，故转使人人奉法守法而不敢犯，非畏法也，乃畏人也"③。"善谋国者，正当常伸人情于法度之外，正当宽其宪章，简其政令，常使人情大有所游，而勿为之桎梏"④。钱穆甚至认为"盖西方宪政精意，在其听于人不听于法"，法疏简而人情舒，所以能动进求治⑤。这又与他在法治第一层提出的法之大义（"人尽其才"）遥相呼应，首尾相贯。是否能在人的实现与法度规则之间建立有效连接，是衡量宪制和政体的核心标准⑥。而这又与群体的文化系统密不可分。限制公权而保障民权的宪制模式，在此一视野下相对化为一个具体形态。符合中国文化精神的法治，势必要另求架构。

二、宪制新论与思想新命

自晚清兴起的立宪运动开启了现代中国的宪制重构议程。辛亥革命之

---

① 钱穆.政学私言.北京：九州出版社，2010：194.
② 同①191.
③ 同①85.
④ 同①86.
⑤ 同①82.
⑥ "中国之将来，如何把社会、政治上种种制度来简化，使人才能自由发展，这是最关紧要的。……我们天天说我们的法不够，其实不够的不在法，而在才。这也不是我们之无才，乃是我们的才不能在我们的法里真有所表现。"（钱穆.中国历代政治得失.北京：九州出版社，2012：173）

第四章 "有治法而后有治人"？：革命立国中的人民与政制

后，针对共和民主体制的制宪修宪思考潮涌潮息，以首届国会制宪为焦点的民初立宪为第一波，孙中山提出五权宪法构想、"五五宪草"（1936年5月5日公布的《中华民国宪法草案》）公布为又一波。其间，以欧美现代模式为典范与依据中国传统国情形成宪制构思的两个重要指向[①]。在围绕五权宪法而展开的宪制构思中，钱穆代表了后一指向所能达到的思考高度，并对前者有深刻反思，其理论启示远未得到充分发掘[②]。

钱穆基于对中国政治传统的深厚辨析，对现代立国的宪制和政体制度进行了饶具洞察力的评解与揭明。这从《政学私言》的篇章结构可见，如《中国传统政治与五权宪法》《选举与考试》《论元首制度》《地方自治》《论首都》《道统与治统》《人治与法治》《变更省区制度私议》《农业国防刍议》《政治家与政治风度》《建国信望》等。其贡献在于将中国政治传统的视野系统深入地纳入了现代宪法理论的论述空间中，据此开辟出更为广阔的宪制论述场域，如由国都条款而申发首都论、由教育条款引论道统和治统、畅论"宪草"未重视的地方自治和省区制度、强调民主共和理论轻视的政治家之治人问题。

钱穆深信，革命党还政于民之后，政治转型的目标并非对于西方模式的亦步亦趋。适合于现代中国的宪制，应该综合考虑本国政治传统和世界发展趋势，尤其是前者的基础地位，形成自适国情的创制自觉。一种公忠不党的民主政治，能够有效规制现代政党的运用，实现超党派的衡平精神，树立"全民政治"的理想。

而孙中山的五权宪法可以体现这个理想的大体结构，也寄托了中国传统政制的精义。五权中的考试权以客观方法选拔贤能，使其在政府中直接

[①] 任锋. 重审"问题与主义"之争. 读书，2015（5）.
[②] 试比较法学家吴经熊在"五五宪草"制定中的表现，其"吴氏宪草"作为初稿对后来的定案发挥了重要作用。吴氏受孙中山三民主义、五权宪法理论支配甚深，以三民主义冠国体，并作为"宪草"初稿的分编形式依据，在国民大会和五院架构等问题上继承孙中山构想，在元首制度、人民自由权利保障上强调应付国难紧急形势。吴氏运思无法摆脱时局和党争的直接影响，这一点与钱穆不同。而在充分尊重中国政治传统、深化推进宪制思考上，则远不如钱穆气势规模宏阔、蕴含反思性创见。参见：吴经熊. 中华民国宪法草案的特色. 东方杂志，1936（13）；吴氏主张"树立法治基础，打倒数千年人治主义"，参见：吴经熊. 过去立宪运动的回顾及此次制宪的意义//吴经熊. 法律哲学研究. 北京：清华大学出版社，2005：166.

操权，体现了传统政民一体、贤能代表的精神和观念①。"政民一体"是钱穆用以区别中西政治精神的核心概念。在他看来，西方现代政治的本源在于民众通过议会之类的监督机构对贵族封建制政府实现制约，而中国秦汉以降民众经由选举、考试制度进入政府并建立起调衡机制。前者属于政民对立，后者体现出政民一体，各自形成了影响深远的政治文化传统。现代中国的政体，也应该在自身传统基础上实现新的转换。监察权在政府内部对政权施加适当的节制和裁抑，对于政令的拟定与推行兼备审驳与弹劾双重功能，在现代可结合监察专门化的趋势，与国会相辅而行②。钱穆强调五权须各自独立，行政权外的四权尤其注重超党派性，"不随党争为转移"③。而政民一体传统下的国民大会，更侧重政府的协调性，"祈求民意之于多方面道达，民权之于多方面运用，而尤要者则在求其内部自身相互间之衡平……求全部政治机构内部自身之意见与权力之益臻衡平而协调，非在政府之意见与权力外，别求一国会之意见与权力，以与之相抗争而敌对"④。否则，乃是依据政民对立的他邦传统建立自己的政制。中国宪制架构的精义应在于"一切当从全部政治机构中意见与权力之衡平着眼"⑤。

钱穆直陈其宪制思考的方法论意识在于，"倘能于旧机构中发现新生命，再浇沃以当前世界之新潮流，注射以当前世界之新精神，使之焕然一新，岂非当前中国政治一出路"⑥，不断地推陈而出新。五权宪法在行政权、立法权、司法权基础上，提炼出中国政治传统的考试权和监察权，克服旧政制中王室世袭和缺少国会这两个弊病，因此被钱穆视为现代宪制思考的标本，可由此进一步完善。

对于"五五宪草"，钱穆认为"尚未为真得五权宪法之精义"⑦。他集

---

① 钱穆. 政学私言. 北京：九州出版社，2010：6-8.
② 同①9.
③ 同①10.
④ 同①22.
⑤ 同①23.
⑥ 同①11.
⑦ 同①15.

第四章 "有治法而后有治人"？：革命立国中的人民与政制

中提出了以下批评和建议：

关于元首（总统）及其与国民大会的关系（"五五宪草"第四章"中央政府"第三十六条、四十六条、四十七条，第三章"国民大会"第三十二条、三十条、三十一条）。钱穆认为，总统对国民大会负实际行政责任，地位不巩固，尊严难树立，极大影响国家团结和政局稳定。总统与国民大会之间缺乏紧密有效的沟通，易生隔膜，后者实则对总统难以形成真正限制。钱穆建议元首产生方法，经宪法特定的提名机关产生候选人，再由全国民众间接选举，而非由国民大会产生[1]。尊奉之而虚化其实权，非叛国或大贪污不受弹劾，任期六年，连任不过二。以不任事为原则，掌出政令而必由实际负责的政事长官副署。强化总统与五院的关系，得任命与罢免五院院长，居上联络和衡平五院。另外，保留副总统职位，备总统周咨，遇总统缺则代理之。至于国会，"国会之职权与其选举方法，尽可着眼于如何选拔贤才与如何平衡政权，于采用考试制度以限制被选举人之资格以外，仍可多量采用特设机关或特定法人之提名制度与间接选举，以减轻政党活动之依赖"[2]。国民大会应由三年一次集会改为每年集会一月，五院院长对国民大会负责，受其质询。元首与国民大会象征着国和民上下一体，落实宪制的衡平精神。

关于选举和考试制度。"五五宪草"规定凡公职候选人，必经考试获得资格，以限制被选举人的标准[3]。钱穆建议为国家一体整合与区域平衡计，国会代表的区域选举项下应增加偏远地区的比率，增加地区民众参加国家政治的机会[4]。在职业选举方面，对国营经济事业人才的选举被选举权，优予比率。对于各自由职业团体，奖励其乐善奉公，"必须有若干资产若干基金成分之贡献于公共事业者，始得参加选举"[5]。对于1937年修改的《国民大会代表选举法》中国民政府指定代表一项，在学术选举和名

---

[1] 钱穆. 政学私言. 北京：九州出版社，2010：37.
[2] 同[1]28.
[3] 同[1]22.
[4] 同[1]24.
[5] 同[1]25.

誉选举方面，可规定若干比数之提名①。

教育政策问题。"五五宪草"教育章第一百三十三条谓全国公私立教育机关一律受国家之监督，并有推行国家所定教育政策之义务。钱穆批评这是以政治控制教育，隶学统于政统，违背了中国传统的文化与政制，亦非西方政制所有。教育乃百年树人大计，关乎人生真理的践履探究。不能以政策办教育，否则遗祸无穷。现代德国以治权决定教权，两次政治覆败就是显例②。另外，"五五宪草"第一百三十一条的中华民国教育宗旨完全以培育国民为中心。钱穆批评完全被国民主义笼罩，尊治权于教权，重政统于道统，失去了大学明德精神，有损于文化教育之大全。"教育乃全国人文元气所寄，当树百年不拔之基，岂能追随政府当前政策为转移乎？"③此外，对于时人尊崇孙中山为"国父"，钱穆认为这是模仿美国先例，但仅可就政统而言，非所以言道统。美国教统归耶稣，中国文明自有数千年人道大统，并非自孙先生开始④。

钱穆基于传统政治经验指出，"然以自由教育领导政治，则政治有生机，可以活泼而向荣。以国家政治统制教育，则教育无命脉，终必萎缩干枯渐至于死塞"⑤。西方政教分离、司法独立，而中国的教与法都源出于学，因此需强调教育职权、教育精神的独立。钱穆解释这是"以西国之司法独立变通而施之于教育。使长教育者常得超然于政潮之外，物色耆儒长者，尊以礼而优其位，不责以吏事而期其德化"⑥。现代政治中，政党和资本极易操控国会、宣传和公共舆论，人民的言论、出版和集会自由又源自教育，若求不为前者宰制，有必要标举道统高于治统这一传统宪制精义⑦。

首都问题。钱穆认为，"一国首都所在之选择，虽非一种政治制度，而实与其一切政制制度有精神上内在甚深密之关系"，"五五宪草第一章第

---

① 钱穆.政学私言.北京：九州出版社，2010：26.
② 同①72.
③ 同①72-73.
④ 同①73-74.
⑤ 同①163.
⑥ 同①170.
⑦ 同①71.

第四章 "有治法而后有治人"？：革命立国中的人民与政制

七条，中华民国定都于南京，此特一时权宜，未可遽勒为定案"。中央政府的所在地，应当安稳而灵通，于全国居于极衡平之地位而又能有警觉。所在地的一切物质环境，影响于整个政府的精神，微妙而深挚①。长远看，首都地位关系到立国百年大计，应当与国家前进之动向配合。钱穆建议定都于西安。政治首都不必与经济中心重合，可远离商业大都，"超拔于官僚资本贪污恶浊空气之氛围"②。同时，需要协调全国经济文化东西区域之平衡，使得整个国家的文化教育生活与物质经济生活兼顾并进，民生得以和平，尤其是应对现代国家在内政上最易生弊的族群与阶级问题，从政事尤其是文教上有效融合西北区域，否则国家将呈现"偏枯不遂"的病态。钱穆认为未来乃重入大陆国家竞争时代，新中国建设在精神上需要动进奋发、朴实深沉，建都西安、由控扼西北而经略全盘，为此提供了最好的物质环境③。

地方自治和省制问题。五权宪法主张中央和地方均权主义，"五五宪草"对此没有重视，省制问题后来成为1946年政协会议的热点之一。钱穆认为，作为现代中国建国的两个内容，中央统一与地方自治应同时进行，机栝在于修改行省分区制度。他建议将继承元代行省制的现有格局分划缩小，一个省的管辖范围缩小至不超过20个县；实行省长官制，有独立展布负责的职权。非委员制，也非选举产生，目的在于提高充实其行政权能。省县设立议会，县议会20人，推选1~2人为省议员，以监督行政。中央有监察使制度监督地方，地方由省再选举国会议员表达地方旨意而监督中央政务，相互维制④。

至于地方自治，"中国斟酌传统国情，针对现世潮流，当以近代欧西之富强政策，与本国传统文化理想相配合，相调和，求其经济、武力与文化之融凝一体，而纳此于地方自治之规制中，使之深植基础，再由此上映于整个政治之全体，此始不失为新中国建国之百年大计"⑤。地方自治分

---

① 钱穆．政学私言．北京：九州出版社，2010：52.
② 同①53.
③ 同①57，61.
④ 同①89-90，46.
⑤ 同①41.

县、村二级，分设县议会和村自治委员会，公选产生县长和村长，县长自辟僚属成县政府。两级都分别设学校、团练、社仓来负责教育、防卫和公积保险事务①。

综合钱穆关于宪制和政体制度的论述，有三点特征值得注意。

首先，现代中国的文明政治需充分尊重民众的自由刚健精神与国家的公共优良治理。以道统与治统关系为论，道统优先于治统，就是要在政教精神上、法度精神上鼓励民气民情的自由张扬，不以一时政治形势束缚之，不以苛烦法度桎梏之。这就必须有国家的公共优良治理作为宪制条件，也即钱穆所谓"公忠不党的民主政治"。教育宗旨、首都问题、地方自治都指向造就一个自由、刚健、奋发振作的现代共同体。

其次，现代中国的宪制政体应体现一种动进中的衡平精神。动进即就中国作为现代大国而言，在陆海空间格局中以大陆为本，有效整合内陆与边疆，尤其是控扼西北而经略亚欧，在立国动向上树立动进振奋而非退婴安逸的取向。衡平精神主要就其政体制度而言。立基于政民一体的传统判断，钱穆强调政体制度内在的协调与衡平，在元首、国民大会与五院之间构划了一种尊严与效能相维制的衡平政制。他使元首不受国民大会的制约（产生方法、任期制度），强调其超然尊严。有权任，如掌出政令、任命五院院长，而不直接负责（出令须实际长官副署），重在协调衡平五院关系。对于国民大会，强调其协调表达民意、融合调剂五院的性质（多种选举方式并存），而弱化其制约对抗的潜能（少讨论国会常设机构、政权监督治权之宗旨），以符合其政民一体的理想②。元首和国民大会各自代表国家与民众的尊严，总体构成国家权威，以确保政治稳定、通达。政事主要责于五院，行政院及相关政党充当政事枢纽，院长由总统任命，委员或由国民大会选举，而都须向国民大会负责，接受质询。元首、国民大会与五院之间形成相维相制的衡平关系。

最后，上述衡平政体透露出钱穆的政治取向，即以贤能政治家群体为

---

① 钱穆. 政学私言. 北京：九州出版社，2010：44-46.
② 钱穆认为政、民关系应为体用，政府以人民为体，人民以政府为用，体用只是一个，而不取西式主仆关系论二者。参见：钱穆. 政学私言. 北京：九州出版社，2010：214.

第四章 "有治法而后有治人"？：革命立国中的人民与政制

中心，倡导尚理协和精神，以建立现代公忠不党的民主政治[1]。钱穆之所以强调弱化国民大会的宪制角色、强调五权宪法的超党派精神，就是试图通过降低和抑制现代政治的政党化程度从而为政民一体的传统找到一个更为适当的政治形式。国会易于被政党操控，国会独大下的元首与行政院也难逃此运，这是钱穆弱化国会、提升元首、强调二者相维并与五院相制的主要原因。而尊严与效能相维制的衡平政体，主要的动力在于贤能政治家群体，包括超党派的元首、政府各院部首长以及国会中由学术和荣誉选举等方式产生出来的议员代表。弱化政党政治和国会的功能，彰显贤能政治家的宪制能力，是钱穆对于孙中山五权宪法理论的传统化、保守化改造[2]。在法的第三层解读中，钱穆将君、臣、司、吏的传统政制作为宪制政体的典范，其现代含义也在此落定，由尊严-效能相维制的原型演绎为元首-国会与五院建构起来的尊严-效能相维制的现代衡平政体。

此外还有一点，即钱穆在中国政治实践尚法的前提下理解思想学派的价值。他分辨政治实践与政治言说甚清晰，就实践特征论中国传统重法、儒吏分行，这出于历史环境、民习积业。在此前提下，儒、道、法各彰显其价值。

儒家基于天命道理人情，对尚法、任法每每提出批评抗议，强调礼治教化。因此，"真有得于中国传统政制之精意者，必崇奖儒术，使之出入讽议，端委揖攘于百僚之间，此乃政治理想之所寄"[3]。儒家倡导仁义礼乐，"故'德化'之政，特高悬以为崇法治者一种精神上之消毒防腐剂而已"，避免中国传统政治陷于偏霸功利，实现长治久安[4]。传统政制重视法治，并非出于法家倡导，而是由长期的历史环境与现实决定的。法家本出于儒而持论稍稍偏狭，主张循名责实是由文返质、清理文治之偏，主张变

---

[1] 钱穆.政学私言.北京：九州出版社，2010：215.
[2] 宪制能力在于政治家"感摩伦类，规范侪偶"，表现于尊贤容众，能够形成优良的政治集团与政府，从事开创与守成，进而影响整个社会。参见：钱穆.政学私言.北京：九州出版社，2010：196.钱穆对于国民大会行使中央统治权、人民以政权控制治权、国会常设机关措意稀少，虽部受限于"五五宪草"本身，但也透露出其运思的保守化取向。
[3] 同[1]79.
[4] 同[1]79-80.

革趋新是打破旧传统的僵化凝滞，应看到其理想的两面性。道家主张清净无为，对尚法政治提出彻底解放。"中国传统政制既为一尚法之治，乃不断有道家思想蹑其阴影"①。儒、道、法三家各趋向于迂阔、虚无、刻急，政治实践中的大国治理不可能纯取任何一家，而是并行兼蓄，视时势而选择调适。

结合五权宪法，钱穆对思想传统伸张新命。"然使中国现实政治不致困陷于现实而不能自拔，则亦惟此儒、道、法三家之功。儒家积极，导于先路；道家消极，清其后尘；法家则周于近卫，护翼前进。今若以'五权宪法'分配言之，诚使教育部、考试院付之儒家，司法、监察寄之法家，立法由乎道家，国民大会调和融会，冶之一炉，而行政院则托之于文吏之手，则庶乎斟酌尽善，可以无大弊矣"②。

从宪制的精神根基来说，民众自由刚健的精神需要有来自文化传统的导引培育，钱穆谓"欲求民气发舒，助长其阳刚之美，消散其阴柔之恶，而又不陷于启争端召分裂，则莫如宏奖儒术，尊崇师道，教育独立，讲学自由，又于考试院与国民大会多方罗致耆贤硕德，而尤要者在于伸道统于政统之上"③。教育部、考试院、国民大会都需要尊奉道统，尊贤礼士，充分激活共同体内部的自由刚健精神。"伸道统于政统之上"一方面为共同体提供精神信念上的共识基础，孔子之教是传统文化之宗师，另一方面保障不被权力政治系统压制其自由独立活力④。如不能充分领会先秦、宋明以来学引导政的文明精神，在现代共和制下尊儒崇道，"今者学绝道丧，儒师不兴，人不悦学，当此时而唱社会自由教育之独立，其事殆莫有应"⑤。"政学亦当分，使学校得超然独立于政治之外，常得自由之发展，民气借之舒宣，政论于以取裁，此亦发挥中国传统文化精神一要目"⑥。

"立法由乎道家"，在于"守之以清净无为，运之以宽简不苛，法贵疏

---

① 钱穆. 政学私言. 北京：九州出版社，2010：80.
② 同①81.
③ 同①84.
④ 同①161-163.
⑤ 同①170.
⑥ 同①169.

第四章 "有治法而后有治人"?：革命立国中的人民与政制

不贵密，国有利器，不以示人，立法忌有对象，而无余地，元首贵渊默，庶政贵质朴，此皆非徒法所能冀，而立法者必将心知其意，庶有以神化而默运之也"。立法精神要宽简正大，使人能够自由发挥才性。元首尊严超然，也在于深明无为而无不为的精义，明确权任所在，不揽权专断。而法家的功用，在于循名责实，信赏必罚，"而以司法、监察两院，握其枢纽，如是则虽不能遽脱于法治之成局，要亦不深陷于法治之陷阱耳"①。

"法治乎？法治乎？我不知中国多少罪恶，将借子之名以滋"②。现代人未能准确把握中国政治传统的特征，热切崇拜西方法治并努力移植中土。在钱穆看来，这不仅"昧于名实"，且"以水救水，以火救火，其溺益深，其焚益烈矣"③。中西文化政治系统有根本差异，引入西方资源，应有助于继承传统前提下的损益调适。中国以礼法之治为内涵的宪制政体，应对西方法治挑战如何实现现代新生，这才是损益重建的恰切主题。《政学私言》实则接续近世传统对于"以法为治"的古老讨论，于启蒙迷思中揭示出这一被遮蔽的议程，以一种兼具道义论与社会科学气质的现代论说方式伸张了古典传统的新命④。

钱穆的法治新诠，是应对西方现代话语与中国实践议程的压力、立足于中国传统而提出的创新性解释。这个解释首先承认西方现代话语所蕴含的某些普遍关切，为人类共通分享。其次，引入中国传统的实践和言说，将其与西方具体类型及其透现的精神特质放在一个广义的共通视野下比较勘辨。在此论述中，彰显不同文明传统针对共同问题的解答及启示。这一取向，看似是一个着眼于普遍与特殊互动生成的多样态进路，甚或趋向于文化多元论。而钱穆依持自身对于中国文明的高度自信和期待，实则对中国文化在历史传统中生成和预示的普遍精神更抱有一番积极评价⑤。在此

---

① 钱穆．政学私言．北京：九州出版社，2010：84．
②③ 同①83．
④ 任锋．"以法为治"与近世儒家的治道传统．文史哲，2017（4）；任锋．新启蒙主义政治学及其异议者．学海，2015（5）．钱穆惩于民初制宪的经验教训，对"菲薄国情，高谈西化"的"尊法抑人"论有深入反思，参见：钱穆．政学私言．北京：九州出版社，2010：83-84．
⑤ 同①172-189．

种新保守主义信念的驱动下，法治新诠的思想策略，不仅包含了应对西方现代而对中国传统进行新阐释与新正名，使其衔接当前的论说习惯与场域，也悄然实行了对外来文化议题的洗礼和改造，得以多面审视其特质长短和迁移价值。以法治新诠代表的反向格义而言，一方面包含传统礼治、治法的现代阐释与评估，充实了国家建构与宪制论域的现代思考；另一方面引入对西方法治传统的别样审思，呈现出"新"之为新的双重指向。对于现代中国政治传统与宪制潮流及背后的中西现代大转型，钱穆思想的意义和启示还需要深入的探讨。

第三节　君道再还：钱穆宪制思维中的元首论

1946年，政治协商会议讨论抗日战争后的国家宪法，在位者与在野者激辩的焦点问题之一是总统制抑或内阁制。这是自民国初年制宪以来一再上演的热剧，反对派借彰显民主意志的宪制机构来制约日益令人不安的政治强人权力，希望由此确保民国的共和轨道不致被后者引向歧路。君主复辟已成旧梦，但君主制的幽灵会不会改头换面，操控民主的事业？这的确构成热爱民主共和人士挥之不去的梦魇。

前文已提，钱穆以学术立业，身不属党派，也未以"无党派"地位（如傅斯年、郭沫若）参与政协宪草组，《政学私言》非针对政协而作，而是着眼政学传统长期演变提出的书生建言[①]。如果将其置于由"五五宪草"演进到1946年《中华民国宪法》的法政话语脉络中，相比政局中人依据英美宪法模式与五权宪法模式展开宪法设计的斗争，相比另一位现代儒者张君劢凭借"以五权宪法之名"行英美宪制之实获得广泛赞誉，

[①] 二十年后（1965年），钱穆曾叙及这一段往事，乃批评政协无人注意立足政治传统的"建国大计"。参见：钱穆. 续论中华民族之前途//钱穆. 钱宾四先生全集. 台北：联经出版事业公司，1998：184.

第四章 "有治法而后有治人"?：革命立国中的人民与政制

钱穆更多肯认中国政治传统价值与五权宪法的启示意义[①]。相对政协激辩总统制与内阁制，钱穆专文讨论元首制度、国民大会，却没有像时贤一样以政体论方式提出问题、限定论域，其思维逻辑及其蕴含值得端详。

元首问题，在人类文明的漫长君主制传统中，重要性不言而喻。在现代政治的视野下，这个问题得到的考察却相形见绌，甚或晦暗不明。民主浪潮浩浩荡荡，为什么还要正视甚至重视这个看起来与民主精神极不协调的构制呢？相比历史学维度的考古与宪法学维度的衡今，关于这一现象的政治学研究与其实践重要性极不匹配[②]。现代政治的元首问题，需要从政体制度、人物行动与文化系多个视角得到阐明。本节首先介绍钱穆围绕元首问题提出的政体论述，其次聚焦于这一元首论的政治运思逻辑，从钱穆概括出的"政民一体""君相一体"等体制原理阐释其思维特质。在宪制思维的结构性视角以外，最后引入政治风度所蕴含的"人物-传统"之动态维度，揭示钱穆元首论对于制度之行动基础的重视，最终呈现其政治运思逻辑的全体大貌。

一

《论元首制度》原先以《论元首》刊发于《东方杂志》，时在1945年5月。这是世界局势发生巨变的一年。在刚刚过去的一两个月里，罗斯福病逝于第四届美国总统任上，墨索里尼遭游击队处决并暴尸示众，希特勒下

[①] 读过钱穆赠书的梁漱溟评价张君劢的政协宪法草案，"保全五权宪法之名，运入英法宪政之实"（梁漱溟. 我参加国共和谈的经过//梁漱溟. 梁漱溟全集. 济南：山东人民出版社，1993：900）。钱穆与张君劢对于现实宪制模式的歧见，实涉到二人对于中国政治传统的基本判定，构成日后张君劢撰数万言长文驳斥钱穆政治史观（《钱著〈中国传统政治〉商榷》）的现实诱因之一，遂成现代新儒学政治思想论争的一大公案。这一层现实宪制的因素，值得注重。

[②] 相关研究主要集中在法学领域，如罗马从共和向帝制转变的政治传统、当代中国宪法文本。广义上，中国历史研究中的皇帝制度也可归入这一领域。而聚焦于中国政治传统的大转型，从传统变迁来透视现代元首问题，深入挖掘传统与现代内在关联的研究，则极为缺乏。

令德国自毁之后不久战败自杀。文章一开头,便强调长治久安是一国政制得以不断改进的先决条件。而一国元首的尊严与稳定,又是政局安定的"惟一先决条件"。即便在民主政体,也不能违背这个定律而祈求政治安定[1]。制宪建国不能轻视元首制度,因此不言而喻。

钱穆的问题是,君主制在中国已成故物,国王不能再有,新中国的元首制度应当如何安顿？《论元首制度》围绕"五五宪草"中总统与国民大会、五院权力之间的关系提出了商榷意见。

"五五宪草"规定总统由国民大会选举任命、罢免,并对后者负行政实际责任。总统有权任命行政院、司法院、考试院院长,行政院对总统负责。立法院和监察院首长委员由国民大会选举,立法院无直接监督行政院的权力。总统任期六年,得连任一次。总统拥有紧急命令权和紧急处分权,并未规定立法机构的明确限制。这样的安排被认为是一个强总统制,符合三四十年代国民党蒋介石的集权需求[2]。而1946年政协达成的十二条"宪草"修改原则,为削弱总统至上权力,致力于实行内阁制,在行政院与立法院之间建立制约关系,使前者向后者而非总统负责,总统的行政权和人事任免权得到很大的制约、削弱。这一取向在随后1946年《中华民国宪法》中得到相当程度的体现,促成了一个内阁制与总统制的混合政体。

与强总统制相比,钱穆的元首观强调总统不任事、不负实际行政责任。"五五宪草"将总统置于国民大会的全面制约下,钱穆指出,这一点更甚过美国,因为美国总统并非由国民大会选举和罢免,至少二者可以"抗立不相下"[3]。而相比英国,"五五宪草"的总统类似内阁,但无解散国会、重新召集新国会以听取国民最后意见的权力(缺乏"英国政制一种衡平之精义")[4]。

鉴于国民大会易受政党力量的操控(国民党训政时期实情),钱穆认

---

[1] 钱穆. 政学私言. 北京：九州出版社,2010：29.
[2] 严泉. 孙中山"五权宪法"思想：理论透视与历史实践. 西部学刊,2017(1).
[3] 同[1]34.
[4] 同[1]35.

第四章 "有治法而后有治人"？：革命立国中的人民与政制

为国家元首袒曝于实际政斗之下，地位易波动，尊严难维系。元首地位的尊严与稳固，是钱穆思考这一制度的两大因素。"一国元首之地位不尊严，则有损于国家之团结；一国元首之地位不稳固，则有损于政局之安定。此二者，皆非国家之福"①。从国家的安定和团结着眼，英国王室的元首地位较为可取。内阁之上，"尚有王室超然于政潮之外，犹无损于全国最高最崇重之庄严之屹立，与夫全部政局之稳定"②。

"五五宪草"对于国民大会的规定，也不利于二者形成良性的互动关系。国民大会任期六年，每三年由总统召集一次，会期一月。会期间隔太长，总统无法听取大会意见，后者也无由表达，很容易导致二者的隔膜和龃龉积累，最后走向冲突，国民大会罢免总统。国民大会会期较短，国民代表无法熟习政事，罢免之权很难有实际有效的运用。若非滥权，则国会疲软，无法实现制约总统之功能，总统权实无限制，这也是政制之患。此外，总统无解散国民大会的权力，如果为了保持总统地位的尊严和稳固，而减少国民大会召集次数并缩短会期，对于国民大会权力"不啻阳予而阴夺之"③，与宪法初衷不合。

钱穆的元首观因此一方面致力于削弱总统受到的国会制衡，另一方面要妥善安排好其与五院的权任关系。

前一方面，可改为总统产生不由国会选举。钱穆提出的产生办法，借鉴了中国古典思维，如《尚书·尧典》中的元老推选与资历限制，又吸收现代民主因子。要之，提高候选人年资要求（从四十岁提到五十岁），曾任职各院院长三年以上或前后几度任各院院长五年以上，功高德重。由宪法特定提名机关，每届选举提名若干候选人，再由全国民众以间接选举法产生。钱穆认为，不由国民大会选举出，而由全国国民大选，正可表示"元首体制之尊严"④。元首的罢免也不由国民大会负责，"非叛国或大贪污，则不受弹劾"⑤。元首任期六年，可以连任一次，

---

① ② 钱穆. 政学私言. 北京：九州出版社，2010：34.
③ 同①35.
④ ⑤ 同①38.

不超过十二年①。

后一方面，元首虽不任实际政事，却并非偶像。国家大政令，必自元首出，如公布法律、宣战媾和、缔结条约。而元首政令，需要政府其他有关各院各部长官的副署，元首不能直接自己出命，直接处理政事。"全国政事，各有司存，元首仅居虚位。三十辐共一毂，而元首当其无"②。另外，总统负责五院院长的任命和罢免，五院院长分别行使全国政事，而其间的联络与衡平，任在元首。院长虽由总统任免，"皆须对国民大会负责"③。再者，"遇政府有大争端，社会有大事变，元首之左右向背，可以决国家之命运，荡荡乎民无能名，乌得谓之偶像?"④ 这包含紧急或例外状态下的特别决断权。

可以看到，钱穆的元首制构想既非总统制，也不是内阁制。他对照五权宪法的理论构思，强调元首地位的尊严与稳固，势必要重新安排与国民大会和五院之间的关系。总统摆脱了国民大会的制约，钱穆同时建议国民大会当每年开会一月，表达民意，向五院问责，否则会变成告朔之饩羊。五院向国民大会负责，而五院间关系，钱穆仍强调其各个独立，分工合作，而非制衡牵掣。联络衡平的职能则在元首。这一点也与内阁制、权力分立不同。

钱穆的元首观强调尊严与权力的不同。元首不任事，不以直接处理政务的权力绩效为重，其所关系到的国家安定团结、政制衡平有效，来自尊严，而尊严实系于德行。所谓元首"称德不称力"，德行尊严构成宪法结构的一大要素。这在元首的产生与职用中都有体现。如强调总统候选人"称其德不称其力，年耆则信孚而望协"，"以德望镇群伦"，"总统选举，不在选拔贤能，而在崇重勋德"⑤。副总统职位的设立，也是出于此。"总统之选既以德望，不负实责，其德望相比肩，名业已高，又愿小休，不乐

---

① 钱穆认为普选制度下，对于大国，普及教育不易，由一般民众选举，也很难产生"上乘之望"。美国总统选举难以产生理想政治人物，这不是美国不出政治人物，实是体制所限。参见：钱穆. 晚学盲言. 2 版. 北京：生活·读书·新知三联书店，2014：276.

②③④ 钱穆. 政学私言. 北京：九州出版社，2010：37.

⑤ 同②37-38.

第四章 "有治法而后有治人"？：革命立国中的人民与政制

当政府实职者，可设副总统位为其优游回翔之地，亦得备总统之周咨襄赞"①。

相对于国民大会，总统不对其负责，超然其上，实由于不负具体事责。"行政院长重在能，总统重在德，行政院职权，关涉全国行政事宜，易受国民大会之质询。总统端拱默化，义不受诘，以行政院长代总统任，非所宜"②，"元首者，乃受全国之尊崇，而不受其质询与斥责。元首者，乃以代表国家，而非肩负政事，故元首必超然于实际行政之外。惟其为全国之最高位置，故亦为全国之最尊严者"。

相对于五院，总统的德行尊严表现在"既不负政治实责，故得超然事外，旷观玄览，心清神足，以其高年劲德，楷模百僚，导达其窒碍，而消解其结塞，潜移默运，裨补实大"③，"元首贵渊默"，"端居默运于上"④。以其德望楷模和智慧经验，引导通达宪法机构和官员之间的互动，并针对紧急危难事件做出应对。"默化""渊默""默运"中自有一种高明而深刻、不能完全显明甚或不可预测的活力和能量，超于一般化的政治行动、言辞与规则。对于整个共同体，尊严有其宪制妙用，所谓"奏假无言，时靡有争，予怀明德，不大声以色，此为元首之政治地位，亦即元首之政治作用"，"元首者，举国之所仰望，政治重心之所寄托，一跻其位，不动不摇，四时行，百物生，彼则正南面恭己而已矣"⑤。

二

除了制度设计方案，最值得探究者，是钱穆元首论所透露出来的思维逻辑。

---

①② 钱穆．政学私言．北京：九州出版社，2010：39.
③ 同①36.
④ 同①84，195.
⑤ 同①36. 元首职位在宪制结构中显示出高度抽象客观化（"尸祝"），潜在地对单数和复数形态开放。

共和立国与治体新论：钱穆历史政治学研究

他提出，"然则新中国将来之元首制度将奈何？曰：衡之以国情，揆之以政理，参之以并世列邦之利害得失"①。如何理解国情、政理、列邦利害得失呢？

在反驳模仿美国总统制时，钱穆列举三条意见：一是美国联邦立国的基本规模，二是美国地理优势较为超脱于国际斗争格局，三是美国人民移民前就形成的文化渊源和政治习惯②。提炼言之，可概括为立国格局、文化和政治传统。这需要看具体国家的立国情状，而其中又蕴含着未必同一的政治道理。如对应美国联邦立国，中国古来的立国之道、文化与政治传统大不相同，构成一时国际格局之外的长时段因素。钱穆概言，"若轻效美制，改为联邦，自趋分裂，而适当列强角逐之漩涡，殆无幸存之理。抑中国亦自有政俗，自有文化积业，模仿美制必利不胜害"③。

制度模式自然可以进行某种借鉴，如尊奉元首，不使负行政实责，钱穆指出可"略效英伦王室内阁分立之制"④。但钱穆论述显示出的，不是落入非总统制则内阁制的窠臼，而是应当把某一制度放置在以立国之道为中心的文化与政治大传统中定位的思维取向。

美国的联邦立国，钱穆指出"其重心在各州，故总统与国会可以对抗平立而各不相下"，中枢政体中的张力对于整体立国不会产生致命影响。而中国的古来立国之道，钱穆在《国史大纲》"引论"中有过明晰概括，"实乃由四围之优秀力量，共同参加，以造成一中央。且此四围，亦更无阶级之分。所谓优秀力量者，乃常从社会整体中，自由透露，活泼转换。因此其建国工作，在中央之缔构，而非四围之征服"⑤。由社会整体中涌现出来的优秀力量形成一个共同体中心，并向四周涵化融合，可称之为中心

---

① 钱穆. 政学私言. 北京：九州出版社，2010：36.
② 辛亥革命期间，孙中山就曾明确声明，中国革命的目的是效仿美国建立共和政体，并主张采用总统制，后《中华民国临时约法》为限制袁世凯权力，改为责任内阁制。参见：臧运祜. 孙中山五权宪法思想的演进. 史学月刊，2007（8）.
③ 再如钱穆论西方多小国，行政首长之外，外交官地位重，中国广土众民，文化崇尚大一统而内向，外交官在政制中不及前者重要。这也是由于立国规模不同导致政制相异。参见：钱穆. 晚学盲言.2版. 北京：生活·读书·新知三联书店，2014：248.
④ 同①.
⑤ 钱穆. 国史大纲. 修订第3版. 北京：商务印书馆，1996：14.

第四章 "有治法而后有治人"?：革命立国中的人民与政制

统合主义模式，这是中国共同体的文化-政治建构机制。

郡县制、中央集权制、君主制是历史上促成大一统文明的制度要素。"我中国此种立国规模，乃经我先民数百年惨淡经营，艰难缔构，仅而得之"①。文化和社会的整合机制使得政治上的中心（"中央"）至为重要，因此在中枢政体中如何安顿元首，应当充分意识到这一立国规模。总统与国会对抗不相下的制度模式，显然是不适宜的。

以立国之道为中心的文化与政治大传统，蕴含着一些长期形成、潜移默化的政俗、文化积业。它们的影响力量，在钱穆论述元首制度时从多角度有所提示。

首先是一种政治上的一体意识，以"政民一体"为大纲，包含国民一体（传统的君民一体）、君相一体，分别对应元首与国民大会、五院的关系，分别凸显政治共同体的整合性与统治职分的共治协同。

钱穆结合中西政治演进，提出"政民一体"与"政民对立"的区分。在他看来，西方政治自希腊时代起，就强调对立与斗争，阶级等级、族群民族的抗争形成政治演进的主动力。近代议会政治也是从封建社会晚期开始的，由民众代表进入议会，将这一王室佐治机构的咨询襄赞性质转变为针对统治集团的监督约束。大体上，西方当政者与民众之间始终存在一对立、抗争精神。而中国自秦汉以后，士人政府提供了一个社会政治机制，使民众有机会经由各种选举方式进入政府，王朝更迭、王室与士人官僚体系的分离确保政治与民众往往结合为一体。这是钱穆所说的"政民一体"，虽然相权不免有孤悬之困、不虞之罢。王室则以天命民心为转移，无万古一系之迷思，天下为公、立君为民是主导政治精神。

"政民一体"在钱穆看来，是我们擘画现代中国宪制时应该格外重视的基本传统精神。孙中山提出政权与治权的区分，讲究权能分立。然而，钱穆指出，"政权治权，皆民权也"②。他特别提示，"今若于政民一体之观念与体制下而有国会，则国会之意义必大变，国会特表显民意之一角度，

---

① 钱穆. 国史大纲. 修订第 3 版. 北京：商务印书馆，1996：14.
② 钱穆. 政学私言. 北京：九州出版社，2010：22.

特运使民权之一部门"①。言下之意，政治传统精神不同，对于宪法机构的制度立意也随之不同。比如国会的立意，就不在与政府抗争而敌对，"乃祈求民意之于多方面道达，民权之于多方面运用，而尤要者则在求其内部自身相互间之衡平"，"其用意在全部政治机构内部自身之意见与权力之益臻衡平而协调"②。

在这个意义上，元首制度也应依据中国政治传统的基调精神加以定位。对于传统君主制下的王室，钱穆给予了较为积极的评价，"然中国文化所以得绵历四千年之久，又其间一统治安之日较长，分崩动乱之日较短，使人生得以宁息，文化得以长养，王室传统，正亦有莫大之助效"。在王室传统中，王作为传统元首，凝聚精神情感，代表了国家统治的统一与延续，"王室乃全国崇仰之最高中心，由此维系各方之团结，政治一统，端赖有此。故王统之禅续，即代表政统之禅续"③。

而王室传统之所以绵历长久，钱穆强调也正是由于"中国传统政制之平衡妥帖"：一是王位继承法确立，基于法理而确定嫡长子制（周之"尊尊"），因现实以贤选君条件暂不具备而重弭乱息争，权衡利弊取其宜者。另一个是王室与政府职守划分，君权和相权互为调剂得当。"'君统'代表一国之团结与持续，'相统'则负责实际行政之责任"。二者分别蕴含尊严与权效两个政治原则，可谓尊尊与贤贤之耦合。"此中国传统政制用意所在，凡所以为平衡调剂，利求其大，害忍其轻之委曲权衡之大较"④，体现了由"政民一体"而强调宪制衡平的逻辑。

问题是，现代革命推翻君主制，宪制结构需要重建，新的国家元首怎样安顿？从辛亥以来的政治趋向来看，这一点恰恰构成现代中国宪制理解的薄弱环节。在一种民主浪漫主义的冲力下，君主不能再有，人民当家作主，使得元首的重要性晦暗不彰。革命先驱者孙中山的思想也不免于此⑤。

---

①② 钱穆. 政学私言. 北京：九州出版社，2010：22.
③ 同①29.
④ 同①31.
⑤ 西方现代立国同样经历这一普遍性问题，如美国立宪争论如何将一个强大执行官纳入共和体制。参见：曼斯菲尔德. 驯化君主. 南京：译林出版社，2005.

第四章 "有治法而后有治人"？：革命立国中的人民与政制

"用人民来做皇帝，用四万万人来做皇帝"，这对应孙先生理解的政权[①]。传统君权在他看来，合并了行政权、立法权与司法权，与另外的考试权、监察权构成三权宪法。而此五权在新宪法结构中被归于治权，受人民行使的政权督导、制约。人民政权及其载体国民大会与五院的关系构成共和宪法的主干。总统代表的国家元首，按照孙中山修辞式说法，是人民的公仆、奴隶。在治权分配上，总统以行政首脑身份被内置于五院系统，另有部分院长的人事提名权，也为后来"五五宪草"强化总统集权埋下伏线。总体上，由于执着于民权民主原则，现代宪法对于政制结构中元首制度的独立地位、重要性和复杂性缺乏正视。这样的迷思不断浮现于现代中国的转折关头[②]。

钱穆曾反复忆及民国以来的几次制宪时刻，国人思维不能摆脱西方窠臼，围绕总统制、内阁制争论不休。民初宋教仁事件最终导致洪宪帝制，在他看来促进了孙中山政治思想的反思，提出"知难行易"，五权宪法理论走向成熟。至于1946年政协，钱穆批评只是"政党分赃"，没有真正深思"建国大计"。除了来自美国的国际政治压力，局中人的政治心智其实致力于现代中国宪制的美国附庸化[③]。这个状况下，如何转换传统政制的平衡妥帖，合理安排新元首制度，更需琢磨。

上一节指出，早在《法治新诠》中，钱穆就借着传统职官系统的历史结构分析，提醒喜言民主宪制的时贤，不要忽视元首、大臣、诸司、群吏四者构成的基本权力体系之延续性。所谓"一国之政，必有元首焉，有大

[①] 广东省社会科学院历史研究室，中国社会科学院近代史研究所中华民国史研究室，中山大学历史系孙中山研究室. 孙中山全集：第4卷. 北京：中华书局，1986：270.

[②] 中华人民共和国历史上，如论者曰"在新中国的政治传统中，从一开始就偏爱委员会制的集体领导。这种事实与规范的背离以及在国家元首问题上的暧昧态度，一直持续到'八二宪法'，新中国的宪法体制始终不敢直面国家元首问题"。参见：翟志勇. 国家主席、元首制与宪法危机. 中外法学，2015（2）. 即使正视这一问题，也倾向于将其放置在民主原则下，弱化之，仅保留其礼仪性、荣誉性的功能。可参见：浦兴祖. 我国实行的是单一元首制. 中国特色社会主义研究，2004（1）.

[③] 钱穆. 中山先生之三民主义与民族文化//钱穆. 钱宾四先生全集. 台北：联经出版事业公司，1998：28. 钱穆多次批评1946年政协深受西化思维影响，将民族、民权和民生的三民主义置换为林肯的民有、民治、民享，以西人权威作为依据，歪曲了首创宪法的基本精神。

臣焉，有诸司与群吏焉，四者各识职而分理明，则法举而治成"①。这一点不分古今中外，在现代民权高涨之际尤其应保持清醒认知，"中西政制虽异，亦或有精义之相同。此虽小节，不失为法治之一端。又中山先生论权、能分立，此亦符其偏义"②。

钱穆强调元首与国民大会的一体性，"元首之于国民大会上下一体，如三角形，国民大会其底边，元首则其顶角也。如圆锥形，国民大会其坐圈，元首则其尖顶"③。这个几何式的譬喻意在强调政治共同体的宪制结构，"元首代表国家，国民大会代表民众，民众与国家，则义属一体"④。元首代表了国家统治权的统一、延续，与民众群体共同构成一个政治整体。若要使一物成形确立，必有上下位能之立体分合，民主宪制莫能其外。

在近世中国"平铺散漫"的社会结构趋向下，如何组织、领导、动员的政治问题在现代愈发凸显⑤。突破君主制限制，从民众中选举产生德能卓越的元首政治家，本属民权大潮。而其代表的统治权，在政治共同体中始终需要有一个组织性、制度性的直接表达，以彰显国家尊严、维系安定团结、应对非常挑战。在君主制下，王室王统担任这个角色。而现代共和下的国民大会按此前论述，更多为民意表达机关，而非与政府抗立斗争的机关。在元首代表的统治权尊严之外，国民大会引入了新的民主尊严，"元首之不预实际政事，亦犹国民大会之不与实际政事，二者皆至尊无上"⑥。钱穆使元首任免摆脱国民大会制约，规定五院对国民大会负责，正是要着眼于整体宪法结构的衡平，不使国民大会畸重，而真正确立元首制度的自在价值。现代中国的理想政制应是"公忠不党"、超越西式政党竞争模式，钱穆据此用区域、职业和学术荣誉等多样选举来中和、弱化国会的党派性，而元首在体现"公忠不党"上无疑更为关键⑦。

---

① 钱穆. 政学私言. 北京：九州出版社，2010：192.
② 同①195.
③④ 同①38.
⑤ 任锋. "近己则俗变相类"：钱穆与近世儒家传统. 天府新论，2018（1）.
⑥ 同①38.
⑦ 同①5，13.

第四章 "有治法而后有治人"？：革命立国中的人民与政制

这一点也关系到钱穆对于现代西方政治思维的一个异议，即强调最高权力定夺的主权逻辑，与中国政治传统注重职分责任，大不相同。钱穆针对近代中国学者专事抄袭西方理论，指出"我们还得把自己历史归纳出自己的恰当名称，来为自己政治传统划分它演进的阶段，这才是尊重客观实事求是的科学精神"[①]。主权论自有欧美精神和政治传统的渊源，而在中国，政治理论的根本并不着眼主权谁属，而在于政治职责谁负[②]。"万方有罪，罪在朕躬""君君、臣臣、父父、子子"，代表的是一种"君职论"，而非"君权论"。钱穆称之为政治上的"职分论""责任论"。"中国传统政治理论，是在官位上认定其职分与责任。皇帝或国君，仅是政治上最高的一个官位……天子和君不尽职，不胜任，臣可以把他易位，甚至全国民众也可以把他诛了。这是中国传统政治理论之重点"[③]。

政治职分论不同于主权论，而与政民一体论的逻辑一致。或者说，政民一体相比主权论，不凸显权力的分割争夺，强调共同体的一体相维之意义。"国家构成的最高精神，实不在主权上。从多统的相互对外看，主权似乎很重要；从一统的集合向内看，主权并不是构成国家重要的因素"[④]。结合中国的聚合立国之道，由社会凝聚成一中央而与四方互动涵括扩展，也可理解政民一体所蕴含的公道精神实际上构成了立国传统要旨。

正是在这个总纲下，才会强调内倾性的职分责任论，尽己之德能，而非遂己之权欲。在理解君主时，注重君职君道，不对君统做主权式定位。"必为民群所归，乃始成其为君。故君之在政府中，职位愈高，责任愈重，非以权力提高其身份。故为君必有君道，乃能尽其君职，绝非西方人君权观念可相伦比"[⑤]。西方政治观念因注重主权，政治重心始终不脱离强力与财富，中国传统政治注重职能，以智识与学养为中心，因此而有士人政权这一中性的理想[⑥]。钱穆据此还提出中西政治意识上的一个区分，"西方的

---

① 钱穆．国史新论．北京：九州出版社，2012：85．
② 钱穆．中国历代政治得失．北京：九州出版社，2012：140．
③ 同②86．
④ 钱穆．中国历史精神．北京：九州出版社，2016：28．
⑤ 钱穆．晚学盲言．2版．北京：生活·读书·新知三联书店，2014：270-271．
⑥ 同①101．

299

共和立国与治体新论：钱穆历史政治学研究

政治意识，可说是一种'外倾型'的，中国则比较属于'内倾型'。中国人心理，较偏重于从政以后如何称职胜任之内在条件上，而不注重于如何去争取与获得之外在活动上"①。理解了这一点，也就明白在思考现代元首制度时，为何钱穆将其置于政民一体、国民一体的思维架构中，使其代表国家统治（对应"君统"），同时强调以尊严为职业，践行新君道，而并不以主权思维框定之②。

另外，君相一体构成政民一体之宪制平衡的又一面向，注重统治职分的协同共治。钱穆晚年明白指出，"近代民主政治有总统，此即代替了古代之君位。有行政院国务卿，此即代替了古代之相位。民初有英国首相制与美国总统制之争，实则君相一体，治平大道决非寄于一人，乃当寄于多人"③，"一时风气，则已群慕西化。民国创兴，当时参政会遂有美国总统制与英国内阁制之争。而中国传统君相一体之成局，乃竟无人提出，供作讨论……若求职权限制，则中国以往已涉及周详，远超英美之上，又何必改弦易辙，徒求变换，转成倒退"④。

可见，钱穆在中枢政制上，并不简单附和西方政体论模式。"君相一体"是悠久传统，其精神是治平大道承载于多人，是公道在治法层面的实

---

① 钱穆. 国史新论. 北京：九州出版社，2012：115. 现代中国，主权论一变而为权力论，政治精神完全外倾，见同书第120页。

② 钱穆强调元首的尊严职分，以与西方的权力观相对照。西方政治传统中，如罗马元首制，实际上蕴含着权力与权威之区分，后者也更侧重道义、超法律性，非权力范畴能涵盖。尊严与权威，可以作为中西元首观的一个比较视角。可参见：高杨. 从独裁官到元首制：奥古斯都的政治遗产. 政治与法律评论，2016（2）. 而同是论尊严，钱穆所指与白芝浩对于英国立宪君主的尊严性（dignified part）宪制功能分析相比，不限于情感与神圣性，更为能动有活力，这一点值得进一步探讨。参见：白芝浩. 英国宪法. 北京：商务印书馆，2010.

③ 钱穆. 中国文化演进之三大阶程及其未来之演进//钱穆. 宋代理学三书随劄. 北京：生活·读书·新知三联书店，2002：225.

④ 钱穆. 晚学盲言. 2版. 北京：生活·读书·新知三联书店，2014：252；钱穆. 中国学术思想史论丛：九//钱穆. 钱宾四先生全集. 台北：联经出版事业公司，1998：16. 时论如萧公权所言，"在典型的民主政制当中，英国创立了内阁制，美国创立了总统制。这两个制度是近世制宪者的重要参考"。现代西方对这两种政制的讨论，自英国白芝浩、美国威尔逊以来，至20世纪晚期方趋热烈，且与民主转型的议程密切结合。参见：谈火生. 西方学界关于总统制、议会制与民主巩固的争论. 教学与研究，2008（4）. 中国学人如何依据自身资源看待这种争论，钱穆的反思无疑提供了珍贵线索。

第四章 "有治法而后有治人"?:革命立国中的人民与政制

化。"为君者宜为贤圣杰出之人才,而天下之大非可独治,故物色群贤而相与共治之",也是中国信托政权的政制表达①。钱穆在《论元首制度》里对君相共治也有重点说明。君主承载尊严,君体重在德化,而相权任事,贤能任责,二者各有职业。

首先,君权相权之间形成了某种政治惯例性质的安排,"至君权相权若何划分,则并无明白规定,此亦如近人所谓一种不成文法"②。即使在王权专制之明清,由于"中国传统政制沿袭已深",即使"君权相权衡平调节之妙用已为破弃……而此外尚多沿袭,故最高政令虽常出之满洲皇帝一人之专断,而其下犹得弥缝匡救,使不得流为大害"③。这个不成文法一方面有其通融性,灵活有余地,另一方面钱穆在评论汉制时也指出对于武帝之类的雄才之主难以制约,不如现代宪法明确规定来得稳当④。

其次,君相一体也意味二者之尊严地位相互维系。如评论汉代霍光以皇位继承属王室私事,钱穆指出,"他不知道皇室之存在,由于有皇帝;而皇帝之存在,由于有政府。所以皇位继承是政府事,并非皇室事"⑤。另一方面,在评论宋代尊王时指出,皇帝"是一国之元首;皇帝太不像样了,其他一切官,会连带不像样","皇帝的体统尊严不如宰相,也易启皇帝与宰相之间的猜嫌……这样才把政府尊严、皇帝尊严渐渐提起,渐渐恢复了"⑥。此处,"体统尊严""政府尊严"实则是宪制政体内部一种结构性的道德力量。另外,相权代表的官僚制度内部强调分工合作,"相互和合,融为一体",也与西方分权制衡意思不同⑦。《论元首制度》规定总统任命五院院长,居上衡平联络,垂范通达,同时五院向国会负责,避免传统上君权压制相权的法弊,也是着眼于形成类似于传统君相之间的相维与相制。

---

① 钱穆. 政学私言. 北京:九州出版社,2010:104.
② 同①33.
③ 同①32.
④ 钱穆. 中国历代政治得失. 北京:九州出版社,2012:45,32-33.
⑤ 同④33.
⑥ 同④79.
⑦ 钱穆. 晚学盲言. 2版. 北京:生活·读书·新知三联书店,2014:249. 另外,西方元首直接掌握兵权,如美国总统,中国兵权则置于相权中之一部门,见同书第248页.

概言之，钱穆从中国政治传统中提炼出政民一体、君相一体的体制原理，其用意在于强调中国政治思维自有韵致，推崇政治力量与民众的融合、在大公基础上形成民众的代表，并在治理实践中分工合作、讲求政制机理的混合共治。政民一体论的思维逻辑与单一政体论、政体中心主义的现代理念显然并不合辙。这又涉及钱穆所注重的政治过程中治人主体，即政治家的要素价值。

三

钱穆的宪制思维，以政民一体为精神基调，希望在元首、国民大会与五院之间形成一个衡平妥帖的政制结构。这个模式其实对于政治主体素养有较高要求，代表了一个现代理想类型。钱穆在《政学私言》中收录了较早发表之《政治家与政治风度》一文，就体现出这层意思。他围绕人与法、政治家与民众的关系进行深入阐发，提醒我们注意元首职分的另一面。

钱穆谈到辛亥革命使中国人政治观念为之一变，"醉心于西方所谓'民主'与'共和'之理论，而误解其意义。以为政治只是多数群众的事，只是社团党派的事，而没有注意到其领袖人物之培养与爱护"[1]。政治实践为公为民，甚或强调主权在民，而其展开又往往倚赖少数人的先发先行，这是政治过程内在的两面。钱穆提醒我们，这一点由于现代革命以后对于民众力量的尊崇更容易被遮蔽、被扭曲。民权高涨，使人们以为现代政治只是组党与革命，民众政治参与是唯一形式。"政治事业，自身含有一种矛盾性。因政治事业到底为一种社团与群众事业，而主持政治领导政治者，又断不可自侪于群众之伍，自封于社团之内。故大政治家必当先有高远之理想，与独特之自负。再换一面言之，政治事业，乃彻底的一种英雄领袖的事业"[2]。即使是人民主权的为公事业，也离不开领导者，无法回避

---

[1] 钱穆. 政学私言. 北京：九州出版社，2010：204.
[2] 同[1]202-203.

第四章 "有治法而后有治人"？：革命立国中的人民与政制

领导要素问题。钱穆论述元首，反复强调其超然于政党、国会、五院，即出于这一见地。

而如何理解领袖、元首之类的政治家，他们在政治实践中的角色地位及其与民众关系，尤其值得共和时代的人民思忖。钱穆特拈出政治家与政治风度来阐释己见。

对于政治家来说，政才政绩固然宝贵，政治风度更为重要。钱穆解释，"'风'者乃指一种'风力'，'度'则指一种'格度'。风力者，如风之遇物，披拂感动，当者皆靡。格度则如寸矩标尺，万物不齐，得之为检校而自归于齐"。政治风度对于其周围人事环境，可以"感靡伦类，规范侪偶"，其影响潜力能促成一时政治群体之风度。它是一种来自平日言行事为而互动积累形成的风气礼俗，势必蕴含着无法完全明言或规则化的政治活力（"默"），"众籁成风，积寸成度"，客观存在而不显明表示，群力所凝，可以持续发展，影响达于数十年以至数世[①]。在实践历史中，开创守成，自创一个局面，形成一定时期的特殊风格，而被历史家称为一个"新时代"[②]。

从政治风度角度来看政治实践，"此领袖与主导而为一大政治家，则其风力之所感靡，格度之所检正，常使此一群体一社团同时响应，有不自然而然者，遂以形成一共有之趋势，与共认之局面。惟如此，乃始得谓政治事业之完成"[③]。如果领导者、元首自身缺乏"风度"，"非出本原"，仅仅凭借权位驱使，则难以得到民众的真正响应，事业也难成或难持久。

政治风度是一种无形才能，也是政治共同体一种不可计量的功业。其来源，在于政治家的精神与内心，"其德性之所发露，学养之所辉照，断断非凭借地位权力以争显其才能功绩于一时者所能相提并论"[④]。这揭示了元首职分中尊严以外的活力一面，是引导群体在政治事业中前行的乾道力量（"首出庶物"）。

钱穆仍然依据中国政治传统上的王者与名臣来予以例解，如宋神宗与

---

① 钱穆. 政学私言. 北京：九州出版社，2010：203.
②③ 同①196.
④ 同①197.

303

共和立国与治体新论：钱穆历史政治学研究

王安石、司马光、唐太宗与房、杜、魏、王，秦始皇、汉武帝、明太祖等人。撮要言之：宋神宗政绩并不算卓著，然而钱穆首推其政治风度之伟大，在于礼敬荆公而抱有高远理想与热忱，对于司马光与王安石能同时推敬厚容，更显胸襟之宽广。唐太宗政治风度不在于其才能的允文允武、功业炳赫，而在于其能转换一时风气，凝聚成了一个英杰群出的政府集团。秦始皇开创大一统新局面，伟业不朽，其政治风度甚恢劲，缺陷在于暴与骄，功成志满，不免于得。汉武帝首创文治政府之格局，武功大有贡献于中华，但比起唐太宗，政治风度之不足在于不能形成贤能协力的政府，群下无大臣名臣，自身有文人奢纵之病，不能亲贤受谏。明太祖风度广劲，树立明代三百年风气，缺憾在于骄暴，废宰相，行廷杖。另外，汉文帝仁慈首推，而道家退婴之气，阴柔玄默，与大政治家高明大气斡旋的风度尚有距离。诸葛亮"开诚心，布公道"，概括了大政治家应有之风度。总之，仅有政才政绩，而没有政德，不足为政治家，不算有政治风度。

这里有一点需分辨。上文所谓元首不任事，并不能简单理解为"虚君""无为"，没有实质权能。不任事主要是指元首不介入、干预到一般具体性治理中去，而在整体宪制结构中，自有其关键权能。元首尊严，比荣誉或象征的内涵要厚，与单纯的机构权力又不同类。如发布重大政令，虽由院部副署，元首对于决策的参与以不同形式客观存在，实际上考验其政治协商与决断等各项领导力；任命政治首长，更需要元首有知人用人的政治智慧。而对于治人与治法的把握，如何"尊才而逊法，务求容人之才，使得宽深自尽于我法度之中"，使贤者在位而实现善治，避免守法害才、困法自败赏罚，也是元首总握政纲、激励治人的大职责[1]。另外，元首须有处理大事变的决断能力，涉及发布紧急命令权这种独裁权力[2]。结合钱穆对于民国元首的评价，如创立民国、让位讲和、北伐抗日，都需要政治

---

[1] 钱穆. 政学私言. 北京：九州出版社，2010：191.
[2] 元首为了公共利益越过法律去运用非常权力，本就是现代宪制的一大争议问题。时贤如萧公权对此表示了解，而不愿实践中有此应用。

第四章 "有治法而后有治人"？：革命立国中的人民与政制

家极高的政治智慧和德能，可知其宪制职分绝非"虚君""无为"所能限①。在领导要素及其组织化表达中，元首所需要的君道，是一种领导参与宪制生成的机体活力，燮理并守护宪制结构，不屈服于各种激情和众意（道揆），具体环节则需要选贤与能、不任事责（法守）②。这种元首论凸显了职分论的政德含义，强调对于政治风气和精神的凝聚提升，这比单纯关注权力论的视角更为广大深沉③。

政治家理想的风力与格度，在尊贤与容众。理想政治家"首当着眼在其集团，与相从共事之政府"。大政治家有高远理想和独特自负，"而其笃实光辉处，则在其能屈抑自己的英武，而返身回到群众集团里"，"最大的政治家，自己不见才能，而群下见才能。自己不见功业，而群下成功业"④。子曰："巍巍乎，惟天为大，惟尧则之。荡荡乎，民无能名焉。"钱穆引以说明这是最高境界的政治风度。在最不具有大众民主意味的一人职分中，吊诡性地集中寄寓了尊重公共宪制精神的统治权能，这也许是元首制度作为共和宪法之拱顶的奥妙。敬天取则，为公为民，而非炫耀一己之才效，放纵一己激情，是元首政治家的德性要求。

政治一面是英雄领袖的事业，同时也"属之平民与群众"⑤，需要"返身回到群众集团里"。这一点提醒我们注意新君道的现代意味，摆脱世袭君主制后，这愈发凸显来自民众、返回民众的历史大势。这是基于群众集团的新君道。钱穆曾提出过少数与多数循环转化的"递进递盛"模式⑥。现代新元首背后是涌自群众集团的活跃政治家群体，是现代共和的领导要素及其团体，代表了数千年来中国平民化社会结构中趋于强化的民众创制

---

① 钱穆对于孙中山、蒋介石的评价，集中见于：钱穆. 中国学术思想史论丛：十//钱穆. 钱宾四先生全集. 台北：联经出版事业公司，1998.
② 钱穆继承了传统儒学中批判君权独断的古典宪制精神，如其批评汉光武"有事无政"，同时也对晚清以来专制主义论的过激保持清醒态度，理性认知元首的宪制功能。参见：钱穆. 中国历代政治得失. 北京：九州出版社，2012：35.
③ 现代元首论多从法律权力入手，可见：许崇德. 国家元首. 南京：江苏人民出版社，2016.
④ 钱穆. 政学私言. 北京：九州出版社，2010：203.
⑤ 同④203，204.
⑥ 钱穆. 国史新论. 北京：九州出版社，2012：207.

意志。民群所归而为君，在共和体制下更显其精神①。《论元首制度》提供了现代宪制下新君主的极简理想型，为现代元首制度揭示了传统渊源和精神。而这个洗礼中，时代新精神、共和气息也萦绕其间②。政民一体中，元首、国会与五院分别代表了民权的三个成分，领导要素、民主与精英政治家，历史实践势必滋生更为辩证混合的繁复形态③。

由于明清专制，中国近六百年来少理想的政治家，"有奴才，无大臣。有官吏，无政治家"④。共和革命以来，"国人对于政治只注视到制度与理论，而忽略了人物。其对人物，又一向重视其才能与功绩，而忽略了风度"⑤。实践政治中，政治人物缺乏政治风度，只知权谋位势，政治事业可想而知。

钱穆特别提示，"而要说到政治风度，其后面又牵涉及整个文化系统"。《政治家与政治风度》于此收笔，未详言。考诸钱氏学思，对于政治家及其风度养成，最重要应属政学、政教传统。如其所论，"中国之学风，乃中国文化传统之大意义所在"，"中国政与学合，西方政与学分，此亦中西文化相异一大端"，"中国自古为一统之大国，政统于上，学统于下"，可概曰"政必尊学，学必通政"⑥。这在政治上形成钱穆所谓的学人政治、学治，政治主体必求重道好学，政治权力因此更显学术化，而力求不受强力、财货资本等外在因素的制约。秦皇、汉武等君王元首，自身本就重

---

① 在民族大群的意义上，民众学习领袖元首的立功立德立言，各有职分，却可成就一个不朽的精神共同体。钱穆在纪念孙中山时倡导民众"做一个无名的孙中山"，是对他的最好继承。"若是我们每一人都朽了，孙先生也终是朽了，连孔子也朽了，连中华民族大群也会朽"，可见元首与国族之间的神圣精神关联。参见：钱穆. 孙中山先生之人与学//钱穆. 钱宾四先生全集. 台北：联经出版事业公司，1998：11，13.

② 周恩来曾以是否赞成民主分权对1946年政协代表提出"君主派"与"新旧民主派"的划分，着眼于政党竞争和省制均权。这一君主派概念主要在一党垄断政权的意义上使用。若以对于元首制的独立思考言，当时的宪法争论显然并未触及。参见：邓野. 联合政府与一党训政：1944—1946年间国共政争. 北京：社会科学文献出版社，2011：296 - 297.

③ 元首与院长代表了两个层次的政治家。就现代相权对应的五院来讲，理想形态对于这一级政治家要求除了协同合作，各尽职分也可取资于中国传统，"诚使教育部、考试院付之儒家，司法、监察寄之法家，立法由乎道家，国民大会调和融会，冶之一炉，而行政院则托之于文吏之手，则庶乎斟酌尽善，可以无大弊矣"。元首与国会对五院都有调治职责，方能做到一体相维。参见：钱穆. 政学私言. 北京：九州出版社，2010：81，84.

④⑤ 钱穆. 政学私言. 北京：九州出版社，2010：204.

⑥ 钱穆. 晚学盲言.2版. 北京：生活·读书·新知三联书店，2014：258，265，256.

第四章 "有治法而后有治人"？：革命立国中的人民与政制

学，而汉以后士人政府将政学相维精神贯彻到了政制结构中[①]。中国政学合。秦汉以下，政治以学术为向导，全体政治人员，自宰相以下，皆出于学[②]。在君主世袭的体制下，学人任相成为原则；按此逻辑，共和体制下的元首，虽以德望和政务阅历为资格，尊严出于德能，也必体现重道好学之传统精神。钱穆论五权宪法时特揭"道统与治统"一目，强调道统是治统所由，是学术、思想与言论自由之根源，确保后者不受党派门户与资本权力的桎梏，此是政教重于政法之要义。元首制度作为宪法结构的顶端，政民一体和政学相维于此汇合，与其底座的国民大会一样，都内嵌于尊崇中国文化大传统的宪制框架中。

在一个具有悠久文明传统的政治共同体中，元首价值不仅在政治事业，也在文化事业，不仅在当身，也需观其身后。尤其在晚清以来世道人心大乱的大转型时代，守护民族精神，贞定立国命脉，在宪制精神与体制上如孙中山一样善于继承传统、汲取现代精华，是钱穆提醒世人理解元首历史角色和传统（"史统"）的重要维度。

在评价黄宗羲《明夷待访录》时，钱穆指出，学校在野是学统道统的发源地，这一点最能表达中国文化大传统的宗旨，且能弥补五权宪法之不足，"学校则当为实施训政之重要场所"。培养贤能，寄托公论，也合乎现代民主的大趋势。于训政中培养人民政治能力，是国家结构实现宪制转型的关键条件。承载共同体道统学统的学校代表了寻求现代精神共识的训政催化力量，凸显出政治集体意志与激情的凝聚，在现实政治中如何与国家体制形成结合，是理解中国宪制转型的重要线索[③]。

[①] 钱穆. 晚学盲言. 2版. 北京：生活·读书·新知三联书店，2014：246.
[②] 同[①]266.
[③] 钱穆. 中国文化演进之三大阶段及其未来之演进//钱穆. 宋代理学三书随札. 北京：生活·读书·新知三联书店，2002：225. 元首与此的关联，可参验钱穆与蒋介石的交往，尤其是1942年二人的成都谈话，钱穆谏言："委员长获卸仔肩，退身下野，为中华民国首创一成功人物之榜样，亦将增进国人无上信心，俾得逐步向前。委员长亦得稍减丛脞，在文化思想、学术教育上领导全国，斯将为我国家民族一无上美好之远景。"（钱穆. 中国学术思想史论丛：十//钱穆. 钱宾四先生全集. 台北：联经出版事业公司，1998：84）钱穆《论元首制度》的极简形态需要满足较高的贤能政治条件，在达到这一理想阶段之前，由革命党转型推动的宪制过渡不得不由元首这一职位而非国会或五院来确保国家机构不被多元主义政党精神支配，宪制得向真正的大公贤能演进，从而在实践中产生元首制的复数形态，这一点被日后的现代中国历史所见证。

共和立国与治体新论：钱穆历史政治学研究

在政体革命之后，如何确保国家政治体的稳定团结与持续发展，这是钱穆元首论所触及的根本秩序问题。共和鼎革把宪制从君主传统解放出来，却也形成另一个意义上的迷思和盲区，即不能正视或重视民主政体中的元首问题（领导要素问题）。钱穆在民国时期的元首论，对此进行了有力的拨反，在大国宪制的构成层面强调传统与现代政治之间的基本延续性，其视野和资源的独到在今天仍具有极大的启示意义。在民主当令的时代重视元首制度、在制度政体崇拜的时代重视领导要素与政治家、在大众参与的时代重视少数人、在唯才能政绩的时代重视政治德行，这一系列看似反潮流的思绪显示出中国政治思维的辩证守中。相比流行思维纷纷唯西方模式是瞻，钱穆引导我们将目光转移到中国政治传统上。在20世纪世界范围内的同类政治思考中，钱穆的洞见为我们思考现代中国难题提供了接着讲的重要线索[1]。

围绕五权宪法理论，钱穆呼吁世人重视悠久历史经验中形成的传统宪制模式，强调长治久安依赖于政民一体的宪制衡平精神[2]。他对现代中国宪制的展望，一方面接纳代表世界文明潮流的新因子，另一方面更注重贴合传统宪制的精义，尤其在政制结构上强调元首制度的超然、与国会和五院的相维。这是一种以传统宪制为本位、加以损益的新传统思维，蕴含了对于现代法政心智中教条激进精神的保守化纠偏。在时贤围绕五权宪法与欧美宪法进行争论之外，钱穆开辟了一个更显保守精神的传统本位路向，由政体分析深入以职业为中心的德行风度，并揭示其文化系统根源。这在西化笼罩的时潮中无疑极为异类。他的元首论最能体现出向传统倾听智慧

---

[1] 康托洛维茨. 国王的两个身体：中世纪政治神学研究. 上海：华东师范大学出版社，2018. 康托洛维茨与钱穆生于同年（1895年），作品构思于1945年，也与钱穆发表《论元首制度》同期。二人所思有趋同，然触及的中西两大文明资源（如政教关系、王士关系）显然异趣，值得玩味琢磨。

[2] 钱穆赞誉五权宪法能够吸收传统政治注重稳定性的精神，"这一种稳定性，实与一较广大的国家，而又有较长久的历史传统性者，为较更适合。能稳定并不比能动进一定坏。此当斟酌国情，自求所适。此一理想，自然并不即是完满无缺，尽可容国人之继续研求与修改。但他的大体意见，则不失为已给中国将来新政治出路一较浑括的指示。比较完全抹杀中国自己传统，只知在外国现成政制中择一而从的态度，总已是高出万倍"（钱穆. 国史新论. 北京：九州出版社，2012：119）。

第四章 "有治法而后有治人"？：革命立国中的人民与政制

的思维面向①。毫无疑问，这已是一种新的民主共和的元首论，是激活古典大公精神之后的君道再还：一方面，顺承共和潮流的加持，元首及其代表的领导要素更显庄严尊重；另一方面，汲取传统政道的睿智，作为政治主体的人民能够更好地构造真身。

第四节　论公家秩序：家国关系的历史政治学阐释

中国现代转型自晚清以降经历长期变法、革命和战争的动荡冲击之后，晚近四十多年来进入和平建设的发展阶段，近十年围绕国家治理体系现代化而展开的实践显示出长治久安这一悠久传统主题的再度回归。国家治理体系现代化的一个基本认知条件是对于国家治理传统的精准理解。在这方面，国家治理的千年长传统虽然没有当下短期传统切近，对于我们把握治理主题的体系性却甚为重要。

家国关系是国家治理体系的中心轴。我们现在面临的问题是，对于这一枢轴型关系的认知，深陷于现代转型以来形成的围绕国家治理传统的消极性争议中。现代国人依据现代西方文明的标尺对传统家国关系进行了猛烈的抨击和颠覆。这一窘境是中国作为后发现代国家在追赶阶段不易避免的，如今已经到了需要反省和清理的时刻。而深层困难在于，对于这个问题，我们发现除非自觉或不自觉地借助"西言西心"的启明，否则人们几乎处于失语状态。家天下、家国同构、家父长制、家产官僚制、政治伦理化的错谬，诸如此类语汇和判断笼罩既有讨论，而天下一家、家国一体、家国天下等表述远远没有得到基于历史政治机理的客观阐释和检验。本节提出"公家秩序"的概念，尝试依据钱穆先生有关论述，从治

---

① "现代政治科学的现实的制度基础，它的'有效的现实'，而不是它的主张或说辞，是有限君主政体，不管它是世袭制的还是选举制的"（曼斯菲尔德．驯化君主．南京：译林出版社，2005：222）。

体论视野对这一困境加以纾解，或许有益于国家治理传统和体系的现代重建。

一、为什么需要家国关系的历史政治学阐释？

历史政治学的提出，对于家国关系这一类问题，构成了一个方向性的学术议程触机。中国现代政治学发展历程中出现的师法欧美、师法东洋，模仿现代先发国家的国家构建方案。而现代转型的深入发展，愈发使我们认识到，向外学习与向内自反是不可偏废的两端。在经历长期西化洗礼之后，中国政治学的建构更应夯实在中国经验和中国智慧的基础上。历史政治学主张祛除西学教条对于我们的控制，主张实事求是地认知各个国家的政治发展道路。对于中国来说，数千年的实践政治经验，既是历史政治学的事实起点，也是历史政治学的理论起点。

前文曾经指出，中国数千年来形成了大一统的国家秩序。更为重要的是，经历了走向共和，中国作为一个长治超大的政治和文化共同体并没有走向分裂，仍然维系了大一统的传统规模。虽然统一仍未完全实现，走向统一、反对分裂仍是中华民族的主导共识。这是政治实践的基础事实，需要我们基于数千年历史政治传统提出系统而深入的解释。而我们遭遇的现代困境是，由于大一统相对于西方实践的异质性，后者对此无法加以把握而倾向于解构或曲解，现代国人则在以专制主义为代表的解释范式中不断对此进行抨击。大一统，在实践上被捍卫被维系，在学理言说上却被抨击被解构，我们的学术与实践之间存在距离或紧张。

作为中国治理传统的另一个建构性枢轴，家国关系与大一统遭遇了类似现代处境，甚至可以说处境更为恶劣。自转型初期以来，对于中国政治和文化秩序的抨击就对准了家及其关联建构。当今学人关注到的思想界家庭革命，对于这方面的原理、伦常、礼法和组织进行了全面激烈的解构和

第四章 "有治法而后有治人"？：革命立国中的人民与政制

颠覆①。傅斯年、李大钊等人的"家庭是万恶之原"典型地表达出转型时代的这个感知②。受到西学冲击的趋新读书人是家庭革命这一思想运动的主力军，家国关系也类似大一统被置于专制主义范式中予以驳斥，这对于现代中国的秩序思维形成了深远影响。今天看来，家庭革命有其部分社会合理性，表现在女性地位提升、婚姻制度改善、社会活力释放等方面，然而也有其矫枉过正的转型代价。这个代价表现在对于家国关系的思维认知上，与我们身处的实践脉络产生了相当大的疏离感。

应当看到，家国关系的现代实践演变，仍体现出国家治理传统的深远支配力。"家和万事兴"仍然是中国人秩序中占据主导地位的治理原则。对于社会主义共同体、民族共同体、人类命运共同体的家庭式譬喻不仅仅是一个修辞。"家是最小国，国是千万家"③颇为概括性地表述出二者的现代关联，执政者对于家庭、家风、家教建设的注重显示出传统的现代承继转化。正视这些实践经验，是历史政治学需要的基本知性诚实。而对此提出经得起检验的学理阐释，是历史政治学的题中应有之义。

目前政治学体系中的国家理论，对此难以形成有效的知识和理论供给。家国关系，或者在追溯政治学说发展史的时候被当作历史陈迹一带而过，或被视为中国政治思想史和制度史的老套话题，在规范性和实证性的政治学理论体系中，很难确立其正当地位。笼罩在专制主义政体论和法治论范式中，家国关系的阐释场域基本上封闭在家父长制、家产官僚制、家天下等理论范畴和分析套路中，深层逻辑导向则是现代西方文明表征出来的理性化、政治与道德分离、民族国家及其自由民主体制指向的终结论。现代国人喜谈"天下为公"，对于"天下一家"却容易产生家天下的消极联想。

值得欣慰的是，对于家的重新注重，近年在中国学术界逐渐形成了颇

---

① 赵妍杰. 家庭革命：清末民初读书人的憧憬. 北京：社会科学文献出版社，2020.
② 傅斯年. 傅斯年全集：第1卷. 长沙：湖南教育出版社，2003；李大钊. 万恶之原//中国李大钊研究会. 李大钊全集：第2卷. 北京：人民出版社，2013：494. 李大钊先生原话为"中国现在的社会，万恶之原，都在家族制度"。
③ 中共中央党史和文献研究院. 习近平关于注重家庭家教家风建设论述摘编. 北京：中央文献出版社，2021：5.

为可观的研究动向。这个动向主要表现在哲学、法学和社会学领域。哲学界围绕家、孝、亲亲相隐等问题最为有力地推动了这一研究兴趣的浮现。学者们广泛发掘现象学、经典学等资源，多能从中外文明比较的视野来揭示家哲学的独特意蕴，由此反思个人主义现代主体性思维、单一公私观的局限[1]。法学界也在类似思路上重新估量家的法哲学原理价值，试图由此对西方现代性的自由原则形成某种完善和平衡[2]。社会学领域有学者聚焦于韦伯的历史社会学，从家的比较文明视角重估韦伯在方法论和实质论点上的贡献与局限[3]。

对于中国政治学界而言，我们的问题是在这个重新浮现的家哲学研究基础上，如何形成关于家国关系的政治学分析。家哲学囿于学科，多偏重于本体论、伦理学的解释，法哲学意义上的思考有明确的家国重构视野，但偏重于规范性理论，历史社会学的重新整理似乎难以突破韦伯代表的西学架构。总体来看，这几个领域都不太重视家国传统的历史政治分析，这一点十分耐人寻味。如果缺乏基于数千年家国传统的深厚阐释，不能正视历史演变中的政治秩序机理，我们的规范性理论建构难以生成事实加持下的说服力，历史社会学理论的精致化推进也难以形成对西学架构的实质性反思。因此，对于家国关系的再阐释，由此而形成对于现代国家理论的反省，需要历史政治学在学术议程上进一步深化。

在这方面，历史政治学的探索已经迈开了步伐。徐勇教授及其团队主张从关系叠加的视角重新阐释中国的国家理论，他们聚焦家户制，从微观和宏观层面对家国关系进行了一系列实证和理论研究[4]。由此推展，我们还可以对家国关系进一步做出历史政治学探析。这个探析所依托的资源，

---

[1] 笑思. 家哲学：西方人的盲点. 北京：商务印书馆，2010；张祥龙. 家与孝：从中西间视野看. 北京：生活·读书·新知三联书店，2017；孙向晨. 论家：个体与亲亲. 上海：华东师范大学出版社，2020；郭齐勇. 儒家伦理争鸣集：以"亲亲互隐"为中心. 武汉：湖北教育出版社，2004.

[2] 张龑. 何为我们看重的生活意义：家作为法学的一个基本范畴. 清华法学，2016 (1).

[3] 肖瑛. 从"家"出发：重释韦伯的文明比较研究. 清华社会科学，2020 (1).

[4] 徐勇. 关系中的国家：第1卷. 北京：社会科学文献出版社，2019；徐勇. 中国家户制传统与农村发展道路：以俄国、印度的村社传统为参照. 中国社会科学，2013 (8).

第四章　"有治法而后有治人"？：革命立国中的人民与政制

一方面是立足当下中国的广泛深度调研，另一方面则是中国历史形成的丰富学术资源，尤其是史学资源。在后者，现代的中国史研究者也形成了比较可观的家国阐释，非常值得政治学界重视。如日本尾形勇、增渊龙夫、谷川道雄、西嶋定生等人的研究显示出基于西学现代理论刺激下的学术回应，其中的共同体视角更加注重中国文明内在理路的说明[①]。

笔者近年来研读钱穆先生的著述，将其视为历史政治学的现代先行者[②]。钱穆是 20 世纪最杰出的历史学家之一。不仅如此，钱穆特别主张基于中国历史经验来发展我们的政治学和政治学理论，在这方面留下了非常丰富的遗产，诸如士人政府、信托政权、政民一体等。他的《政学私言》《中国历代政治得失》《中国文化史导论》等著作，都可以在历史政治学的视野中加以解读评估。在政治学理论领域，钱穆代表性地表达了对于西学政体论、法治论的异议，主张从文明系统的高度对不同国家政治秩序建构进行实事求是的理解。他对于世人将中国政治传统认定为专制主义的驳斥，不仅是在专制认定本身上的商榷，也是不满现代国人拘滞于政体论、法治论，除此之外无法展开对国史的解读。家在钱穆看来是中国文明的关键环节，他对家国关系有系统论述。从正面来看，钱穆的国史研读、文化比较显示出治体论传统的现代运用，注重从治人、治道和治法代表的政治主体、政治原则与制度方略之三维关系架构来阐释政治秩序[③]。这也启发我们，从基于中国历史演变的内在结构视野来阐释家国关系，治体论也许代表了从宏观层面突破现代政体论和法治论束缚的珍贵资源传统[④]。

[①] 尾形勇. 中国古代的"家"与国家. 北京：中华书局，2010；增渊龙夫. 中国古代的社会与国家. 上海：上海古籍出版社，2017；谷川道雄. 中国中世社会与共同体. 增订本. 上海：上海古籍出版社，2013；西嶋定生. 中国古代帝国的形成与结构：二十等爵制研究. 北京：中华书局，2004.

[②] 任锋. 历史政治学的双重源头与二次启航：从梁启超转向到钱穆论衡. 中国政治学，2019（2）.

[③] 任锋. "历代政治得失"的微言隐义. 读书，2020（10）.

[④] 任锋. 立国思想家与治体兴衰. 北京：中国社会科学出版社，2019；任锋. 治体论的思想传统与现代启示. 政治学研究，2019（5）；任锋. 中国政学传统中的治体论：基于历史脉络的考察. 学海，2017（5）.

二、政治社会一体化与家国天下

我们将集中探析《晚学盲言》这部钱穆晚期集大成之作的家国部分。这本书对宇宙天地、政治社会和德性行为修养三大部分提出了系统性阐释。在第二部分论述政治社会的篇章中，开头五篇就呈现出一个治体论意义上的纲领性视野，分别从政治原则、政治主体和制度方略三个维度论述了政学关系、权能关系、士人政治、中国历史上的政治制度等议题。在具体论述环节：作者首先围绕群己关系对秩序基本原理进行阐释，包括"国与天下"、"政治与社会"、"群居与独立"和"群与孤"。接下来，作者基于家展开了多方面论述，包括"中国家庭与民族文化"、"中国文化中之五伦"、"五伦之道"、"中国五伦中之朋友一伦"和"中国文化传统与人权"。家被当作社群构造的秩序起点。之后围绕礼治展开的部分构成政治秩序论述的主体，也是基于家延伸阐发的。

"国与天下"篇指出，身、家、国、天下是中国人的人生四阶层，修齐治平贯彻其中。"中国人观念，自身以达之天下，所谓修身、齐家、治国、平天下，其道一以贯之，而中国社会之宗法精神，则始终不变"[1]。西方文明以个人主义建构政治秩序，严重限制了人们对于家、国和天下的认知理解。"中国人之天下，则敌我一体，同此天，同在天之下，同为人，不同一政府，此谓小别而大同"[2]。现代文明已经提供了人们认知天下的有利条件，但西方现代秩序无法真正突破国家一层，在天下大同上难有作为，而这正是中国传统平天下理念可以有所作为的地方。大同天下需要以中国代表的文化精神为基础。

中国经历五千年历史演进，绵延扩大，直到现代仍能维系可大可久的超级规模——这是钱穆政治秩序论述的问题意识核心。在钱穆看来，"扼

---

[1] 钱穆. 现代中国学术论衡. 北京：九州出版社，2012：206.
[2] 钱穆. 晚学盲言. 2版. 北京：生活·读书·新知三联书店，2014：287.

第四章 "有治法而后有治人"？：革命立国中的人民与政制

要言之，不外两端。一则在个人之上有一家，一则在一国之上有一天下。身家国天下递演递进，纵其有一极深厚之个人观，而终不害于身上之有一家，家之上有一国，国之上有一天下。层累而上，而终不害其以个人为中心"，现代国人应该明了这一"层累"的秩序逻辑，"续加因应而演进"①。西方文明的中心点在个人与国，中国能够形成超大规模共同体的要义就在于家和天下相对个人和国家能够发挥提升作用，这构成了社群构造的起点和远景，确保了身、家、国、天下的层累秩序链条能够形成。

人的生命有其体，国家也有体。身与家、国，体有大小，但是共同构成一个生命体。身是小生命，家和国是大生命。家又有小家、大家之别，不断扩延。中国文明早期已经在大群经验上形成一个生命总体的观念，与一国大群的组织相对应。作为生命总体的指示，家和天下在代表社会维度这一点上是相通的，家指示超越个体的社群范围，家的积聚则指向更广阔的天下，构成公道公共性的不同层面显示。个人是秩序的微观单元，修身是家国天下的根基，中国的秩序原理不是个人主义，却有着"极深厚之个人观"，"以个人为中心"②。要理解这一点，家具有非常重要的地位。

这个问题也可从政治与社会的关系来看。现代国人已经接受了政治与社会、国家与社会、政府与社会诸如此类的区分，倾向于将二者进行对立化思考，对其西方文明根源缺乏敏感觉察。依据这个区分，现代国人倾向认为中国历史重政治，轻社会。钱穆指出，"中国自来本无社会一观念，因亦无社会一名词。……中国文化大传统，在政治社会之相互影响间，特有一深义，即政治常由社会来领导，不由政治来领导社会"③。这个"领导"，实际上是指社会的基础价值。"其在中国，则社会之上必有一政府组织，政治之下必有社会基础，上下一体，无可划分"④。最重要的是政治与社会的一体关系，这是家国关系的精髓。

政治和社会一体，这一点源于中国古代的封建政治，根底在于宗法社

---

① 钱穆. 晚学盲言. 2版. 北京：生活·读书·新知三联书店, 2014：289-290.
② 同①290.
③ 同①291.
④ 同①550-551.

会。宗法社会的规则是礼，基于血缘和性情而富于自然性，与以政府强制力为保障的法律治理不同。中国古代政治依据宗法原则来组织，同一政府是同一宗族，这在周代有典型表现。需要注意的是，亲亲中包含尊尊贤贤，否则无法实现统治的扩展延伸。周人祭祖制度尤其推崇后稷、文王这样的贤德。春秋战国以后，宗法在政治上逐渐失去重要性，"亲亲转而为尊贤，但由社会来领导政治，非由政治来领导社会之大传统，则可谓依然仍无变"[①]。

以先秦九流十家来看，十家之"家"体现了道统的特点。家必有传，子孙承继，才能构成家。"惟有传人，乃成家言"。师父与弟子的传承，实际上模拟了家的构成，形成道统。虽然已非自然属性的血统，但都出于人伦的自由交往，而不是基于组织。"孔子为百世师，非由一组织中选举得来。故中国人所谓道统，乃与政治上之法统大不同。道统亦有规矩，而非由法律。不从外面限制，乃从内自向往，自遵守。故既自由，亦平等"[②]。奠基于家的社会与模拟家的学术思想团体，可以说体现出自生自发的社会演化精神，与基于法统的权力支配下的组织化逻辑有异。钱穆在这个意义上区分道和法，也为家国秩序的治体论阐释在治道和治法上奠定一个基调。汉代征召孝廉，孝和廉绾合了家和国，体现出政治主体的构成特质。

东汉围绕孝廉形成了门第传统。"门第乃为此下中国社会一新景象，一新特色。政治乱于上，而社会得安于下。若非有门第，东晋亦无以南渡，南朝亦无以支撑。五胡至于北朝，亦无以构成一胡汉合作之局面。要之，在魏晋南北朝时期，中国社会力量之贡献，乃远过于政治力量。换言之，中国历史文化大传统，寄存于下层社会，实更大于上层政府"[③]。汉唐政治中，以家为中心形成的社会政治团体（大族、豪族、士族、门第），对于秩序形成扮演了中心性角色。钱穆对这类团体的"力量和战斗性"屡有称道[④]。唐代科举制度推行，士人政府组织日益扩大，社会门第势力渐

---

① 钱穆. 晚学盲言. 2版. 北京：生活·读书·新知三联书店，2014：291-292.
② 同①304.
③ 同①295.
④ 钱穆. 中国文化史导论. 北京：九州出版社，2011.

第四章 "有治法而后有治人"？：革命立国中的人民与政制

归衰退。士人传统在宋以后，依靠书院讲学克服科举弊端。中国文化传统的要义，在于血统、道统寄存于社会，而政治法统尊重社会。政治跟随社会而变化。社会衰败，政治法统也会失去依据。"单靠政治权力，一中央，一帝王，何得以维持一世之治"①。政府是人群中的一个组织，治理范围终究有限。家和天下有政府覆盖不到之处，这代表了社会的广阔地盘，它表明，人道比治道更为广大根本②。

比较中西，钱穆认为，"有法统，无道统"是西方文化体系的特质。宗教相当于道统，但其形态是政教分离，也并不基于性情人伦而发展。西方政治法统下的民意，主要通过经济财富、选举人数多少来表达。"西方在组织化与法统之下，乃有自由平等。中国人之自由平等，则在道，超乎法统与组织化之上。故惟中国，乃有团体中之个人，同时有个人外之团体。此个人与团体，同属道，非属法。同属形而上，非属形而下"③。这一点不好理解，但十分关键。个人与团体的群己关系，为什么属于道，属于形而上，而与法、组织化的形而下逻辑不同？这需要把握身、家、国、天下的人伦主义原理，并且结合治体论来呈现其特质。下文再做详解。

钱穆还从农业社会与工商社会的不同来观察④。农业社会更重以家庭为本，重和合，群而不孤，工商业主要是分散、竞争的关系。农业家庭是一个工作单位，家人跟随生产节奏的演变内心易于结合一体，个人和家庭、工作和生活，常常成为一体。工商业不像农业必须充分结合天时地利等条件，在人群中可以专一封闭，成就其技巧。现代工业社会中生活和工作的隔绝更加严重。西方工商社会，建立在偏好孤立感的男女自由恋爱之上，两心结合不易，家庭内情更难想望深挚。小家庭流行，老年分居是常事。中国以农业文化为传统，首先推重家庭团居，年老不离家。夫妇结合，更重长期生活中的互相敬重和团结。一家人重在相互间一心相处。中国人在这种群居生活中长大，贵在依循仁道，严于律己，礼待他人。

---

① 钱穆. 晚学盲言. 2版. 北京：生活·读书·新知三联书店，2014：297.
② 同①400.
③ 同①303-304.
④ 同①.

三、秩序根基：人伦主义还是个人主义？

现代中国的家庭革命对文明传统从思想观念根基实施了摧毁，其破坏性效应恐怕远过于实际损失。钱穆的中西论述折射出这种文明冲突，在对中国文明理念的正本清源中不断对西方文明理念进行辨析和反思。从个体层面看，钱穆将中西差异概括为人伦主义和个人主义的不同①。人伦是人和人相处的道义，个体需要在次序等第中安顿自己。"家庭是中国文化中最重要的一部分，……人生乃由人与人相配搭，相联结，相互成伦，而始融成此群体，此之谓人伦"②。人在群体里生活，是在群体里确定自我身份的，具体通过配偶、搭档、耦伍依循事理道义，共同形成生活世界。这不同于个人主义主张的独立、平等和自由。五伦中的夫妇、父子和兄弟属于家庭，君臣和朋友取法于家庭，可见其重要性。人性对于万事万物的天道善于观察、比较、选择和学习，如夫妇有取于鸽之天性，成双成对，永不分离。人道始于少数人有见于此，形成伦理生活规范，再由此通过教化推广到多数人，礼俗是在这个过程中演进形成的。这也透露出中国文化的渊源是相互内在间的性情关系。人伦主义的思维起点是合群之道，个体主要通过群体生活树立自我身份，家是这个秩序逻辑的起点和原型。

孝道是中国文化传统的一大特色。宗教主张人类从上帝降生，科学主张进化论，中国人独守常识，特别重视父母生我，人当孝敬父母。这一点比起宗教、科学和哲学，有其独到价值。夫妇父子形成家，重视父子祖孙的传承繁衍，由家扩大成族，是一种世代相传的团体。汉晋以后中国文化推崇诗礼传家、孝悌传家，重在人伦理想方式而非财富权势对于家族传续的指导作用，进一步塑造更大共同体的风气。兄弟一伦介乎家庭和社会之间，家庭推演以至于社会，使社会长幼有序，朋友等社会人伦同样模拟家

---

① 钱穆. 晚学盲言.2版. 北京：生活·读书·新知三联书店，2014：336.
② 同①331.

第四章 "有治法而后有治人"？：革命立国中的人民与政制

庭人伦。人伦注重耦伍共成，国和天下则是在家推演和层累的基础上形成的。

五伦概括了人群相处之道的主要内容。"人之处群有其道，其在群中必有最相亲接、最相合作之人，相互成双成对，各为耦伍以处群。而如何处此耦伍尽其道，其关系为更大。故五伦各有对方，应各尽各职以合成一道"①。大群共同体的秩序，奠基于个人的人伦生活，个人应该尽其职分，与人伦关系中的另一方共同形成生活世界。合乎道就是正当的合群生活。从个体生活经验来说，一个人在一生有限的紧密接触圈子里，能够通过各种耦伍互动形成优良的人伦生活，人同此心，人同此道，对于广大范围的大群共同体就形成无量可观的正向促进作用。

孟子有言，"父子有亲，君臣有义，夫妇有别，长幼有序，朋友有信"。有亲，有义，有别，有序，有信，是人类大群的相处通则，亲、义、别、序、信也交叉适用于其他伦理关系，只是在不同人伦关系中重点有别。

父子双方对立而平等，相互成为一伦。父子通过慈孝合成相亲之情，亲亲情感被儒家奉为人类相处最主要的基本大道，指向一种弥散性的群伦亲和。人类形成群体，如果没有相亲感，不能维系，也难以持久。相亲情感，从家庭推广到国与天下，使天下人群伦亲和，这是人类理想的终极希望。钱穆指出，慈是人道中较天然的部分，而孝必待人文教育培养。人从幼小长大成人，处于人生的预备时期，在此期间孝道教育使其早在人生大道上迈步向前。如果没有这个教育，成年后进入功利复杂的社会，缺失这份良善宝贵的天性，对其成长是一大损伤，反而成为父母的大不慈②。孝道教育注重的是子女的心性培养，而不是赐予父母特权。这个性情道义的深层用意，在于引导个体学会超越一己自私来认识人群大道，这是家所蕴含的公道公德的起点。

不错，家是基于婚姻和血缘关系形成的团体，情感有鲜明的个体性、私人性，而家道注重的是家由此凝聚形成的公共品质及其对更广大社群的

---

① 钱穆．晚学盲言．2版．北京：生活·读书·新知三联书店，2014：342.
② 同①346.

原型范式价值。"人类如何善处其前一代与后一代，如何使人类能超越其年代间隔，而绳绳继继，在其心情上能脱去小我躯体之自私束缚，而投入大群人生中，不为功利计较，而一归于性情要求。父子一伦，教慈教孝，是此种教育之最先开始与最后归宿。并不在养成人类对家庭之自私，而实为养成人类群体大公无我之美德"①。在这个意义上，人伦主义发展出一种与个人主义不同的群己观和公私观，在最具私己性的性情生活中着力通过耦伍型互动培养公共德行。父子各有一个小生命，而在耦伍互动中实际生成了双方共有的一个大生命，由私衍生公，公不废私，私贵生公。这一逻辑也适用于其他人伦生活。

"夫妇有别"主要是指夫妇之间有分别，夫妇角色有别而合成一体。夫妇情感在人类性情中最真挚，必须通过礼别来筑堤设防，使情感顺畅而不致泛滥。夫妇不安，容易导致父子不亲，进而引发社群解体。理智、功利和法制，都不能引导人依循道义。礼义需要基于人类的性情，性情也有赖于礼义才能安定。

兄弟一伦与长幼相通。父老兄长是先生辈，子弟是后生辈，代表了人生两个积累更迭的世界。人自幼到成年，处于后生，生活由先生辈负责，后生辈接续先生辈继世。这在家庭和社会中都是层累积叠、逐代蜕变的必要过程。后生时期的性情教育，十分宝贵，温良恭俭让体现的是个体未成熟时期的后生心情。好古敬老，重视向先生一代、先贤文明不断学习。中国人称道不忘本、饮水思源，毋宁是把先生后生、长幼一伦看作交融合一的一体。钱穆从这个角度指出，中国民族是一个未成年的后生民族，中国文化是一个未成年的后生文化，犹可长进②。这一点，与流行的中国文明早熟论又不同，着眼的是文明的谦敬学习精神。

在君臣一伦，钱穆指出，论义更重于论忠，要从仁义大本源来践行忠孝。只是忠于一家一姓，并不是公忠。殉道可尊，殉人可卑。子路说"不仕无义"，但臣不以顺服为忠。这个君臣大义在大一统的国家始终发挥制

---

① 钱穆. 晚学盲言. 2版. 北京：生活·读书·新知三联书店，2014：347.
② 同①356.

第四章 "有治法而后有治人"？：革命立国中的人民与政制

衡作用，使得君权有节限，避免其成为专制①。大群秩序的建立，财富、权力都可作为纽带，但缺点在于不能深入人的性情关系，难以持久深厚。如尊王，重在礼治对于人的性情塑造，服膺王道，仰慕王化，王法只是最后且最低限度的保障。

人伦主义以五伦为典型，蕴含着深刻的文明理念。在父子、夫妇、君臣这类相互关系中，人伦主义对于彼此成对的两个方面强调和合，融成一体，提倡的是兼容并顾，积私成公，公私达济。"中国社会重五伦，每一伦皆双方对立，结成一体。由此伦理，以造成此社会"②。如夫妇各保其私，共成一公。既不是各自私而没有公，也不是只有公没有私。父子相隐，父子不责善，也正是肯定父子私情与大群公法都有合理性，公义必须与私情相通。公私关系不是对立关系，把家庭看作私，把政治看作公，或者以公私严格区分政府与社会，都是一种公私二元论的思维。五伦之道，注重爱敬，爱敬的对象在外，这是公的一面，能够爱敬则属于自己，这是私的一面。私覆盖亲属，而贵在能够推广到亲戚以外，推私及公。爱敬是个人的德行，明德是为了行道，德在主体，道在公共。"非有私德，何来公道"，"人皆修私德，行公道，道德合成一词，即是公私融成一体"③。政治本于人心的相亲相感，性情的深度融合是秩序根基。修身就是在个体的小生命上践行人群大道，大生命必须透过小生命可见，如夫妇的大生命就在双方的小生命上显见。没有小生命的修身作为基础，公道难以成立。五伦之道，就是各种关系的小生命双方来追求能够与广大复杂的人群大体相融和、相会通，不要隔离疏远。

从最具私密性的关系开始，延伸到一般性的社会政治关系，通过耦伍互动在普遍人伦世界中生成公共德行，这是国和天下构建所遵循的主要政治原则。古人把政府称为"公家"，至今中国社会民间都有称呼政府和国家为"公家"的传统。从经验上说，中国早期形成的广土众民体验、早期国家悠久的封建政治，都促成了中国文明发达的公共认知。而家团体所含

---

① 钱穆. 晚学盲言. 2 版. 北京：生活·读书·新知三联书店，2014：348-349.
② 同①362.
③ 同①371-372.

共和立国与治体新论：钱穆历史政治学研究

有的集体向度在其中无疑是一个基源。汇聚到公家概念上，我们可以借此来标识中国的家国秩序思维。这不是前现代的公私混淆、家国不分，而是自有一套深刻厚重的义理。比家更广大的群体秩序既源于家、模仿家，又把标识生命总体的公共道义作为构建原则，以人伦主义为主导逻辑涵括组织机体，其中蕴含了围绕群己、公私关系的独到理解。中国文明既谈天下为公，也谈天下一家，二者恰恰分别从公与家的两端树立了家国天下秩序的至善规范。从身家到国家、天下家，中间还有社区乡里之家，化家为国、家国一体，我们不妨把由此形成的家国天下称为公家层累秩序，简称公家秩序。

西方现代推崇小家庭制度，夫妻各自脱离原有之家，父母和子女只有上半世关系，下半世逐渐疏远。现代人把自由、平等、独立作为秩序原则，对待家庭就像对待一般社会关系。西人又把婚姻看作恋爱的坟墓，似乎恋爱的价值要高于婚姻。钱穆批评这种观念不能看到夫妇代表了人伦的一体化理念，无法了解双方在耦伍互动中融会和合形成的公共世界。如果将个人主义实施于婚姻，双方不能磨合共处，只能在与父母、子女的不断切割中以小家庭规模维系。"家如此，国亦然，故西方惟有小国寡民，不能有广土众民一统之大国。大国则必为一帝国。多有殖民地，形大而体仍小。如中国之一统，有中央有地方，和合而成，其体乃大。乃由抽象之中庸大道来。"大一统代表的中心统合主义，形大，体也大，在根本上是人伦主义提供了比个人主义更深厚的"体"之基础。

从西方现代逻辑来评定中国家庭，所谓封建家庭、父权家庭都是从社会立场来理解家庭的。"中国家庭，既不民主，又非法治，乃在社会中自有一套千古相传之法度。故以西方观念绳东方，则中国人生活将无一而可"[1]。中国家庭"千古相传之法度"是什么，需要提出正面阐释。个人主义的逻辑如果贯彻到底，男女交媾不必成为婚姻，如果仅维持朋友关系，女性又何必独自承担生育子女的责任？"故真讲个人主义，则必无伦可言。真讲独立自由平等，则必无群可言。必重财富与法治，然财与法究能使此

---

[1] 钱穆. 晚学盲言. 2版. 北京：生活·读书·新知三联书店，2014：339.

第四章　"有治法而后有治人"？：革命立国中的人民与政制

人群常相继承否，国人贤者，主张西化，曷不一申论之"①。人伦能不能形成，群体能不能凝聚，人群秩序能不能持久延续，这是政治秩序何以可能的基本问题。

现代人倡议在五伦外增加一伦，如群己一伦。这是以公私相对立，以组织和个体分别为一方，难以成伦。再如劳资关系也不是一伦，因为中国社会公私兼存并包，执两用中，并不承认这种对立。家国大生命的永续长存是一个衡定价值。这一秩序机理是实践性的历史政治原则，"中国人言五伦大道，乃尽在人人之日常践行中，非如西方哲学悬空提出一真理。故欲知其得失，亦当从其历史演变中据实体玩，亦非可仅凭议论思辨来加以评定"②。我们需要对此提出一种历史政治学的理论阐释。

四、公家秩序的治体论阐释：天下一家与天下为公

公家秩序建立在身、家、国、天下的连续体上，以家为社群起点和原型范式，遵循公共道义的构建原则，将二者结合的公家机理贯彻在家以上更大范围的共同体世界中，由此层累地形成了社会与政治融合的一体秩序。这是中国文明的元宪制、原理性宪制模型。依据公道原则和人伦主义，公家秩序对于群己和公私关系形成了一套公私兼顾、和合一体的思路。由于家这一社群起点和原型范式内在包含了公私二重性，公家秩序的历史生成机制也不断表现出政治共同体在公道上的融扩和私性上的克服，家、国、天下之间并非简单的同构关系。同时，公家秩序体现出生发原理与权力组织原理的主从关系，形成政治与教化、社会、经济的一体化，这是中国礼法秩序的特质。

传统话语中的化家为国、家国一体、天下一家（为公）传递出一种规范型概括、概括型图景。既有的现代学术对于家国关系缺乏着眼秩序构建

---

① 钱穆. 晚学盲言. 2版. 北京：生活·读书·新知三联书店，2014：336.
② 同①368.

而非解构的正向理论阐释,由于西学经验自身的限制,政体论主导的制度主义范式无法胜任这个工作。有鉴于此,我们不妨从治体论视野出发,提出公家秩序这个尝试性阐释。

治体论聚焦于治人、治道和治法三类要素整合形成的秩序模式,注重三者分别对应的政治主体、政治原则和制度方略之间的辩证整合关系。《近思录》卷八"治体"第一条收录了周敦颐的论述:"濂溪先生曰:'治天下有本,身之谓也;治天下有则,家之谓也。本必端,端本,诚心而已矣;则必善,善则,和亲而已矣。家难而天下易,家亲而天下疏也。……是治天下观于家,治家观身而已矣。"身和家在治体中的根基地位十分清晰,它们是治天下的根本和法则,"治天下观于家,治家观身"。《礼记·礼运》描述政治的理想状态"大同",也是基于家而非否弃家来构思和亲社群的广大全覆盖的,是"天下为公"与"天下一家"(而非"天下为家")的合一[①]。

对于家国关系代表的秩序形态,我们不能简单将其理解为家国同构合并而成的一体关系,而应该看到公家秩序包含的主体、原则和制度在政治与社会之间的融贯化合。这里面生成了家原则、家制度和家主体与公共性机理(公道、公法和公论)的复杂型构[②]。公家秩序指出了一个宏观秩序视野,家代表了社会层面,构成秩序起点和原型。每个家的成员既是社会主体,也是潜在的政治主体,具有伸缩性。这表现在人伦原则上,既包含社会性的,也包含政治性的。其中,尊尊和亲亲尤其代表了群体尊尚与群体亲和的伦理原则。另一方面,公是由家生发、延伸推广其范围的代表生命总体的政治建构原则,充分体现了家代表的公私兼济的逻辑走向。在兼具社会和政治二重性的主体和原则推动下,社会领域形成并由此生发出政府组织,社群扩大是一个层累生成的过程。在制度方略上,礼源出于社会,进一步生成法,涵盖政府和社会。政府组织既植根于家代表的社会,

---

[①] 有学者将"天下一家"视为治道,"一家之治"视为特定历史的治法,并经由钱穆触及治人主体与韦伯所谓"切事性"的关系。参见:陈赟."家天下"还是"天下一家":重审儒家秩序理想.探索与争鸣,2021(3).

[②] 关于公共性问题,参见:任锋.道统与治体:宪制会话的文明启示.北京:中央编译出版社,2014.

第四章 "有治法而后有治人"？：革命立国中的人民与政制

模拟并扩展之，同时也要克服后者的狭隘性和保守性。社会和政府之间不是简单的扩大或同构模仿，而是模拟融扩与克服矫治并存。这是以家为根基与以公为拱顶的内在二重性逻辑使然，社会政治主体在其中的构建角色十分重要。

从治体论视野来看，公家秩序在理想型意义上表现为公家礼治治体，西方秩序类型更偏于权利法治治体。后者更便于政体论的辨识，聚焦权力主体和法律类型，而前者在政体论视野中显得变态另类、格格不入：家并非政治秩序建构的范畴，不属于政治公共领域，礼治也难以言明其独立性。家国秩序被解读为专制主义君父统治，这是从政体论制度主义的视角来解读和解构家国秩序的，至多关注到了公家治体在制度演变中的某阶段历史得失，却难以把握公家治体的系统多重含义。总体上，相对于"天下为公""天下一家"绾合公家的秩序理念，现代中国转型可以说是以"天下为公"扬弃"天下一家"，我们在权力政体意义上引入人民主权的现代公共性，在自觉意志上推翻丧失了公共性的家天下，而致力于构建抽离了家的公共性。问题是，政体革命的成功并不意味着家国一体随之瓦解覆灭，国家长治久安仍然需要建立于家国一体之上，这就意味着将家国关系化约为政体专制主义并没有揭示其广阔的秩序义理。

以下分别从原则、主体和制度来观察。政体论制度主义凸显了传统治法代表的这一部分，而治体论更注重原则、主体与制度的相维均衡关系。在公家秩序的治体原则上，家和国的群体观在中国传统中较西方更为优先，更为基础，是出于"为人类全体生命作广大悠久之打算"。中国人认为，"国之本在民，民之本在其生，而民生之本则在其有积世相传道一风同之共同标准，即所谓礼乐教化，即今人之所谓文化。而教化之本，则在德不在力。权仗力，不仗德。立国之本，在德不在权"[①]。礼乐教化，又以家道、五伦所体现的人伦性情为基础。中国的家国观是大群观，自古就与天下黏合一体，比较突出。对于个体，又有注重天命性情、道义教化的性命观，钱穆认为"各别有性命，斯大群有文化"，个人和团体的道义维度

---

① 钱穆. 晚学盲言. 2版. 北京：生活·读书·新知三联书店，2014：233.

共和立国与治体新论：钱穆历史政治学研究

凸显，人伦道义的核心是对于共生性情关系的强调，由此衍生的政治同样代表人类的德性和道义①。相比起来，"西方个人主义物质人生，不重视个人德性与大群体制，政治惟在小集团中争权利，谋功利而止"②。西方国家形态，主导逻辑是将政治理解为力量和利益的权力政治，形成民权、君权和神权之争，唯财力和武力是尚，再加上法治的限制使其理性化。

尊尊和亲亲典型地体现出公家治体原则的双重性，一个重公，一个重家，是五伦之道的进一步情理凝练。周礼就是尊尊亲亲的制度典范，对社会情感和政治情感进行了有效融合，形成了群体尊尚与群体亲和。天下共尊上帝和天子，一般人各私其私，亲其亲。"由亲亲而贵贵，中国民族之大一统乃在此"，"中国社会，乃由此尊尊亲亲之两语而定"③。"天子则以至尊待天下以至公，此下诸侯卿大夫各等职司，层累而下，斯民各得所亲，可各伸其私。层累而上，以获天子与上帝至尊之兼顾。故俗言天高皇帝远，尊而不亲，而仍觉其可亲。此乃中国人文大体一极细密之组织，务使此总体之尊而可亲，此乃其极深用意之所在。"④ 公家秩序在层累性向上和向下的双向结合中构建起尊尊和亲亲的绾合。天地君亲师中，亲和师，最当尊，也最可亲。群体尊尚与群体亲和是公家治体有效联结社会与政府的黏合剂。"尊必尊其亲，亲必亲其尊，尊与亲又必相和合融为一体，斯为德性与事业行为之合一，即仁智合一，此为人道之大本，乃人生之原始与归宿之所在"⑤西方历史上立国倚重武力和宗教，政权倚重法治，尊恺撒，尊上帝，尊法律，但有尊而无亲，或有亲而无尊，政治与教化分离，政治与社会分离，这就很难构建和维系凝聚力强的大群共同体。"人群相处，终必建基于个人内心之相亲。有亲斯有尊，尊必本于亲。则天理人情，吾道始可一以贯之矣。……故惟修身乃最独立最平等最自由之人生大道，而必属于个人。其实一切可亲可尊，皆有各自一己之心来。而己必有亲有尊，乃更见己之可亲可尊。故谓中国社会乃以个人为中心之社会，但

---

①② 钱穆. 晚学盲言. 2版. 北京：生活·读书·新知三联书店，2014：237.
③ 同①411, 417.
④ 同①407.
⑤ 同①411.

第四章 "有治法而后有治人"？：革命立国中的人民与政制

绝非个人主义"①。

公家秩序的主体具有伸缩性，达则显现为政治参与的经世主体，穷则安居于自我身家。这方面，中国学术传统发挥了核心塑造作用，政治以学术为向导。修身和齐家是多数人共同所学，由此而扩展深入，大群治平的政治学也涵括其中。政治事务主要由贤能来负责。西方人把修身交付宗教，社会行动交付法治，修身齐家与治国不关联。西学贵专不贵通，贵创造不重继承，各自独立成专业，不致力于共通之道。从西学来反观中国文化学术，对于家国关系难以形成同情理解，平实阐发。中国的人伦主义引导人在耦伍互动中安顿自身，不在财富和权力上立身。修身在德，齐家在礼，政治也从德礼衍生扩充出来。中国的学治在社会养成基础上以德治和礼治为本，士人政治的根底仍在家代表的社会天下。

中国自上古政治以降，既有中央首领，又有地方政府代表公众意见，分层管理国家事务。地方政府代表一家属，层累而上，形成万国共戴的共同政府。中国的立国之本，在于主持政教者的德性和力量，主持运用的方式有高下等级不同。大体上，封建制度-宗法社会与郡县制度-四民社会代表了中国历史政治的前后两大段。钱穆认为虽有政治制度的转型，但文明秩序古今一体，并无二致。这一点应该落实在公家秩序上来理解。我们受现代西学支配，过于强调从政体论制度主义来解读中国文明历史演进，忽视家国关系的公家治体系。大一统的统，就在于家国内部的公家机理一贯相通，通过公家凝合不同范围的社群团体。中国之为中国的中国性也在这里。钱穆指出，"其一家之史，即可与一国之史息息相通，血液流注，融成一体。而每一个人，即不啻为此一全体之中心。此为宗法社会即中国文化大传统一特性"②。家史国史相通，中心是绵延不断的个体传承。"远溯数千年前，枝叶纷披，一脉绵延，家史乃与国史媲美。国史乃其大一统，家史乃其各分绪。由国史创兴出家史，由家史会合成国史。惟中国文化之家与国乃有如此之分合与异同"③。

---

① 钱穆．晚学盲言．2版．北京：生活·读书·新知三联书店，2014：412.
② 同①416.
③ 同①519.

共和立国与治体新论：钱穆历史政治学研究

顾炎武提出亡国和亡天下的区分，指出真正令人忧虑的是社会文化根基的沦丧，匹夫平民对此也负有责任。士人是政治社会融合关系中形成的主体角色，在历史上有多种具体形态，而其根底在公家秩序。士人在公家秩序中是中心性领导力量。理解家国关系的历史演变，在关注其种种制度变化之外，我们应当充分估量这一治人主体角色。

公家秩序在制度方略维度由礼法传统形成了生发型组织秩序。中国大群文化注重一家一国一民族的群生，注重人与万物天地的相互群生，在这个大生命总体中理解秩序。公家秩序的社会政治一体性，反映出人生命的全体一贯性和群体性。从个体的修身到平天下，是从小生命铺展到总体生命的，根基在个体生命，关怀不能离群。钱穆在中西比较视野下，认为西方把自然看作一个结构、组织和机械，注重其非生命的一面，影响到人群秩序，也偏好从机械和组织来理解，偏好依据法律来联结秩序[1]。礼治与法治的不同，是钱穆眼中中西秩序基本精神的差异。从礼治的生命生发逻辑与法治的权力组织逻辑来看，钱穆对于中国政治传统的解释也显示出两类制度的主次轻重。"中国秦汉以下，全国统一，皇位相承，但非有组织为之支持。细读中国史，亦何尝有所谓帝皇专制。中国传统政治，其大群内部之共同生命性，实远超于其外在之组织性之上"[2]。这个判断十分关键。他提醒我们，理解中国大群秩序的形成，不能依赖单一的权力政体视角，公家秩序联结社会政治于一体，礼法融合，礼治的大群共同生命性是主导，共生性情关系的塑形与中和十分紧要，涵括了外部权力组织性。这里不是否定权力组织的价值，而是指出生发型组织秩序与权力型组织秩序不同，对于权力组织的处理不同。

宗法封建奠基于亲亲尊尊，宗法的维系和扩大需要贤贤。封建变为郡县，礼逐渐扩展及于社会全体，同时法律重要性上升。礼易于成体，深入人内心互相交往，即所谓共生性情关系，而尚法易争，主要控制人的外部行为。礼是大群的体。作为一种政治过程，礼往往以政治主体的德性为领导，产生具体化表达，形成具备人伦性的通行规范，对于政治过程中的人

---

[1] 钱穆. 晚学盲言. 2版. 北京：生活·读书·新知三联书店，2014：467.
[2] 同[1]469.

第四章 "有治法而后有治人"？：革命立国中的人民与政制

物实现内在改变。这具有政令刑法不具备的优势。礼治重视风教、风化，公家秩序的治理往往是一种治化、化育，家风家教扮演重要角色。

西方政治形态基于个人主义本源，总体上主要依靠组织和法律，钱穆称其社会为"分裂性之组织""组织性之分裂"。"有组织必生有分裂，亦惟有分裂乃始有组织"。中国社会本于人伦主义，夫妇父子和合，融成一体，这是成家之本。礼者，体也，夫妇和合成为一个新体，父子易代有礼，也合成一体，总之家团体并不是西方所谓组织，而是小生命合成大生命。家团体体现的是生发原则，"从已有生发出未有，从旧有生发出新有"。以生发为主导和以组织为主导是中西秩序原则的基本差异。在生发原则下形成的礼法制度，其权力组织受到礼治的引导涵化。组织是由生命生发出的，而不是个人主义分裂争斗出的。大一统政治的深层机理，要在公家秩序的内在生发性上理解，把握到内在生发性与外在组织的主从关系。"自部落社会进至于诸侯封建，又进而至于郡县一统，政制体制之日益扩大，亦由内部生发，不由外部组织"，"中国传统政治自有其一套内在精神。换言之，此亦一种生命性能之表现，不断绵延，不断发展，此可谓之乃代表民心民意，而始有此一种生发"①。公家秩序以家为起点和原型，融合贯通社会政治领域，民本来自这种生命性能的形成机制，权力组织由于受到家团体原型、人伦主义和礼治的约束而形成其特质。

钱穆指出礼治的内部生命性涵括外部组织性，这一点十分关键。在外部组织性上，郡县制度代替封建制度、科举制代替九品中正制、共和制代替君主制，可以看出公家秩序对于家代表的宗法类制度之狭隘性和保守性的克服，这是公道的客观组织化对于宗法、门第、世袭的超越。另一面，汉儒复古更化、宋儒回向三代、今人重建小康，也可看出公家秩序对于三代周礼式家道的涵容②。政治家引入礼治原则改造和完善权力组织，诸如乡举里选、宗族乡约、家庭重建等，借此重建传统性和凝聚性。这两方面，其实是公家秩序内在二重性的历史张力显现，蕴含了公道、平等、活力与团结、生发、稳定的精神耦伍。钱穆不同意用封建社会、资本主义社

---

① 钱穆. 晚学盲言. 2 版. 北京：生活·读书·新知三联书店，2014：559，560.
② 同①421.

共和立国与治体新论：钱穆历史政治学研究

会来简单标识中国历史，他运用游士社会、郎吏社会、门第社会、科举社会来指认不同阶段。这样的概括方式聚焦于联结社会和政府的某个中心制度及其主体，着眼于家国关系的一体化，其背后的元宪制或基础宪制仍是公家秩序，由此来提供更为基本的原则和主体（如人伦主义、政学关系）①。治体论系统思维提醒我们，应该区分原则、主体与制度不同层面，了解公家秩序的演变具体是在哪方面展开的，如现代家庭革命是对这个秩序的全面解构，抑或只是聚焦体制模式的变革，还是在原则与制度等关系间憧憬某种重组。治体论的家国关系类型还可以再做历史分析的具体分类，如分别聚焦于制度、原则和主体，可区分为封建性与郡县性的公家治体，宽严、刚柔、文质有别的公家治体，士人抑或部族集团主导的公家治体，或依据治人治法比重不同的任人或任法型公家治体。

公家秩序的治体论阐释可以在政治学理论上启发我们思考中国政治学的一些重大问题。

首先是问题意识的取向调整。晚清以来的政治学发展以变革为主要取向，在引进的政体论制度主义范式中推动对于传统秩序的批评，强化政体改革和革命意义上的认知。这个思路下形成的现代政治学凸显的是传统与现代政体秩序的断裂和不同。经过百多年的现代转型探索，现在或许可以调换思路，从更为悠久的传统及其转换视野来重整问题意识。中国政治传统突出的家国韧性，需要我们解释，在经历政权组织和体制更迭之后，中国为什么一直保有强韧的国家认同，而且也较能维系社会机体的生命力。这相当于把转型变革阶段问题意识的背景后台加以揭示并问题化，也势必要超越以政体制度为中心焦点的思维视野。

初步看来，中国政治的家国韧性就在于由公家秩序促成的社会政治一体化，家代表的社会层面和共生性情关系十分坚韧，主体性和原则性要素具有伸缩性和相对独立性，能够有效减弱和化解制度变迁带来的冲击。公家秩序以政治与社会融凝为目标，社会以家的整全形式而非阶级、族群和党派的单一形式来引导政治，要求政治与民众发展为一体而非对立分离的

---

① 钱穆. 国史新论. 北京：九州出版社，2012.

第四章 "有治法而后有治人"?:革命立国中的人民与政制

关系。这是民本政治和礼法体制的基础,民本要在公家秩序中来理解,此之谓"不忘本"。

其次是理论范式的竞争变迁。以往对于中国政治秩序的理论范式以政体论制度主义为代表。在家国关系上,比如韦伯的家产官僚制就是典型。家产制的核心是权力支配主体意义上的政体论,而且韦伯是在消极意义上来看待这一面的。官僚制(科层制)则从属于法治的理性化。家产官僚制因为受控于专制统治者家产,所以理性化程度不及法理型的现代西方官僚制。这一分析性概念属于政体论范式[①]。与此相比,公家秩序,尤其是公家礼法体制可以视为一个对应性概念表述,可以在家产和官僚制两个方面帮助我们建立起对于中国政治秩序的正向同情理解。人伦主义及其背后的整体生命观、尊尊亲亲的群体尊尚和亲和,揭示出由家形成的公共道义。家是秩序社群构造的起点,也是共同体进一步构造的原型,自身体现出由私及公、公私合一的性质。家是生发性团体,成员主体的社会性和政治性具有伸缩性,社会性是根基,而政治性是延展。家不是一个统治者意志控制下的权力组织。公与家的结合体现出政治和社会的融合一体,这个结合在大范围扩展时体现出公道与私性的张力,塑造社群团体和权力组织,形成了礼治涵括法治的体制模式。因此,家产也好,官僚制也罢,都不能深刻揭示这种包含了政治原则、政治主体与制度方略的治体机理。我们现在需要的,是基于公家秩序、公家礼治的进一步学理阐释,如礼法大一统的易简抽象性质、礼治秩序融合政治、教化与经济的一体化特质、士人-干部传统的人伦礼法性。再如相比滕尼斯关于共同体和社会的二元主义论述,公家秩序的层累性揭示出另一种秩序理念,人伦主义、治人主体和礼法体制构成的公家秩序导致家国韧性不会轻易消散在历史进化过程中[②]。这些也都可以在与现代社会政治理论的对话中展开,此种展开也必须充分自觉公家礼治的治体特性。

现代转型的故事也需要在这个重新调整的理论视野中再审视。现代政

[①] 赖骏楠. "家产官僚制"与中国法律:马克斯·韦伯的遗产及其局限. 开放时代,2015(1);肖瑛. 从"家"出发:重释韦伯的文明比较研究. 清华社会科学,2020 (1).

[②] 滕尼斯. 共同体与社会. 北京:商务印书馆,2019.

党究竟是颠覆了传统的公家秩序，还是在更为深邃隐秘的意义上再建了公家秩序？革命党建国或许是具体革命、抽象转化，人民公共性在家庭革命的辩证否定逻辑中还会重建公家秩序。政治竞争的密码也许存在于某一个政治主体能自觉承继和转化公家秩序传统，在民族共和、国家统一、社会自治不同维度上再建家国韧性。我们不能只看到贵族政体、君主政体、民主政体的轮替，更要理解中国文明脉络中特定政体制度与公家秩序逻辑的结合，观察贵族世家、君主王家、人民公家的历史政治演绎。这对于在国家治理传统上建设现代体系、发展现代能力，无疑提供了另一种视角和资源。

第五节 大国礼治何以重要？：政制崇拜、治体论与儒学社会科学刍议

从社会科学视野观察儒学思想，无疑是承接现代转型压力而衍生的应对性命题。通常认为，社会科学是西方文明主导衍生的现代性产物，而儒学思想属于中国或东亚地区的本土文明资源。近四百年来，前者逐渐兴盛，而后者终至沦落。把几千年的儒学思想传统放置在现代社会科学视野中审视，国人在现代转型早期以来形成了以西非中、以今非古的强劲价值导向。伴随现代转型的渐趋稳健和成熟，我们现在或许到了一个重新调整的时刻：儒学传统不再是博物馆意义上的古董，而是从未断绝生机的文明活水；中国社会科学诸多学科在当前纷纷推进本土化的发展方向，而本土资源的深层蕴积无法绕开儒学传统。

实际上，在现代转型历程中，对于二者关系的考察也有比较辩证、蕴含丰富启示的面向，足以成为我们今天调适进路的智识资源。梁启超对于政治学、法学等现代中国社会学科的创立有奠基之功，在其晚期的现代文明反思中逐步调适早期启蒙阶段的儒学判准，为社会科学与儒学传统的良

第四章 "有治法而后有治人"？：革命立国中的人民与政制

性互动遗留下了珍贵线索[1]。相当程度上继承任公遗志，钱穆不仅是现代极具代表性的史学家、儒学发扬者，而且其思想学术的社会科学气质尤其值得我们注重[2]。笔者近年来致力于发掘钱穆作为政治学家、政治思想家的一面，曾称其为20世纪最具创发性的政治学人。时论多熟知钱穆对于政治传统专制论的抗议，实则这种抗议的另一面是对于西方政治学理论的重重突围和儒学社会科学资源的反复锤炼[3]。钱穆对政治学、经济学、法学、文化学等领域提出了富含洞见的论述，也从中国文明的系统视野对现代学术分科做出了具有根本反思性质的"论衡"。本节聚焦政制论和礼治论，沿着钱穆的思考路径加以申发（"接着说"），试图为我们再思儒学传统与社会科学的关系树立可资借鉴的现代模板。

一、政制崇拜与立国思维

对于政治制度或曰政治体制的注重在现代中国十分显著，或可说已经形成了某种政制崇拜、政体迷思，学术研究和政治实践受此影响深巨。政制中心性往往被吸纳在以立宪、民主、法治、权力制衡为宗旨的西式现代国家话语系统中，韦伯所揭示的理性化和科层化被视为文明现代性的标配。近期学界对此已有一定反思[4]。

钱穆先生较为一般读者熟知的作品当推《中国历代政治得失》，这是一本聚焦中国政治制度史的学术讲座记录，至今仍引发公众浓厚的阅读兴趣。钱穆对于政治制度的注重清晰可见，笔者曾指出这个关切贯穿其学术

---

[1] 梁启超. 先秦政治思想史. 北京：中华书局，2016；喻中. 梁启超与中国现代法学的兴起. 北京：中国人民大学出版社，2019.

[2] 任锋. 钱穆的法治新诠及其启示：以《政学私言》为中心. 西南大学学报（社会科学版），2018（5）；任锋. 君道再还：钱穆宪制思维中的元首论. 开放时代，2019（2）.

[3] 任锋. 立国之道的新和旧：钱穆与中国政治学的自觉. 中国政治学，2018（1）.

[4] 王绍光. 政体与政道：中西政治分析的异同//王绍光. 中国·政道. 北京：中国人民大学出版社，2014；侯旭东. "制度"如何成为了"制度史". 中国社会科学评价，2019（1）.

共和立国与治体新论：钱穆历史政治学研究

生涯，比如《中国历史研究法》第二章"如何研究政治史"强调政治专史的重点就在制度，晚年集大成之作《晚学盲言》论述政治社会之部，在章节安排上，在"国家与政府"之后就是"中国历史上的政治制度"①。

钱穆如何安顿其制度论，这一点很值得留意。笔者对于《中国历代政治得失》曾试图提抉其微言隐义，阐发其制度论背后的治体论思维②。这里依据《中国历史研究法》《中国史学名著》《现代中国学术论衡》《晚学盲言》等作品再加申论。

钱穆制度论的首要特征在于，他在一个立国思维的脉络中来定位政制重要性。在他看来，政治史与关注一般性政事的通史不同之处，就在于政治史以政制为中心，特别注重那些关系到"立国规模"与其"传世共守"的制度③。这个以政制为中心的立国政治关切是贯通古今的，既体现在对于中国政治传统的解释中，也落实在中国现代政治的安顿中。在钱穆看来，中国文明以其政治创制能力或曰政治制度化能力为其特长。这个特长在中国以大一统为基调的政治秩序建构中表现得十分充分。中国能在人类文明史上保持四五千年的持续积极发展，在政治上实现长治久安，并在现代依然保持了大一统的国家形态，这一点正是由于中国文明在政制智慧上较为发达。

理解钱穆的政制观，首先要清楚他的这一立国思维视野，尤其是将这个视野与现代国人更为熟悉的立国政制论进行比较，才能窥见其深意。现代转型以来的立国政制论，最显著的特质在于与中国自身传统的断裂，同时依据西方现代发展经验来树立自我理解和规划的参照系，因此形成以西学马首是瞻的模仿型立国④。在这个以变革思维为特征的思路下，政制制度论也是以模仿、移植为主的，无论是民族主义构建，还是民权民主、立宪法治的体制构建。从这个视野反观中国传统，实在没有什么资源需要汲取，也没有什么传统需要赓续。模仿型立国进路在晚清恰恰接受了西学以

---

① 钱穆.中国历史研究法.北京：九州出版社，2012；钱穆.晚学盲言.2版.北京：生活·读书·新知三联书店，2014.
② 任锋."历代政治得失"的微言隐义.读书，2020（10）.
③ 钱穆.中国历史研究法.北京：九州出版社，2012：16.
④ 任锋.立国思想家与治体代兴.北京：中国社会科学出版社，2019.

第四章 "有治法而后有治人"？：革命立国中的人民与政制

民主政体为绝对中心的现代方案，形成了现代转型通过政体革命毕其功于一役的神圣政制论崇拜[1]。

严复、梁启超一辈在早期对于神圣政制论贡献巨大，辛亥革命建立共和之后，国家建设的实践历程促成了先贤变革思维向立国思维的回归转型。从中国政治传统的国家构成来思考现代立国的多方面要素，他们思想上的某种保守化趋向实际上代表了立国思维的稳健成熟[2]。对于现代意识形态竞争洞若观火的钱穆，不轻易依附于流行的主义与党派，同样强调现代中国的立国规划必须认清其悠久深厚的传统根基，这是无法回避也不能回避的基本前提。任何现代中国的立国方案，都需要置于中国自身的客观传统实践中来审视其得失利弊[3]。不仅如此，中国自身的发展与人类文明整体、世界秩序密不可分，中国以其超大体量有其世界责任，大同太平的人类世界秩序必以中国为中心，历史上如此，未来也应当如此。这是我们在现代谈论政制的一个基本出发点。

因此，钱穆的政制观依托建立的立国思维有两点现代意味：一方面，要正面充分理解和评价中国立国传统发展起来的政治制度，不能用西方现代某一个时期的局部经验作为唯一判准；另一方面，中国立国传统的政治制度，对于人类世界秩序未尝不包含人类共同价值，或许需要我们从更大的共同体视野来重估。在古与今、中与外的关系上，不是以其中一面否定另一面的，而是把握古今相续、中外依存的一体逻辑，那种以现代西方经验为绝对标准的思路过于短视和褊狭。

钱穆对于中国立国传统在政治制度方面的表现做了多方面、系统的审视，我们可从以下几个方面了解：

首先是政治制度围绕大一统秩序形成的系统与传统（古今）两个维度上的通贯性。大一统是中国自封建到郡县时代政治秩序的中心特征，确保了中国作为广土众民国家的"可大可久"[4]。我们可以从三个层面来理解大

---

[1] 刘训练. 西方古代政体学说的终结. 政治学研究，2017 (5).
[2] 任锋. 现代转型中的礼法新说与治体论传统. 江苏行政学院学报，2022 (1).
[3] 任锋. 钱穆的"明夷待访录". 政治思想史，2018 (4).
[4] 任锋. 大一统与政治秩序的基源性问题：钱穆历史思维的理论启示. 人文杂志，2021 (8).

共和立国与治体新论：钱穆历史政治学研究

一统秩序的构成，即追求团结统一、反对分裂割据的共生秩序意向，以国家组织体系、元首制度、士人政府、礼法传统为中心的一系列政制安排，以及以儒学为主干而具有开放多样性的文教信仰体系。在政制层面，大一统秩序的制度体现出系统性的通贯精神。钱穆特别强调，中国广土众民，各地族群、风俗民情、资源多种多样，政制法度在大国宪制中扮演的角色就是将这些多样性有效地整合起来、凝聚起来。诸如土地制度、税赋制度、军事制度、政治人才选举制度与行政和监察制度相互之间必然有系统配置性。"在一个大一统的政府之下，则必然有其相通合一的统一性的制度。制度有多方面，有法律、经济、军事等一切。但既是在一统一的政府之下，它必然得彼此相通。中国古人称此为一王大法，可见此非枝枝节节的，而实有一共通大道存在"①。不仅如此，大一统国家的宪制精神在国家的整体凝聚中形成一个积极整合的中心力量，这是它超越帝国政治形态的关键之处。这个精神表现在政治制度的系统通贯性上，就是总体上促进国家的内部融合，逐渐推进地域、阶层和信念形态的开放性与平等性，并在此基础上形成国家中心与四围的积极活泼转化。历史上的郡县制度、科举制度与汉宋儒学传统都是这类制度的重要代表，有力促成了国家的统一、阶层族群区域的平等化与社会整合②。

如果说政制系统的通贯性是一种当代横向的通贯，那么古今一体就代表了政治制度在纵向时间意义上的通贯。钱穆特别强调政制在历史演变上的传统性。政制的通，不仅是一个时代内部制度间的紧密贯通，而且是古今传统上的因革损益。钱穆推崇杜佑《通典》的历史价值，就在于标志性地开启了"三通""九通"的传统，特别显示出政治演进的传统性和通贯性。政事代有不同，而政制却能保持相对超越于朝代的通贯性，郡县制度、选举制度、监察制度、税赋制度等往往展现出更长时期的延续性。钱穆认为，这一点对于形成绵延深厚的文化和政治认同贡献非同寻常。

孔子儒学基于对于三代兴替的观察提出因革损益的历史政制智慧，这

---

① 钱穆.中国史学名著.北京：生活·读书·新知三联书店，2005：166.
② 钱穆.国史大纲.修订第3版.北京：商务印书馆，1996；钱穆.中国传统政治与儒家思想//钱穆.政学私言.北京：九州出版社，2016：123，129.

第四章 "有治法而后有治人"？：革命立国中的人民与政制

已透露出中国立国源头的精神基调，在礼法的因承大前提下来看待变化和调适。这种优先强调延续性的文明发展精神深刻塑造了秦汉以降的历史传统。钱穆经常念及罗马之后再无罗马、汉唐之后中国常存，其要义即在这个政制传统性中发现奥秘。杜佑《通典》的价值，在于体现出唐人在政治实践中的伟大气象，既能在三省六部制、科举制、均田制和租庸调制的系统中"通筹全局"，也能在继承三代、秦汉传统的意义上"直通古今"①。《通典》通过食货、选举、职官、礼制等分类将历代制度的演进梳理出来，展现出古今制度的承续损益，制度的通贯性才能符合"百世之常道"的典则标准。"朝代、人事可以随时而变，而历朝之典章制度、大经大法，则必贯古今，通彼此，而后可以知其所以然与当然"②。钱穆称道《通典》"立事在乎师古，师古在乎随时"，这是处理古今平衡的政制实践智慧，而现代国人丢掉了师古一环，立事随时沦落成为片面取法西洋。"三通""九通"代表的典制传统是通史的典范，较之凑集历史片段而形成的所谓世界史更显会通精神。

其次，我们要正视政制在立国宪制中的利弊得失。现代中国转型在政制上面临的一大挑战来自立宪法治话语。严复、梁启超等人的早期启蒙努力孜孜于揭示中国政治传统与现代立宪法治之间的距离。钱穆承续这一议程，在前期思想中对于中国政治传统的法治相关性做了多方面探讨，在晚期学术中立基于礼治积极阐发对于法治的辩证反思。如前所述，大一统国家的整合凝聚离不开法治意义上的政制维系，因此在实践上中国传统不仅有法治，而且尚法重法。从周代宗法礼制文明到秦汉以后的郡县国家，作为国家治理传统的法治历经了长期演进，法度意义上的政制保障了国家长治久安。政治演进的兴衰隆替很大程度上取决于政制法治的中庸抑或偏至、公忠抑或分裂、适宜抑或失当③。而中国政治思想理念上对此习以为常，视为当然，因此在对策应付上更为人所知的是儒家矫正尚法积习的德治、人治主张，如黄宗羲对于现实政制的激烈批评，其实更多表达儒者激

---

① 钱穆. 中国史学名著. 北京：生活·读书·新知三联书店，2005：166.
② 同①165.
③ 钱穆. 政学私言. 北京：九州出版社，2010：79.

情，不是平实就情的据实之论。钱穆在这个问题上清晰区分法治的做法与说法，现代国人往往看到批判性的说法而忽视建构性的做法。只要正视中国政治秩序的深厚立国传统，就不会拘泥于现代某一主义的法治标准，去断然否定中国政治实践的重法特质。

《晚学盲言》论中国政治制度，指出中国历史上"无宪法，有制度"，《国史新论》《中国历史精神》论中国政治传统，指出政体视角的外在性格，钱穆的这一类主张当然都是在西学挑战下的矫枉之言。他在启发我们，不能完全拘泥在现代西学的宪法和政体思维中来观察中国政治。"在中国历史上，无宪法，有制度。政府中各种职权之分配，皆有详密之规定。精细周到，远非西方宪法可比"①。钱穆也曾经将传统上长期施行的制度（察举、"大经大典"）比拟为"中国的大宪法"，或从成文法和不成文法视角解读王室和政府关系②。他自己逐渐锚定在用典制范畴来解析中国政治传统的特质，而且倾向于更为积极地肯认中国政制传统的价值。

中国政治传统优先关注的是政治职分，主张选贤与能、设官分职，历史上政府与王室划分清晰，政府与社会融合，政府内部宰相负责最高而综合的职任，选举、考课、监察弹劾各有专职，上下级之间分职综成而又各有定数。这样的制度体系比较富于合理性，有利于长治久安，而较能避免革命性的动荡断裂，钱穆提炼出"政民一体""直接民权""信托政权""士人政府"等命题予以概括。"中国传统政治职权分配的特别细密，各部门各单位都寓有一种独立性与衡平性，一面互相牵制，一面互相补救，政府全局很难普遍腐败，因此留给人以在政治内部自身扭转之希望"③。

钱穆提醒我们观察历史政治，需区分人事与政制，不能把人事问题全部归于政制。就政制来说，"古今中外，人类历史尚无发现一种绝对有利无弊的政制，亦没有一种可以推行数百年之久而不出毛病的制度。不仅以往如此，将来亦必还如此"④。中国传统政制和现代西方政制，都适用于这

---

① 钱穆.晚学盲言.2版.北京：生活·读书·新知三联书店，2014：245.
② 钱穆.中国历史精神.北京：九州出版社，2016：34；《中国历代政治得失》论汉代和清代相权部分。
③ 钱穆.国史新论.北京：九州出版社，2012：97.
④ 同③94.

第四章 "有治法而后有治人"？：革命立国中的人民与政制

个法则。钱穆对中国传统政治本质的缺点有明确总结。它注重职权分配的细密化，弊病是政事不能积极活泼推进，易于停顿麻痹；另外，太看重法制的凝固性和同一性，利于稳定，但难于改革变法。"重法过于重人，重职过于重权，重安定过于重动进，重限制过于重放任，此在一大一统政府之庞大机构来适应农业国家之平稳步骤上，正常容易陷于此等病害而不自觉悟，乃终至陷于大病，不可自拔"①。

二、从政制论到治体论

《晚学盲言》论"中国历史上的政治制度"，提出"中国历代传统政治制度多学术性，非权力性"，士人政府"乃得成其学术性，而非权力性"②。这一类判断与现代时论大相径庭，意旨在于对单纯运用权力范畴解释政治制度表达其反思。须知，权力、权威、合法性等基本概念，构成了现代政治学的基础理论要素。今人的政治理解多倚重马基雅维利、韦伯以来的西方现代性，强调权力政治与道德的分离、政治对于合法暴力的垄断（被统治者对于权力统治的信服）。依据权力来界定政治，几乎成为现代政治学的"天经地义"。

钱穆在基础原理层次指出中国文明关于政治理解有不同出发点。"政者，正也"，强调政治上理想道路的引导性，"社会人事有所不正，政府便该率以正，改其不正以归于正"。治犹如治水，疏导优先于防堵，"国人常连言政教，不言政法。教主化导，法主刑防，此其大不同"③。这是"中国历史上的政治制度"开篇揭示出来的基本原理。接着，钱穆指出，理想需要有人物来领导执行，因此选贤与能是政治一大事，而人物多变，"制度

---

① 钱穆. 国史新论. 北京：九州出版社，2012：112.
② 钱穆. 晚学盲言. 2版. 北京：生活·读书·新知三联书店，2014：250.
③ 同②244.

共和立国与治体新论：钱穆历史政治学研究

乃定一长期性选择之标准"①。综合起来，"理想、人物、制度，乃中国传统政治最重视之三要项"，这就触及了中国政治传统中的治体论，也是我们理解钱穆政制论的基本思维架构。

治体论在中国政治传统中源远流长，秦汉以降自贾谊肇始，历经汉唐演进，至近世发皇，蔚为系统，清代魏源编纂的《清经世文编》仍以治体为政治文献分类的一大范畴②。在现代转型阶段，严复翻译西学，仍受到治体论传统的深刻影响，以"治制"对译西学的政体③。梁启超《先秦政治思想史》一定程度上复活了治体论的思想生机，在民初共和语境中重估儒家传统和法家的现代价值，显示出这一传统在现代脉络中的潜在能量④。

从理论思维上看，治体论通过对于治人、治道和治法的辨析试图把握优良政治秩序的关键所在（政有体，治有要）。治人、治道和治法，分别代表了政治主体、政治原则和制度方略三个类型要素。扼要地说，从荀子的"有治人，无治法"到黄宗羲的"有治法而后有治人"，显示出治体论内部不同基调的典型表达。总体上，治体论保持了对于政治秩序宪制整合关系的辩证自觉，主体、原则和制度在其中各有位置，价值相对比较均衡。

钱穆在《中国历代政治得失》前言中标识政治制度的重要性，同时给出相关七点意见，笔者曾指出这七点意见体现出传统的治体论思维。钱穆强调现代人的政制崇拜不应轻视制度与人事、时空条件、历史意见和文化传统的复杂关系，而应基于治道与治法、治人与治法辩证关系而展开思考。《政学私言》辨析人治与法治、提出法治新诠，也是在治体论传统的延长线上激活关于治法、治人和治道辩证关系的话语。《晚学盲言》论述政治社会人文部分的开篇五节，立纲定调，同样体现出以治体论为思维架

---

① 钱穆. 晚学盲言. 2版. 北京：生活·读书·新知三联书店，2014：244.
② 任锋. 立国思想家与治体代兴. 北京：中国社会科学出版社，2019；任锋. 治体论的思想传统与现代启示. 政治学研究，2019（5）；任锋. 中国政学传统中的治体论：基于历史脉络的考察. 学海，2017（5）.
③ 王宪明. 语言、翻译与政治：严复译《社会通诠》研究. 北京：北京大学出版社，2005：520.
④ 梁启超. 先秦政治思想史. 北京：中华书局，2016：119，219.

第四章 "有治法而后有治人"？：革命立国中的人民与政制

构的立国视野。首先论"国家与政府"，其次分别是"中国历史上的政治制度""政与学""政党与选举""权与能"。后四节中，"中国历史上的政治制度"对应治法代表的制度方略领域，而"政与学"对应治道即政治原则领域，其他两节主要对应治人即政治主体。开篇五节展现出了治体论的思维架构，以立国为其总，并不断与现代西方民族国家的立国方案进行比较。

"如何研究政治史"提醒现代国人，研究中国政治制度必须注意两点：第一点是不仅仅着眼制度本身，而是会通与此制度相关的一切史实来研究。制度是人事发展中变动性较小的一部分，制度研究对于自身依托的人事变动性不能失去感觉。钱穆喜欢拿人事与制度对举，人事就是指从政治主体出发形成的实践活动。第二点是必须明白制度背后的思想和理论，这就是与治法相关的治道。钱穆特别指出，中西政治传统有一个比较大的差异，西方历史上的政治思想与政治实践的距离相比中国较大，中国士人政府的传统使得政治思想与政治制度等实践过程结合较为紧密。"中国自秦以下历代伟大学人，多半是亲身登上了政治舞台，表现为一个实践的政治家。因此其思想与理论，多已见诸其当时的实际行动实际措施中，自不必把他们的理论来另自写作一书"[①]。中国的一部政治制度史，就是一部极好的政治思想史。这个特征，值得今天的政治学人好好体会，现代学术分科下政治思想史与政治制度史的教学研究，结构上处于割裂分离的状态，折射出中国政学传统与现代学术体制之间的差异。钱穆对于政治制度的理解，扣紧了政治主体和政治原理，这个思维方式本身是治体论传统的特色。

无论处于治法、治人和治道中的哪一类要素位置，治体论架构都倾向于思考这一要素与其他二者之间的相互影响与共生依存，可以说治体论的思维宗旨是强调总体的宪制整合关系。这一点相比现代国人形成的政制崇拜，更为均衡地把握到了秩序构成的辩证复杂面，不轻易地将政治运行的关键归因到某一类要素之上。因此我们看到，钱穆十分重视政治制度，然而却不断提醒我们注意政治主体和政治原理的相对影响力。

---

① 钱穆. 中国历史研究法. 北京：九州出版社，2012：30.

回到钱穆关于中国政治制度多学术性而非权力性的判断上。这个判断的具体语境是围绕杜佑《通典》而发的,"杜氏此书并非其私人之政治哲学。根据历史事实,叙述其各项制度之先后演变,上自创制时之争议,下及演变中对此各项批评。一切意见,详罗无遗。利病得失,无所遁隐,可供后人之参考与抉择。故读杜氏书,便知中国历代传统制度多学术性,非权力性"[1]。"政与学"一节指出,"中国政学合。秦汉以下,政治以学术为向导。全体政治人员,自宰相以下,皆出于学。先有察举制,后有考试制,为之作规定。王室在政府之上,乃亦同受学。政治在中国,可称为一种学治"[2]。西方政治传统中,掌握政府者,多属贵族、军人和富人。中国的士人政府传统强调政治主体的贤能品行,相对摆脱出身、强力与财富等因素的约束。无论是形成政府组织的制度,还是政府组织处理制度事务,中国传统相比起来更强调力量权势之上的道义性、公共性,这是士人政治重视文治、学治的原理导向,更体现一种中和性政治的精神。

钱穆并非完全否认政治制度的权力性,历史演变中如明清专制的确更能体现出权力斗争的逻辑。更准确地说,他通过政治主体、政治原理对于政治制度的积极塑造来标识中国文明传统的主导精神。从政治原理来说,钱穆认为中国人的政治观是文化的、道德的,政治是发扬人类文化和道德的机构,而西方人的政治国家观是权力的、工具的,人们运用这种权力和工具实现另外的目的。这造就了"一统"与"分裂"各自成为中外政治的传统特征[3]。相对于权力论,中国政治理论的一个基本原则是职分论、责任论(职任论),在政治主体的位置上认定其职分和责任[4]。在政治主体的意识上,中国属于"较偏重于从政以后如何称职胜任之内在条件上,而不注重于如何去争取与获得之外在活动上",是内倾型而非外倾型。连带民众对于政府常抱一种信托与期待的态度,而非对立与监视的态度,钱穆称之为"信托政权"与"契约政权"的区分[5]。另外,政府与民众、政府与

---

[1] 钱穆. 晚学盲言. 2版. 北京:生活·读书·新知三联书店,2014:250.
[2] 同[1]266.
[3] 钱穆. 中国历史精神. 北京:九州出版社,2016:31.
[4] 钱穆. 国史新论. 北京:九州出版社,2012:85-86.
[5] 同[4]115-116.

第四章 "有治法而后有治人"？：革命立国中的人民与政制

社会并非敌对分离的抗争关系，而体现一体融合的精神，这是"政民一体"而非"政民对立"[①]。

治人在中国治体论传统中长期得到优先关注，"有治人，无治法"可以说代表了这一种具体取向。钱穆在现代语境中肯认政治制度的重要性，同时不断指出不能忽视人事，即使是在人民群众地位上升的组织化时代，也不能轻视政治家，轻视政治活动中的领导要素，轻视制度化以外的人事因素。制度变迁自然会产生人事认知，钱穆强调后人应当重视制度演变当期的历史意见。中国历史上，历史意见与时代意见能贯通联结，这体现出精深的传统塑造力量，究其实是一种承担了道义政治原则的政治主体在其间前仆后继、师古并且随时，这是《通典》能够"立事"的要义。钱穆反思中国政治传统的尚法重法弊病，就在于不能充分发挥政治主体的活力。人治与法治的区分体现的是政体论意义上的现代焦虑，而钱穆将其转轨到治体论传统的治人与治法之关系轴上，揭示出更为宏阔的思维架构。现代共和政治的出路，不能局限于师法西方的制度化、制度移植，根本方向在于"看重活的人超过于看重死的法，随时好让多数的意见来更改向来规定的法制，让人心在法外多留活动之余地"。自家药方需要切中自家病症，政制崇拜不能造就普适灵丹妙药。"一切政治上的变化，正是活的人要求从死制度中解放。这一根本精神差了，于是从西方抄袭的，只是仍成为一种敷衍文饰虚伪与腐化，始终没有把社会人心要求变化的内在活力引上正路"[②]。这样的治体论视野，也使得钱穆的政制论能够自觉突破法治逻辑的局限，而在晚期思想中不断强调礼治的中心价值。

三、从大国宪制到大国礼治

礼治与法治之辨，是现代中国思想的一个枢轴型命题，也是我们思考

[①] 钱穆. 政学私言. 北京：九州出版社，2010：6.
[②] 钱穆. 国史新论. 北京：九州出版社，2012：113.

儒学传统与社会科学的统领性视角。本章第一节已经探讨过，相关论辩除了晚清司法改革时期的争论，严复的西学译著已经触及这个问题，大体依照孟德斯鸠的政体论推崇民主立宪代表的现代法治，将礼治纳于君主政体的良治中定位[1]。这种表彰西方优越性、批判中国落后性的思维在梁启超早期启蒙学术中展现得淋漓尽致。然而，也正是梁任公，在晚期学思中开始扭转启蒙基调，重估中华文明的传统资源价值。《先秦政治思想史》极具代表性地在肯定法治现代性的同时，为儒家礼治正名，将其置于现代共和的时代语境中加以阐释。法治代表了政府制裁力，而礼治表征扎根于社会民间的国民政治信条、习惯和能力，通过民情风俗体现出秩序更为深远的维度，超越科层化、组织化和制度化，指向秩序主体的活力本性。

钱穆对于梁启超的晚期转向至为激赏，他的礼法论述既承接了严复、梁启超开启的许多端绪，也在梁启超晚期辨析的基础上做了重大推动。扼要来说：钱穆的礼法新说在前期以《政学私言》为代表，仍然聚焦于回应法治现代性，声明中国在实践上重视法治而思想上致力于矫正尚法偏弊[2]。在其晚期思想中，论述逐渐从法治中心转变为礼治本位，致力于阐明中国文明传统的礼治精义，认为礼治代表了更为优良的秩序模式。这一前后转变并非思想上的断裂或转折，而是从一种综合的礼法视野试图全面解释中国政治传统的精神，即涵括法治而不止于法治。"一代之兴，莫不有法，为上下所共遵而不敢逾。然而中国学者终不言法而言礼，盖礼可以包法。孟子曰：'上无道揆，下无法守'，道法兼举即礼矣"。主张礼治，并不等于否定法治，"盖礼可以包法"[3]。所谓"道法兼举"，正是主张治道与治法相维的治体论思维，超越政制中心论的视野才能更好地帮助人们理解礼治。

现代国人对于法治的追求，与政制崇拜、政体中心论紧密结合在一起。钱穆的礼治新论，在前期也部分受到这种政制主义的影响。而其晚期

---

[1] 梁治平.礼教与法律：法律移植时代的文化冲突.上海：上海书店出版社，2013；李猛.孟德斯鸠论礼与"东方专制主义".天津社会科学，2013 (1).

[2] 任锋.钱穆的法治新诠及其启示：以《政学私言》为中心.西南大学学报（社会科学版），2018 (5).

[3] 钱穆.政学私言.北京：九州出版社，2010：183.

第四章 "有治法而后有治人"?：革命立国中的人民与政制

的礼治本位视野，透显出治体论的传统思维风格，特别注重在立国思维中理解礼治，在秩序系统的原理层面抉发礼治含义，最终展现出礼治的文明论指向。引导钱穆进行思考的是一种深远的历史政治自觉，即如何理解中国作为超大规模国家的长治久安和文明贡献。他的礼治新论，不仅要解释这个问题的历史过往，更要应对现代挑战，即在现代处境中如何思考中国的世界地位和广大文明价值。

当然，钱穆的这个历史政治自觉，并不只适用于中国。他深入中国经验，最终思考面向人类大群的普遍秩序机理。中国不是特殊，不是例外，而是一般性人类文明经验的典型表达，通过多维比较也能从中确认更为优良的秩序机理。

钱穆的礼法辨析将西方视为法治文明的代表，把中国视为礼治文明的代表。围绕这一接近理想型的比较区分，钱穆建立起了一系列对比范畴，由《晚学盲言》第二部分的"礼与法""教育与教化""生命与机械""道德与权力""道义与功利""自然与人为""组织与生发"等篇可窥一斑。礼治逻辑序列，注重的是教化、生命、道德、道义、自然与生发，而法治逻辑序列，注重的是教育、机械、权力、功利、人为与组织。需要注意的是，这个理想型概括，只是提供了一个分析概念的框架。在具体文明历史分析中，中国经验当然也有权力、有斗争、有组织，西方也自有其德性、道义和礼法，双方差异在于主次轻重比例与组合形态。从治体论与政体论的类型比较来看，钱穆这一论辩的价值正在于理论上的抽象化和系统化推演。

我们可以从以下视角把握其礼法新论的要点：首先，应当看到钱穆的礼治论强调一个总体生命观，他概括中华文明的根本精神是"通天人，合内外"，强调个体与群体、人文与自然、现在与过去和未来的贯通融合不可分，这是礼治的本体基础。在这个基础上，钱穆认为优良政治秩序的主要目的在于实现人类大群共生的协和团结。具体对于一个国家来说，就是国家秩序的长治久安（"可大可久"），这构成他比较礼治与法治的基本出发点。评价政治秩序的标准，在于考察它是否能促进政治共同体的广大深远融合。

其次，对于政治共同体的广深融合，钱穆认为法治只是确保了一个低限度纽带，无法深入大群成员的内在性情、主体间世界。在政治社会成员之间，利益、物质欲望以及以此为基础的权利的互动联结是一个层面，而精神、价值和行动的深层融合代表了更为重要的生命机体。礼治作为一种秩序模式，更为有力地处理了这个生机领域。钱穆对此曾提出多个视角的解释：礼治提供多种制度措施使个体运用其主体建构，实现个体与群体、人文与自然、现在与过去和未来之间的融通，在一个广大绵延而非个人主义的意义世界中确立个人价值[1]；礼治致力于实现等级中的平等、差异中的团结感、生者与逝者的相通[2]；礼治注重人们情感、习惯和风气的塑造，而不是优先运用政府强制力保障的政令和制度[3]。思考中国政制，需要把握到礼治与权力论不同这个大前提，"礼之流衍，有各种制度。一切限制与度数，皆为对方留地步，与掌握权力以把持其下之意义大不同"[4]。

最后，礼治的这一优先关注，自然彰显出政治系统中政制法令以外的广袤领域，引导我们注重治体论视野中治人、治道的体系价值。比如政治领导和民众这类主体要素，其政治素质和能力，对于大群社会价值、利益、实践的判断，对于民众政治信条、习惯和道德的引领、凝聚和塑造，要比法治更根本、更先在。钱穆对于政治家及其风度的阐释、对于礼贤传统的宪制肯认，需要在这个层面上领会[5]。再如首都论，首都虽然不是一个正式政治制度，却与立国宪制和精神之间有着紧密关联。首都的确定，实际上关系到立国精神的取向，包含了对于国家政治、经济和军事各方面力量的总体战略安排。中国立国传统中的首都安排，实则包含着一种历史意义上的礼治，对大一统立国影响深远[6]。

钱穆论述周公传统，曾指出礼治是一种政治制度、文教伦理和经济安

---

[1] 钱穆. 灵魂与心. 桂林：广西师范大学出版社，2004：32-33.
[2] 钱穆. 现代中国学术论衡. 北京：九州出版社，2012：11.
[3] 钱穆. 晚学盲言. 2版. 北京：生活·读书·新知三联书店，2014：540.
[4] 同[2].
[5] 同[3].
[6] 任锋，马猛猛. "建国于大地之上"：钱穆的首都论、立国形态观与文化地理学. 思想战线，2021（2）.

第四章 "有治法而后有治人"？：革命立国中的人民与政制

排紧密融合的治体。政治制度、文教伦理和经济安排的紧密融合，促进形成的是包括政民一体、公私兼顾、政学政教合一、政经合一的一体化秩序理想。以宗法、封建、井田为主的周礼代表了这个秩序理想的原始形态，它有利于形成大群成员尊尊、亲亲和贤贤引导下的广深融合[1]。钱穆观察周秦汉宋代表的中国政治传统，洞见在于看到其秩序机理的辩证双重性，即其所谓"中国传统政治，其大群内部之共同生命性，实远超于其外在之组织性之上"[2]。应当看到，他肯定传统政治的外在组织性，如各项政治制度所代表者，但更应注重他指出的内部共同生命性，这触及大国秩序的深层逻辑。对于中国政治传统形成的礼法混合型秩序，钱穆从礼治视角提出了更为深刻的阐释。钱穆认为中国的国家形态早在商周之际已经确立，从周到秦的封建郡县变迁只是政制转换。政制转换，并不是秩序演进的全部，背后还有更为深厚的治体机理。礼治覆盖到天人、政民、政学、政教、政经等多方面的融会贯通，即使是在政制（如三省六部）中也体现出一体协和的礼治精神[3]。

钱穆的现代立国方案如《建国信望》通过解释孙中山三民主义，致力于民权（政治制度）、民族（文教伦理）和民生（经济安排）的一体融合。他对于五权宪法的阐释，肯定其重视法治、吸收西方现代政治智慧，同时尝试将其安置在礼法型秩序框架中。为了体现政民一体、信托政权的理念，国会主要负责综合体现民意，平衡各方面关系，五院体制强调考试权和监察权的尊贤精神，强调相互关系的协和而非斗争，贤能政治家如元首在其中扮演积极协调的角色。对于容易形成割裂的党派、派系斗争，钱穆主张削弱其体系性影响，主要安排在国会表达民意，控制其对于立法权、行政权的影响。

理想政治目标是公忠不党的民主政治，这个思维方向显示出对于民主政体的提升改造，重在民主主义以外的政治原理和政治主体的条件性介

---

[1] 钱穆. 周公与中国文化//钱穆. 钱宾四先生全集. 台北：联经出版事业公司，1998：157；钱穆. 中国文化史导论. 北京：九州出版社，2011：43.
[2] 钱穆. 晚学盲言. 2版. 北京：生活·读书·新知三联书店，2014：469.
[3] 同②559－560.

入，这仍然是一种治体论思维的现代版本①。在其地方自治论中，礼法型秩序也有典型表达，"政治者，自上言之，乃对下之一种教育而非手段；自下言之，乃对上之一种义务而非权利。故言地方自治，此非在上者对下开放政权以谋妥协；亦非在下者对上争取权利以获自由。若仅此之为意，则自治亦终不过为上下争衡之一局耳"，要义就在于突破权力论的逻辑来思考共同体政治②。今天，国家治理体系现代化的实践，也需要在这个传统自觉下认清秩序脉络，重新认识诸如家庭、农业农村、小共同体、社会贤达的现代治理价值③。这一层，要通过礼治、治体论，超越政体论视野，才能准确把握。

钱穆在其建构起来的中西理想类型比较中，指出西方人理解政治偏于机械化，中国人更能把握到政治与整个自然人文系统之间的有机联系。西方在天人、政学、政教、政经关系上，与中国人不同，强调的是切割分裂、对抗斗争的基本逻辑。基于一体化理念的礼治注重生命体的生发，而西方政治秩序将重心放在组织和制度上面。要想充分把握钱穆的这个比较，需要认清治体论与政体论的系统差异。

中国文明强调生发涵括组织、融合组织，法在礼中，礼是道法兼举，背后是治体论中人、道、法均衡兼摄的关系，而西方整体上以组织框定生命，通过制度来支撑各个组织之间的关系。礼治致力于大群性情融通，礼是秩序大体。西方的特质在于力量、权势的伸张，偏重斗争、分离和对抗。政体论指明最高权力的归属，背后指向权力的切割和斗争。围绕权力的不断分裂对抗，组织化和制度化可以层出不穷，但群体愈分愈离，难以弥合大体。这种基本秩序精神的差异，与钱穆所谓"中国重一统、西方重多统"的判断相一致④。心和礼，是优良秩序实现整体凝聚的根本，而建立在权力和制度组织之上的共同体难以实现大规模长时期的整合延续。

---

① 任锋. 国有与立：钱穆的历史政治思维析论. 江苏行政学院学报，2021 (1).
② 钱穆. 地方自治//钱穆. 政学私言. 北京：九州出版社，2010：49.
③ 黄宗智. 民主主义与群众主义之间：中国民众与国家关系的历史回顾与前瞻愿想. 文史哲，2021 (2)；曹锦清. 市场、社会与社会建设. 哈尔滨工业大学学报（社会科学版），2013 (4).
④ 任锋. 共和的政教之维：梁启超论题与钱穆道统说的三个面向. 武汉科技大学学报（社会科学版），2019 (5).

第四章 "有治法而后有治人"？：革命立国中的人民与政制

中国作为广土众民国家不断更新其大一统模式，西方政治却终不能脱离多统、断裂的历史格局，这是我们衡量不同政治秩序理念时应当关注的首要问题。政体论是西方悠久的政治传统，其根本上是一个权力本位、组织中心、以分离和抗争为基调的秩序模式。观察中国政治经验，不是说其中没有权力斗争与组织发展，而是要把握到礼治优先于法治、涵化法治所形成的文明智慧。对于现代中国转型历程，我们既往多强调模仿西方进行制度化、组织化的成功经验，然而还应看到政治整合的传统格局并未完全抛弃，中国作为超大规模国家的现代建构可能蕴含了传统秩序机理的某种新生，礼法混合型秩序都经历了现代重建。反思现代西学主导的政治思维，重新展开对于国史乃至世界政治文明的解读，对于我们思考当下的实践道路，无疑提供了极为重要的替代性资源。

礼治与法治的重估、治体论与政体论的区分有助于我们再思儒学与现代社会科学的关系。儒学的现代价值，不在于为建立西式社会科学提供本土资源，而在于为发展新的现代学术体系提供指引。这个判断，依赖于儒学持续不断生发于中国乃至更大范围内的人类实践经验，并在现代实践脉络中得到继承与发扬。钱穆依据中国文明传统的经验智慧，在《现代中国学术论衡》中对于我们引入的西式学术体系进行了分科反思，其反思总纲即落定于礼治代表的文明基本精神相对于法治的优良性[1]。无论是建设中国的宗教学、科学，还是发展中国的政治学、社会学，钱穆提醒我们都应把握到中西文明体系的精神差异。中国学术体系重视通人通学，西方重视专家专学，所谓"通"就在于礼治所代表的一体化秩序理念，天人、政教、政学、政经等各方面融会贯通，人格培养也围绕秩序的抟成凝聚注重会通综合，尤其在士人代表的群体人的角色上得到体现。历史学和政治学是中国学术传统的核心，钱穆《略论中国政治学》归结于礼治与法治的反复比较，阐发其治体论意蕴，也为我们发展历史政治学、再思儒学与社会科学的关系提供了向导[2]。西方崇尚专家专学，与其政教、政学、政经等

---

[1] 任锋."会通为体，分别为用"：钱穆《现代中国学术论衡》的大义宏言. 开放时代，2021（2）.

[2] 钱穆. 现代中国学术论衡. 北京：九州出版社，2012：201-202.

各方面的天人分离相应，无论宗教还是科学，都不致力于大群秩序的抟成凝聚，知识就是权力仍不脱离权力组织的支配逻辑[1]。在"会通为体，分别为用"的精神基调下，钱穆认为西式分科专业化应吸收到"正德、利用、厚生"的大群公共事业中来，人类团结合作、文明竞争而协和是积极发展方向。礼治致力于心与礼主导下的知识学术体系的一体融汇，法治主导的现代西式学术并不能真正实现这样的融合，其所培养的专业理性人难以突破现代性铁笼的羁绊。

应对西方法治现代性的挑战，钱穆的礼法新论既展示出大国宪制的广阔传统，也提醒我们领会大国礼治的深厚意蕴。通过其晚年对于礼治秩序的不断析论，我们得以窥见治体论传统在现代语境中的理论潜力，在治体的宪制化与宪制的治体化中生成丰富的思想启示。现代国人的政治思考长期笼罩在西学政体论范式之中，对于政治制度的不断热切关注是国家治理的重点领域。治体论是中国治理传统的珍贵宝藏，对于国家治理体系的现代化意义重大。钱穆对于政治制度的历史政治学研讨揭示出儒家社会科学研究的可能性与重要性，大国礼治预示着通向更具生机活力的国家治理道路。

---

[1] 钱穆．晚学盲言．2版．北京：生活·读书·新知三联书店，2014：500.

第五章 历史政治学与治体新论

第一节　新启蒙主义政治学及其异议者[①]

政治学研究若要在时代精神与权力结构的魅惑前保持清明的洞见，就必须为自身高度实践性的智识建构形式扩展足够有张力的反思向度。而我们目前的境况，较此仍有相当遥远的距离。对于中国的现代政治学，围绕其学科构建与精神基色的追溯和反省可能是获取这种向度的合适起点。

一

现代中国政治学的开端或诞生，关系到这一学科的身份界定，一直是个颇显暧昧、模棱的议题。我们对此往往只有现象学、发生学意义的描述，而缺乏文明体系、价值论意义上的自觉辨析。

当代中国的政治学是自20世纪80年代学科恢复以来逐渐形成的。这个对于现代学统的重新接续，得到了来自权力结构基于现代化规划的强力推动，也注定在这一规划凝造的时代精神（"思想解放"）中展现与现实政治的缠绕互动。这四十多年的发展有其智识精神上的一条生命线。我们中的大多数学人在这条生命线的确立、延伸与变异中参与了学术谱系和衣钵的传承。笔者把这个路径衍生出来的学思传统，特别就其精神向度而言，

[①] 本节在2015年第六届北京青年政治学论坛圆桌会议主持人引言的基础上扩充修订而成，感谢论坛组委会给予的这次机会使笔者之前零散的观察得以系统成稿。

第五章 历史政治学与治体新论

称为新启蒙主义政治学。

这里要做一个解释。新启蒙主义政治学，是相对新文化运动尤其是"五四"所代表的现代启蒙主义而言的。至今流行的现代中国叙事仍把"五四"视为崭新历史的开端，这也是现代中国政治学确定身份的时代精神坐标。当然，反思性的历史叙事会推动我们重新思考现代中国的开端，自然也及于现代政治学的嚆矢。比如，对于清末民初制宪运动的强调，把国家的现代宪制构建作为转型时代的主题中心。这与强调政权鼎革、新旧决裂的"革命-启蒙"史观显示出历史政治的不同关切层次。由此而观，晚清以降伴随国家宪制改革而发生的学术变迁已然涵括了现代中国政治学的肇始。近年来学科史对于这方面的钩沉，尤其是日本现代政治学（"东学"）的重要影响，已经揭示出这一点。其中，可以观察到晚清时期现代政治学的引进、吸收显示出维系既有政治权威、推进宪制革新的稳健面向[1]。

理解这一时期的政学变迁，重心还不在于学科本身是否从属于科举制仕学不分的窠臼，抑或树立起了学术独立的主体科律，亦不在于所援引外来资源究竟是转自东瀛的二手欧陆知识，抑或一战后"五四"一代更占主导性的美国政治学范式。牵引这一大变迁的有两个紧密关联的核心政学意念：转向现代的主权-民族-民主（共和）国家，转向先进的政治科学。

从王朝国家转变成富强的西式现代国家，这一点不必多说。梁启超《新民说》及其对伯伦知理的推崇颇能代表之，日耳曼民族的政治能力受到无上仰慕（彼时即使如约翰·伯吉斯这样的美国现代政治学推手都毫不掩饰对普鲁士君主立宪制的青睐）。更值得注意的是，这种权力政治的现实优势被认为在学思上对应着一种先进的政治智识建构。西方的现代政治学，无论是欧陆如德国的国家学，还是后来居上的美国政治科学，在晚清士人看来都提供了对于政治（主要是国家）学理上中心明确、形式清晰、逻辑连贯、深厚可观的智识阐明。美国现代政治学相较欧陆国家学更展现

---

[1] 孙宏云. 小野塚喜平次与中国现代政治学的形成. 历史研究，2009（4）；孙宏云. 由"经济"到学术：现代政治学科在北京大学的建立. 中山大学学报（社会科学版），2010（4）；孙宏云. 学术连锁：高田早苗与欧美政治学在近代日本与中国之传播. 中山大学学报（社会科学版），2013（5）.

出与传统哲学、法学和经济学的科律切割意志,更符合现实主义、进化论的科学化偏好,从而得到"五四"后学人的服膺。而晚清以来接受西学的士人——核心是留学群体,反观自身的知识储备,认为中学更像是治理实务的技术汇总,且分散冗杂,在理性和精神的自觉构建上都不能与以国家为中心的法政学同日而语。

这里的微妙处在于,时人极易把自身遭遇到的中外智识差异解读为"传统与现代"二元式的不同,而且将权力政治的现实劣势匆忙归结并转化为对于这种不同价值的等级排序。中学被视作不适于应付现实政治挑战的负资产,西学作为应时利器构成未来的文明希望所寄。

这种后来塑造20世纪时代精神之主调的认知,在五四新文化运动之前的晚清已不断积累、暗流汹涌。但是,我们还应明察,晚清士人精英同时也在积极探索不同的转变路径。后来被归为"中体西用"提倡者的张之洞,在标志现代学制确立的《奏定学堂章程》中明确列入了政治学,且将其紧紧安排在首科"经学"之后。我们可以说,张之洞的思维仍然延续着传统汉儒"通经致用"、宋儒"明体达用"的大体规模,晚清学制变革后出现的法政学术热潮也在间接响应这一文明理念,其遗响直至民初,最终被更为强调学术自主独立的美国政治学范式取代。

张之洞等晚清士人察觉到的,可能是中西文明形态对于政教安排的类型化差异。中国传统"政教相维"下的政治事业不仅关乎权势,而且承载着文教道义。相对于现代西方由宗教、科学共同承担精神-理性秩序建构,中国传统的秩序纲维在于绾修身和经世理想于一体的儒家文教,发挥对现实政治的规范作用。这与西方主权国家、政教分离下的政治观相比,未必是一个待摒弃的蒙昧状态。在中国向现代国家转变的道路上,有无可能既师人之长,同时维系传统文明的精义?这当然是一个难度极高的转型方向。

今天看来,晚清留学生和改良派官员仓促地否定掉中学的文明-政学价值,主张尽快代之以西学西政,失之于操切。传统经世之学作为中国政学主干,是否只及治术层面?是否与现代以主权国家为中心的政学构建不同,就必然丧失其转型价值?西方现代代表的主权国家政学是否就穷尽了人类现代文明演进的可能性?如果拉开文明历史的观察视界,我们会发

第五章 历史政治学与治体新论

现,清代以降的经世之学的确愈来愈沦为国家治理层面的官僚技艺,原本在汉宋之学中关乎文明秩序整体的原理和宪制探讨隐没不彰(晚清复兴的今文经学思潮过于边缘化、理学生机不足且气魄不弘)[①]。这是清代权力结构制约下的学术传统缺陷,在中西剧烈遭逢之际被夸大成了"落后-先进"的形态差异。同样的判断也适用于清代政治与现代西政的竞争。而即使在政府治理领域,中国传统政学其实也有其必须正视的价值和启示。这在我们重新评价晚清法律变革中的"礼法之争"时可以确认。急于拥抱西方之普世法律范式的法理派虽革新勇气可嘉,但对于中国秩序现实的认知、法律变迁复杂性的预估都显得单薄。而礼俗派对于中国与外来法律及各自政教体系的相对复杂性有深刻省察,却显得与躁进的时代精神格格不入[②]。

问题实质在于,我们是否能够在维系文明传统的前提下,既推动政学传统(同时涵括政治与政治学)的形式与内容更生,同时不至于丧失这一智识构建与文明体系之间的精妙联系。这一点在开启了"五四"启蒙主义的民初制宪时刻尤其显得突出。新文化运动已是百年往事,笔者在一篇文章中强调,"问题与主义"的争论其实是在"打倒孔家店"之后才成为真问题的[③]。也就是说,"打倒孔家店",既有文明传统被认为失效之后,我们需要有一套对于中国的秩序重建做出有力解释的思想理论,然后才会出现引入各种"主义",也即"输入学理"的文化新潮。在这样一个"输入学理"的潮流压力下,注重务实实践的知识分子如胡适、李大钊才会有那样一个实践本位的关怀反弹,强调以实践为本、以问题为单元来消化"主义"。

然而,我们要注意"问题与主义"的一个根本前提是宣告文明传统的失败。那个传统,如果假定它仍然保有对秩序的有效解释力,"主义和问题"就不会形成迫切的输入需求。这一切发生于民国初年国会制宪的背景下。当初是要解决一个制宪问题,具体说是要确立一个新生共和国的精神根基和宪制结构。这个问题仍然是晚清宪制挑战的延续,是晚清最后十年

---

① 张灏,苏鹏辉. 儒家经世理念的思想传统. 政治思想史,2013 (3).
② 梁治平. 礼教与法律:法律移植时代的文化冲突. 上海:上海书店出版社,2013.
③ 任锋. 重审"问题与主义"之争. 读书,2015 (5). (文章原名《制宪时刻的启蒙迷思》)

立宪运动的一个延伸①。从晚清的君主立宪到共和立宪，它要处理的宪制重构问题，才是我们现代中国的核心主题。

深具悲剧性的是，康有为等人的国教提案导致了《新青年》首倡的激烈反应。或者说，儒家激进主义的国教方案引发了西化思潮中的激进主义，可谓一激引一激。而民初制宪的实践场景中，儒家的国教方案和"打倒孔家店"其实都不是主流意见。当时宪法起草委员会中最为好学深思的议员们，大多有留日归国的教育背景，认为中国在政教问题上有其数千年的文明传统，不能简单移植西方现代民族国家的既定教条。既要维系住这个超大共同体的精神纽带，延续其政教体制的优良资产，同时能够得到国际认可，不至于引发无端的误解乃至冲突。最后的讨论结果为否弃国教提案，在尊重民国约法信仰自由的同时，主张国民教育尊奉孔子之道为大经大法。这个宪法条款，可以说凝聚了时人的共识（也可看作不同于国教论的张之洞方案的再现），对当下也是颇具启示的。它代表了晚清民初一种更为稳健开通的宪制心智，既充分尊重中国文明传统的自身特质，也懂得在新时势下调适维新。如果说五四新文化运动开辟出了激烈反传统的现代道路，是一种反噬自身传统的启蒙主义，那么我们应该珍视晚清自张之洞以降的另一路注重传统内在保守维新的宪制理性。这也才能使我们的政学构建不至于被时代精神劫持、被权力结构俘获。学随术转，政治学的现代界定与政治的现代理解可以说互为表里。

五四新文化运动带来了大量的"输入学理"，为"打倒孔家店"之后的中国提供了诸多秩序解释与建构的替代答案。这也帮助我们理解为什么20世纪中国人对西方哲学那些具有整全性系统建构的大理论家特别热衷，以及对于相应的宏大政治理论不遗余力地纷纷引入。现代政学构建完全随他人之鼻息流转，并与所师学对象背后的政治权势及其转移形成呼应，这是我们理解现代中国政治学构建的重要脉络。

可以发现，民国时期政治学传统的主流显示出来自英、美的强烈影

---

① 邵建. 新文化的偏差：20世纪前20年的"新传统主义"与"反传统主义". 探索与争鸣，2015（1）.

响，对于选举、政党、国会、政府和宪法等问题的研究占据了主要阵地。这种研究的思想和理论取向大体属于自由主义谱系。而晚清民初那种重视文明传统与现代政学构建的思路，只能在非常边缘的如现代新儒学的相关思考中发现回响。而最耐人寻味的，还是在权力政治与学理学思之间存在的巨大张力，乃至断裂。自由主义政治学有知识引进的贡献，却无法生成实践的有效能力。其间最有学术价值的智识生产如萧公权、钱端升的研究，也受惠于对中国文明传统和政治经验的高度自觉意识。权力政治中却是"五四"之后伴随革命主义而降生的党国体制，最终导向革命主义内部的胜王败寇逻辑。"多研究些问题，少谈些主义"的盗火者教义对于从事革命实践的党派中人教益更著，促进了外来教义观照本土国情的积极结合和转化。这可能是老启蒙主义留给20世纪下半叶的一个根本教诲。

二

新启蒙主义出现在"文化大革命"之后，随着改革开放这个时代政治的主题确立而展开。这个后革命时代的启蒙主义与"五四"代表的老启蒙主义在精神上相呼应，重新接续"五四"传统。但同时它又有一个不同的语境与脉络，就是革命主义已经成为重申启蒙摆脱不掉的时代精神遗产，或者说已经形成了20世纪的一个新传统，在权力结构中有深刻遗留。革命主义及其社会主义理想，无论怎么理解它、评价它，已成为新启蒙主义必须要面对的主题。在这样一个"后革命-新启蒙"的架构下，新启蒙主义政治学逐渐衍生出了一系列的论题。

我们这一代人经受的政治学教育同样接受这些论题的洗礼。比如对于文明形态、政治社会形态的演进，主要是西方现代化理论力推的"从传统到现代"范式，以及冷战意识形态支配下"从威权到民主"的转型。具体

共和立国与治体新论：钱穆历史政治学研究

演变又包含了从臣民到公民，从封建专制到民主，从人治到法治，从天下或朝贡体系、国际共运到民族国家建构，从革命统一到"一国两制"下的和平民主统一，从自力更生到加入美欧为主导的国际秩序，等等。相对于革命主义遗产，新启蒙主义要实现的是从后革命到去革命，从非常态到日常/正常状态。但是，这并不排除，与革命（尤其是"文化大革命"）遗产保持适当距离的社会主义理念仍然可以作为这种新启蒙规划的内在构成部分，对于一些学者仍然保持吸引力。这一系列主题，部分也辐射、覆盖了一些相邻社会科学，如社会学（阶层、城市化、信任等）和法学（法治、宪制），在具体理论范式上还包括发展理论、新自由主义等。这样一个图景，可能还有遗漏，基本上构成了本节所谓的新启蒙主义政治学。

这个新启蒙主义政治学是在"文化大革命"反弹之下由权力政治开启、推动的朝野双方、政学两界合力共营的产物。它的时代精神根源是鲜明的 20 世纪 80 年代思想解放潮流。经过 80 年代末历史事件的冲击，学界自 90 年代开始一度陷入顿挫、彷徨，一些学者应对市场经济转型带来的政治变迁开始强调更为理性地面对政治现实，同时逐渐反思 80 年代政学激情的内在缺陷。

这种状况在 90 年代以降的农村问题研究中清晰可见。以民主选举为中心的村民自治一度成为 90 年代中国政治学研究的一大热点，尽管农村问题的逻辑后来不再限于民主政治的基层范畴，一步步演变为"三农"问题、乡村治理问题，更多显示出自身内在的理路逻辑[①]。另一个典型案例是 90 年代兴起的公民社会/市民社会研究。这一研究议程的设置者们仍然是 80 年代民主启蒙规划的信徒，将议题习惯性地安置在现代秩序的民主与市场经济等结构性条件之中，以图从社会、经济组织和制度领域面向全能国家结构实现突围和改造。90 年代的相关研究表现出对于西方现代市民社会道

---

① 李德瑞. 学术与时势：1990 年代以来中国乡村政治研究的"再研究". 北京：社会科学文献出版社，2012.

第五章 历史政治学与治体新论

路的单方向模仿,忽视不同国家内部政治社会结构的特质差异①。21世纪以来,一些学者努力强调中国经验中国家与社会之间的良性互动,试图提出"社会主义市民社会"构想来超越自由主义与国家主义的分野,但是在理论框架上仍然难以开辟出一套足够有力的独立言说,建立真正扎根于中国经验的理论模式②。缺乏真正的理论创新,这方面的研究似乎仍不过是伪装成政治社会学实证经验的新启蒙主义政治信条。

新启蒙主义政治学表现出如下特征:首先,与"五四"启蒙主义类似,它与中国作为超大规模文明政治体的数千年政治传统之间存在巨大的断裂。与中国政教传统的历史-结构关联,在新旧启蒙主义政治学中主要呈现为一种消极、需要克服的负资产。

其次,受上述传统-历史观制约,启蒙主义政治学规划表现为全然未来主义的面向,不断在现实实践过程中寻求摆脱传统限制,不断求新、求变。其关注对象和理想图景注定是一个具有虚假历史主体性的"前无古人"之伟业。

再次,唯一对其有效的思想和理论启示来自本身不断变迁、内在丰富多元的西方现代经验。而学人在其上建立了一系列具有迷思性的智识典范。如80年代以来的韦伯热,无论是价值与事实二分的科律、历史主义的立场,还是其涵括中国传统研究的一系列概念工具(理性化、家产官僚制、卡迪司法、卡里斯玛等),都成为风靡一时、影响至今的智识建构向导。学人久假不归,欲开辟新理论形态而不得③。

建立在这个切近经验上的西学资源受到全方位膜拜,以至于现代西学内部的意识形态纷争也如法炮制般被移植到了新启蒙主义政治学之中,形成右派西学与左翼西学的中国"德比"。无论是从20世纪末的"左"右思

---

① 方朝晖. 对90年代市民社会研究的一个反思. 天津社会科学,1999 (5).
② 郁建兴,周俊. 中国公民社会研究的新进展. 马克思主义与现实,2006 (3).
③ 目前中文学界,林端从社会学理论(《韦伯论中国传统法律:韦伯比较社会学的批判》,中国政法大学出版社2014年版)、黄宗智从法史学(《清代以来民事法律的表达与实践 历史、理论与现实》,法律出版社2014年版)对韦伯的理论及其中国适用性提出了较有说服力的商榷,而政治学人罕有系统性的反思。

想争吵中,还是从具体问题研究(如以土地所有制为中心的农村问题)中,都能看到这种对应投射。

最后,对西学的无上崇拜内在形成了一个议程设置机制:将被视作导致西方现实成功的某个学理资源引进中国,作为指导知识生产和实践转化的创新资源。这方面,民主成为新旧启蒙主义一以贯之的政治主题,几乎垄断中国数代文化和政治精英的秩序想象。原本是现代西方政治秩序之政体一维的民主制度,在现代中国成为承载道德理想与历史理想的神圣价值与体制总纲。

新启蒙主义政治学表现出对西学资源的紧密尾随,不吝于引进欧美最流行最时尚的学术成果。晚近流行的治理话语是一个新的例证,其引进过程再次重复寻求本土资源论证、建立"中国式"特色分号、回报并强化源出性普世主义解释力的旧理路。这在理论积累上似乎形成某种意义的理论丰盈甚至超载,但又与能够有效解释和规范中国经验事实的理论匮乏形成有趣而尴尬的对比。面对极为丰富的政治传统经验与当代事实,这种理论局面的吊诡不是单纯依靠外来学术的本土化就足以应对的。学人在形成自主性理论体系的使命前始终创新能力不足,不能有效建立理论与当代事实之间的积极关联,又不愿成为官方话语的简单注释者和辩护者。国际局势与国内形势的变动和制约会影响学人的学术规划,但自身内在的学术困境并不能主要归咎于这些外在因素。

值得注意的是,这种新启蒙主义的政治心智不仅仅在学人中长期流行,也部分地成为权力结构的某种思维性质,因此是一种弥散性的政学精神气质。它为时人提供导向,在学科重建、恢复和成长过程中提供了激励,但也造成了某种深刻的遮蔽。中国作为一个文明-政治体的现代重建,无疑是一个比政治民主化更为复杂、多维的时代命题,也势必是一种积极继承传统资源基础上的维新。比如包含港澳台问题的"一国两制"构想、多族群国家的体制构建,处理的是现代大国的多样态体制竞合这一宪制难题,要解决文化与政治认同、不同法治传统、经济社会形态与政体协调等多维问题同体不同态、同体不同步,甚至蕴含内在解构的挑战。港澳回归

第五章 历史政治学与治体新论

前后的政治学人对此缺乏认真深入的理论思考和实证研究,而新启蒙主义的政治信条目前可能还在部分加剧着这一宪制难题的治理困境。这类难题恐怕是中国政治学自身理论储备极度乏力的典型表征之一。

三

近些年针对新启蒙主义政治学,在不同程度上和不同领域中先后出现了一些异议。笔者把它们基本上概括为三个方向,最主要的是前两个方向,分别是出于政治传统的文明复兴论与基于社会主义理想的新批评。

第一个异议是指出于政治传统的文明复兴论。随着大家对于古老、几千年的中国政治传统的重新理解和解释,对于政治文明传统的价值评估开始变化。它涉及我们怎样来理解20世纪和当前的时代,特别是20世纪以来的中国政治发展。要把它做一个与传统割裂性的理解,还是重置于传统脉络之中去理解?如果重置到当中去,我们怎么样建立自己的历史叙事,怎么重整我们的传统理解?在这样一个脉络当中,是经由一系列重新解释提出了有别于新启蒙主义的规范性内涵。在这方面最具理论深度和原创性的是基于儒家政治传统的新文明解释,包括蒋庆代表的政治儒学、姚中秋代表的儒家宪制,以及一些被视为"新康有为主义者"的思想运动。笔者最近这些年也从宪制角度主张重新认知中国政治传统及其现代变迁[①]。这些不仅是在政治理论或知识层面所做出的一个增量,而且展现出重审当前政治发展的文明自觉,也就是说对于我们作为一种文明政治体的自觉、对

[①] 蒋庆. 政治儒学:当代儒学的转向、特质与发展. 北京:生活·读书·新知三联书店, 2003;姚中秋. 华夏治理秩序史. 海口:海南出版社, 2012;曾亦. 共和与君主:康有为晚期政治思想研究. 上海:上海人民出版社, 2010;唐文明. 敷教在宽:康有为孔教思想申论. 北京:中国人民大学出版社, 2012;干春松. 保教立国:康有为的现代方略. 北京:生活·读书·新知三联书店, 2015;任锋. 道统与治体:宪制会话的文明启示. 北京:中央编译出版社, 2014.

于西式现代道路的批判自觉。而这种文明自觉势必引发对于一系列秩序重建主题的再理解。比如说政教关系，我们是不是一定要以西方宗教背景下确立的政教分离作为唯一正确的标准，如何理解政教关系的多元文明样态，比如说治理模式，传统中国的治理经验和智慧应该如何理解，比如说法治和礼治的问题，比如对治道的重新理解。另外还有一个对于中国的宪制构成和秩序构成的理解，包含对于民主主义的反思，对于法治的审视，以及从这个角度出发对治人主体角色的重新理解（士君子、君主元首、社会群体、阶层和职业角色）等。近年弘道书院就围绕这些政治学理论的重大命题推动了一系列儒学与政治学的对话（例如政体与治道、民主与民本、君子与公民、法治与礼治等）。从文明政治的根源意识出发，以古儒"通三统"模式为典型表达，切实推进了思想界多个路向的历史视野调适。笔者曾称之为当代中国思想的"公羊学时刻"[1]。这些工作强调我们有一个源远流长、极为丰富的政治文明传统，而这恰恰是新旧启蒙主义的盲区、不愿意或未能真正与现代经验建立有效联系的空旷地。以儒家为代表的基于中国政治传统的启蒙异议，可以说显示出中国社会内在文明机制的自我修复与调整，对于未来的政治学研究意义极为重要。

这方面还有一个路数，是在西学如施特劳斯带来的古典政治哲学启迪下，强调对于西方现代性的彻底反省。其中国政治学内涵同样指向对于中国政治文明传统的重新理解，以及对20世纪中国政治变迁的解读。典型如刘小枫对于共和国叙事争议极大的尝试、对于现代心性新儒家剑走偏锋式的解构[2]。西学古典无疑开放了新启蒙主义较为陌生的外来资源，但其中国语境下的迁徙操练还十分生硬、粗糙，虽然历史叙事和理论重整的重任对于儒家复兴派的挑战难度也丝毫不低。

第二个异议可称作基于社会主义理想的新批评。新启蒙主义政治学原先隐含的一个观念是对于共和国前三十年经验的批判，其中有很多革命主

---

[1] 任锋. 期待开放的宪制会话：国族崛起下的儒学与自由主义. 开放时代, 2011 (11).
[2] 刘小枫. 共和与经纶：熊十力《论六经》《正韩》辨正. 北京：生活·读书·新知三联书店, 2012；刘小枫. 百年共和之义. 上海：华东师范大学出版社, 2015.

第五章 历史政治学与治体新论

义的问题需要解决。但社会主义理想派主张从一个政治现实的角度重新理解革命建国立政的传统,强调共和国政治实践对于社会主义理想的坚守。它本身也提出了一种社会主义宪制的理解,并尝试进行理论建构。惯见做法是以六十多年成就来看数千年传统与未来理想,目前立足点是一套竭力彰显与现代西方现代化道路存在差异的"中国模式"论证。当然这个宪制也有其内在的张力,要面对革命主义极端派的遗留冲动。在理论上它是有空间的(西学左翼资源和中国革命理论),在实践操作上知识界对此较为怀疑、争议较大。这样的一个重读与新旧启蒙主义还有一个重大不同,在于它尝试实现与政治文明传统的和解。也就是说要把执政党的党国建构、社会主义宪制放在几千年的中国历史长河中来解释。这方面,如王绍光对于中国政道思维和"人民社会"的理论主张[①]、潘维等人"中国模式"论对于诸多儒家政治修辞的新用。这方面异议者与权力政治的实践关联密切,而其理论若欲保持纯洁性必然与当前的政治现实形成一定的意识形态张力。

从学思成长来看,这些异议大都从 20 世纪 80 年代以来的新启蒙主义精神氛围中汲取了充分养料,后来又不断反思、扬弃,最终形成了某种体系。如果我们以"文明传统-时代精神-权力结构"的三维架构进行分析:新启蒙主义政治学在文明传统一维是普遍缺失的,却与时代精神紧密呼应,与权力结构(政治)虽然有时若即若离,但基本是处于其议程支配下来试图保持自身相对的自主性和连贯性的。而社会主义理想派,与权力结构(政治)结合最为紧密,对时代精神的发扬侧重共和国的社会主义根性,也试图从功利角度移用文明传统的修辞言说,这使其与新启蒙主义产生相当强的紧张。但应当看到,其时代精神的发源地和生命线仍然是归属于西方启蒙运动以来的现代性,对民主、平等、团结诸理念的坚守宣示的是比自由主义更为激进的理想立场。而第一个异议者,深刻挖掘文明传统的生命活力,面对时代精神目前仍处于贞下起元、以理待势之境,与权力结构(政治)的距离较前二者更为辽远。

[①] 王绍光. 中国·政道. 北京:中国人民大学出版社,2014.

共和立国与治体新论：钱穆历史政治学研究

当然，换个角度，我们也可从一个更为整合性的视野看待以下几个路数的良性互动：从文明传统汲取真正基于历史经验的传统智慧，为现代政治学思考提供融贯的理论脉络和事实基础；从新启蒙主义政治学引进他山之石，保持其具体典范的参照价值和批判精神；由社会主义理想派促进关注权力政治的现实变迁，理解国家理性的逻辑，并节制其隐含的激进革命主义冲动。

需要指出的是，新启蒙主义政治学并非铁板一块，其间也浮现出不断的反思和拓展，虽然尚未形成别具一源、独成体系的异议。就研究主题而言，如农村问题研究经历村民自治、"三农"问题、新农村建设等阶段，力图摆脱对于西方现代理论的依附模仿，更强调在中国社会、文化和经济的传统脉络中，充分正视基本经验、事实、范例的澄清和解读，在此基础上进行有效的理论整合和模式创新。经验事实为本，而非西学理论先行，如考察"气"与抗争政治，就触及和调动了传统与现实的经验资源，在本真实践中展开学理探讨[1]。就学思路径而言，系统地重新认知西方的现代立国经验，超越民主化维度去理解现代性的秩序构成，也形成对于新启蒙主义政治学的有力反思。政治宪法学的兴起和国族构建主题的上升是这方面的代表[2]。虽然，这方面的努力要想突破时代精神的限制，需要真正挖掘文明传统的活力生机，而非泛泛地修辞式借用，这对于启蒙理性的真正成熟十分关键。另外，20世纪90年代以来部分政治学者更为强调对于中国政治现象的经验考察，力图从三十多年改革实践中提炼出基于本土经验事实的概念、命题与理论，或者从比较政治学的视野发展出自主性的理论话语，在理论风格上相较社会主义理想派的"中国模式"论更为审慎和节制，但其寻求正当化的解释焦虑仍面临来自理论创新力匮乏的制约，往往易受到政府意识形态话语的支配或改造。

---

[1] 应星．"气"与抗争政治：当代中国乡村社会稳定问题研究．北京：社会科学文献出版社，2011．

[2] 高全喜．政治宪法学纲要．北京：中央编译出版社，2014；任剑涛．建国之惑：留学精英与现代政治的误解．北京：中国政法大学出版社，2012．

第五章　历史政治学与治体新论

对新启蒙主义政治学的反思，已经触及了现代中国政治学整体的学科发展。对于这个问题，应当超越一般的学科视界，避免就方法论学科，就学科论学科，就权力规划论学科发展。这方面常见的抱怨和批评是我们的学科还不够科学化，还未掌握最先进的学术研究方法，或者以国际化（往往是美国化）来衡量其学科成熟度与影响力。也不能只是从学科内部的分工及课程设置去分析，陷入政治哲学还是政治科学、规范研究抑或实证研究的狭义争论，或仅仅从国家竞争、理论话语塑造的角度去引导学科发展。应当看到，一个学科的自觉成长和构建，更为根本的精神和智识背景是其所处社会多种力量的内在竞争、商讨与规制，与基于文明自觉的某种决断。20世纪80年代学科恢复之前失落的三十年，就是这个机理的典型负面案例。前文指出的"文明传统-时代精神-权力结构"的三维架构，在笔者看来是俯瞰政治学发展格局的基本社会机制。

这一架构与中国自身作为一个大型文明-政治共同体的特质息息相关。面对这样一个超大规模的文明共同体的数千年演进，试图割裂与之的内在关联，去谋划政治共同体的维系和转型，这是20世纪中国政治学心智的巨大危机。我们身处这种反传统的时代精神与权力结构当中如斯之久，愈发不能窥见文明政治的养成机理，也不能获得文明复新的可能信心。只有明了由文明传统奠基的三维架构，我们才能在巨大的现代化压力中不至于数典忘祖，甚至邯郸学步，丧失源远流长的文明精神。

强调文明传统的要点在于，认识政治活动在中国人秩序构建的传统中处于什么地位，我们在现代的秩序重建中如何继续安顿之。这才是思考中国现代政治学、确立使命感与定向的根本视野。经由儒家表征，这个传统可视为一个政教、政学高度浑融的二维构造。笔者曾用"兼体分用""相维相制"来概括其政教特质[①]。在天人合一的根源性文明架构中，精神性权威与治理性权威共享一个公共、开放的意义和信念体系。二者相互维系合作，同时形成社会与政治意义上的互相制衡。非宗教形态的儒家文教传统与秦汉之后的士人政府是其典型的历史机制。传统政治学内在于文教传

---

① 任锋. 政教相维下的"兼体分用"：儒家与中国传统的文教政治. 学海，2014 (5).

统之中，承载道与学的双重功能，同时与权力政治形成不即不离的有机关联。在中国政治传统的演变中，经由儒家阐述的文教传统相对权力结构及时代精神提供文明体系的本源根基，与后二者能够保持积极协调而不断裂对峙，是政治文明和治乱水平的重要指标。基于天人之际、文野夷夏、天下国家的普世主义信念能够生发出对权力政治的超越潜能和批判力，而源于文教传统的三代之法、秦汉之制与现实体制的张力构造，往往构成法度演进的内在机制。具有批判精神的经世之学同时富于现实感和实践力，并没有沦为抵抗型政治学，也与权力政治保持建设性张力。这个文明体系与西方一神教宗教文明主导下的社会体制大不相同，没有出现截然二分基础上的政教合一或分离形态。这也是上文提及民国初年制宪议员们对中国文明政治体特质之自觉意识的根源。而革命的20世纪矢志于打倒传统，在社会政治构造上以一种极端强化和扭曲的方式（高度一元化的意识形态控制和党国全能组织）去填充传统秩序崩解之后的荒芜。这是政学传统枯竭和萎缩的根本缘由。

今天我们不仅需要政治学的现代化、科学化和专业化，同样需要政治学的传统化、儒家化和经世化，这是政学传统复兴和更生的两面。尊道崇学、学为政先，是提撕和保持政治之文明品质的传统要义。从智识生产的机理上讲，可以遏制时代精神的劫持与权力结构的俘获，逐渐恢复政治文明内部的多边张力。从智识生产的实质内容看，充分重视数千年政治经验的再解读，可以有助于形成政治社会理论的新范式，为中国作为大国的政治问题及其普遍启示的提炼提供丰厚的资源。传统是无数世代先贤先民的智慧集合，可以帮助现代转型中的学人突破认识论的限制，发掘有限的当下经验与传统智慧之间的真正融贯之道。只有取得这一步突破，中国政治学才能为世界政治学做出应有的贡献。

只要中国人的根源性文明精神、意义世界与治理传统仍然保持相当强的延续性，那么政教相维相制的传统就仍有其伟大教诲。在复原"文明传统-时代精神-权力结构"的架构前提下，中国政治学才能够在旧邦新命、保守维新的发展过程中确立自己的历史使命，参与到现代中国宪制重构、秩序重整的事业中去。这个意义上的复兴，绝不是僵化守旧的复古，而是发掘本源、激活故智、吸收现代文明成果的文教复兴。相对时代精神和权力结构，也能发挥其超越、引领、贞定的提撕作用。在比较政治学的意义上，不仅仅强化中国作为现代国家的理论整合与竞争能力，也为主权国家的政治学提供文明传统的意义观照。这本身是对人类整体政治学可能提供的积极贡献。由此反观，自晚清开始的中国现代政治学才会不自限于西方现代政治学在中国，而是形成真正体现伟大文明精神、具有自身根源并包容创新的新政治科学，也不仅仅满足于培养专科之学的知识分子，更能致力于养成文教典范下经世济民的新士人群体。

第二节　立国之道的新和旧：钱穆与中国政治学的自觉

"中国人之所谓学术，则必当能超乎风气潮流之上，而有其独立存在、承先启后之意义与价值。不能仅在风气潮流中出现，仅随风气潮流而俱变，此则不得谓之真学术"[1]。

如何重建传统与现实在政治变迁中的有机联系，于当下是一个兼具实践与理论挑战性的紧要问题。生于反传统主义高涨的现代中国，钱穆先生凭借经由中西深入比较而笃定更新的文化自信，为中国传统及其本位之现代化、普世性提供了广阔深远的辩护。其学思范围，不仅限于世人熟知的史学、理学，且覆盖政治学、社会学、心理学等西来专业学科。在钱穆的政治思维中，既包含针对时代大问题而激发的政论思想，也有围绕中国政治学而生成的学术性检讨。对于我们重识传统与现实之间的文化-政治联系，理解并追踪先哲的思维轨迹是整装再发的基本前提。

---

[1] 钱穆. 学籥. 北京：九州出版社，2011：207.

共和立国与治体新论：钱穆历史政治学研究

一、中西比较视野下的"政学相通"

1983年冬，钱穆以耄耋之年撰就《现代中国学术论衡》一书，其中包括《略论中国政治学》及围绕哲学、史学、社会学、教育学而发的诸多专题论文。我们不妨以这篇论文为中心线索，一方面纵向涵摄其平生政学的主要论调，另一方面兼及与此相关联的其他学科性论述，来理解作者的洞见主张。

《略论中国政治学》一开始，就指出政治学作为西来学科的一个主要特点，即学院系统培养出来的政治学专家往往缺乏政治实践经验，而近代西方政治人物重视术谋又罕由学院产出。钱穆由此转入对中国文化传统的讨论，通过比较而豁现二者差异在于政学关系，即政治与学术之转换问题①。

"中国文化传统极重政治"②，钱先生聚焦孔子，以儒、墨、道、法之学术兴替概览春秋以来学术文化传统，述及近世《大学》等四书系统之形成，乃概言，"可见中国孔子儒家之学以心性为基本，治平为标的，一切学问必以政治治平大道为归宿。故曰：'学而优则仕，仕而优则学。'仕与学兼重并进。未有学而不能从政，仕而不经由学者。此一传统，乃为两千五百年来孔子儒学之大传统。但中国向来无政治学一名"③。

就学术知识形式言，"中国学问，最重在政治，而独不有政治学一名，是诚大值研寻之一问题矣"④。孔子儒家四科之学，言语、政事直指政治，德行和文学另包含政学深意，关系更高政治理想，"德行一科，乃抱有更高政治理想。用之则行，舍之则藏，非一意于仕进，而更多恬退。其文学一科，则不汲汲于仕进，而更用心在古籍中，熟悉历代政治往迹，培养政

---

①② 钱穆．现代中国学术论衡．北京：九州出版社，2012：185.
③ 同①186-187.
④ 同①189.

第五章 历史政治学与治体新论

治理想,主要则仍在政治上"①。然而古人并不以狭义的专家身份,如教育学家、哲学家、政治学家,来界定孔子。

中国文化传统重视政治,而未单独衍生出专门的政治学,非是国人理论学术思维未能胜过实践理性,而是蕴含了文化系统的特质差异。钱穆指出,"然岂可舍却其他各门学问,而可以专门有一项政治学。又岂在大学四年过程中,以一青年初学,即可从事此项学问,而可以有其独立之成就。此则与两千五百年来中国孔子儒学之大传统大相违背。亦可谓,依中国观念言,乃无说以通者。中国之学,弥传而弥广大,乃益见其会通。西方之学,愈后而愈分裂,乃互见其冲突。此亦一例"。中国之学重视和合会通,西方之学凸显分别自胜,这是钱穆始终强调的一个文化差异②。可以说,中国文化传统中,既重视政治学之内容与其他学问的会通,也重视学问思想与实践经验的转换,其学术思维在重视会通的文化系统中呈现高度实践取向。"西方政教分,政学亦分。其为学又主分,乃有政治学一专门,其实际政治则尚术不尚学。中国则学而优则仕,仕而优则学,必政学相通。尚术则为人所不齿"③。

这个"政学相通"的文化特征,在传统学术体系中表现为经史之学。"中国教育分小学大学两阶层,亦可谓修身齐家乃小学大众之学。治国平天下,则为大学,大人之学。治平大道,当先通经史。经学尚在孔子前,孔子《春秋》是经学中最后一书。司马迁以下,中国乃正式有史学。治乱兴亡,多载实际政务,政治思想政治理论皆本实际政治来。此与经学无大异。故中国经史之学,可谓即中国之政治学"④。相比小学大众之学,治平之学乃属于少数人相对精英性的"大人之学",此是合于政治社会之实际讲。经史之学,就是中国政治学。经学是更为古老的政学资源,秦汉之后由经而绎史,然二者都是以实际政治为本来抒发政治思想、政治理论、政治智慧的。

---

① 钱穆. 现代中国学术论衡. 北京:九州出版社,2012:189.
② 同①187.
③ 同①194.
④ 同①187.

钱穆进一步结合秦汉之后士人政府的文治经验，从政治体制、政治社会学视角阐发中国政治学相对于实际政治的两重性格。一方面，以汉唐察举、科举等考试用人程序为例，指出"中国之所谓士，无不重政治学"，"亦可谓学校教育已全由民间任之，政府则操有考试权与分发任用权。而政治学之重在实际练习与经验，亦居可知"①；另一方面，"中国人之政治学，常必有超于实际政治之一种理想之存在。此当为研究中国学术史者所更值注意之一事"②。相应于士人成长轨迹，社会中的学校教育与政府之间衍生并转递出体制内部上层与下层的思想学术-政治张力，"士人在野，早于政治上之传统大理论，及历代之治乱兴亡，有相当之知识。目睹当前政治实况，心怀不满。于是进入政府下层，与政府上层乃时有意见相左。而上层人物又极知看重此层，于是遂特于直言极谏倍加奖励。实则所谓直言极谏，不只是臣下之对君上，尤其是政府下层之对其上层，即后进之士之对其先进。此乃中国政治一传统精神，适切配合于中国政府之实际传统体制，而寓有一番极高明之甚深涵义"③。通过士大夫群体，将社会与政府、社会代际之间的结构性张力转换为先进与后进之间经由体制内表达的动力。

钱穆以汉之贾谊、郑玄和宋之胡瑗为例，说明第二方面，"因政治终必为实际所限，不能全符理想。则中国之政治学，自深一层言之，其重理想尤更重于经验，亦断可知矣。惟中国人之政治理想，仍必本于实际政治来，非凭空发挥为一套政治哲学之比，此则当明辨"④。政治学本于实际政治，而又能生发超越的理想精神，非政治哲学之空言，亦非诡俗媚势。这一点，与士人群体及其政治社会安排密不可分。

中国政治学，受儒家士人在政治社会间地位影响，往往于谦退中见精神著理想。"故儒林必重政治，而又多主隐退。至少能退者之地位，则更高于能进者。知进而不知退，则不足挂齿矣。"⑤ 钱穆特别以宋以降之儒家传统，说明此中大义。如司马光避新政而撰《资治通鉴》，以史学为政治学，朱熹撰《通鉴纲目》申明正统论。尤其元清两代，"中国儒林一意主

---

①②③ 钱穆.现代中国学术论衡.北京：九州出版社，2012：188.
④⑤ 同①189.

第五章 历史政治学与治体新论

退者，最多在元、清两代。如顾亭林，如黄梨洲，如王船山，皆以明遗民在异族政权下决心不出仕。然其治学，则可谓仍以政治为重，此为不失儒林之真传"①。

钱穆重点表彰顾、黄、王之著述，发扬传统政学精神，大有功于中国现代之开新。王船山偏居三湘，与中原儒林少交接，然亦终身不仕。但其学则源自东林，亦终生不忘政治。观其最后著作《读通鉴论》《宋论》两书，今人皆以史论目之，不知其乃一部政治学通论，于历代政治上之大得大失，以及出仕之大志大节所在，阐发无遗。下及晚清，革命前，梨洲《明夷待访录》及船山此两书，经《国粹学报》重刊，几乎尽人传诵，其有助于革命事业者至巨，此亦治近代史者所宜知也。又《明夷待访录》尚远在法国卢梭《民约论》之前，而其"原君""原臣""原法"诸篇，明确有历史证据，明确系往圣陈言，明白平允，远出卢梭《民约论》之上。则中国传统政治思想，显有未可一笔抹杀者②。迨及晚清，曾国藩增益乾嘉之学，恢复古政学规模，"乾嘉诸儒以义理、考据、辞章分学术为三方面，义理专重人生，而独缺政治。国藩又增经济一目，经国济民，正为治平大道，即政治学，与近人以财货为经济者大异其趣。而国藩乃以居乡办民团，弭平洪杨之乱。但国藩之自称，则曰粗解文章，由姚先生启之。是国藩亦自居为一古文家，终不自承为一政治家。从来亦未有以古文名家而不通治平大道者。抑国藩苟非丁忧家居，即无机缘办团练，成立湘军。清廷之派兵命将，亦决不之及"③。

由于中西文化系统的差异，中国传统重视政治而无专门政治学之成立。"故中国自古圣哲，亦绝少以政治家自命，乃亦决不专以政治为学。惟果细研中国一部儒学史，必知与政治声息相通，难解难分。而治中国政治史，苟不通儒学，则于历代制度之因革以及人物之进退，必无可说明。今人则不读儒书，于传统政治惟有借用西方术语，一言蔽之曰'君主专制'。以广土众民之中国，而君主一人得专制其上，亦当有妙法精义宜加阐说。

---

① 钱穆. 现代中国学术论衡. 北京：九州出版社，2012：189.
② 同①191.
③ 同①192.

一笔钩消，明白痛快，而又得多数之同情，但岂得亦谓之政治学"①。中国政治传统与经史之学、儒学声息相通，欲对之进行深入而充分的理解评判，需进入学术传统内部，把握其整体特征，并由历史传统领会其精义大道。

在现代中国，这意味着对于中国经验的解释和分析，不能盲目借用西方术语，进行简单化约或纯为舆论宣传考虑。钱先生慨叹，"继自今，吾国家吾民族四五千年来相传之治平大道，政治大规模，惟有学步西方，作东施之效颦，其他尚复何言。中山先生已早有知难行易之叹，又谓中国乃一次殖民地，更次于殖民地，亦可谓言之沉痛矣"，"如是之国家，如是之民族，为之立心立命者，乃在国外，不在国内，而犹必主张国家之独立，此非一次殖民地而何。诚可悲之尤矣"②。在这个意义上，学术的独立自主问题，与现代立国问题（"立心立命"）实不可分，否则难以逃脱政治上与精神上"次殖民地"的依附困境，更不能对真实政治问题有切要的解对。

二、立国之道与政学传统

钱穆先生从整体文化系统来透视学术分科之定位，而非单纯就学术论学科。在其文化系统观中，学术影响政治社会上层，而于下层落实为风俗。换言之，中国政治学定位，这一看似学术的问题，其实与文化系统的政教政俗、精神信念之间是一有机不可分的关系。这形成了钱穆终生强调学术独立自主与立国之道具有密切联系的理论视野。

在《现代中国学术论衡》序中，钱穆批评新文化运动片面反传统，"中国旧文化、旧传统、旧学术，已扫地而尽。治学则务为专家，惟求西化。中国古书，仅以新式眼光偶作参考翻阅之用，再不求融通体会，亦无再批评之必要。则民初以来之新文化运动，亦可谓已告一段落"，学术彻

---

① 钱穆. 现代中国学术论衡. 北京：九州出版社，2012：192.
② 同①194.

第五章　历史政治学与治体新论

底地专家化分科化、传统资源被视作死物，成为时代风潮取向①。

接着，钱穆直探根本，"继此当有一大问题出现。试问此五千年传成之一中华大民族，此下当何由而维系于不坏？若谓民族当由国家来维系，此国家则又从何而建立？若谓此一国家不建立于民族精神，而惟建立于民主自由。所谓民，则仅是一国家之公民，政府在上，民在下，无民族精神可言，则试问西方国家之建立其亦然乎？抑否乎？此一问题宜当先究"②。围绕立国之道，钱穆提出一系列人类文明中普遍而根本的政治问题：民族何以立国？立国基础何在？西方国家与中国的立国之道是否相同？如何评价民族精神和民主自由作为立国基础的意义？中国立国之道的传统在现代是否依然具备有效性？学术与立国之道的关系究竟如何？

钱穆虽以考据、史学、理学为世人熟知，其学术志业却非拘于学院书斋、陈迹故事，毋宁说蕴含了广阔深远的文化-政治旨趣。钱穆一生有史学家、儒学家的面向，也展现出政治思想家、理论家的职任。在20世纪的学术传统中，钱穆不仅是举世公认的史学大师，也是原创性较强的政治学家、政治思想家，这一面向尚有待世人进一步领会。史学和政治学被他看作传统学术中最为重要的中心内容③。当然，依其自处，二者本就内在于传统的通人、通儒、通学典范中。稍稍检视其代表性论著，即可印证这一点。

在较早期的《中国近三百年学术史》自序中，钱穆就批评时人论政盲目媚外，一味求变。"言学则仍守故纸丛碎为博实。苟有唱风教，崇师化，辨心术，核人才，不忘我故以求通之人伦政事，持论稍稍近宋明，则侧目却步，指为非类，其不诋诃而揶揄之，为贤矣。"④"不忘我故以求通之人伦政事"，正是钱穆希望用以抵御现代激变主义的传统智慧。在此书中，宋明近世以来的学术政治传统得到一个更为公允平实的重编和褒扬。

这一努力在稍后的《国史大纲》里有更为磅礴淋漓的展现，它们在当

---

① 钱穆. 现代中国学术论衡. 北京：九州出版社，2012：4-5.
② 同①5.
③ 钱穆比较中西，认为史学和政治学在西方学术传统中远不如在中国重要。参见：钱穆. 现代中国学术论衡. 北京：九州出版社，2012：118.
④ 钱穆. 中国近三百年学术史. 北京：商务印书馆，1997：4.

共和立国与治体新论：钱穆历史政治学研究

时抗战建国的悲壮征途中被寄寓了立心请命、凝聚国族精神的时代使命。无论是学术史，还是通史撰述，钱穆都是在一种存亡续绝的智识视野中通过阐释传统生机而表达其文化-政治信念与主张的。《国史大纲》的"引论"部分尤其集中展示了这一学术志业[1]。钱穆在文中善用多譬，从中西比较视野来彰显中国作为民族、文化共同体的演进之道，着重揭明其政治体的立国规模，并申明自己对于现代中国未来发展的基本观念[2]。

钱穆认为，中国之所以成就广土众民的超大规模，且传统绵历悠久，核心活力在于"我民族文化常于和平中得进展，欧洲每常于斗争中著精神"。此中关键，"实乃由四围之优秀力量，共同参加，以造成一中央。且此四围，亦更无阶级之分。所谓优秀力量者，乃常从社会整体中，自由透露，活泼转换。因此其建国工作，在中央之缔构，而非四围之征服"[3]。易言之，中国共同体的文化-政治建构机制，由社会整体中涌现出来的优秀力量形成一个共同体中心，并向四周涵化融合，其主导精神是公忠和容、尊贤重文、不尚党争。这也是政学传统重视和平中进展的缘由。

钱穆慨叹，"我中国此种立国规模，乃经我先民数百年惨淡经营，艰难缔构，仅而得之"[4]，"一民族文化之传统，皆由其民族自身递传数世、数十世、数百世血液所浇灌，精肉所培壅，而始得开此民族文化之花，结此民族文化之果，非可以自外巧取偷窃而得"[5]。立国规模，从形式上，是民族、文化、历史传统的演进积累之结果，其内涵机制则自有精义。

在抗日战争结束后、20世纪40年代中期制宪运动再起之际完成的《政学私言》，是钱穆依据历史传统来系统阐述其政治理念的一部佳构。他在其中清晰表达了自己对于中国政治学亟须摆脱模仿移植、自觉创新的主张。此书开端明义，"作者草为此文，先有一甚深之信念。窃谓政治乃社会人生事业之一支，断不能脱离全部社会人生而孤立，故任何一国之政

---

　　[1]　钱穆. 国史大纲. 修订第3版. 北京：商务印书馆, 1996：33-34.

　　[2]　"故所贵于历史智识者，又不仅于鉴古而知今，乃将为未来精神尽其一部分孕育与向导之责也"，"能真切沉浸于已往之历史智识中，而透露出改革现实之方案"。参见：钱穆. 国史大纲. 修订第3版. 北京：商务印书馆, 1996：2, 4.

　　[3][4]　同[1]14.

　　[5]　同[1]32.

第五章　历史政治学与治体新论

治，必与其国家自己传统文化民族哲学相诉合，始可达于深根宁极、长治久安之境地"①。

晚清以来，国人在政治上模仿抄袭的被动格局，在钱穆看来蕴含严重的政学困境，"或主步趋英美，或主追随苏联，国内之政争，将以国外之政情为分野，并将随国外之势力为消长，国家政治基础将永远在外不在内，在人不在我，以此立国，何有宁日"②。立国根基何在？国家政治随他人脚跟流转，势必险难重重，心智精神之不自主是一根源。在洪流一般的西化浪潮中，如何发展出"深根宁极"而又通达世变的法政思考，探索不同于英美、苏联的另一条道路，是现代学人应当自觉追求的方向。"摆脱模仿抄袭，有勇气，有聪明，能自创自造，自适国情"，是钱穆对中国新政治学提出的期望③。

职是之故，一味求新求变，蔑视自身传统，实难在现实中完成立国之业。"顾当知古今中外，绝无一种十全十美有利无病之政制，惟其如此，故任何一种政制，皆有赖于当时人之努力改进。亦惟其如此，故任何一国家，苟非万不获已，亦绝无将其已往传统政制，一笔抹杀，一刀斩割，而专向他国模拟抄袭，而谓可使新政制得以达于深根宁极、长治久安之理。为此想者，非愚即惰。中国传统政制，虽为今日国人所诟詈，然要为中国之传统政制，有其在全部文化中之地位，无形中仍足以支配当前之中国"④。求新求变，往往专向他国模拟抄袭，尊奉其先例成法为普遍标准，以自身传统为例外、陈迹。钱穆在《国史大纲》中批评革命后的政治理论，以国会、政党政治为民主共和的标准模式，"然此等皆抄袭欧美成法，于国内实情不合，因此不能真实运用"⑤。

《政学私言》强调现代民主政治不是一个"死格式"，各国须各适国情（包括传统哲学、民族特性、社会经济形态、文化积业）发展自身政制。钱穆认为现代中国需要的是公忠不党之民主政治（或称"全民政治"）。当

---

①②③　钱穆. 政学私言. 北京：九州出版社，2010：3.
④　同①11.
⑤　钱穆. 国史大纲. 修订第3版. 北京：商务印书馆，1996：910.

时国人，把英美奉为政党政治的楷模，钱穆则反驳曰"必求中国强效英美之先例，此亦何见其可者？强不可以为可，不仅无成效，抑且转生病害"，"抹杀国情，一味效颦他邦之先例，即根本不足为好政制"①。真正的悲哀，是中国人不能自创一自适国情的政制，尾随人后，政治将永无独立自定的希望。

作于20世纪50年代的《中国历史精神》《中国历代政治得失》从不同进路对上述观点有所发扬。《中国历代政治得失》针对现代革命意识形态对于秦以后政治传统的过度贬损（"专制黑暗"），而尝试平心客观检讨传统政治，纠正国人对传统文化的误解，尤其针对辛亥以来唯西方是瞻的唯制度论，强调制度的利弊兼有、常变性、与人事配合的特性（在"前言"中概括为七点），指出："我们若不着重本身人事，专求模仿别人制度，结果别人制度势必追随他们的人事而变，我们也还得追随而变，那是何等的愚蠢！"②在《中国历史上的政治》一文结尾，钱穆展望现代中国的政治，"必然仍将要采用世界新潮流，配合自己旧传统，来创成中国自己的一套政治和其理论，才能救中国。这是绝对无疑的。决非是美国的政治和其理论能够救中国，也决非苏俄的政治和其理论能够救中国"，"中国要求'民族'和'国家'之独立，则必须先求'思想'和'政治'之独立，这又是决然无疑的。……我们定要能采取各国之长，配合自己国家实情，创造出一个适合于中国自己理论的政治"③。思想学术的独立，包括政治学的自觉自创，被视为政治、民族国家真正独立的前提。

这一思想学术线索，即政学传统与立国之道的关联问题，可以说终生萦绕钱穆心胸。在稍后《中国学术通义》《宋代理学三书随札》等著述中都有不同形式的体现，直到在《现代中国学术论衡》针对中国政治学之系统化的专论中，才凝结为政治学的文化自觉意识。

此书的"序"及《略论中国政治学》检讨晚清民国以来学风，对康有为、章太炎、梁启超、胡适、孙中山等都有切要评点。其评论视野，即由

---

① 钱穆．政学私言．北京：九州出版社，2010：4-5．
② 钱穆．中国历代政治得失．北京：九州出版社，2012：2．
③ 钱穆．中国历史精神．北京：九州出版社，2016：46．

第五章 历史政治学与治体新论

通人、通儒转变为专家之学,遂至专门分科之学流行,故国学术传统失散。"文化异,斯学术亦异。中国重和合,西方重分别。民国以来,中国学术界分门别类,务为专家,与中国传统通人通儒之学大相违异。循至返读古籍,格不相入。此其影响将来学术之发展实大,不可不加以讨论。"①

康有为和章炳麟两大学人,成学接续旧传统,一主今文经学,一主古文经学,"而世风已变,两人虽同治经学,其崇儒尊孔之意实不纯,皆欲旁通释氏以为变"②。这一面,在康氏为其变法改制所掩,在章氏则视传统为国故古董。有为变法主速求全,在钱穆看来,乃莽、荆非善变者之新版。早在《中国近三百年学术史》中,钱穆就批评有为以所慕西洋解释传统,"康氏之尊孔,并不以孔子之真相,乃自以所震惊于西俗者尊之,特曰西俗之所有,孔子亦有之而已"③,论政"以欧洲西俗代表天下有道,则显然不容疑。此又其以尊西俗为尊孔之明证也",要之可谓"用夷变夏"④。梁启超早期受其师影响深刻,为旧学殿军。中后期思想渐趋中正通达,见识超越反传统主义者,讨袁之役于民国有功,"其后又能退身仕途,一意为学,惜其不寿,否则论史论政,并世无出其右,其为学终当有得于儒学之传统矣"⑤。

康、章、梁等士人魁首,代表了一时代风潮之特色,即主进、求新、求变。且门户意气深重,互加排斥挞伐,并为领袖势利之争所束缚⑥。学术传统演进于此,遂趋支离破碎,荒腔走板,甚或反噬自毁,未能萃取传统精华而得一善变。"要之,晚清若康有为,若章太炎,若梁任公,皆一代杰出人物,惜其涉身政治太早,又以领导政治最高理论自任,而未得优游潜心完成其学。孔子曰:'加我数年,五十以学,亦可以无大过矣。'孔子自知其不久或当涉身于政治,乃更期数年之进学。故惟超其身于政治

---

① ② 钱穆. 现代中国学术论衡. 北京:九州出版社,2012:1.
③ 钱穆. 中国近三百年学术史. 北京:商务印书馆,1997:780.
④ 同③783-784.
⑤ 同①193.
⑥ 同③785. 另,钱穆于《中国学术通义》(台北:台湾学生书局,1975:255-256)中,批评康、章为"首坏此一学术时代之风气者"。钱穆以"时代人物"与"传统人物"甄别评价当世学人,认为康、章属于前者,而任公可列入中国现代传统学术人物。参见:钱穆. 学龠. 北京:九州出版社,2011:208.

之外，乃始得以深入政治之堂奥，以知其利病得失之所在，而有以成其学。"①

学术的时代风气，自此之后排旧慕新，其势不至于思想文化革命、社会革命而不止。其中的标志人物就是胡适。盖自道咸以来，"内忧外患，纷起迭乘，国人思变心切，旧学日遭怀疑，群盼西化，能资拯救"②。胡适后生晚学，留学归来，声名渐超梁启超、王国维等人，"适之则迳依西学来讲国故，大体则有采于太炎之《国故论衡》。惟适之不尊释。其主西化，亦不尊耶。而其讥评国故，则激昂有更超太炎之上者。独静安于时局政事远离，而曾为宣统师，乃至以留辫投湖自尽。故三人中，适之乃独为一时想望所归。而新文化运动乃竟掩胁尘嚣，无与抗衡。风气之变，亦诚有难言者"③。钱穆批评胡适，"其所假设者，似仅为打倒孔家店，中国旧文化要不得。一意广泛批评，即其小心求证矣"，新文化运动"重在除旧，至于如何布新，则实未深及"④。

其下则有顾颉刚、冯友兰等人古史辨派、哲学史作兴起，"专家学者，率置其专学以外于不论，否则必加轻鄙，惟重己学有如此。于是文学、史学、哲学，及考古发掘龟甲文等各项专门之学，一时风起云涌，实可谓皆自新文化运动启之"⑤。专门分科之学，盛行理性知识之自负傲慢，而传统学问，既要求宏博，且须会通，并切合时宜，因此率意批评远易于正面立说。这可视作政学传统一步步窄化为专门学科、最终丧失传统精义的宏观脉络。

于近人，钱穆推服孙中山先生，以其将革命共和大业引归至中华道统，于实践反思中提出三民主义、五权宪法。尤其五权宪法，"于众所共崇西方民主之立法司法行政三权分立外，又特加考试监察两权，此皆中国传统政治所固有。惟有考试权，则西方分党竞选之制可变。惟有监察权，则西方国会议院不仅立法，又兼议政之制亦可变。而后采用民主，乃得配合国情，良法美意有因有革，但亦在其隐退沪上积年深思之所得。惜乎国

---

① 钱穆. 现代中国学术论衡. 北京：九州出版社，2012：193.
②③ 同①序3.
④⑤ 同①4.

第五章 历史政治学与治体新论

人已无人能知中国政治之旧传统,此两权终成虚设"[1]。徒法不能以自行,国人不了解政学传统,不具备相应学识,考试权和监察权终成虚设。政制的善用,不能脱离治人主体之素养。立国之道与政学传统的互相影响,于此为一教训。钱穆撰写《政学私言》,就是基于五权宪法,结合自己对于传统的理解而提出损益改善,于革命共和进行一次保守化修正。

笔者在上一节反思晚清以来中国政治学的启蒙主义(及晚近新启蒙主义)精神底色,提出文化传统、时代精神与权力架构的三边互动框架,乃是我们理解现代政学嬗变的基本视野[2]。其间,求变求速求西化的时代精神大张旗鼓,并不断裹挟权力架构一往直前,而文化传统则喑哑默沉,不为人正视。如此淬炼出来的政学心智,势必是跛足而偏激的。钱穆一生的政学思索,可以说是反传统风暴中难得的清醒明智之音,在此三边互动框架中为后人提供了激活传统、接续传统的先驱资源。

三、政治学的自觉:朝向善世的传统新变

钱穆论中国政治学,追溯既有政学传统,其意旨似在点拨分科专门式政治学(西式政治学)之外,尚有一更为广义、源自中国文化系统的大政治学。如其言,"非谓不当有此各项学问,乃必回就中国以往之旧,主通不主别。求为一专家,不如求为一通人。比较异同,乃可批评得失。否则惟分新旧,惟分中西,惟中为旧,惟西为新,惟破旧趋新之当务,则窃恐其言有不如是之易者"[3]。眼界中只知有破旧立新之专家政治学,不仅是智识上的断裂古今,而且于文化-政治的整体大规模愈行愈远、久假不归。

此大政治学当善于接续既有政学传统,并选择吸收现代西方政治学的成果。而其间评价标度,在钱穆分析中,似主要着眼于大群共同体的凝

---

[1] 钱穆. 现代中国学术论衡. 北京:九州出版社,2012:193-194.
[2] 任锋. 新启蒙主义政治学及其异议者. 学海,2015(5).
[3] 同[1] 5-6.

结、维系与更新。如其不断强调，中国历史传统上之所以能够形成广土众民的超大规模社会与政治体，并经历多变仍能传承数千年而不散，这一最值得思索的成就背后，钱穆认为蕴含着高明广大的政学义理①。探究此义理，总结其形成之政治经验，就是中国政治学面对传统、面对现实所应有的方向。发扬此义理，更新其内涵，推广其教诲，更是中国政治学面对普世政治世界所应抱有的志趣。大学之道通于治平，"平天下"即解决最广大世界大群的秩序治理问题，将传统中国的治理智慧发扬光大。

《中国历史上的政治》一文开端拈出一个论点：中国政治重"一统"为精神，西洋尊"多统"为常态为本质。其区别在于是否有一个具备强大共同体整合能力的文化-政治中心，使文化、经济、政治活动形成大群体的有效共通规范，并发展为一经久传统。"专就政治讲，究竟应该一统的呢？还是多头的呢？这在理论上，是一个政治系统的问题，是一个政治机构的问题"②。此不易言，而钱穆倾向认为一统才能真正提供文明发展的和平、秩序与德行。

政治一统的机制奥秘，则须在政学传统的道法两端中寻求启示。这里撮要介绍钱穆的观点。

论者往往注意到钱穆因驳斥诸多时代偏见而提出的信托政治、士人政府、四民社会（平民社会）、政民一体等观点，这些发现尚停留于政治社会之客观层面，未及政学义理深处。纵观其论学根底，乃是一以理学为本的道理论，关系到文化判断与信念。钱穆提出，治道即人道，中国政治学的根底在人道，"中国传统政治仅亦言人道，中国全部古籍，经史子集，亦主在言人道。故非兼通四库，略知中国文化大义，即不能通知中国之政治，而又何专门成立一政治学之必须与可能"③。

中国文化对于人之为人形成了系统性解悟和安排，如钱穆所概括的

---

① 钱穆以为中国文化核心精神表现为"大群主义"，不同于西方的个人主义及其变体集体主义。这个立论也显示其以政治能力为本位来透视文化特质的思维取向。此类论点，可参见：钱穆.现代中国学术论衡.北京：九州出版社，2012：142-146；钱穆.晚学盲言.2版.北京：生活·读书·新知三联书店，2014：742-759.

② 钱穆.中国历史精神.北京：九州出版社，2016：24-27.

③ 钱穆.现代中国学术论衡.北京：九州出版社，2012：203.

第五章 历史政治学与治体新论

"通天人，合内外"，这是"人道"所涵。《略论中国政治学》乃以性情、心性解释尧舜文武之道的精神，人之性情来自天命，天命与人生不二分，中国文化即在此心性性情的展现扩展中看待格物，其间包含大群政治之道。质言之，人之自然性情，由亲亲、尊尊、贤贤而有家、国、天下的创制。性情及其实践表达，也促成儒家对于仁和礼的发现，此两面奠定政学传统的道法宗旨。这一点，置于比较文化的视野，与宗教型、科学型宇宙观构成关键区别。概因后者趋于将天人、主客、内外、心物分为两橛看待，所以西洋政学偏重外在，不能深入性情根本。

中西文化一主会通和合，一主分别竞争，表现在社会秩序上，钱穆提出"天下社会"与"地上社会"之别，"中国人观念，凡共同和合相通处皆有神。故不仅天地有神，山川有神，禽兽草木金石万物亦各有神。人心最灵，最能和通会合，故亦有神，而与天地同称三才。则人群社会亦必有神可知。今可谓社会可分天下与地上之两种。西方社会为地上社会，非天下社会。故多分别性，而少共同性"①。依物相逐，遂多分别性，这一点影响文化形态下的立国特质，"西欧人独富地上观。所居住之地既各别，乃不相亲不相尊，故其社会组织有国而无天下，而其国亦各别为小国。……其国不专以民族为本，亦不专以地理疆域为本，又不专以历史传统为本。其立国之本，殊难言。……西欧人独缺一和通共同观，故耶稣马克思乃同得西欧人崇奉。但亦多变质，仅成西欧传统中之一部分而已"②。《略论中国史学》中，钱穆以"个人主义"与"大群主义"为西方、中国精神之主要不同，可为此一说明③。

"惟有儒家，执两用中，心物并重，而又会通和合，融为一体，始为人生之正途。故欲知中国社会，又须兼通中国经济史，并须兼通中国思想史。要之，即须先通中国文化史。若分门别类，专一求知，则中国究为何种社会，诚难以一言尽矣"，此语也可通于政治学④。"故欲治中国之政治

---

① 钱穆. 现代中国学术论衡. 北京：九州出版社，2012：206-207.
② 同①207.
③ 同①142.
④ 同①222.

史，必先通中国之社会史。而欲通中国之社会史，则必先究中国之宗法史。由血统而政统而道统，此则为中国文化之大传统。今人一慕西化，身之上忽于家，国之上又不知有天下，乃惟知有法，不知有道，无可与旧传统相合矣"①。亲亲尊尊，仁义所在，所以化家为国，乃至于天下，这是共同体建构的基本逻辑。"中国之家，必有亲长。亲其亲，长其长，乃人之性情，出于自然，亦可谓乃天道。化家为国，其道亦只在亲亲长长。人之性情同，则道同，可推至于天下，为大同。同在此光天化日之下，同在大自然中，实无大不同可言。西方则认为个人结合为社会，社会结合成为国，皆赖法，其相互内在间之性情关系则较为淡薄。"②法、礼、道，在不同社会间地位不同，导致政治立国形态也各有差异。

钱穆论政论史，注重经验形势，此一点易遮蔽其政学义理的道论。其实，他继承发扬了近世理学之道体、道统观，并将其视为现代立国的精神根基。"宋代理学家言道体。孔子当时，唐虞以来之中国，是即一道体。孔子则生此道体中。若谓苏格拉底与耶稣亦各自生于一道体中，又岂得与孔子所生之道体相比。所谓历史哲学，即在认识此道体，与此道体中所有之种种变。孔子之学，与此下中国之史学皆是。若依西方之所谓历史哲学来寻究讨论中国史，则宜其失之远矣。"③道体，即前所述性情格物诸论所指向者。钱先生又扩大道学家之道统观，以文化大传统为其内涵，并在中西比较中视之为中国"一统"的特质所系。道统尊于治统，治统系于道统，是中国政教相维的中心要旨。他高度评价孙中山的三民主义，认为民族主义乃现代立国的"明道设教"，其解释泊定于民族、文化、传统，即所谓道体上，于传统经验中强调其文化精神、义理特质。这为我们理解民族主义提供了一个更深邃稳固的视角④。

关乎人性群体的道有不同，表现在中西国家观念、政治理论上也大相径庭。《中国历史上的政治》概括中国人的国家观念是"文化的""道德

---

① 钱穆. 现代中国学术论衡. 北京：九州出版社，2012：206.
② 同①210.
③ 同①132.
④ 钱穆. 政学私言. 北京：九州出版社，2010：218.

第五章 历史政治学与治体新论

的"（个人与包括国家的社群都以提升文化、发扬道义为宗），西方主要是"权力的""工具的"，并造就"一统"与"分裂"的政治形态差异①。在此前提下，才发生具体政治形态的不同，而有考试选举制度、士人政府、平民社会以及政府组织制度，钱穆称之为拟于"大宪法"的"王法"典章②。

在"通天人，合内外"的文化体系中，政治国家观以人道为基础，强调文化与道德性质，权力系统与教化系统非上帝与恺撒之关系，而是政教合。人群相处之道，强调性情相通，将世界神圣性融化入人间世，或曰努力将利害权力关系予以礼义化。这是三代以来、儒家提撕的仁礼大传统，根植人性自然而敦厚其诚敬相偶之义。因此钱穆将此种政教形态称为礼教、文教、名教、孔教、人道教。它也是钱穆面对现代西方法政形态时立足伸张的根基。

钱穆处理法治问题，呈现两个面向：一方面，保留中西二分论，甚为推崇梁启超的中国礼治、西方法治说，认为前者根植天人自然，有益于人际伦理与社群组织的扩展维系，后者不免于人性之外寻求根源，或徇于神意，或追随众论，无法深入人生群道；另一方面，其思考又呈现沟通商议取向，接受并运用法治概念，以之解释中国政治传统。西人所谓法治，多蕴含于中国之礼；中国王法王制、典章制度，相拟于宪法、法治，又有西方法治所不及处。在《政学私言》中，钱穆尝试对法治做出基于传统本位的新诠，将法视为普遍性规则、立国宪制与政体制度，尤其体现出纳法治论述于政学传统的意图③。针对君主专制政体的俗论，他认为传统政体至少为君主立宪，已经形成宪法宪制性的大经大法。尤为重要的是，他对于时人汲汲强调模仿西方法治的论调，从文化系统差异与现实政治经验，指出：传统政治乃尚法形态，儒家、道家每以治人、社会情实矫正其弊端。而西方法治因立国之道有别，实际上注重人情物事流转，理论上因应以尚法之论。现代中国摧毁既有政教价值系统，而片面迷信法治制度论，如果

---

① 钱穆．中国历史精神．北京：九州出版社，2016：31.
② 钱穆．中国历史精神．北京：九州出版社，2016：34；钱穆．现代中国学术论衡．北京：九州出版社，2012：202.
③ 钱穆．政学私言．北京：九州出版社，2010.

不明大体，法治高调无异于以水济水，以火救火①。

对于中西政治之别，钱穆还特别强调西方重视创新、多变，然多统交替，难有守成综合之功，不明"传统"真意。"希腊人能创造一希腊，但不能守。罗马人能创造一罗马，但亦不能守。现代国家虽亦各有创造，但迄今亦各不能守，于是乃转而为今日之美苏对立。但核武竞赛，今日之局面，此下将仍不能守。故西方历史乃一有创无守之历史，有进而无止，有始而无终。此为有直而不专，有辟而无翕，有动而不能静，则无'正反合'可言矣"。立国形态与文化形态都有重开创而不能守成长久之特点，"由旧生命展演出新生命，其主要机栝即在此所结之果。西方人生，则似惟主开花，而不知求有结果。希腊罗马之与英法现代国家，都曾开花，但皆无结果，即由其不知有退藏一面。一切西方哲学，亦如正在开花，故一部西洋哲学史可谓繁花盛开。而一部中国思想史，则惟见其果实累累，不见有花色之绚烂。此亦一大异"②。新旧必相续，开创能守成，求变终须归治，才是一完整可久之政治事业。脱离文化大传统，革命不能贞定，终将流为歧出。

钱穆认为，"中国人言心安理得，足于己无待于外，此一安字足字，乃寓甚深妙理。吾中华民族之得五千年绵延迄今，广土众民一大结集，一大和合，则亦惟以此一安字足字得来。今日国人则争相诟厉，斥之曰守旧不进步。则姑举开新进步者言之，如西欧之古希腊，递变递新，而乃有后代之大英帝国，又有现代之美苏对立。而当前之希腊人又如何，英伦三岛人又如何。有新无旧，有进无退，则无安足可言"③。在现代追求富强的转型调适之后，国人须再认识安足之文化政治价值，于富强中求治理。在国家治理的政治事业之上，再致力于天下大同的世界政治（"平天下"），将中国文化的人类共同价值发挥广远④。

一味求新求变，并以破坏摧毁传统为代价，割裂了事物演进之两面。

---

① 钱穆．政学私言．北京：九州出版社，2010：83．
② 钱穆．现代中国学术论衡．北京：九州出版社，2012：32-33，36-37．
③ 同②228．
④ 钱穆．文化学大义．北京：九州出版社，2017．

第五章 历史政治学与治体新论

钱穆终生为传统伸张，乃是呼吁基于自身传统之现代化，而非西方移植来的现代化①。在西方挑战来临之前，中国社会政治已显露新变之趋向，而现代中国转型的激变选择，尤其是迷信西来现代启示，可谓代价惨烈，教训深晦，仍然需要清醒的反思和鉴别。钱穆的保守论述，一则经过终生系统的中西比较，在理智辨析基础上尊重中国经验，笃定中国文化信念，再者坚信此文化启示乃是普世性的，不限于亚东大陆，并对传统本位之新变乐易顺之，这种思维性质即使在现代语境的保守主义谱系中也显示其卓越不凡②。本章第一节指出，针对20世纪80年代以来的新启蒙主义政治学，学界已经提出异议批评。从这个角度看，钱穆先生的中国政治学反思，至少领先了时人半个世纪。他超越时俗流行的法政理论话语，充分尊重中国传统经验而提出原创性极强的中国政治学理论。更为重要的是，钱穆具备当前中国法政学人普遍缺乏的深厚文化信念和学养，并且能够将之灌注入政治学的论述中。其普世主义的学思面向，也是值得我们深刻领悟的。

如钱穆反复强调，中国文化尚通人、通学，而后讲求专门之学，"故言学术，中国必先言一共通之大道，而西方人则必先分为各项专门之学，如宗教科学哲学，各可分别独立存在。以中国人观念言，则苟无一人群共通之大道，此宗教科学哲学之各项，又何由成立而发展。故凡中国之学，必当先求学为一人，即一共通之人"③。立国之道有旧有新，若道已断裂，则钱穆终生呼吁，无异于旷野先知，知者谓其心忧；若不绝如缕，则其通儒先见，仍将有会通和合之大义隔世响应。以先知精神吁求通儒志业，寻

---

① 钱穆提出"更生之变"，"更生之变者，非徒于外面涂饰模拟、矫揉造作之谓，乃国家民族内部自身一种新生命力之发舒与成长"（钱穆.国史大纲.修订第3版.北京：商务印书馆，1996：30)。

② 钱穆的文化宗旨、政治宗旨、学术志业须一体通观，就文化信念来说，其持有一种儒家本位的普世主义信念。他曾言，"我诚不胜其为灵魂界庆贺，但亦不胜为生命界悲悼矣。然果使人心能变，人同此心，孔子魂气依然流散天地间，则或有中国人所崇奉之心教之所想象之一境之出现。纵不在中国，或可出现于西方。夷狄而中国则中国之，亦安知其必无此一可能。此其为中国信仰之最后希望乎？我日祷之，我日祷之"（钱穆.现代中国学术论衡.北京：九州出版社，2012：8)。又曰，"诚使国人能于旧传统之政风学风，大体稍有领悟，重加研阐，或不仅可以救国，亦将可以救世"（钱穆.晚学盲言.2版.北京：生活·读书·新知三联书店，2014：929)。

③ 钱穆.现代中国学术论衡.北京：九州出版社，2012：40.

求古今之间潜藏显行的大道，以之为共识共信的前提，是钱穆先生指示给后来者的未竟之命。

第三节　历史政治学的双重源头与二次启航：从梁启超转向到钱穆论衡

在政治实践的当前经验与历史传统之间发掘有效关联，无疑是近年来思想界最具紧迫感和挑战性的一大主题。因应于此，我们提出"历史政治学"的学术路径，希望推动并形成更为积极的智识贡献。在笔者看来，历史政治学有待发展明晰而辩证的理论自觉和方法论探索，有待丰富深厚的具体研究予以支撑。同时，我们也应当了解，这一学术路径并非无源之水，横空出世。正如作为现代性思考的历史社会学将韦伯、马克思、涂尔干视为奠基人，凝视中国现代转型的历史政治学需要在此处致敬万神殿。除了来自古典文明传统的教诲，在现代学术思想历程中，我们需要辨识先行者的指引，从其中的曲折得失中汲取养分。这与"鉴往知来"的历史政治古训也是相契合的吧！

一、双重源头中的梁任公："新思想界之陈涉"与"力图缔造一开国规模"

笔者提出"新启蒙主义政治学"来概括晚近四十年来的学术发展，并建议从"文明传统-时代精神-权力架构"的三维互动中来审视政治学的精神处境。新启蒙主义政治学，在再次出发的现代导向下重温移植西学的旧梦，以此凝聚时代精神、塑造权力架构。对于中国文明传统的轻忽或否

第五章　历史政治学与治体新论

弃,是其自 20 世纪初叶新文化运动一脉相承的精神基调。社会主义革命创造的共和语境,是这一启蒙的新底色。

新文化运动代表的旧启蒙主义,激励并启发了现代中国的文化与政治大转型。众所周知,梁启超是这一大转型的中心人物,深刻影响了晚清以来的思想界和知识界。我们关注的问题是:梁启超与历史政治学之间存在什么样的相关性?对于这一问题的领会,也蕴含了对于历史政治学这一学术构想的自我理解。

梁启超作为现代转型中"百科全书式"、极具变化气质的思想家、学者,既是旧启蒙主义政治学的关键推手,也可被视为历史政治学的现代源头之一。甚而,其个人学思的归宿,毋宁说是将前者逐渐涵化于后者之中。启蒙主义的重要先驱,这一面向可以说为世人熟知。任公这方面的成就,早已融入了后世浩荡夺目的新文化洪流之中。而任公在历史政治学路径上的遗产和启示,则低调不显,尽管这更能印证任公本人的晚期心迹。这两个面向,在梁启超这里,既对应着其前期、中期、后期演进(大致以戊戌变法、东渡日本以及辛亥革命为界,欧游归来为晚年转向标识)之偏重不同,也呈现出他学思形态的某种结构性冲突与含混。

从现代学科视角来看,梁启超是传统博雅通人型士大夫向现代知识分子转变的早期典型人物,以任何一个学科门类将其分割界定都难免遮蔽其学思的全体规模。对于他的学术或思想谱系编排,很大程度上是出于我们当下对于智识生产议程的反思和展望之需。梁启超的史学贡献,无论是其自身认同,还是外界观察,都更易为人承认。而梁启超与政治学的关联,相对较少被探讨。近来,有学者从法学的学科视角,将梁启超视为现代中国法学的奠基者。这一视角颇具启发,尽管其视野和基调值得商榷[①]。

从广义的法政学科来看,梁启超自晚清以来综合汇聚西学、东学和中学资源,围绕社会政治变革提出了极为丰富的政法论述,其间也积累形成了十分广袤深厚的学理性学术成就。换言之,他的政法论述,一方面显示出鲜明的时代实践性,经世求致用,另一方面也展现出自觉的道问学品

---

① 喻中. 梁启超与中国现代法学的兴起. 政法论坛,2016 (4).

质，寻觅坚实可靠的理性根基。自 1896 年的《变法通议》开始，梁启超围绕专制政治、国体政体、国会内阁、法理学发达史、中国历史研究法、政治思想史形成的论理撰述，使他跻身于现代中国政治学的开拓者、奠基人之列。

当然，这里的核心问题是，历史政治学并不是历史学与政治学的简单相加，这里并非要寻觅在两个领域分别有撰述的"两栖"达人。梁任公在现代中国历史学和政治学领域的开山地位，只是我们探讨其学思启示的基本条件。关于任公的新史学贡献，学界已周知。这里以政治学为本位来观察之，也符合历史政治学的主旨关怀，即历史维度在政治学中的潜在价值。

这方面，近年来的一些学术争论颇能折射出问题的核心要义。争论之一是梁启超与政体论的引入问题。王绍光教授反思中国政治学中的政体中心主义（政体决定论），指出梁启超是引介推广西方政体学说的第一人，然而在经历实践反思之后，任公对政体论进行反思，逐渐归向王教授指出的政道思维，强调政治分析关注政体论之外的复杂因素[1]。批评者如程燎原教授则认为政体论始终是梁启超政治学的主要思维路线[2]。另一个争论是梁启超与中国政治专制论的形成。历史学者在反思关于中国政治传统的专制论说时大多承认梁启超的关键塑造力，一些人认为任公是被动接受西方政治理论的，异议者则认为任公乃是结合中国历史来解决中国问题的，并非被动依附西方概念[3]。

这两个在法政与史学领域分别进行的争论，恰好为我们揭示出梁启超与现代中国政治学之间的多重指向。从政治学成立的学科自觉来看，梁启超如何处理西方政治学资源与中国经验（历史与现实）的关系是最为核心

---

[1] 王绍光. 政体与政道：中西政治分析的异同//王绍光. 中国·政道. 北京：中国人民大学出版社，2014.

[2] 程燎原. 梁启超的"政体思维"是怎样被误解的：评王绍光的《政体与政道：中西政治分析的异同》. 政法论坛，2014（2）.

[3] 侯旭东. 中国古代专制说的知识考古. 近代史研究，2008（4）；张昭军. "中国式专制"抑或"中国式民主"：近代学人梁启超、钱穆关于中国古代政治制度的探讨. 近代史研究，2016（3）.

第五章 历史政治学与治体新论

的问题,也孕育了历史政治学的最初渊源。可以说,梁启超的处理展现出两个基本面向。

一个面向是在现代文明驱动力的召唤下依据西方政治学建立学科基础,将此视作普适性真理,以此编排并评价中国经验事实。这个面向从属于梁启超的思想文化启蒙志业。他特别强调现代西方文明在国家竞争中的绝对优势和先进性,呼吁推动中国向现代民族国家的转型。政治学的知识门类建构,就是要服务于这一现代性的启蒙规划,担任智识精神意义上新的大立法者。国家、国民、社会、群、政体、国体、国会、责任内阁、政党、专制、立宪、法治等论述,作为中国人完全缺乏经验和了解的新事物被输入移植,需要学习并实践,以此救国救民。传统中国的文明经验、政治历史与西方现代世界代表的人类普遍前途,存在根本不同和遥远距离,梁启超对此反复明言[①]。

这样的启蒙工作,也就是梁启超自称的"新思想界之陈涉",造旧世界的反,重新建立新天地。由此建立起来的现代中国政治学,必须以西方现代性的政治构造为骨骼为灵魂,中国的文明政治经验多是用作反面例证的。国家、政体、立宪是现代政治学理的金科玉律,而中国政治传统被指控为没有国家、不知政体、法治不彰。在晚清民初出现的一些极端论调,如中国无国,中国无史,中国无人,都是这一思维下产生的虚无判断。新史学的号召开启现代历史学,不仅仅在于材料和方法之翻新,要义在于理解和评价精神的转换。中国政治的专制论说,在现代政治学和历史学中于是成为最具影响力的一个命题。

另一个面向出于对前者的审慎反思,逐渐转变了对于西方金科玉律的教条化、神圣化信仰,更为客观地审视西方学理的适用性,更为辩证地运用中国经验事实。如果说第一面向表达了初步接触西方现代时刻的粗莽囫囵,缺乏审慎地被动接受,着力凸显了西方现代信条的"经"义,第二面向则走向稳健成熟,趋向于"经"与史参证,历史学意义上要端正尊严。这也给予政治学思考恰当的尺度地位,鼓励理性清明而非盲目信从。

---

① 王汎森. 晚清的政治概念与"新史学"//王汎森. 近代中国的史家与史学. 上海: 复旦大学出版社, 2010.

共和立国与治体新论：钱穆历史政治学研究

一个显例是梁启超专制论说的演变。《中国专制政治进化史论》主要依据孟德斯鸠的政体理论，结合中国历史自身特点，对于中国专制政治进行了具体批判①。到了清廷立宪阶段，1906 年的《开明专制论》对于专制概念及其分类原则的适用性则投以质疑②。这一篇文献虽有推动立宪、遏制革命的实践意图，在政治学理上却也展示出值得关注的积极转向。它在篇章结构上从基本概念、核心概念的原理阐释开始，推进到学说、前例、时地分析、形态分析，以政治建议作结。其突出特征是试图突破既有的西方概念和理论，从理论究原和经验实证两个进路提出符合实践情况的论说。前者如释"制"、释"专制"、释"开明专制"、阐述开明专制的学说，指出国家立制精神相对于政体形式的根本规定性。后者如对于中外历史上开明专制前例的整理、对于适用开明专制之国家与时代的历史——理论归纳、对于变相之开明专制的分析。在判断上，不再依据专制概念对中国传统进行批判，而是使这一概念更为精致化、相对化、历史化，政体评价的标准也从形式转向实践适当（"毋惟优是求，而惟适是求"）③。任公指出中国政治传统有专无制，专制之称有名无实，非严格意义的专制形态，甚或可称为"放任"。开明专制即着眼于公共利益的专断统治，更符合中国实情，在学说与历史上有丰富例证。儒家属于人民公利本位的开明专制论，法家属于国家公利本位的开明专制论。开明专制是向立宪政治过渡的准备阶段。

梁任公在《开明专制论》中有一个判断透露其学思转变。他指出 18 世纪与 19 世纪的学界趋势不同，前者偏于主观研究，后者群趋客观研究。主观研究认为真理存于吾心，客观研究认为真理存于事物自身。前者重主体意志自由、自然法，后者重视事物的客观结构与历史实践。卢梭的《民约论》即前者典型，付诸实践难以奏效。任公指出，政治学必须首先尊重研究对象的客观实情，不能以外在的理论去割裂现实，"客观的研究何？即

---

① 梁启超. 中国专制政治进化史论//梁启超. 饮冰室合集：文集之九. 北京：中华书局，1989.

② 梁启超. 开明专制论//梁启超. 饮冰室合集：文集之六. 北京：中华书局，1989.

③ 同②34.

第五章　历史政治学与治体新论

历史的研究是也。而言政法学者,皆筑其理论于历史的土台之上,此其所以异于十八世纪也"①。政法学理论应该以历史为根基,才会构成与实践真正相关的学术创生点,这正是梁启超政治学从教条接受西方走向良性反思的主要驱动力。

《先秦政治思想史》提供了另一例证。任公一战后欧游归国,思想更为沉稳周全,对于中西文明政治趋向持平衡量。该著成于1922年,"自序"和"序论"中的信息尤为丰富②。"自序"回忆自己二十年前开始治中国政治思想,最后由政坛返回学林,"还治所业,乃益感叹吾先哲之教之所以极高明而道中庸者,其气象为不可及也……倘足以药现代时敝于万一,斯则启超所以报先哲之恩我也已"③。最根本的改变,在于对中华文明的评价趋向积极,认为中国学术"以研究人类现世生活之理法为中心",在人生哲学和政治哲学上相比其他文明擅长的宗教、形而上学和科学,显示其特殊和优势④。

任公指出,春秋战国以来中国学术繁盛,在政治思想上以世界主义、平民或曰民本主义、社会主义为三大特色。西方文明,以国家主义为特质,现代世界尤其如此,而中国的政治视野以天下为终极视野,国家仅为群体生活一阶段,因此组织国家的能力相对不足。然而在两千年历史中,"所得优足偿所失而有余",大一统政治成就了国家天下的日益扩大⑤。在国家主义当阳称尊的现代世界,中国遭受冲击挫折,创巨痛深。然而现代社会如果只是局限于国家主义,杌陧不安之象会更加严峻。如何评价中国的世界主义传统,在任公看来,至少不是简单以国家主义否定其合理性,而是需要更为开放长远的世界视野。

任公痛陈,国族妒恶并非良善生活品质,阶级斗争也不是"性质上可

---

① 梁启超. 开明专制论//梁启超. 饮冰室合集:文集之六. 北京:中华书局,1989:36-37.
② 梁启超. 先秦政治思想史. 北京:中华书局,2016.
③ 同②2.
④ 同②3.
⑤ 同②5.

崇敬之事业",中国以人类平等观念,久已成为公共信条①。任公虽然仍称中国为数千年专制政体,却又指出,按诸实际,民本主义是政治大理想大原则,阶级制度相比欧美早已被废弃,一般人民的自由权也远过于法国大革命前的欧洲人。"我国民惟数千年生活于此种比较的自由空气之中,故虽在乱离时,而其个性之自动的发展,尚不致大受戕贼。民族所以能永存而向上,盖此之由"②。往昔任公所盛赞的国家、平等与自由,在这里都经由价值与事实上的历史比较考察,落实为合乎实践经验的判断。任公所持的思维方法,主张在理论价值上如其所是,在方法考察上客观比较。如林肯三原则所谓,民有和民享的公共道理,中国已有践行,民治方法则依据国情,即所谓"因地理及其他关系所产生之社会组织"来判断是非③。中国文明产生于大平原,民族器度伟大,广纳众流,国民思想极富于弹力性,善于和齐斟酌。中国政治理想通过君主统治实行民本精神,即使屡遭专制摧残,精神不能磨灭。这也是建立中华民国亚洲第一共和的传统基因④。

任公此序清晰表达了对所谓绝对真理、绝对价值的质疑,认为理论上是一番模样,由理论演进为制度,是非得失则不易判断。西方现代世界在启蒙鼓动下不断实验各种主义,主义兴盛往往伴随极大流弊,制度实验如走马换灯、难以安顿,第一次世界大战使人深陷怀疑恼闷之渊⑤。任公的现代理解,在晚期阶段更强调历史传统的力量。"盖现代社会,本由多世遗传共业所构成",思想与制度是共业积累中两大项,思想传统尤其是历史权威,通过国民意识影响现代实践。现代的政治事业与理解,必须洞见制度背后的思想与文化共业。新文化运动号召改造思想,梁任公提醒时人,改造是为了建设,建设绝不等于全盘移植,"最少亦要从本社会遗传共业上为自然的浚发与合理的箴砭洗炼"⑥。任公开启推动的启蒙主义为新文化运动发先声,至此任公对启蒙主义的激烈反传统提出异议,质疑依据

---

①② 梁启超.先秦政治思想史.北京:中华书局,2016:6.
③④ 同①7.
⑤ 同①8.
⑥ 同①8-9.

第五章 历史政治学与治体新论

所谓普世真理全盘否定本国传统，呼吁实践与智识上的双重审慎。就政治学而言，从价值、理论到方法，从意识、思想到制度、行为，对于所谓现代启蒙要克服其教条化、绝对化和神圣化，从而形成面对中国实践经验的实事求是精神。

梁启超一生思想多变，历经维新变法、立宪、革命、自由主义、共和主义、国家主义、文化保守主义多重转变。"为我国新思想界力图缔造一开国规模"，这样的使命感不知激励了多少现代知识人![1] 这种善变的动力一方面来自现代世界各种意识形态的不断冲击和挑战，另一方面来自他对于复杂实践经验的多面深化体察。后者在学理上即以其历史意识为透镜，为启蒙主义政治学提供了理论真理的验证材料，也为反思启蒙主义提供史学意义上的实践依据，鼓励去修正启蒙主义信条。这一历史意识不限于史料学的历史维度，而是上升到历史理解和反思的方法论、认识论层次，打开了政治思维的广阔空间，促进了文明自觉意义上的智识和精神反省。启蒙主义政治学为接引接纳现代国家学、建立学科体系形式做出了贡献，深化历史意识的政治学则为反省前者、开放思维、促成学术的文明自信奠定了基础。在这个意义上，梁启超不仅是现代中国政治学的奠基人，也是历史政治学的现代源头之一。

二、钱穆视野中的梁启超转向及其学术得失

钱穆在《晚学盲言》"道义与功利"一篇中论中国社会的士精神，盛赞宋代士人用行舍藏，各适其时，深得阴阳流通之道。随后笔锋陡然下坠至晚清，围绕梁任公提出一番评价。"惟如最近世之新会梁启超，不幸而幼年即从师于康有为，名满朝野，未及六十而死。其晚年实迭有契悟。"[2] 所谓晚年契悟，除了在野为师、步武曾国藩，在思想学术上，一是创办

---

[1] 梁启超. 清代学术概论//梁启超. 饮冰室合集. 北京：中华书局，1989.
[2] 钱穆. 晚学盲言. 北京：生活·读书·新知三联书店，2010：513.

《国风报》，远胜于早先之《新民说》，二是提倡中国崇尚礼治之说，三是欧游之后对于早年醉心欧化的反省。"以梁氏如是不世出之奇才，而惜其幼年从师康氏"，"近百年来之新风气新潮流，灾祸未知所终极者，则梁氏之影响实更大更广于康氏，此诚近代史上一大堪惋惜嗟叹之事"①。

这类对于梁启超转向及其学术启示的评价，特别凸显了其中的政治学意蕴。在钱穆学思生涯的最后阶段，即 20 世纪 80 年代，曾有多次集中表述。

钱穆在《现代中国学术论衡》的《略论中国政治学》中提出，"民国以来，犹有通旧学者，当以梁任公为殿。任公著《中国六大政治家》一书，惟王安石可入儒林，张居正已非其比，其他四人皆非儒。然安得谓凡主变法即属大政治家。抑且全部中国政治史，其变多矣，变而不觉其变，斯为善变。新莽与王安石皆非善变，史迹昭然。以如此胸襟，如此见识求变，亦浅之乎其言政矣。任公师康有为主张变法，而曰求速求全。清德宗倘能加以任用，则亦必为新莽王安石之继矣"。对于民国政治学能通传统者，首推梁启超，并指出其早年激进变革的思想之偏颇。

"其后任公议论渐趋中正通达，创为《国风报》，知一国有一国之风。则中国之为政，又岂能尽效英美。其所见识，已超同时提倡新文化运动者之上。又曾亲预讨袁之役，终为于政治史上有贡献。其后又能退身仕途，一意为学，惜其不寿，否则论史论政，并世无出其右，其为学终当有得于儒学之传统矣。要之，晚清若康有为，若章太炎，若梁任公，皆一代杰出人物，惜其涉身政治太早，又以领导政治最高理论自任，而未得优游潜心完成其学。"②

《国风报》创办的时间为 1910 年，可算梁启超思想中期，远非晚年，是理解其后期转向的一条伏线。钱穆这里以任公晚年转向来批评新文化运动的醉心西化、否定传统。历史学与政治学在钱穆看来是传统学术的两大核心，他指出任公与康、章一样，"以领导政治最高理论自任"，对其转变后在这两个领域的可能造诣，表达出极高期望（"论史论政，并世无出其

---

① 钱穆. 晚学盲言. 北京：生活·读书·新知三联书店，2010：514.
② 钱穆. 现代中国学术论衡. 北京：九州出版社，2012：193.

第五章　历史政治学与治体新论

右")。反思西方现代文明弊病、尊重国风、正视礼治,这些创见与"政治最高理论"的结合,会为现代政治学开辟出什么样的新境界呢?

1986 年,钱穆最后一次登堂授课,回顾自己的学思历程,再次强调梁启超对于王安石的现代大翻案,批评求变求新的时代风潮过于偏至,引申出对于现代中国学术和政治的忧思。他数次述及自己对于专制论说、政党政治的终生异议,欲从历史学术的真确阐释中汲取对于现代中国道路的反思资源[①]。苍茫悲悯之情怀,如暮鼓又起晨钟,绕梁难息。

1988 年收于《学籥》中的《谈当前学风之弊》,堪称钱穆的晚年定论之一。其间也可见钱穆在梁启超评价问题上的斟酌难定、欲抑又扬。钱穆在评价康有为、严复、章太炎、胡适这类人物时,区分了学术人物与时代人物,前者能够产生悠久的传统价值,后者仅限于时代风潮的影响。梁启超一方面受康有为等时代风气限制,跻身时代人物,塑造社会舆论,另一方面,其学术见解随年俱进,随时发挥,自有新境界,实多有远出康氏之上者。梁氏与新文化运动的关系,钱穆还曾概括为"依违其间,其坚持固执之力不强",终归于发扬旧学[②]。国风说、礼治论、反思西方现代文明,足以使其成为中国现代传统的学术人物,而不仅仅是一个时代人物!钱穆先生反复称道梁任公的这些晚年创见,同时惋惜其囿于尊师传统,年寿不享,创见终不能充分畅发[③]。

钱穆自陈早年受梁启超启发极大。除了学者多有提及的《中国不亡论》(《中国前途之希望与国民责任》)之意识刺激,钱穆曾回忆,对于梁启超清末民初的论述曾极为关注,并以不能亲见亲炙为终身遗憾。钱穆拈出的梁启超之转向(归为"晚年契悟"),与本书关注的历史政治学之现代源起尤为切题。我们可以对照梁启超的启蒙主义论说与历史政治学线索两方面来了解钱穆对其学术得失的回应。

梁启超的启蒙主义政治学依据舶来的西学公例对中国政治的历史和现

[①] 钱穆.今年我的最后一课//钱穆.钱宾四先生全集:第 43 册.台北:联经出版事业公司,1998:403-418.

[②] 钱穆.谈闽学//钱穆.钱宾四先生全集:第 23 册.台北:联经出版事业公司,1998:226.

[③] 钱穆.谈当前学风之弊//钱穆.学籥.北京:九州出版社,2011:202,207,208,205.

实进行解读评判。钱穆在这方面的回应有很多。比如前文提及的王安石与宋代政治之评价。钱穆对王荆公甚表崇敬，也自陈梁任公的《王荆公》曾长期影响他，"不知经历了多少年，绕了一大圈，才能跳出他范围"，经历深刻反思才从其间的求变求新思维中抽身出来，促使自己更为合乎历史实情、审慎全面地去了解历史与政治①。

梁启超的启蒙主义政治学中影响最大的还是政治传统专制论。众所周知，钱穆对此反驳不遗余力，最具代表性。1932年，钱穆在北京大学开设"中国政治制度史"选修课，遭历史系以民国不必研究专制为由阻拦，历史系学生无一选课，听课者全为政治学系学生。其他细节这里不能缕举②。我们可以重点领会梁、钱二人学思关切视角的同异。

前文论述大国共和的政教之维，已经指出过钱穆对于梁启超早年大一统非议的商榷。

在历史政治学方面，钱穆反复称道的梁启超之国风说、礼治论，都显示出历史传统思维在政治理解上对于西方现代政治学的反思潜能。

《说国风》（1910年）开篇明义：盖既积民以成国，则国内之民之品性、趋向、好尚、习惯，必画然有以异于他国，若此者谓之"国风"。国风之善恶，则国命之兴替所攸系也。故季札观风，以推知各国存亡之数、短长之运，未或有忒，而中外古今之言治本者，亦罔不致谨于是③。并世荦荦数名国，各有其国风。每个国家的发展特性，要从国民品性、趋好和习惯中去探索深层要素。

"我国积数千年之历史以有今日，而结集此最多数之国民，以享有此最形胜之国土，则我先王先民之遗风，其所以诒谋我者，当必有在，而今也我国国风，其有足以夸耀于天下者否耶？以视英、德、法、美、俄、日则何如？以视西、葡、土、犹太、高丽则又何如？嗟乎！国于天地，必有与立。我国人安可不瞿焉以惊蹶焉以兴也。"国风是历史传统的产物，也

---

① 钱穆．谈闽学//钱穆．钱宾四先生全集：第23册．台北：联经出版事业公司，1998：230．

② 陈勇．钱穆与中国政治制度史研究：以"传统政治非专制论"为考察中心//陈勇．钱穆与二十世纪中国史学．北京：九州出版社，2017．

③ 梁启超．说国风//梁启超．饮冰室合集：文集之二十五．北京：中华书局，1989．

第五章 历史政治学与治体新论

会在现实实践中呈现力量。探索这一维度，是现代世界范围内比较政治意义上的国家学主题。

有鉴于此，片面接受西方政治学的教诲，奉之为普遍准则，将会导致学术与政治上双重的实践危机。"泰西政学浸润输将，而祖述之者，大率一知半解，莫能究其本源，徒以其所表见于外者，多与我不类，则尽鄙弃吾之所固有，以为不足齿录，而数千年来所赖以立国之道，遂不复能维系人心，举国伥伥然以彷徨于歧路间，其险象固已不可思议矣。"历史传统形成的立国之道，就在这种偏颇的智识精神中逐渐失效，这是梁任公在清覆亡前夕就深忧的困境。这种依据国风思考国命的理路，此后在梁启超的政学中逐渐成为其晚期的主导思想取向。如1912年辛亥革命后写就的《中国立国大方针》，对于新生共和国的立国建议（"保育"）就清晰体现出此种命意①。这一忧思，也启发钱穆等后继思想家注重以历史为本位思考政治。

一旦打开经验事实的鲜活资源，对西方政治学形成有距离的反思，启蒙主义的学术判断和论证就会逐渐得到纠治。钱穆对梁启超晚年强调礼治的大力推重，应该从这个方面观察。

梁启超的法治论说也经历了一番演变②。早期他就是依据民主等现代立宪模式来界说法治的。20世纪初的《中国法理学发达史论》《管子传》以法家为国家主义的法治，管子为法治主义之正宗，儒家为以礼治为主、法治为辅，而归结为人治。晚年《先秦政治思想史》表面上延续前期论断，内里探索一种化合中西的富于创造性的诠释，以仁义与人权、保育与民权相融合，相对调整了之前抑儒扬法的基调。钱穆对于梁任公晚年的这一变化非常推崇，认为真正把握到了中华传统文明的政治精义。礼治与法治的新诠释，在钱穆思想中是一个不断出现的重要主题。概要来说，呈现两个方面的演进：一方面，在二者对比的角度上，对礼治提出新的阐发和诠释，推崇礼治而批评西方所谓"法治"，可称为保守主义的特殊立场；另一方面，将法治视作一个兼容性、通约性的概念范畴，把礼治纳入其中

---

① 梁启超. 饮冰室合集：文集之十. 北京：中华书局，1989.
② 俞荣根. 论梁启超的法治思想：兼论梁氏对传统法文化的转化创新. 孔子研究，1996 (1).

来做出新诠①。

前一方面例证甚多，这里举《略论中国社会主义》为例②。钱穆引用梁启超礼治说，褒扬以仁道平天下的中国政治传统，并在人类大生命以群为体的意义上定位"礼"。他认为通财共产是中国社会政治的礼治特点，礼符合人类性情道义，是真正可以长期维系的传统之根基，而梁任公所指的法治随多数人意见浮动，难以成统（法统之说难立）。中国社会主义要接续真正的中国文明传统。这是极具钱穆个人阐释特色的观点。后一方面以 20 世纪 40 年代中期的《政学私言》为例。笔者曾指出钱穆的法治新诠展现出三个层面，即普遍性的规则系统和制度、立国宪制、政体官制安排③。中西由于文化系统的不同，对法治的定位和发展各有特色，中国的礼治实则对应西方法治。中国政治实践传统其实是尚法治，以法为治，这与儒家学说在思想主张上崇德礼、轻政刑应有所区分。相比梁任公，钱穆先生更侧重结合中国历代政治演进的实践特质来理解这个问题，努力揭示"以法为治"这一被现代启蒙话语遮蔽了的传统进程④。

对梁任公极为推重的钱穆，可以说以自己的方式阐明了梁启超晚年学思的转向，进而构成历史政治学的另一个现代源头。后世钱穆与张君劢、徐复观等港台新儒家的政学分歧，比如为人熟知的后两者对于钱穆政治传统论点的酷烈抨击，在这个学术交替环节已经埋下引线⑤。港台新儒家秉持文化保守主义立场更多地承袭了梁启超启蒙主义政治学的一面，新文化运动先贤更是推波助澜。

钱穆对于梁启超的期望，与他对孙中山五权宪法学说积极肯定政治传统遗产的评价相贯通。"果使任公健康，活到七十八十，不知其学问思想又将达何境界？又恨其虽曾获与孙中山先生晤面，而限于师承学统不同，

---

① 任锋. 钱穆的法治新诠及其启示：以《政学私言》为中心. 西南大学学报（社会科学版），2018（5）.

② 钱穆. 国史新论. 北京：九州出版社，2012：71-81.

③ 同①.

④ 任锋. "以法为治"与近世儒家的治道传统. 文史哲，2017（4）；任锋. 钱穆的"明夷待访录". 政治思想史，2018（4）.

⑤ 姚中秋. 再思张君劢、钱穆之争：文明与宪制之辩. 清华大学学报（哲学社会科学版），2017（2）.

第五章　历史政治学与治体新论

与中山先生终有扞格，不获畅有融通。苟其幼年时，早获良师，使其学有正传，则孙、梁二人之相见，对中华民族前途岂不大有希冀？"① 他对梁启超在新文化运动之后提出的《国学入门书要目及其读法》甚为推崇，认为代表梁氏晚年成熟见解，远高于张之洞、康有为、胡适等人的推荐书目。特别是梁启超对于史部典籍的强调，在钱穆看来，是在为国民大众奠定智识根基，"从此认识了解中国文化的大义和理想，而可能在目前中国的政治、社会各方面都有其效益与影响"②。历史政治学的政治功能，正是从学思上着眼于共和立国的开国规模，这是其现代文明使命。

三、历史政治学的文明自觉与二次启航

在20世纪的学术传统中，钱穆不仅是举世公认的史学大师，还是原创性极强的政治学家、政治思想家。他在后一方面的原创性与争议性，就是来自历史政治学的发源和自觉。

《现代中国学术论衡》中的《略论中国政治学》从文化系统的视野审视政治学的学科特质。"中国学问，最重在政治，而独不有政治学一名，是诚大值研寻之一问题矣"③。钱穆始终强调，中国学思重视和合会通，西方凸显分殊自胜。中国文化传统既重视政治学内容与其他学问的会通，也重视学问思想与实践经验的转换，可以说，在重会通的文化系统中形成了强烈的实践取向。"西方政教分，政学亦分。其为学又主分，乃有政治学一专门，其实际政治则尚术不尚学。中国则学而优则仕，仕而优则学，必政学相通。尚术则为人所不齿"④。钱穆认为，经史之学就是中国政治学。经学是最为古老的政学资源，秦汉之后，以司马迁《史记》为标识由经绎

---

① 钱穆. 谈当前学风之弊//钱穆. 学龠. 北京：九州出版社，2011：208.
② 钱穆. 近百年来诸儒论读书//钱穆. 学龠. 北京：九州出版社，2011：139，142.
③ 钱穆. 现代中国学术论衡. 北京：九州出版社，2012：189.
④ 同③194.

史。经、史二者都是以实际政治为本衍生政治思想、政治理论、政治智慧的。在他看来,史学和政治学是传统学术中最为重要的中心内容。这也是我们当下提倡历史政治学、进行社会科学转换的传统根基。

钱穆批评启蒙主义盲目移植异域话语、不明政治事理,"今人则不读儒书,于传统政治惟有借用西方术语,一言蔽之曰'君主专制'。以广土众民之中国,而君主一人得专制其上,亦当有妙法精义宜加阐说。一笔钩消,明白痛快,而又得多数之同情,但岂得亦谓之政治学"[①]。历史政治学对于世界各个地区的治理经验传统应有实事求是的自觉意识,在引介吸取异域智慧时不能本末倒置。"继自今,吾国家吾民族四五千年来相传之治平大道,政治大规模,惟有学步西方,作东施之效颦,其他尚复何言。中山先生已早有知难行易之叹,又谓中国乃一次殖民地,更次于殖民地,亦可谓言之沉痛矣"。次殖民地是指在精神智识上的无根状态,以启蒙西化为认祖归宗。"如是之国家,如是之民族,为之立心立命者,乃在国外,不在国内,而犹必主张国家之独立,此非一次殖民地而何。诚可悲之尤矣"[②]。

梁任公辛亥前后在政学上以国会、内阁、政党制度为立宪重心,以钱穆对此期政论的熟稔,这个判断当出自对启蒙主义政治学的真切反思。

钱穆当然不是封闭固守的保守派,他主张以中国传统为本,来吸收现代世界的新元素,而非西体中用。"必然仍将要采用世界新潮流,配合自己旧传统,来创成中国自己的一套政治和其理论,才能救中国。这是绝对无疑的。决非是美国的政治和其理论能够救中国,也决非苏俄的政治和其理论能够救中国"。经过百年启蒙曲折,国人应该能够认识到这个判断的理智清明。"中国要求'民族'和'国家'之独立,则必须先求'思想'和'政治'之独立,这又是决然无疑的。……我们定要能采取各国之长,配合自己国家实情,创造出一个适合于中国自己理论的政治"[③]。以实践的适宜性为根本,各归其位,又相互借鉴,而非抽象原理价值上的优劣设

---

① 钱穆. 现代中国学术论衡. 北京:九州出版社,2012:192.
② 同①194.
③ 钱穆. 中国历史精神. 北京:九州出版社,2016:46.

第五章　历史政治学与治体新论

定,是历史政治学的论衡标识。

钱穆论中国政治学,其意旨在反省分科式政治学之外,尚有一更为广义、源自中国文化系统的大政治学追求。中国历史传统上之所以能够形成广土众民的超大规模社会与政治体,经历多变,仍传承数千年而不散,这是具有世界性价值的政治学课题,对于人类大群组织扩展的启示需要认真梳理和提炼。钱穆将中国文明机理的精髓定位在大群组织的形成和拓展上,是极具政治学远见与洞见的,与西方现代围绕个体主体性设定议程显示出根本取向的差别。探究此义理,总结其政治经验,是中国政治学面对传统、面对现实所应有的方向。发扬其义理,更新其内涵,推广其教诲,是中国政治学面对人类政治世界所应抱有的志趣("平天下")。

正是在充分正视中国政治传统的基础上,钱穆面对西化启蒙的政治学话语,才能保持其独立思考的尊严与清明。在举世邯郸学步之际,钱穆的历史政治学显示出更加接近历史真相的原创性,表达出更具文明自觉和辩护性质的政治学原理意识。这一点,试比较任公与宾四的同名著作《中国历史研究法》,可以窥见其间异同与潜在呼应。

在基本原理层面,钱穆提出一系列原创概念,包括"政民一体"与"政民对立"、"信托政权"与"契约政权"、"自然(单一)国家"与"人文(复式)国家"、"权力-工具型国家"与"道义-文化型国家"、"尚理政治"与"尚力政治"、"外倾型"与"内倾型"政治意识、职分论与权力论、"学人政治(学治)"、"士人政府",启人深思[1]。

在论题开拓上,钱穆从历史政治传统出发,揭示出宪制体系的系列主题。它们包括"一统"与"多统",政教、政学关系,法治与礼治的制度化,郡县与封建,考试与监察,政治家与政治风度,首都论及中央地方关系(省制问题),地方自治,等等[2]。选举、国会、政党、群众、分权制衡等主题,是在历史政治的传统根基上调适斟酌的,以宪制更新为前提加以分析处理。

在《国史新论》"中国传统政治"末尾,钱穆反思:"若论政治本质,

---

[1] 任锋. 钱穆的"明夷待访录". 政治思想史, 2018 (4).
[2] 任锋. 君道再还:钱穆宪制思维中的元首论. 开放时代, 2019 (2).

在近代中国，始终是一张空白，待向外国去套板印刷。始终是用外国的理论，来打破自己的现实。现实重重破坏，而外国理论则始终安放不妥帖。"他主张："欲完成建国大业，端在自本自根，汲出政治新理论，发挥政治新精神，使政局有安谧之象，而后凡百改进有所措手。"①

他强调"自本自根""深根宁极"对于政治心智的根本地位，传统感也许是他对于现代政治心智最足回味的馈赠。他在现代语境下先驱性地推进了比较宪制意义上的传统再诠释，接续近世以降的经制事功学学脉，同时汲取现代政法新观念②。钱穆的历史政治学，可以看作社会科学方法与文明道义论相结合的早期典范。较之作为启蒙主义政治学胤子的现代港台新儒家，他对于政治传统展现出更多肯认，也更为系统性地推进和升华了梁任公晚年的历史政治学转向。

综合来看，钱穆与梁启超共同构成了历史政治学的双重源头。梁启超的启蒙主义政治学引进新知，推进革新，在建立现代政治学的学术架构和知识形式上有其不可磨灭的贡献。其晚年转向则为历史政治学的出现预备了条件，见证了西学中国化的初期纠缠与张力。钱穆继承并发扬梁任公的晚期学绪，充分重视历史经验传统的自在价值，初步提出了一系列原创性的政治学原理、论题与论说。其学思为我们进一步推动历史政治学提供了一个早期典范。他们与中国政治学传统之间的深层关联，值得我们进一步勘验。

没有梁启超的盗火移种、筚路蓝缕，不会有理性反思后的实事求是，这恐怕是后发现代国家在智识建构上不得不经历的曲折路径和辩证法。换言之，梁启超作为历史政治学的现代源头之一，不仅仅具有发生学意义上的价值，在认识论、方法论、本体论上也会有持久功能。对于西学的引入和汲取，仍将是一个长期过程。简单移植和模仿已经路尽途穷，以中国政治经验检验和调适西学或发掘某种西学的本土性资源，这类将历史传统做工具化、通道化处理的路径，还会长期存在。它们与钱穆式历史政治学之

---

① 钱穆. 国史新论. 北京：九州出版社，2012：120.
② 任锋. 钱穆的"明夷待访录". 政治思想史，2018（4）.

第五章 历史政治学与治体新论

间的对话未尝不是有益的,在知识建构和整合上可以维系刺激性活力,也是文明竞争下不可避免的智识格局折射。历史政治学致敬的传统,并不是一成不变、原教旨主义的实体,而是充满了丰富张力和活力的经验智慧复合体。以固有文明为本与吸收外来有益因素,是我们文明更新的逻辑两面,中国的历史政治学也可均衡运用二者。

当前我们提倡历史政治学,要对现代学术传统中的既往成就进行积极梳理和提炼,发掘更为丰富的先行者资源。需要重识宋育仁(1857—1931)、章太炎(1869—1936)、孟森(1869—1938)、汪荣宝(1878—1933)、柳诒徵(1880—1956)、吕思勉(1884—1957)、陈寅恪(1890—1969)、蒙文通(1894—1968)、刘咸炘(1896—1932)、张舜徽(1911—1992),他们是古老文明现代转型的深刻观察者,历史政治学需要不断向他们致敬。

在学科意义上,历史政治学的正式出场,对于政治哲学、政治思想史的玄虚化、烦琐化和意识形态束缚是一剂清醒的解药,对于中国政治研究能够提供富有活力的传统感,对于比较政治研究则可强化其文明论的维度,在世界政治研究中也是具有可拓展性的学术路径。

在社会主义共和国的改革深化语境下,历史政治学需要在共和立国历程、百多年现代转型与五千年历史文明之间建立起延续与变革的辩证叙事,阐发治理智慧的中国命题与世界启示。这是重建传统感的时代主题。钱穆先生念兹在兹的"可大可久"立国之道,在新主题下需要得到实践印证,更需要在学思路径上得到有力论证。百年来,我们对中国以外世界的认知在不断深化,这一深化不应以中华文明的意义和实在坍塌为代价。杨光斌教授比较现代资本主义文明反思下的历史社会学与当下语境的历史政治学,认为后者不仅具有认识论和方法论的价值,更赋有本体论维度[①]。所谓本体论,是中华文明的自觉和自信所系,要在更为广大深入的现代世界竞争中提供文明意义上的辩护和检证。还中国以中国,还罗马以罗马,还美、法、俄以美、法、俄,是历史政治学的题中之义;致敬三代,鉴取罗马,平治新天下,应成为历史政治学的大同志向。

---

① 杨光斌. 什么是历史政治学?. 中国政治学,2019(2).

第四节 中国政治传统研究与历史政治学的可能性

历史政治学是近年来中国政治学界的一个重要发展趋向，引起了学界同人的广泛关注和热议。对于这个学术创新的现代思想资源，笔者提出双重源头的说法：从梁启超代表的现代中国政治学发端到钱穆系统阐述的中国政治学论衡，初步勾勒了历史政治学可以从现代学术传统中汲取哪些资源、借鉴何种教训[①]。另外，关于历史政治学的学术议程，已有多位学者进行了初步探讨和展望[②]。这些讨论，为这个新生领域的拓展奠定了必要基础。

历史政治学的出现，背后其实是政治学界多个学术谱系在某种共同问题意识下的汇流激荡。当代西方学术领域内历史制度主义、比较历史分析与历史社会学对于社会科学之历史维度的强调，以及这一进路对于中国社会科学界的启发，构成了历史政治学的西学缘起。这一面与西学前沿发展关系紧密，也较能引起学者关注。而历史政治学的中学缘起，牵涉到相关学术领域的危机与反思，还未得到认真清理。本节致力于追问：历史政治学何以可能，如何展开？通过在中国政治思想史和制度史领域具有典型意义的案例检讨，笔者希望能够对历史政治学的具体推进提供一个启发性视角。

---

① 中国人民大学历史政治学研究中心近年来集中推出了"历史政治学"的系列论文。详见：杨光斌.什么是历史政治学？.中国政治学，2019（2）；姚中秋.历史政治学的中国议题.中国政治学，2019（2）；任锋.历史政治学的双重源头与二次启航：从梁启超转向到钱穆论衡//中国人民大学国际关系学院.中国政治学.北京：中国社会科学出版社，2019：51-69.

② 张树平.改变生活的政治与改变政治的生活：一种历史政治学分析.学术月刊，2018（9）；徐勇，杨海龙.历史政治学视角下的血缘道德王国：以周王朝的政治理想与悖论为例.云南社会科学，2019（4）.

第五章　历史政治学与治体新论

一、从新启蒙主义政治学到历史政治学：
范式转移的契机

　　新启蒙主义是现代中国政治学的精神基调。受世界现代化浪潮冲击，其定向在于以西方晚近三四百年发展起来的社会政治模式为人类现代理想的唯一出路，也以此对中国的历史传统和现实发展进行评判指引。这一基本取向在政治学不同领域的表现方式和程度不一，对于学科理论基础的塑形产生了长期深刻的影响。激进的反传统主义、由于现实政治不满而衍生的文化和历史虚无论，不幸成为新启蒙主义政治学的精神胎记，也构成现代转型过程中不断发作的病灶。在这种时代冲力下，现代中国的政治学可以面向西方，面向未来，有强劲的现代自觉和学习勇气，但是缺乏健全的历史意识和传统自觉，更谈不上独立的文明精神。换言之，新启蒙主义政治学认定，中国的历史传统无助于国家的现代转型，主要发挥了阻碍和破坏的消极作用。至多，在现代转型方案中，它们属于边缘性、配料性的因素，主要贡献在于促动引进西方现代模式的价值、理念和制度。

　　在这种学术基调下，我们可以俯瞰政治学领域内各具体学科的相对发展。西方政治思想史和制度史（或被归为中外政治制度）自然以追踪西学潮流为尚，无论此潮流是古典，还是新派、后现代。中国政治、比较政治、国际关系，也是在以现代西学为模板的政治学理论和方法的引导下加以推进的。这里的中国政治，以当下现实政治发展为主要研究对象，却往往是在西方现代政治学的思维体系下来建构自己的分析架构与议程体系的，从利益分析、权力权利到政体、政党、社会组织、民主转型、法治、国家治理等。

　　不可否认，这样的政治学建构在中国现代转型过程中，凸显国家建设以应对世界挑战，有其历史合理性。然而，实践挑战的紧迫性、转型过程的艰难和漫长，很容易使我们形成对于问题解决资源的某种迷思，即新启

共和立国与治体新论：钱穆历史政治学研究

蒙主义对于现代性的一元主义执念。源出于西方具体时空下的政治学被推崇为普遍适用的基本原理，这使得一元主义的僭妄尤其具有遮蔽性。轻视政治经验源生于历史的传统正当性，极易造成各种理论教条支配下的启蒙迷思，这一思维偏至在现代中国政治学中是影响深远的。折射到具体领域，最显尴尬的是中国政治思想史和政治制度史。我们看到，自这两个领域形成之日起，就是在这种一元主义现代性的评判标准下被支配、被宰制的。这一点，无论是在现代政治学创建者梁启超那里，还是在对传统持有同情理解态度的知识分子萧公权、牟宗三那里，表现得都十分清晰[①]。中国政治思想史和政治制度史的研习，在消极意义上展现为对于专制主义的批判，在积极意义上则是对于具有某种现代性意味的传统因子的艰难发掘。在这种来自他者的一元主义现代性标准的审视下，研究对象的价值，无疑是轻微的，甚或是危险的。这种狐疑态度的极致，是对中国是否存在西方意义上的政治思想、政治制度加以严肃知识探究之必要性的否认。民国时期，钱穆先生在北京大学开设"中国政治制度史"的艰难、萧公权先生在清华大学讲授"中国政治思想史"所遭到的非难，是这一智识心态的典型折射[②]。

长期以来，中国政治思想史和政治制度史的教学与科研，已经成为政治学领域的"洼地""绝港"。人们发现，似乎难以在这些学术领域的知识贡献与政治学的实质进展之间寻找到具有启发性的关联，其知识产出既难以在政治学其他领域获得拓展转换，也难以在政治学以外的人文社会科学中（如历史学、哲学、法学和社会学）确立属于政治学特有的学术贡献与尊严。相映成趣，西方政治思想史等领域伴随西学引进的一波又一波浪潮，形成持久的吸引力，与政治学其他领域之间能够连接成各种知识循环，与社会改革的不断号召之间也隐然形成长期连绵的呼应。无论是各种

---

① 任锋.历史政治学的双重源头与二次启航：从梁启超转向到钱穆论衡//中国人民大学国际关系学院.中国政治学.北京：中国社会科学出版社，2019：51-69；任锋.再造家国：治体论与近世秩序的公共性和法度化//任锋.立国思想家与治体代兴.北京：中国社会科学出版社，2019.

② 钱穆.八十忆双亲 师友杂忆.北京：生活·读书·新知三联书店，1998：169；萧公权.问学谏往录：萧公权治学漫忆.上海：学林出版社，1997：114-115.

第五章 历史政治学与治体新论

时髦主义的风云变幻,还是晚近以政治哲学为名的西学教诲,似乎造就了政治学的云端高地。

"洼地"与"高地"的奇特格局,并不能客观反映中国与西方政治传统资源的实力对比,毋宁说更体现出新启蒙主义政治学中一元主义思维的根深蒂固。历史政治学的出现,是对这种执念的解魅和克服。人类现代世界的开拓并非只有一种模式和道路,就如同人类历史文明的构建本就各自不同,各有短长。应当认识到,政治学作为社会科学的时空实践属性,天然地警惕某种一元主义的教条崇拜。

可以说,历史政治学的呼吁,是致力于反思新启蒙主义政治学的某种思维定式。历史政治学强调对于实践的优先关注,以实际问题的来龙去脉为思维引导,提倡对于现实经验的分析与既往实践传统的密切结合。西学有其自身的复杂实践脉络,从中形成的政治价值、制度和行为也需要历史、批判地对待。历史政治学提醒我们,避免将他者的复杂政治系统加以抽象化、教条化,甚至是神圣化。类似智识思考的结果,容易造就政治学的意识形态化和神学化。

历史传统作为人类政治实践的既成结果,应当得到政治学的优先关注。一个地区和民众漫长深厚的政治思想与政治制度实践,是该地区政治学发展的第一基础。对于他者经验智慧的借鉴学习,应以此为前提。中国发展自身的政治学,如果以他者的政理和政制作为基础原理,而轻视甚或否认中国政治思想和制度传统的基础价值,将会是一个违背基本实践常识的智识扭曲。对于西方政治历史与现实政治研究之间的连续性能够欣然接受,却漠视中国政治传统与中国政治研究之间的有机联系,这种立场本身就是双重标准、实践上的不一致。一边是中国政治思想史和政治制度史研究的博物馆化、古董化,另一边是当代中国政治研究的唯西学马首是瞻,正是将传统与现实截然割裂,未能认真、深入地理解二者之间的深层联系。

在这个意义上,历史政治学的提出,为我们反思和走出新启蒙主义政治学提供了一个范式转换的契机。它蕴含了依据实践传统和实际问题对知识学术体系进行正本清源的可能性,能够引导我们对学科资源格局加以优化重整,重新认知各个学科资源的潜力和未来价值。中国政治思想史和政治制度史的研究，需要尊重悠久传统的内在机理，真正客观认真地对待传统内部历史与现实之间产生的问题与张力，从政治学原理的基础层次提出具有原创性的学说。笔者曾提出"以中化西，古今相维"的思维方法论①。前者是指，在尊重传统、深入传统的前提下，继续开放吸收西方政治思想与制度、政治学理论的知识，将其真正转化为我们自身的智慧。"古今相维"强调的是，在历史与现实之间发现与构建实质性的有机联系。中国政治思想和政治制度不仅仅属于过去的历史，也是奔流在中国大地上的鲜活实践浪潮。"传统"的精义，本来就是探讨历史与现实之间连续性与断裂性、保守与变革的辩证法。只有这样，中国政治思想史和政治制度史的研究，才能真正告别古董化和博物馆化。

从新启蒙主义政治学到历史政治学的转移，其初端在晚年梁启超那里即已有所闪现，《先秦政治思想史》《中国历史研究法》在第一次世界大战后的反思中调整了对于中华文明的评价基调，对于西方现代性文明的认知也趋于平实，礼治与法治的类型梳理弱化了其早年对于法治主义的激进推崇。钱穆先生对于梁任公的晚年契悟褒赞有加，更由此推进了对于中国政治学自主性的自觉。这一自觉正是奠基于宾四先生磅礴深邃的史学和传统睿智之上，表达为对于中国政治理论和制度摆脱西学附庸地位的终生呼吁。他在晚年提出中国政治学学术论衡，正值中华文明在 20 世纪 80 年代迎来振兴，其中包含的文明自觉启示和学术自主意志值得当下的政治学人好好领会②。

二、历史政治学范式下的中国政治思想研究：以治体论为视角

历史政治学的价值必须通过足够丰富而坚实的具体研究才能体现，在

---

① 任锋. 天理、治体与国势：现代变迁中的儒家传统. 文化纵横，2014（1）.
② 任锋. 立之道的新和旧：钱穆与中国政治学的自觉//中国人民大学国际关系学院. 中国政治学. 北京：中国社会科学出版社，2018：208-276.

第五章 历史政治学与治体新论

思想史和制度史、政治学理论、中国政治与比较政治等领域都可以进行历史政治学范式意义的研究创新。中国政治思想史和政治制度史研究领域,由于其原生的历史特性,更是责无旁贷,任重道远。这就需要我们思考:这些领域的历史政治学研究,何以可能?

杨光斌教授近年来在一系列犀利的学术评论中提出"历史中的思想研究"与"思想史中的思想研究"之比较。"思想史中的思想研究旨在关注某一思想在思想史或思想体系中的地位与贡献,变成了此思想与彼思想的比较研究;历史中的思想,意味着思想者要回答的是他所处的时代的重大问题是什么"[①]。他认为,当下政治学领域思想史研究的主要路径仍然是"思想史中的思想研究",而非"历史中的思想研究",因此较难取得重大突破。从"历史中的思想研究"出发,不但要广泛地阅读思想家的著作,而且要熟悉思想家所处的时代,理解思想家的现实性关怀。

杨光斌教授的这个批评反思了晚近流行的政治哲学式理论研究进路的唯文本取向。他对思想史研究之历史维度的强调,不仅仅是一般意义上对于话语脉络、历史背景的方法论提倡,还希望经由历史实践的比较视野树立起思想史研究的政治学理论自觉。这是基于政治学的学科原理意识而生发的一种学术期待,与我们所说的历史政治学旨趣相通。他的这一批评对于政治学的中国政治思想史研究弥足珍贵,可以帮助我们比照人文学意义上的同类研究,更加明确自身的学术特质。

衡之当前的中国政治思想研究,其弊端正在于缺乏求真求善的政治学原理自觉,尤其是缺乏文明自主性前提下的学术自觉,长期以来过于倚赖西学输入的学术理论,在议程设定上难以超越对于后者的亦步亦趋。

这里试以黄宗羲《明夷待访录》的研究状况为例。这个案例可以说是中国政治思想史研究领域的核心议题,通过它可以很好地透视学人处理传统与现代之关系的进路和水准。围绕《明夷待访录》的政治思想,研究者长期聚焦于民主与民本的争论。晚清以来此书参与到思想启蒙、政治变革的历史进程中,受到维新派和革命派人士的共同推崇,被置于与卢梭《民

[①] 杨光斌. 论政治学理论的学科资源:中国政治学汲取了什么、贡献了什么?. 政治学研究,2019 (1).

约论》做比对的视野下，几乎由此而锚定了研究者的分析框架。持民本论者，强调此书并未转向或蕴含民主思想，仍然笼罩于传统君主专制主义的民本论之中。这一评价虽然趋向消极，在评判标准上实际仍是依赖民主政体的理解标准，只不过是处理民主镜像的反面。而持民主论者，往往会强调此书思想中的几个要点，如基于公天下理想批判君主自私独断、强调"有治法而后有治人"、提出一整套学校议政分权的设想。第一点君主批判被认为有导向民主的趋势，强调治法优先被认为与法治重于人治的理念相通，学校议政则与议会代表的权力制衡呼应。民主、法治、分权制衡，这些西方现代政治模式中的要素，被引进树立为评判《明夷待访录》的天然判准。

如果我们能够真正地进入思想文献的历史脉络中，秉持一种开放、审慎的理解立场，就有机会在过于依赖他者的评判视野之外开辟出不同的道路。这个工作要求我们在面对思想和历史时，做到最大程度的"实事求是"，努力如其所是、平情就实地进行思考，对于既有的分析架构和视角保持足够的反省审慎。

回到《明夷待访录》。遵循这样的思路，我们可以发现，它的生成自有其传统内在的思想和历史脉络。不妨以民主论者强调的三要点为例。首先，"原君"篇的君主批判论，其实是近世理学历史哲学的极端表述。宋学中二程兄弟关于三代前后政治的二元判断、朱子与陈亮关于王霸义利的辩论、理学家的公私观，以公私二分作为三代与三代之后的政治分野，这一点与黄梨洲对于三代之后政治的激烈抨击相去不远。梨洲在这一点上发扬的公共原理、君主批判，言辞的确激烈，思想却仍属近世理学大传统，与晚清以来的民主论并不相关[1]。其次，梨洲治法优先的观点，实际上也不是横空出世、长夜孤烛的。这种对于纪纲法度、祖宗之法的关注，很大程度上继承了宋学传统中的经制事功学。对于三代之法、汉唐之法与祖宗之法的不断比较，是近世政治思想中的流行话语，由此而衍生出新儒学关于国家宪章、纪纲法度的丰富论说[2]。梨洲对于三代以后历代纪纲法度的

---

[1] 任锋. 立国思想家与治体代兴. 北京：中国社会科学出版社，2019.
[2] 任锋. "以法为治"与近世儒家的治道传统. 文史哲，2017（4）.

第五章 历史政治学与治体新论

批评,尤其是对于有明一代国家法度的沉痛反省,乃是在近世关注"以法为治""任法"的经制事功学立场上提出的彻底检讨。没有后者的思想传统,很容易误会或过高估计梨洲治法优先论的突破价值。最后,梨洲的学校制度设想,在天子权威之外又树立一个公共的合法性权威。学校制度本身是中国政治传统的一大核心构成,宋明以来渐入盛期的社会讲学运动、书院建设浪潮是梨洲身处的实际历史场景。而如果我们同样了解近世以来的公论政治、台谏传统,就不会简单地挪用西方后起的议会制度来想象梨洲的学校意涵[1]。

质言之,找回黄宗羲《明夷待访录》的历史维度,我们才可能超越现代以来过于依赖西学加以评解的逼仄处境。然而,这只是历史政治学工作的一半。除了揭示思想文献的历史脉络,我们还需要对其问题意识、理论关怀进行政治学意义上的澄清。只有这样,才能深入揭示出历史脉络后面的义理,也才有可能将其从后发且外来的诠释境地里拯救出来。具体到《明夷待访录》,它实际上是理学与经制事功学这两个近世思想传统在治体主题上一个极具创发性的综合提炼。

治体论是我们理解《明夷待访录》时更符合历史脉络、更对应其思想意涵的理论参照系。"有治法而后有治人"这一标识性思想命题的提出,回应的不仅仅是先秦儒家荀子"有治人,无治法"的论断,更是秦以降治体论传统围绕治法与治人关系的思考突破[2]。治体论代表了中国政治传统关于秩序和宪制构成的系统思考,其核心议题是治道、治人与治法的整合性关系。这三者分别指向一个政治社会的政治原则、政治主体与制度方略,经由不同整合关系建构起了一个比较完备、辩证的秩序思考框架。先秦经典、诸子百家如儒家、如管子、如道家为它提供了初步的思想渊源,秦汉之际的贾谊极具代表性地整合百家资源,开启了治体论传统。可以说,这个传统与秦以后大一统郡县制国家的秩序建构紧密对应。

治有体,政有要,治体论应对广土众民大规模共同体的统治挑战,凸显了探讨宪制秩序要素和模式的根本问题意识,发展出经世治民的政治学

---

[1] 任锋. 道统与治体:宪制会话的文明启示. 北京:中央编译出版社,2014.
[2] 任锋. 治体论的思想传统与现代启示. 政治学研究,2019(5).

传统。在秦汉之后讨论国家体制的重要论域，我们都可发现这个传统的集中表述。其中代表，如汉代的贾谊《新书》和荀悦《申鉴》、三国时期的杜恕《体论》、唐代《贞观政要》、宋明时期的《近思录》《大学衍义》《宋大事记讲义》《大学衍义补》、明清之际王夫之《读通鉴论》《宋论》、清代《清经世文编》等经典文献。汉唐时期的治体论初具规模，宋学则见证了治体论的发展高峰，对于三代、汉唐、宋明各代立国秩序和体制的纵向历史比较，实际上构成了中国意义上的"亚里士多德传统"[①]。

明代张居正以"治体用刚"为执政宗旨，认为宋代治体偏于宽柔，明代立国规模近于殷商，治体以威猛刚强为基调。晚至魏源编纂《清经世文编》，治体都仍然是文献分类的一个核心范畴，用来汇编关于君臣、纪纲法度、公私义利等重大主题的经典文献[②]。晚清变法之后，国人引进西学、东学，西方现代的政体论、主权论逐渐成为中国政治学的流行理论，传统治体论似乎趋于隐没。但是，仔细阅读现代人物的思想言说，即使是引导西学最力的梁启超、严复等人，其思维观念仍然受到治体论传统的潜在影响。在对中国传统文明自觉性更为强烈的人士，如钱穆那里，治体论的影响更是显在的，并且积极推动他们对西来理论进行辩证选择，进行传统的现代更新[③]。

治体论关注治道、治法与治人三类要素的整合关系，思考秩序价值原理、统治和治理规则模式与政治主要行动者的互动构型逻辑。我们既可以从规范性理论层面考察历史上各个思想流派和人物的治体理论，也可在经验演进的基础上探讨不同政治实践的治体论含义。在近世，秩序演进体现出鲜明的宪制化、法度化特征，尤其促成了治体论中治法层面的重要进展。明人陈邦瞻在万历年间观察世势趋向，"宇宙风气，其变之大者有三：鸿荒一变而为唐、虞，以至于周、七国为极。再变而为汉，以至于唐，五季为极。宋其三变，而吾未睹其极也。变未极则治不得不相为因，今国家

[①] 杨光斌．论政治学理论的学科资源：中国政治学汲取了什么、贡献了什么？．政治学研究，2019（1）．

[②] 任锋．立国思想家与治体代兴．北京：中国社会科学出版社，2019．

[③] 任锋．历史政治学的双重源头与二次启航：从梁启超转向到钱穆论衡//中国人民大学国际关系学院．中国政治学．北京：中国社会科学出版社，2019：51-69；任锋．钱穆的"明夷待访录"．政治思想史，2018（4）．

第五章 历史政治学与治体新论

之制,民间之俗,官司之所行,儒者之所守,有一不与宋近者乎。非慕宋而乐趋之,而势固然已。舟行乎水而不得不视风以为南北,治出乎人而不得不视世以为上下。故周而上,持世者式道德,汉而下,持世者式功力,皆其会也。逮于宋,则仁义礼乐之风既远,而机权诈力之用亦穷。艺祖、太宗睹其然,故举一世之治而绳之于格律,举一世之才而纳之于准绳规矩,循循焉守文应令,雍容顾盼,而世已治"(陈邦瞻:《宋史纪事本末》"叙")。近世政治崇尚法度格律准绳,秩序法度化成为客观秩序趋势。关于近世"以法为治""国家以法为本,以例为要""本朝以律为经"的论述,在宋明儒学中引人注目,在现代中国却沦为一个被遮蔽的历史议程[①]。这种紧密结合立国政治实践而发展起来的儒家治法思想指向治体论的法度纪纲层面。围绕君主威权与士人共治建构起来的秩序公共性,如何在纪纲法度中得以落实,与公法产生何种对应,换言之,政治社会中心的构建及其法度化、宪制化,形成近世秩序演进的根本性议程。

黄宗羲《明夷待访录》的源生性,需要放置在这个传统中去理解。梨洲对君臣法度的追源,是在公私义利这一治道原理上进行的彻底反思,充分吸收了理学历史哲学的道德理想主义精神,表现为对于理想政治主体的追求,也是对于明代祖宗之法的激烈反弹。他对三代之法和后世之法的比较、对祖宗之法的批评、对于学校制度的构设,显示出治法层面的丰富思想积累,既有理学传统的制度理想主义,也继承了经制事功学对于纪纲法度、各种具体制度政事的积极探讨。他在这几个层面的治体论述,是应对明清鼎革这样天崩地解的秩序重构挑战的,在思想资源和问题意识上整合了治体论传统的长期积累资源。这些思想因素在理学和经制事功学传统中经过数百年酝酿激荡,应对王权专制和士人共治的历史张力,在明清易代的秩序窗口期经由黄宗羲而有一个凝练激烈的突破。至于这个突破的现代意义,需要在澄清历史实相的前提下去追问。

晚清以来,对于黄宗羲《明夷待访录》相继出现了具有深度反思性的批评,评论者包括朱一新、章太炎、宋育仁、钱穆等人。这些批评的思维

---

① 任锋."以法为治"与近世儒家的治道传统.文史哲,2017(4).

架构明显继承治体论传统而来。比如评论的焦点之一是治法与治人的关系。围绕宰相和学校制度，朱一新强调从治人政治技艺（君道主德）层面来看待明代废相，从风俗教化的礼法层面来反思学校议政的制度构设，章太炎、宋育仁从政治体制传统内部的君主宰相权力平衡的视角对学校鼓励士人议政提出异议。黄宗羲彻底抨击三代之后的现实法度，这一点也受到广泛批评。朱一新、章太炎、钱穆都揭示出梨洲在这一点上的道德理想激情，主张以一种合乎经验理性、历史理性的态度来看待三代之后的政治传统，不能简单以政治主体的主观道德意志作为核心标准。总体上，这些具有思想深度的评论，显示出这一思想文献与治体论传统的内在关联，后者才是理解《明夷待访录》更具相关性的理论视野。评论者也涉及了立宪、法治、民主等现代议题，如钱穆将其与五权宪法结合起来思考，但需要看到，他们的现代解读是在充分明了其传统脉络的基础上进行的。而这一基于政治文明传统的理论视野，在启蒙主义的政治学研究中，是被遮蔽、被抛弃的。

治体论在理论视野上比聚焦权力配置的现代政体论更为宽广，治道关乎秩序精神道义、政教关系和意识形态问题，治法涵括了丰富的礼法制度资源，治人维度提醒我们注意实践主体和人事的重要性。三者整合的体系视野，有利于宏观审视政治宪制的价值、德行和法度。当我们不经反思地依照权力论-政体思维来重构中国政治智慧的时候，丧失自身的理论原创性无疑是得不偿失的惨重代价。

三、历史政治学与中国政治制度史的可能突破：以台谏权为例

现代转型过程中诞生的中国政治学，长期以来笼罩在西学话语中，缺乏足够自觉的反思能力。用现代兴起的外域理论思维，来打量数千年积累形成的文明政治传统，以近衡远，以小掩大，造就了中国政治学的启蒙迷思与自我失语。中国政治思想史的传统解读，本来应该为我们展现出更具源生

第五章 历史政治学与治体新论

性、切题性的理论资源，反倒成为对此启蒙编码最缺乏抵抗力的重灾区。这一尴尬现状，值得国人深省。相似情形，也见于中国政治制度史领域。

这一领域，围绕"专制""封建"等核心概括形成的政体论、社会形态论争论，在现代学术史上聚讼不已。晚近对于具体制度的研究，如宰相制度、选举制度、军制、财政和法律制度等趋于精致、深密，做出了扎实可信的成果。但在宏观理论上，政体论与社会形态论的架构设定，难以绕开或搁置。宏观判断势必会影响到对于具体制度的深入探讨。

这里选择宋代台谏制度研究为切入视角。这是中国政治制度中较能体现传统文明精神的一个部分，在宋代有极为重要的发展，也有益于我们理解现代监察权的传统渊源。需要探讨：既有的相关研究，在依据和运用的政治理论上呈现出什么状况？① 历史政治学的进路对于制度研究能够带来什么创新贡献？

先来看第一个问题。台谏权依托于台谏制度，从属于中国的监察和谏诤传统，包含了丰富的制度、思想与文化资源。宋代是台谏并称、发达的历史活跃期，宋人甚至将台谏视为立国的根本。在中唐以后，宋代台谏制度直接影响了近世监察传统的走向。对于台谏制度的研究，既包括其内在各项制度（建制、选任和职能）的构成和演变，也需要考察其在整体政治社会系统中的角色和功能。从一个什么样的理论分析架构去进行这些工作，是研究者始终会面对的问题。

目前比较自觉的理论参照系仍然来自专制政体论以及作为其对立镜像的分权制衡理论。虞云国先生的《宋代台谏制度研究》是这方面的代表作品②。虞著对于宋代台谏制度的总体评价，是在"封建君主官僚制度""君主专制"的大传统中来褒扬宋代台谏制度体现出来的分权制衡精神，并

---

① 政治学界在这方面乏善可陈，这里以史学界的当代成果为例。
② 虞云国. 宋代台谏制度研究. 上海：上海书店出版社，2009. 同类作品中，刁忠民先生的《宋代台谏制度研究》（巴蜀书社，1999）考证细密，着重依据台谏制度内在结构的成败来解释统治兴衰，倾向于传统史学"人存政举"的立论立场；贾玉英先生的《宋代监察制度》（河南大学出版社，1996）论述周全，专门分析了台谏与改革、党争、权臣等议题的关系，但仍未脱离君主专制论的分析框架。史学界讨论可参见：李立. 评《宋代监察制度》、《宋代台谏制度研究》. 新史学，2000（2）.

检讨其失败。值得肯定的是,虞著清晰体现出现代制度史撰述较少着墨的政治学理论自觉,将分权制衡理论作为参照系引入对于台谏权的解释评价中。虞先生认为,专制论把传统政治史"说死"了,而"说活"的出路在于发掘传统中蕴含的普世政治机理。如果分权制衡是现代政治文明的普遍原理,中国政治传统的演进是否与此相去甚远,毫无关联呢?虞著质疑传统批判论者的否定论调,致力于论证宋代台谏制度已经形成了可观的分权制衡传统,其中枢权力结构对于君权显示制约态势。就此而言,虞著比起流俗的专制政体论有较为积极的理论探讨意识。

虞著高度评价宋代台谏制度的政治贡献,同时认为由于受到人治文化和君主专制的束缚,其努力仍然只是君权独尊下的不稳定分权,最终不能改变君主独裁的失败命运。从后来明清君主专制空前强化的历史来看,宋代出现的这个发展在中国政治传统中孤灯独明、难能可贵。

此书对于分权制衡理论的援引,是其亮点所在,然而也构成其局限(这一局限在同类制度史著作中不同程度地存在)。宋代台谏制度的实践经验的确包含了权力运行的自觉与权力制约的客观效应,蕴含了历史新变的因素,在这个意义上,引入分权制衡理论有一定的对应性、解释力。然而,同时也应当认识到分权制衡理论的适用界限与有限性,避免将其绝对化、公理化。

虞著对于孟德斯鸠的理论推崇十分鲜明浓烈,与此密切联系的人治法治论、专制分权论带有 20 世纪 80 年代新启蒙政治学的鲜明印记。问题是:孟德斯鸠的分权制衡理论是否普遍适用而有效?孟德斯鸠依照英国政治观察提炼出来的这一理论,并不能反映当时英国实际政治,更多的是孟氏依据法国经验和古典历史进行的理想化和纯粹化处理。分权制衡理论的凸显,内嵌于孟德斯鸠推崇封建式自由状态而贬抑集权君主制的历史褒贬之中,折射出他本人对于大国集权政治的忧惧,在政体类型学中导向了对于东方他者的污名化。这在西方政治思想研究中,并非新论[1]。它对于美利

---

[1] 施特劳斯. 从德性到自由:孟德斯鸠《论法的精神》讲疏. 上海:华东师范大学出版社, 2017;蔡乐钊. 孟德斯鸠分权制衡理论的历史观:重温《论法的精神》. 政法论坛, 2013 (2).

第五章　历史政治学与治体新论

坚立国的影响，也是一个高度争议的问题。如亨廷顿所言，美国政治更多继承了英格兰都铎政体的遗产，强调政府职能的混合共享，而非权力的严格分立[①]。事实上，分权制衡理论虽然在原理上被认为是现代民主政体的基石，欧美现代国家的政治现实早已不能用这个原理来解释，它更多是一个理念上的纯粹范式[②]。对西方政治经验都未必能有效解释的分权制衡理论，是否适合直接移用来解释和评价中国的政治传统呢？是否还有更为适合的外来政治学理论可资参考？如果在西学资源中再度寻觅，混合政体论倒是可能相对接近一些。而从混合政体视角来看，虞著对于君主角色的消极看法可能需要修正，对于台谏权的职能考量也需要重新斟酌。书中将宋代分权制衡的缺陷归于君主专制这一病根，从虚君的民主规范立场来推想权力制约的保障问题，造成了民主反专制论与宪制分权论在作为评价总纲上的某种错位。即使在现代人民主权的基础上，政制结构同样需要面对类似君主制要素的问题，监察权与此要素构成何种关系，传统中发挥多样作用的台谏权为何转变为现代的监察权，这才是我们需要从历史政治传统中汲取的反思智慧。

至少从表层看，身兼最高权威耳目与天下公论管道之双重身份以及高度参与立法、行政、司法、外交和监察等多项领域活动的宋代台谏权，与强调职能和人事严格分立的分权制衡理论之间，差异相当显著；适用于现代民主政体的分权制衡理论，挪用来审视古典君主政体的实践，可以作为一个批判性的评价参照，而非解释性的内生理论资源。以明法司宪和论政补阙为宗旨的台谏权，在传统视野中更多优先强调政治运行的道义、职责，导向协和一体的积极有为之善，注重权力机构在相维这一大前提下的相制，尽管在运行实践中也显现出权力对抗的逻辑。台谏权背后的传统政治立意，对于政府和官制，与西方现代的权力制衡所依托的政治观，在精神原理上存在类型差异。

另一个相关联的问题是，虞著对于现代法治和宪制的理解过于窄化、

---

① 亨廷顿. 变化社会中的政治秩序. 上海：上海人民出版社，2008.
② 汉森，欧树军. 混合宪制与三权分立：现代民主的君主制与贵族制特征. 经济社会体制比较，2012（2）.

刚性，这也影响到对于传统政治的理解趋于逼仄、呆板。比如将法治视为制度化的明确规定与严格制约，而将风俗、习惯、礼乐等归为人治。事实上，后者中礼俗代表的故事、典故、宪章、宪典，本身是习惯法性质上的礼法传统，它依赖于政治人的信念、行动和德行，对于更为显明、更具制约效力的制度规范发挥着基础性的滋养酝酿作用。人治与法治的教条论调在这方面缺乏分疏力，没有把握到制度衍生的深层逻辑。再如，"恩归人主，法在有司""权归人主，政在中书"的传统概括，表达的是传统体系的宪制性原理，不能以法度化的单一尺度简单将君权视为破坏法治的人治，忽视不同职能分工对于整个宪制体系的特殊意义[1]。这方面同样牵涉到对于君主角色的宪制理解，书中偏于从专制独裁角度展开认知，是其一大限制。对于台谏权的定位，囿于反君主专制的现代情结，趋向于将其视为一个简单的宪制限权意义上的"善"，没有将历史经验中的问题复杂性充分揭示出来。宋人对于台谏权的认知，既有苏轼、陈亮从制约权相和独断君主视角做出的阐发，强调相维相制（而非分权制衡）的治法精义，也有很多人着眼于立国模式这一更为根本的宪制结构，将其视为养成忠义士气民风的立国根基、内嵌于祖宗之法。后者代表了一个更为宽广深厚的立国宪制视野，抓住了台谏权的治体关键，体现出传统政治理解的特质。

总体上，分权制衡理论可以用来审视宋代台谏制度，但未必是一个最为切合的理论资源，需要明确其适用界限。对于产生于一时一地的有限理论，应该避免绝对化、普遍化、公理化。它引导我们聚焦于最高权力主体与权力运作方式，即君权与法治问题，这本质上是一个政体论的思维导向。需要追问的是：真正适合于解释中国传统政治的理论资源是什么？怎样才能帮助我们把握研究对象所蕴含的真问题？

钱穆《中国历代政治得失》等相关论述中对于宋代台谏的分析，基于政治传统内部的制度比较和政治系统剖析，提出了较为贴合历史脉络的论断[2]。钱先生认为宋代台谏将主要对象从君主转移到宰执百官，造成了行政权与台谏权的严重冲突，宰相政府不能施展作为。后者又借重清议公论

---

[1] 任锋. 重温我们的宪制传统. 读书，2014 (12).
[2] 钱穆. 中国历代政治得失. 北京：九州出版社，2012.

第五章 历史政治学与治体新论

的道德文化激情,鼓动好议论的风气,加剧了对于政府的掣肘,最终形成宋代制度特有的弱症。钱先生基于中国政治传统的洞察,提倡中国政治学理论的自觉。他对于中西政治精神的比较概括,见于"政民一体"与"政民对立"等论述。西方往往强调政治系统的敌对相抗("敌抗之形"),中国通过选举、教育、监察等安排发展出一体尚合的政治系统。监察权在政治系统中对政务人事提出谏诤和弹劾,与行政等权能形成相维相制,而非凌驾其上,无法节制[1]。中国传统对于道义-职责与法度-权力的看法,与分权制衡理论及其背后的文明精神,有何同异?这个前设理解会影响我们制度研究的一些基本框架,进而形成或许大相径庭的判断。钱先生对宋代台谏的论述,与他的这一理论相一致,其实也继承了传统政治学的问题意识和思想资源,比如叶适《习学记言序目》、王夫之《宋论》《读通鉴论》等表达的儒家政论思想。

此处以王夫之为例。他在《宋论》卷四"仁宗"篇对宋代台谏进行了系统深入的批评,认为仁宗的台谏制度导致了台谏与宰执的相激不下,政治精英的行为模式开始转变,从北宋前期的镇静朴实趋于浮薄躁动,社会风气陷于空谈盛言,朋党竞争趋于极化恶化。仁宗之治被后人视为盛治,台谏敢言被视为善政,而在王夫之看来反倒是为宋代衰亡埋下了祸因,台谏变异是一个关键因素。

从王夫之到钱穆,他们的台谏论述其实一脉相承,我们这里不能展开具体探讨。值得注意的是,他们为我们展现出了来自传统自身的思想和理论资源,一种扎根于自身历史演进的政治学视野。王夫之代表了来自古典政学传统的治道思想,对于政治理想与现实,依据经史经世之学提出了极具洞见的论述:什么是治道典范?怎样维系君权、行政权与台谏权之间的关系?政治家的"大臣之道"是什么?为何"以言相尚"会导致政治的败坏?如何处理政治中的言与行?这一谱系的知识思想资源,在现代的制度史撰述中几乎销声匿迹,沦为单纯的历史材料,完全遮蔽了其背后的政治

---

[1] 任锋. 立国之道的新和旧:钱穆与中国政治学的自觉//中国人民大学国际关系学院. 中国政治学. 北京:中国社会科学出版社,2018:208-276;钱穆. 国史大纲. 修订第3版. 北京:商务印书馆,1996.

思维智慧。我们的政学传统本来对于台谏振兴形成了多面辩证的理解,既有批评也有褒奖,为什么在现代学术论域,却主要变成了单向度的限权意义上的肯认?宋仁宗时期的台谏振兴,究竟是分权制衡意义上的进步,还是打破政制平衡的政教衰败之源?

在传统资源与现代论说之间,我们看到了令人遗憾的巨大断裂:后者无力也无心去进行具有传统针对性——也是真正经验相关性的探讨。不得不说,现代国人对待历史政治经验的问题化处理,需要结合基于历史脉络真实性的政治系统考量,避免一直被外来理论关怀牵着走。极少有人像钱穆,应对西学挑战,对中国政学传统进行自觉的理论化梳理,避免对于西学资源的简单挪用。

如果概要式地指出从王夫之到钱穆的理论资源特质,可以说仍归属于中国的治体论传统。王夫之的论述正是围绕治道、治人与治法的复杂关系,对立国、变法、政治兴衰提出了贴合历史脉络的阐释。钱穆在反思君主专制论之际,着眼于中国自身的立国传统,对基本政治原理提出原创性论说。他的制度论,立足于系统视野,强调制度与人事、与文化系统的紧密联系,这本就源于治体论中切合治人、治道来探讨治法的传统思维[1]。在治法层面的政制议题上,我们当然可以引入分权制衡等理论来审察。但是,不能忘却这个层面从属于一个整合性的系统,这个系统在历史流变里呈现出多种多样的复杂关联、自成一系的文明精神。

制度史的一般撰述采取了偏于静态的形式,对制度本身的各个部分及其变化进行概括说明,或者对制度与政治社会其他方面的关系加以各别阐发。历史政治学如果要在这个领域有所贡献,除了上述基本工作,需要一方面吸收现代社会科学中诸如历史制度主义、比较历史分析、历史社会学的理念和方法,另一方面激活传统学术资源的视野与精神,总体上将作为自变量的制度与因变量的政治社会结构之间的复杂关联如实而带有启发性地呈现出来。比如党争这种政治文化精英竞争与台谏权的关系并未得到社会科学式的剖析,比如监司制度对于宋代政治立国的核心价值亟须正视,

---

[1] 钱穆.中国历代政治得失.北京:九州出版社,2012.

第五章　历史政治学与治体新论

这意味着我们可能应将监察权考察适当调整为以监司为先行（基础）的立国宪制透视。

除了王夫之，宋代吕中《宋大事记讲义》为我们提供了非常宝贵的线索[①]。吕中总结性地阐发了宋学中的治体论，把它作为解释和评价宋代政治变迁的核心资源。他看待台谏变迁，就是结合治体结构演变来加以说明的。他认为仁宗时期台谏权的兴起，实质是宋代政治纪纲（根本法度）的转型，从开国太祖时期的以威权为纪纲，转变到仁宗以朝廷公论为纪纲。公共权威的构建，而非分权制衡，被认为是其中的主题。这既包含了治道原理上从权威到公共性的转型，也意味着在治人即政治主体与治法即各项制度和礼俗方面的政教治理形态的转进。台谏振兴，不仅仅是权力制度意义上的变化，而且包含了共治逻辑、法度传统、政治精英类型的竞争和更替。这些丰富面向，与历史中的战争动乱、政治更张形成更广阔的联系。吕中将这一制度性权力带来的变化，放在宋代不同时期的政治形态演变中进行比较，通过这一纪纲即根本法则制度来理解政治社会中权威巩固、政教涵化、精英竞争、学术转变的复杂关联，将纵向的阶段演进与横向的结构透视结合了起来。《宋大事记讲义》可以说代表了我们的历史制度主义和历史政治学传统。对于我们理解中国的监察政治学、理解现代监察权的新生而言，治体论是一个更加具有启发性的理论资源。作为一种经验性的政治理论资源，它可以为我们以现代方式发展历史政治学提供弥足珍贵的向导。

以上结合中国政治思想史和制度史两个研究案例，探讨了中国政治传统研究与历史政治学的可能路径。《明夷待访录》和台谏权，彰显出高度的传统与现代之互动性。在启蒙情结推动下，人们很容易将西方现代某种具体、特殊的价值、制度和行为模式，作为衡量自身的普遍化参照系。而历史政治学的进路，在深耕历史脉络的基础上，努力开辟出自觉的政治理论场域，建立起与传统内化相关的有机联系。

[①] 吕中. 类编皇朝大事记讲义 类编皇朝中兴大事记讲义. 上海：上海人民出版社，2014；任锋. 立国思想家与治体代兴. 北京：中国社会科学出版社，2019.

共和立国与治体新论：钱穆历史政治学研究

　　将中国政治传统研究从智识创新的"洼地"中拯救出来，需要我们以最大的实事求是精神面对经验事实，保持开放、敏锐和耐心，将学术探索建立在锲而不舍的知识积累与理论反思之上。这里的经验事实，既包括已经成为历史的过去，也指向正在曲折展开的现实存在。并没有什么灵丹妙药、救命稻草，能够在短期内扭转这种局势，正如其形成也经历了几代人的执着。治体论的视角复现，意在提醒我们曾经拥有的广袤山河，也会在当下以其自有的方式型构现实，譬如国家治理体系现代化称引"立治有体，施治有序"这一理学治体智慧，需要我们开放而敏锐地透视古今之间的相通性。治体论传统蕴含了丰富的政治智慧，需要进一步发掘中国政治传统中与其相关的规范性与经验性资源。这将构成一个可观的论域，引导我们通过与各种相关理论（如现代政体、法治、民主、治理）进行富有建设性的对话，将其引入追求善治的当下学术研究中，使其成为在现实经验中再度焕发生机活力的新传统。应当看到，中国政治传统还有许多与此相似、深厚丰富的储藏资源，它们似乎在学术视野中休眠了，却仍然在实践进程中深藏潜行，这需要政治学人不懈的发掘与重构。

　　历史政治学的任务绝不仅仅是对于历史的复述，而是在发展新政治理论的问题意识下将考察目光延伸到现代的实践经验。它提倡一种长远视野，真正将传统的历史经验与现代表现结合起来，加以比较贯通。长时段文明传统的启迪，对于历史政治学是根本资源，是"把历史找回来"的基本要义。同时，政治学的历史转向与发展新政治科学是并行互惠的两个使命。在现代论域下，它必然要求发展一种比较自觉，在古与今、中与外之间进行广泛深入的比较，在新政治理论、新政治科学与既有的政治学之间进行比较，在经史之学与现代社会科学之间进行有建设性的融合。从西学对中学、现代对传统的双重自负中解放出来，这种比较的目的是完善自身、扩展自身，更好地引导思考与实践。寻找并建立过去与现在之间真正具有连接性的智识联系，实现理论的创新性突破，将其与追求善治的实践导向贯通，并通过代表性研究加以验证反思，这将是历史政治学对于学科重构的可能馈赠。

第五章　历史政治学与治体新论

第五节　治体论与国家治理研究

治体论传统在现代中国政治的话语和实践中依然发挥着重要作用，只是这一点看似并非显而易见。当代中国政治发展转向谋求长治久安，提出国家治理体系和治理能力现代化的目标，致力于建设社会主义民主政治。这一基于实践逻辑驱动的主题转换为我们认识治体论及其现代表达提供了非常关键的视角和线索，也是形成中国政治学自主话语权的珍贵契机。

一、作为竞争性范式的国家治理

国家治理体系和治理能力现代化的提出，离不开学界和政界晚近二十多年来的共同探索。这一政治发展历程，有两个特点值得我们关注：首先，改革开放启动以来，政治发展的核心主题长期呈现为政体论范式的表述，即政治体制改革。而20世纪90年代以降的政治实践推动国家治理逐渐成为政治发展的纲领性主题，在学理上为我们比较和鉴别政体论范式指出了可能的竞争性资源。其次，学界对于国家治理体系的探讨，呈现出西学主导的强势趋向，与这一主题的传统和当代实践存在相当大的距离和张力，需要我们以批判性精神发展建设性范式。

以民主为总纲的政体论范式长期主导了现代中国政治转型，其自身内嵌于现代世界的几波民主化浪潮之中，在20世纪末叶和晚近十多年构成政治学研究的民主化、民主转型显学。国家治理作为竞争性范式的出现，提醒我们注意，政体论范式在把握国家建设的全面性、复杂性与系统演进上，有其天然局限。尤其是现代政体观念将竞争性选举视为国家政治的枢

共和立国与治体新论：钱穆历史政治学研究

纽和关键，趋向于把国族构建议程化约为由谁来掌握和分配最高权力的制度程序问题，缺乏文化和族群审慎的自由权利加总之制度构建问题，这是对于政治实践与理论的窄化和教条化。政体论范式的长期流行，既有思想文化学术方面的缘由，即西学内部自身的现代发展，推动民主政体优胜论成为20世纪主导性话语取向，也有国家政治竞争的实践因素，如冷战推动的意识形态宣传，根据所谓政体来判定国家优劣，做强或美化自身，将对手置于政体比较谱系中的弱势或恶劣一极。针对这两个方面，我们需要认真思考，在学理上能否摆脱西学及其偏见的束缚，在实践上能否直面实相，最终真正确立描述和解释自身实践发展的话语和学理。

围绕国家治理体系，学界讨论追溯了国家治理、治理研究这些命题的兴起。一个常见判断是，过往二十多年逐渐兴起的治理研究潮流，一步步形成了治理的多方面多层级议题，最后聚焦到国家治理，并凝练出国家治理体系和治理能力这个核心命题。而这个治理研究潮流，又与包括西方政治和公共管理学界、世界银行等机构的积极推动密不可分，形成了"治理"（governance）这个与统治（government）不同的新兴范式和主题。它强调超越国家政府的传统中心，从包括市场、社会网络、公民的更大范围来理解政治公共生活，在治理的主体、对象、权力性质、走向和效果上都与以政府为中心的统治范式不同。

饶有意味的是，"governance"最初翻译为中文，采用了传统的治体概念"治道"，而无论翻译者、引进者，还是运用者，对于这一传统概念的深厚理论底蕴，都不具备文化和政治上的自觉，只是在对照西学理论的意义上借用而已[①]。这个状况，与晚清严复运用"治制""治化""治功"推出"政体""法意"等概念有所类似，区别是严复之后的现代学者极少具备前者所拥有的深厚传统学养，对于西方和西学的审视也缺乏优势。

更重要的问题尚不在于概念译介上，而在于我们究竟是在什么样的学术思想和实践脉络中来认知国家治理及其体系、能力命题的。已有讨论犀利指出，晚近二十多年的治理研究潮流只是近期西方学术的一个组成部

---

① 彭莹莹，燕继荣. 从治理到国家治理：治理研究的中国化. 治理研究，2018（2）.

第五章　历史政治学与治体新论

分，我们应当认识到更为悠久广大的治理学术传统[①]。的确，在理解当下的国家治理体系时，我们不能仅仅在当前西学潮流中来看待它，更应有基于传统和现代的实践自觉。中国是一个具有悠久文明和政治传统的大国，又经历了一百多年深刻复杂的现代转型，其治理实践逻辑需要我们充分把握悠久传统和现代转型这个基本面。这注定了我们不能只在过往二十多年西学导向下的治理研究谱系中来理解国家治理体系。

如前所述，中国至少从秦汉以降，就形成了自身的政治实践和理论传统，国家有治体政要，治体论代表了先贤政治家和思想家对于国家政府的系统理解和辨识，具有两千多年的深厚积累。即使是在民主优胜论盛行的转型时期，我们依然能够观察到治体论的深刻影响力。这是由大国政治的实践延续性所客观规定的，即使有时实践群体并没有形成十分清晰的自觉。

国家治理体系现代化的提出，提醒我们思考：国家治理体系在历史传统的维度上是从何而来的？是接续古希腊罗马的传统，还是接续周秦汉唐清的传统，抑或二者兼顾？进一步，国家治理体系的现代化是相对于什么的现代化？如果是相对于国家治理传统的现代化，那么，是过往数千年的传统，还是过去一百多年抑或改革开放之前的共和国传统？

如果我们只在接受"统治"与"治理"二分的前提下来认知国家治理体系，那无异于只是承认西学及其政治文明的晚近传统，这与基本事实相去甚远。我们应当返本归源，在治体论传统及其现代转型的谱系中而非在"governance"的意义上来认知国家治理体系，充分观察传统与现代转型之间的连续性与变异性，相互启明，致力于形成适合自身实践的学术理论。治理研究的观察者们回溯了这一领域的兴起，不无忧虑地指出当前治理研究似乎在政治学维度已无探讨空间，而趋于具体内容研究上的公共管理化[②]。这个趋势一方面无疑是研究的细化和拓展，但另一方面显然没有意识到国家治理研究的政治学基础实际上并没有得到系统认真的清理审视，重建工作大有可为。换言之，在国家治理体系的学理渊源中，当代西学看

[①] 王绍光. 治理研究：正本清源. 开放时代，2018（2）.
[②] 杨雪冬，季智璇. 政治话语中的词汇共用与概念共享：以"治理"为例. 南京大学学报（哲学·人文科学·社会科学），2021（1）.

似明线，却非主源，中国传统看似潜流，却远非边缘。重识国家治理中心性的源与流，是政治学人应当着手的大问题。

二、国家治理传统的治体论视野

治体论指向我们拥有的悠久国家治理传统，国家治理体系和治理能力的现代化应当是在这个大传统及其现代转型的基础上来加以把握的。这就需要我们发展出一个具有通贯性、体系性、比较性的历史政治学视野。从这个视野来审视，目前我们关于国家治理体系的讨论仍处于西学现代化话语的笼罩之下，由于缺乏文明自觉和政治自主性意识，对于国家治理体系的学理构建未能把握其深层逻辑，尚未构建起具有内在规范性和批判性的愿景机制。

"国家治理体系是在党领导下管理国家的制度体系，包括经济、政治、文化、社会、生态文明和党的建设等各领域体制机制、法律法规安排，也就是一整套紧密相连、相互协调的国家制度"[1]。对于国家治理体系的实践表述，目前学界提出了初步解释和概括。有学者认为学界对此形成了初步共识，即国家治理体系是国家对经济、政治、文化、社会、制度等方面进行综合治理的系统工程，包含治理目标、治理主体、治理对象、治理方式四个主要内容。治理能力现代化是这个系统工程的绩效。从治理目标来看，国家治理要实现人民幸福、社会和谐、国家富强。治理主体，即政党、政府、社会、公众。治理对象，即经济建设、政治建设、文化建设、社会建设、生态文明建设等领域。治理方式，即现代化治理手段，体现为制度化、民主化、法治化、科学化、规范、有效、有限、开放、透明、协商、参与等特征[2]。

---

[1] 习近平．切实把思想统一到党的十八届三中全会精神上来．人民日报，2014-01-01 (2)．

[2] 彭莹莹，燕继荣．从治理到国家治理：治理研究的中国化．治理研究，2018 (2)．

第五章 历史政治学与治体新论

既有研究大多围绕国家和政府系统（如国家能力、服务型政府、有限政府、党和国家制度建构），尤其是制度体系和功能来进行分析，规范性维度重于实证性维度，历史传统和比较维度还十分薄弱。其间有几个研究动向值得关注。有的研究从价值、制度和目标的总体系统来尝试把握国家治理体系，或者注重治理主体与治理方式如制度化之间的辩证关系，或提出基于委托信任制的"良心＋良制＋良治"新型政治发展道路、注重一体化文化观念与组织制度之间的同构性联系，这在很大程度上接近治体论传统的系统视野，不单纯聚焦制度体系，而是从多要素的整合关系审辨其先后轻重①。有的研究梳理当代政治发展中的重大实践主题，如理顺关系、条块关系、功能性分权、协商政治、党建制度化等②。有的研究能够从国家治理传统的远程视野出发，尝试系统性把握中心主题，如郡县国家如何应对流动社会的挑战、贤能政治、帝国逻辑与相关研究（行政发包制、上下分治等）、关系叠加的国家形态、家户制、大一统国家韧性、集权的简约治理等③。

系统性的广阔深厚视野、中长程焦距的实践主题解析，有利于我们逐渐认知到作为超大规模文明和政治共同体的中国具有相对自成体系的国家

---

① 何增科. 理解国家治理及其现代化. 马克思主义与现实, 2014 (1); 俞可平. 推进国家治理体系和治理能力现代化. 前线, 2014 (1); 唐亚林. 人心政治论. 理论与改革, 2020 (5).

② 何艳玲. 理顺关系与国家治理结构的塑造. 中国社会科学, 2018 (2); 周振超. 中国条块关系模式的特色与功能. 探索与争鸣, 2020 (11); 陈国权, 皇甫鑫. 功能性分权与中国特色国家治理体系. 社会学研究, 2021 (4); 谈火生, 宋雄伟. 中国共产党对社会主义协商民主的百年探索. 行政管理改革, 2021 (8); 郭定平. 制度体系: 中国共产党治国理政的新境界. 理论月刊, 2021 (4).

③ 曹锦清, 刘炳辉. 郡县国家: 中国国家治理体系的传统及其当代挑战. 东南学术, 2016 (6); 贝淡宁. 贤能政治: 为什么尚贤制比选举民主更适合中国. 北京: 中信出版社, 2016; 周雪光. 从"黄宗羲定律"到帝国的逻辑: 中国国家治理逻辑的历史线索. 开放时代, 2014 (4); 周雪光. 从"官吏分途"到"层级分流": 帝国逻辑下的中国官僚人事制度. 社会, 2016 (1); 曹正汉. 统治风险与地方分权: 关于中国国家治理的三种理论及其比较. 社会, 2014 (6); 徐勇. 关系中的国家: 第2卷. 北京: 社会科学文献出版社, 2020; 周光辉, 赵德昊. 荒政与大一统国家: 国家韧性形成的内在机制. 学海, 2021 (1); 周光辉, 赵德昊. 教化: 大一统国家韧性的形成路径. 探索与争鸣, 2021 (4); 黄宗智. 集权的简约治理: 中国以准官员和纠纷解决为主的半正式基层行政. 开放时代, 2008 (2); 黄宗智. 民主主义与群众主义之间: 中国民众与国家关系的历史回顾与前瞻愿想. 文史哲, 2021 (2).

治理智识资源。融贯地看，治体论传统是在学理意义上对于国家治理体系长期演变传统的抽象提炼，离不开数千年具体实践经验的积累流变。我们当下观察到的问题，诸如国家能力、政府职能、政府与社会关系等，是当下实践问题的具体呈现，也是国家治理传统的最新表达。国家治理传统悠久厚重，当前实践相对短暂而多变化；当前实践比较切近而紧迫，国家治理传统辽远而深潜。当前实践问题与悠久传统之间的关联如何打通，这就考验当下学者的视野、智识和能力。我们可以把它们纳入治体论传统的视野中，来观察解析，同时也不排斥吸收移植过来的思想学理，这其中有一个主次轻重之分。中西方治理传统对于这类实践都提供了系统性、反思性的学理知识资源，我们在观察当代实践发展时引入并运用何者，需要注重对象与资源之间的贴合和调适。

考察治体论传统与国家治理体系研究的关系，我们可以发现，当前对于国家治理体系的共识性表达，仍然处于治体论传统的延长线上。国家治理体系仍然需要对治理原则或价值目标、治理主体、治理方式这几个基本要素进行系统性整合，新意在于各要素内涵有了现代发展，治理领域有了开拓增加，整合方式上也有了新变化。而治理体系与治理能力的关系，近于传统所说的体与用，如宋人吕中所论治体、制度与国势之间的关系[1]。需要注意的是，制度、规则成为现代治体的主要着眼点，政体成为新治法的中心。前文指出，现代中国政体论的浮现，除了西学启蒙的催生，还有来自传统治体论的思维推力。对于政体或者制度体系的注重，其实不应仅仅被视为现代国人追寻西式立宪法治的结果，更大视野上是近世以来中国政治"以法为治"、注重纪纲法度的传统新表达。同理，政治制度化构成政治现代变迁的主要内容，这不仅是 20 世纪世界政治的新挑战，在近世中国已经成为一个长期被关注和剖析的关键现象[2]。从这个视角看，诸如政府内部结构及其与社会的关系、对于制度体系的分层级剖析、法治与德治的统一等，实际上在古今实践中不断被讨论，都需要在治体论传统的演变视野中探析其新义。

---

[1] 任锋. 立国思想家与治体代兴. 北京：中国社会科学出版社，2019：519-559.
[2] 亨廷顿. 变化社会中的政治秩序. 上海：上海人民出版社，2008.

第五章 历史政治学与治体新论

明确了基本共识，我们需要避免相关研究的如下趋向：由于缺乏治体论传统的自觉，国家治理体系研究始终受到政体决定论、政体中心论的牵制，或者受制于西方现代文明理性化和制度化主趋，陷于一种制度主义或组织中心的范式导向中。我们对于国家治理体系现代化的理解，几乎很难跳出权力本位的理性化主导的制度化、法治化、组织化思路。治体论传统从国家政府的秩序构建高度上，对于政治原则、政治主体和制度方略形成了一种辩证平衡的系统自觉。这个理论传统虽不断辨析各要素的有无、先后、本末、轻重，却不会轻易将治体化约为任何一个要素的决定论或独断论。国家治理体系研究，对于制度体系的重视是其导向，但从体系自觉上如果失去对治理原则、治理主体与制度方略的系统辩证把握，势必限制我们更深入地理解这个体系的形成、演变和比较性特征。需要深入追问：制度规则是怎样形成的？什么是适合治理体系的治理原则和价值？治理主体与制度方略、治理原则之间的关系究竟是怎样形成的？

这一点可从治体论的基本原理进行考察。大一统是治体论传统逐渐形成的基本构建性原理。大一统中"统"所指示的基源性政治原则，代表了一种对于凝合团结与持续发展的积极共同体的认同，在制度层面有一系列中心制度如郡县、元首、首都、选举、税赋、官制予以支持，在文教层面配有长期形成的学术思想文化机制和意识形态构建[①]。如果我们不摆脱专制主义政体论的束缚，就很难从国家治理体系的高度和复杂性上去把握这一秩序系统。当前涵括"一国两制"、边疆发展等重要挑战的国家治理，如何避免其顺着政体论制度主义的分裂、混乱逻辑演变，需要在确立"统"的治体价值基础上树立话语导向、培育治理主体、夯实制度方略。在国家形态上，大一统国家形态不是联邦，也不是帝国。西方人囿于自身经验，无法理解大一统，把中国历史政治强塞进帝国之类的范畴中。现代中国学人邯郸学步，不加反思地袭用并对中国经验进行剖解，这一点需要反思。

再如，当代最为重要的宪制变革之一是监察体制改革，中国有两千多

---

① 任锋. 大一统与政治秩序的基源性问题：钱穆历史思维的理论启示. 人文杂志，2021（8）.

年的监察政治传统,在现代政治中有令人瞩目的延续转化。相关研究很容易在缺乏治体自觉的情况下盲目移植诸如分权制衡等西方现代原理和制度来剖析中国经验,也很难跳出权力论的分权范式来理解监察政治①。如果我们对于大一统治体的"统"这一治理原理有所掌握,认识到监察政治与大一统国家政府体系之间的历史政治联系,可能会对传统与现代实践提出更加贴合的理论解释,对分权范式进行批判性的理论反省。大一统的"统"是制度体系的枢轴,主导着中心性政治制度的基本原则取向,这一点适用于人民代表大会制度、民主集中制、元首制度、政府间结构、地方自治等广泛领域。在中国当代政府的决策权、执行权与监察权之间,主导性规范原则是否只能是分权制衡,从治体论传统中政府体系的构成原则来看,这一点远非必然,协作和合更占据主导地位。

三、治体论传统的现代理论启示

治体论的精义在于辩证对待政治原则、政治主体和制度方略的宪制整合关系,中国政治传统在这方面已经有悠久深厚的积累传承。我们应当认真汲取其启迪,这有利于对流行的政治论调发挥检验甄别作用,并深入发掘国家治理体系的构建机制。

比如法治论是现代中国政治发展的纲领性范式,关于人治与法治的优劣辨析几乎贯穿了现代中国转型时代。而先行者的探索显示出,通过激活治体论,对于法治的认知可以澄清其中的意识形态偏见②。对于大国治理来说,尽管有形式方法差别,制度和规则意义上的法治往往是共通处,区别主要在于治人与治法(即政治主体与制度方略)和治道与治法(即政治原则与制度方略)这两对关系及其整合模式的不同处理上面。钱穆曾指出

---

① 任锋. 中国政治传统研究与历史政治学的可能性. 学术月刊, 2020 (1).
② 任锋. 钱穆的法治新诠及其启示:以《政学私言》为中心. 西南大学学报(社会科学版), 2018 (5).

第五章 历史政治学与治体新论

"任法""重法"是中国政治传统的特征,历史上未免有任法积弊,应对之处在于怎样充分发挥治理主体的活力,来克服任法的弊端。中西法治,应该在这个意义上互相交流借鉴。另外,与法治系统相配置的精神价值和社会文化系统各自不同,如各宗教传统与儒家传统,很大程度上塑造了法治形态的特质。法治系统的移植吸收,对这一点应该充分关注。再如国家治理体系的主体之一——现代中国政党,与世界其他国家的政党很不一样。我们的政党是从中国传统治体中逐渐形成的,体现出政民一体、公忠不党的传统精神,充任领导要素和建设角色,对于政治原则和制度方略的安排发挥着枢纽作用。要理解这一治理主体,既要认识现代无产阶级政党的革命传统,也要认知中国数千年知识文化和政治精英的形成过程和机制,而这会进一步触及思想文化传统与政治传统的长期演变问题,触及大一统秩序所需要的知识文化类型和取向问题。对于国家治理体系中的国家形态、政治制度、政治主体、政治价值和原则,需要在一个历史政治学的系统视野中来深入剖析。已有学术资源为我们留下了珍贵线索。

在治体与治体论传统的启示下,国家治理体系研究应当形成推动政治学理论创新发展的意志和能力。这个创新发展,不仅仅建立在对于传统治体及其论述的基础上,更要充分运用国家治理新实践这个契机来检验和拓展治体论传统。这要求我们不能满足于担当西学理论的搬运工,而要面向实践发展进行自主理论的积极探索。

以治理体系的"理顺关系"研究为例,研究者已经认识到了中国文明关于国家政府与社会的基本关系并非二元对抗形态[①]。然而,这方面适合理解中国的治理原则和价值究竟是什么?北宋司马光论述治体,提出国家政府在上下内外之间的相维相制,这在治体论传统中十分常见,显示出我们在"理顺关系"问题上自有传统渊源。钱穆先生概括中西政治社会基本关系,认为中国偏于"政民一体",西方偏于"政民对立",中国文明在政治与经济、文教、社会之间体现出一种融凝合一的关系。这种基于历史政

[①] 何艳玲. 理顺关系与国家治理结构的塑造. 中国社会科学, 2018 (2).

治学的概括判断，对于我们具有珍贵的指导价值①。

类似研讨推动我们在系统自觉的视野高度来甄别自身与他者的治体同异。比如对于法治，梁启超、钱穆等都相对提出礼治与法治的辨析。礼治仅仅是一个思想史、学术史的古董陈列，在国家治理体系中有没有现代生机呢？什么样的礼治逻辑可以帮助我们深入理解国家治理体系及其现代化？礼治包含了一套对于政治的基本理解，对于权力政治、理性化有所反思而注重更丰富的人性面向（如情治/情感治理研究②），对于制度方略的安排充分注重政治原则和政治主体的积极价值，对于政治、经济、文化之间关系以及天人关系形成了不同秩序构思，关系到立家、立国和立教事务能否行久稳健。礼治作为治体典范势必在政治原则、政治主体和制度方略要素层面有所展现。如晚近国家对于家庭、家风和家教，对于乡贤和社会治理，对于农村振兴和生态文明的积极重视，需要我们结合治体论传统给予系统而富有新意的学理解释。

目前我们接受的政治学理论，从概念、命题、原理到系统解释，很大程度上来自西方学者基于自身既有经验的思考提炼，并经由早发现代的优势在世界范围内广泛传播。中国经验在这类理论面前往往被认为是例外、另类和他者。这就要求我们在一种开放的视野和语境中实事求是地进行经验基础上的理论构建。这种构建势必会在基本概念、命题、原理和具体运用中呈现多元化的竞争局面。真正的竞争和化合，会在经史经世的政治学与西学启蒙的政治学之间展开。这方面，已有少数先贤学者进行了可贵探索，比如钱穆先生对于中国政治传统的系统性解释，提出了一统与多统、职任与权力、政民一体、信托政权、士人政府等概念并做了区分，关系到对于政治、秩序和文明的基本理解③。

最后，国家治理体系研究需要从治体论传统中充分汲取历史传统自觉和文明意识。历史上的治体建构充分注重在古典、近世和当前之间的传统

---

① 任锋. 大国礼治何以重要？：政制崇拜、治体论与儒学社会科学刍议. 孔子研究，2021 (6).

② 王向民. 传统中国的情治与情感合法性. 学海，2019 (4)；唐亚林. 人心政治论. 理论与改革，2020 (5).

③ 任锋. 立国之道的新和旧：钱穆与中国政治学的自觉. 中国政治学，2018 (1).

第五章　历史政治学与治体新论

融贯，这是治体可大可久的认识论、实践论保障。我们需要不断回溯三代、汉唐、宋元明清来重温自己的治体传统，才能对当前治体的因承损益做出可靠判断。比较起来，当前研究者的全球化、世界化、现代化意识突出，而传统感、历史感和经验性相当薄弱。当前社会科学界如社会学、政治学领域先后出现了以历史化为号召的本土化转向，这一点对于政治学研究有积极的推动价值①。继往，才能开来，否则，对于国家治理体系的未来走向将失去预判和构想的坚实基础。中国政治传统内在已经有多轮的兴衰治乱，是否能够以及如何能够超越这种治理规律，可能是国家治理研究需要加以深思的极限命题。现代中国早期就浮现出通过政体革命实现国运腾飞的迷思，这个教训提醒我们在治体论视野下更加积极去正面传统，检讨政治得失②。

我们的历史传统不仅是政治传统，也是文明传统。政治是文明的一部分，国家治理体系也是如此，它以最具现实感的方式表达着从历史传统因革而来的文明智慧，外来理论只是助缘。从治体论传统来看，我们的治理目标诸如人民幸福、国家富强，很大程度上依赖于大一统国家政府的维系和巩固，更深切的治体原则其实是国家共同体的统一壮大，并由此对人类命运共同体做出具有主导性的积极贡献。

国家治理体系现代化是我们激活治体传统的重要实践源泉。社会主义民主政治提出了人民当家作主、党的领导与依法治国的有机统一，这就体现出治体论传统的思维精神。有机统一的三个要素分别侧重凸显了社会主义民主治体的政治原则、政治主体和制度方略。当然，每一个要素自身内部，又包含了一层具体的治体结构，即原则、主体与制度的有机结合。整体来看，在社会主义民主框架内，这三个要素凸显的重心相对不同。

笔者曾借用孔飞力有关现代中国起源的探讨，指出以秩序公义化和法度化为中心的政学演进可谓近世以降的一大"根本性议程"（constitutional

---

① 关于社会学领域，参见：肖瑛. 社会学研究的历史转向//中国社会科学院社会学研究所. 中国社会学年鉴：2011—2014. 北京：中国社会科学出版社，2016；应星. 略述历史社会学在中国的初兴. 学海，2018（3）.

② 任锋. 国有与立：钱穆的历史政治思维析论. 江苏行政学院学报，2021（1）.

agenda)①。近世治体的公共精神在治道、治法和治人层面俱有表达，治法的公共性（"公法"）与治道和治人的公理、共治形成了一个蕴含多重张力的政治构造。换言之，围绕君主威权与士人共治建构起来的公共性，如何在国家宪制的纪纲法度中得以落实，是近世秩序演进的核心动力。一个文治取向、注重祖宗之法的统一政治体，在应对近世社会结构的平民化进程中，秩序的公共性面向得到了不断强化。这在宋代开始盛行的公共意识，特别是公道、公论和公法观念中得到体现，在明代阳明学兴起的浪潮下也有复兴。政治权威与士人共治的宪制整合将构造政治社会中心并实现其法度化作为其核心议题，它们为秩序赋权，并提供规范化形态。

从这个历史政治学视野来看，人民民主蕴含了治道公共性的现代表述，党的领导为人民民主的政治意志确定了中心性的政治主体，而依法治国则是沿着近世注重纪纲法度的历史传统进一步彰显治法要义的。近世作为现代中国的直接来源，其治体核心就是平民化社会的领导中心凝聚与其法度构建，其兴衰机栝在这里。现代中国的革命和变革，构成了现代中国立国的主要路径，其归向是通向立国的可大可久。革命与立国共同造就了现代中国政治的主题，立国是其实践归宿。从这个视角看，变革的历史贡献是激发治体更新，重点在于凝聚形成新的政治原则和政治主体。国家治理体系现代化和社会主义民主政治，揭示出了这个治体更新的基本架构，即新的政治原则、政治主体与依法治国的有机统一，通过治道和治人的活力再生来进一步推动国家政府的宪制化构建。从治体论传统来重新审视现代中国政治，我们可以对革命时期、建国早期和改革开放的政治实践提出新的解释和叙事，也可以努力形成更具传统性、系统性和比较性的政治学理范式。

---

① 任锋. 立国思想家与治体代兴. 北京：中国社会科学出版社，2019：38.

参考文献

白彤东. 谁之天下？：对赵汀阳天下体系的评估. 社会科学家，2018（12）.

白芝浩. 英国宪法. 北京：商务印书馆，2010.

柏拉图. 苏格拉底的申辩. 修订版. 北京：华夏出版社，2017.

包利民. 古典政治哲学史论. 北京：人民出版社，2010.

贝淡宁. 贤能政治：为什么尚贤制比选举民主制更适合中国. 北京：中信出版社，2016.

本社. 章太炎全集：四. 上海：上海人民出版社，1985.

蔡乐钊. 孟德斯鸠分权制衡理论的历史观：重温《论法的精神》. 政法论坛，2013（2）.

曹锦清，刘炳辉. 郡县国家：中国国家治理体系的传统及其当代挑战. 东南学术，2016（6）.

曹锦清. 市场、社会与社会建设. 哈尔滨工业大学学报（社会科学版），2013（4）.

曹正汉. 统治风险与地方分权：关于中国国家治理的三种理论及其比较. 社会，2014（6）.

陈国权，皇甫鑫. 功能性分权与中国特色国家治理体系. 社会学研究，2021（4）.

陈理. "大一统"理念中的政治与文化逻辑. 中央民族大学学报（哲学社会科学版），2008（2）.

陈亮. 陈亮集. 北京：中华书局，1987.

陈明. 文化儒学：思辨与论辩. 成都：四川人民出版社，2009.

陈纳，范丽珠. "文化断层线"的谬误：亨廷顿"文明冲突论"再批判．文化纵横，2017（2）．

陈卫平．中国哲学史研究的学科自觉：从胡适到冯友兰．中国哲学史，2003（2）．

陈寅恪．寒柳堂集．北京：生活·读书·新知三联书店，2001．

陈勇．钱穆与二十世纪中国史学．北京：九州出版社，2017．

陈赟．"家天下"还是"天下一家"：重审儒家秩序理想．探索与争鸣，2021（3）．

陈赟．亨廷顿"文明冲突论"的深层逻辑．中国社会科学文摘，2020（8）．

程燎原．梁启超的"政体思维"是怎样被误解的：评王绍光的《政体与政道：中西政治分析的异同》．政法论坛，2014（2）．

戴景贤．钱宾四先生与现代中国学术．上海：东方出版中心，2016．

邓野．联合政府与一党训政：1944—1946年间国共政争．北京：社会科学文献出版社，2011．

狄百瑞．中国的自由传统．贵阳：贵州人民出版社，2009．

方朝晖．对90年代市民社会研究的一个反思．天津社会科学，1999（5）．

傅斯年．傅斯年全集：第1卷．长沙：湖南教育出版社，2003．

干春松．保教立国：康有为的现代方略．北京：生活·读书·新知三联书店，2015．

高全喜．政治宪法学纲要．北京：中央编译出版社，2014．

高杨．从独裁官到元首制：奥古斯都的政治遗产．政治与法律评论，2016（2）．

谷川道雄．中国中世社会与共同体．增订本．上海：上海古籍出版社，2013．

顾家宁．儒家经典政制中的政教关系：以黄宗羲之学校论为中心．政治思想史，2014（3）．

广东省社会科学院历史研究室，中国社会科学院近代史研究所中华民国史研究室，中山大学历史系孙中山研究室．孙中山全集：第4卷．北京：

参考文献

中华书局，1986.

郭定平．制度体系论：中国共产党治国理政的新境界．理论月刊，2021（4）.

郭齐勇．儒家伦理争鸣集：以"亲亲互隐"为中心．武汉：湖北教育出版社，2004.

韩云．钱穆宗教观研究．北京：中国社会科学院研究生院，2020.

汉森，欧树军．混合宪制与三权分立：现代民主的君主制与贵族制特征．经济社会体制比较，2012（2）.

何艳玲．理顺关系与国家治理结构的塑造．中国社会科学，2018（2）.

何增科．理解国家治理及其现代化．马克思主义与现实，2014（1）.

亨廷顿．变化社会中的政治秩序．上海：上海人民出版社，2008.

亨廷顿．文明的冲突与世界秩序的重建．修订版．北京：新华出版社，2010.

亨廷顿．我们是谁：美国国家特性面临的挑战．北京：新华出版社，2005.

侯旭东．"制度"如何成为了"制度史"．中国社会科学评价，2019（1）.

侯旭东．中国古代专制说的知识考古．近代史研究，2008（4）.

胡云．风宪再造：钱穆政治思想中的监察权理论．政治思想史，2020（4）.

黄克武．近代中国的思潮与人物．修订版．北京：九州出版社，2016.

黄克武．民族主义的再发现：抗战时期中国朝野对"中华民族"的讨论．近代史研究，2016（4）.

黄宗智．集权的简约治理：中国以准官员和纠纷解决为主的半正式基层行政．开放时代，2008（2）.

黄宗智．民主主义与群众主义之间：中国民众与国家关系的历史回顾与前瞻愿想．文史哲，2021（2）.

姜义华．辛亥革命以来中国大一统国家体制再造中的承续：上．学术月刊，2011（1）.

姜义华．辛亥革命以来中国大一统国家体制再造中的承续：下．学术月刊，2011（2）．

姜义华．中华文明的经脉．北京：商务印书馆，2019．

蒋庆．政治儒学：当代儒学的转向、特质与发展．修订本．福州：福建教育出版社，2014．

金泽，赵广明．宗教与哲学：第五辑．北京：社会科学文献出版社，2016．

吴经熊．法律哲学研究．北京：清华大学出版社，2005．

康托洛维茨．国王的两个身体：中世纪政治神学研究．上海：华东师范大学出版社，2018．

赖骏楠．"家产官僚制"与中国法律：马克斯·韦伯的遗产及其局限．开放时代，2015（1）．

李德瑞．学术与时势：1990年代以来中国乡村政治研究的"再研究"．北京：社会科学文献出版社，2012．

李立．评《宋代监察制度》、《宋代台谏制度研究》．新史学，2000（2）．

李零．我们的中国：茫茫禹迹：中国的两次大一统．北京：生活·读书·新知三联书店，2016．

李猛．孟德斯鸠论礼与"东方专制主义"．天津社会科学，2013（1）．

李天纲．简论中国的宗教与宗教学．天津社会科学，2016（1）．

李晓宇．"瓶""酒"之辨：冯友兰"中国哲学史"建构中的紧张与蒙培元的化解之道．社会科学研究，2008（3）．

李长春．《春秋》"大一统"与两汉时代精神．中山大学学报（社会科学版），2011（3）．

梁启超．论中国学术思想变迁之大势．上海：上海古籍出版社，2001．

梁启超．先秦政治思想史．北京：商务印书馆，2017．

梁启超．饮冰室合集．北京：中华书局，1989．

梁淑芳．钱穆先生论天人合一观初探：以《中国文化对人类未来可有的贡献》为中心的考察．国文学志，2004（8）．

参考文献

梁淑芳．钱穆宗教观再探：从三不朽谈起．宗教哲学，2016（77）．

梁漱溟．梁漱溟全集．济南：山东人民出版社，1993．

梁治平．礼教与法律：法律移植时代的文化冲突．上海：上海书店出版社，2013．

林尚立．大一统与共和：中国现代政治的缘起．复旦政治学评论，2016（1）．

林毅．"变中求统"：大一统政治思想研究中的语境与逻辑问题．政治学研究，2020（2）．

刘家和．论汉代春秋公羊学的大一统思想．史学理论研究，1995（2）．

刘俊峰．抗战时期顾颉刚与钱穆学术理念的离合．齐鲁学刊，2016（3）．

刘师培．中国民约精义．长沙：岳麓书社，2013．

刘巍．试论钱穆通史路径之时代根源及其所成就的"中国主义"．人文杂志，2017（12）．

刘小枫．百年共和之义．上海：华东师范大学出版社，2015．

刘小枫．共和与经纶：熊十力《论六经》《正韩》辨正．北京：生活·读书·新知三联书店，2012．

刘小枫．亚历山大与西方古代的"大一统"．海南大学学报（人文社会科学版），2017（2）．

刘训练．西方古代政体学说的终结．政治学研究，2017（5）．

罗建平．"统"的大一统原型及其当下意义．社会科学，2009（3）．

吕中．类编皇朝大事记讲义 类编皇朝中兴大事记讲义．上海：上海人民出版社，2014．

马猛猛，沈蜜．从"文化的钱穆"到"经世的钱穆"：钱穆研究三十年述评．中国政治学，2021（3）．

马卫东．大一统源于西周封建说．文史哲，2013（4）．

曼斯菲尔德．驯化君主．南京：译林出版社，2005．

孟德斯鸠．孟德斯鸠法意．北京：商务印书馆，1981．

闵抗生．鲁迅的创作与尼采的箴言．西安：陕西人民教育出版社，1996.

摩根．牛津英国史．北京：人民日报出版社，2021.

牟宗三．牟宗三先生全集：第 22 册．台北：联经出版事业公司，2003.

欧树军．亨廷顿：一个现实主义的保守主义者．文化纵横，2019（3）.

欧树军．美国的国家认同危机．读书，2020（9）.

彭莹莹，燕继荣．从治理到国家治理：治理研究的中国化．治理研究，2018（2）.

浦兴祖．我国实行的是单一元首制．中国特色社会主义研究，2004（1）.

戚学民．严复《政治讲义》研究．北京：人民出版社，2014.

钱行．温情与敬意：走近父亲钱穆．北京：九州出版社，2020.

钱穆．八十忆双亲、师友杂忆合刊．北京：九州出版社，2011.

钱穆．国史大纲．修订第 3 版．北京：商务印书馆，1996.

钱穆．国史新论．北京：九州出版社，2012.

钱穆．国学概论．北京：九州出版社，2011.

钱穆．湖上闲思录．北京：生活・读书・新知三联书店，2000.

钱穆．讲堂遗录．北京：九州出版社，2020.

钱穆．两汉经学今古文平议．北京：商务印书馆，2015.

钱穆．灵魂与心．桂林：广西师范大学出版社，2004.

钱穆．钱宾四先生全集．台北：联经出版事业公司，1998.

钱穆．秦汉史．北京：生活・读书・新知三联书店，2018.

钱穆．世界局势与中国文化．北京：九州出版社，2011.

钱穆．宋代理学三书随札．北京：生活・读书・新知三联书店，2002.

钱穆．宋明理学概述．北京：九州出版社，2011.

钱穆．晚学盲言 .2 版．北京：生活・读书・新知三联书店，2014.

钱穆．文化学大义．北京：九州出版社，2017.

钱穆．文化与教育．北京：九州出版社，2011.

钱穆．现代中国学术论衡．北京：九州出版社，2012.

钱穆．学籥．北京：九州出版社，2011.

参考文献

钱穆．政学私言．北京：九州出版社，2010.

钱穆．中国近三百年学术史．北京：商务印书馆，1997.

钱穆．中国历代政治得失．北京：九州出版社，2012.

钱穆．中国历史精神．北京：九州出版社，2016.

钱穆．中国历史研究法．北京：九州出版社，2012.

钱穆．中国史学发微．北京：九州出版社，2020.

钱穆．中国史学名著．北京：生活·读书·新知三联书店，2005.

钱穆．中国文化史导论．北京：九州出版社，2011.

钱穆．中国学术通义．北京：九州出版社，2012.

秦际明．钱穆论王官学与百家言的政教意蕴．政治思想史，2015（3）.

全祖望．全祖望集汇校集注：上册．上海：上海古籍出版社，2000.

梁启超．梁启超全集：第2册．北京：北京出版社，1999.

任锋，马猛猛："建国于大地之上"：钱穆的首都论、立国形态观与文化地理学．思想战线，2021（2）.

任锋．"会通为体，分别为用"：钱穆《现代中国学术论衡》的大义家言．开放时代，2021（2）.

任锋．"近己则俗变相类"：钱穆与近世儒家传统．天府新论，2008（1）.

任锋．"历代政治得失"的微言隐义．读书，2020（10）.

任锋．"以法为治"与近世儒家的治道传统．文史哲，2017（4）.

任锋．大国礼治何以重要？：政制崇拜、治体论与儒学社会科学刍议．孔子研究，2021（6）.

任锋．大一统与政治秩序的基源性问题：钱穆历史思维的理论启示．人文杂志，2021（8）.

任锋．道统与治体：宪制会话的文明启示．北京：中央编译出版社，2014.

任锋．共和的政教之维：梁启超论题与钱穆道统说的三个面向．武汉科技大学学报（社会科学版），2019（5）.

任锋．国有与立：钱穆的历史政治思维析论．江苏行政学院学报，

2021（1）.

任锋．君道再还：钱穆宪制思维中的元首论．开放时代，2019（2）．

任锋．历史政治学的双重源头与二次启航：从梁启超转向到钱穆论衡．中国政治学，2019（2）．

任锋．立国思想家与治体代兴．北京：中国社会科学出版社，2019．

任锋．立国之道的新和旧：钱穆与中国政治学的自觉．中国政治学，2018（1）．

任锋．期待开放的宪制会话：国族崛起下的儒学与自由主义．开放时代，2011（11）．

任锋．钱穆的"明夷待访录"．政治思想史，2018（4）．

任锋．钱穆的法治新诠及其启示：以《政学私言》为中心．西南大学学报（社会科学版），2018（5）．

任锋．天理、治体与国势：现代变迁中的儒家传统．文化纵横，2014（1）．

任锋．文明冲突，还是文明化合？：从钱穆礼教论省察亨廷顿命题的困境与出路．世界宗教研究，2023（1）．

任锋．现代转型中的礼法新说与治体论传统．江苏行政学院学报，2022（1）．

任锋．新启蒙主义政治学及其异议者．学海，2015（5）．

任锋．政教相维下的"兼体分用"：儒家与中国传统的文教政治．学海，2014（5）．

任锋．治体论的思想传统与现代启示．政治学研究，2019（5）．

任锋．中国政学传统中的治体论：基于历史脉络的考察．学海，2017（5）．

任锋．中国政治传统研究与历史政治学的可能性．学术月刊，2020（1）．

任锋．重审"问题与主义"之争．读书，2015（5）．

任锋．重温我们的宪制传统．读书，2014（12）．

任剑涛．建国之惑：留学精英与现代政治的误解．北京：中国政法大

参考文献

学出版社，2012.

桑兵．民国学人宋代研究的取向及纠结．近代史研究，2011（6）.

桑兵．中国思想学术史上的道统与派分．中国社会科学，2006（3）.

邵建．新文化的偏差：20 世纪前 20 年的"新传统主义"与"反传统主义"．探索与争鸣，2015（1）.

沈蜜．法治的中国论说：从梁启超的救时启蒙到钱穆的立国新诠．政治思想史，2019（4）.

施特劳斯．从德性到自由：孟德斯鸠《论法的精神》讲疏．上海：华东师范大学出版社，2017.

石文英．郑朝宗纪念文集．厦门：鹭江出版社，2000.

司马光．资治通鉴：卷一百九十三．北京：中华书局，1956.

宋平明．抗战时期"学术中国化"讨论的双重维度及其理论遗产．北京党史，2020（4）.

苏国勋，黄万盛，吴飞，等．走出韦伯神话：《儒教与道教》发表百年后之反思．开放时代，2016（3）.

苏力．大国宪制：历史中国的制度构成．北京：北京大学出版社，2018.

孙宝山．返古开新：黄宗羲的政治思想．北京：人民出版社，2008.

孙歌．绝望与希望之外：鲁迅《野草》细读．北京：生活·读书·新知三联书店，2020.

孙宏云．小野塚喜平次与中国现代政治学的形成．历史研究，2009（4）.

孙宏云．学术连锁：高田早苗与欧美政治学在近代日本与中国之传播．中山大学学报（社会科学版），2013（5）.

孙宏云．由"经济"到学术：现代政治学科在北京大学的建立．中山大学学报（社会科学版），2010（4）.

孙向晨．论家：个体与亲亲．上海：华东师范大学出版社，2020.

谈火生，宋雄伟．中国共产党对社会主义协商民主的百年探索．行政管理改革，2021（8）.

谈火生．西方学界关于总统制、议会制与民主巩固的争论．教学与研究，2008（4）.

汤一介．"文明的冲突"与"文明的共存"．北京大学学报（哲学社会科学版），2004（6）.

唐君毅．生命存在与心灵境界．北京：中国社会科学出版社，2006.

唐文明．敷教在宽：康有为孔教思想申论．北京：中国人民大学出版社，2012.

唐亚林．人心政治论．理论与改革，2020（5）.

滕尼斯．共同体与社会．北京：商务印书馆，2019.

田野．礼治与国家建设：将中国元素植入政治秩序理论．世界经济与政治，2020（9）.

汪朝光．1946年早春中国民主化进程的顿挫：以政协会议及国共关系为中心的研究．历史研究，2000（6）.

王汎森．近代中国的史家与史学．上海：复旦大学出版社，2010.

王绍光．治理研究：正本清源．开放时代，2018（2）.

王绍光．中国·政道．北京：中国人民大学出版社，2014.

王天根．《天演论》传播与清末民初的社会动员．合肥：合肥工业大学出版社，2006.

王宪明．语言、翻译与政治：严复译《社会通诠》研究．北京：北京大学出版社，2005.

王向民．传统中国的情治与情感合法性．学海，2019（4）.

尾形勇．中国古代的"家"与国家．北京：中华书局，2010.

吴经熊．中华民国宪法草案的特色．东方杂志，1936（13）.

西嶋定生．中国古代帝国的形成与结构：二十等爵制研究．北京：中华书局，2004.

习近平．切实把思想统一到党的十八届三中全会精神上来．人民日报，2014-01-01（2）.

肖瑛．从"家"出发：重释韦伯的文明比较研究．清华社会科学，

参考文献

2020（1）.

萧公权. 问学谏往录：萧公权治学漫忆. 上海：学林出版社，1997.

笑思. 家哲学：西方人的盲点. 北京：商务印书馆，2010.

邢东田. 1978—2000 年中国的儒教研究：学术回顾与思考. 学术界，2003（2）.

徐勇，杨海龙. 历史政治学视角下的血缘道德王国：以周王朝的政治理想与悖论为例. 云南社会科学，2019（4）.

徐勇. 关系中的国家：第 1 卷. 北京：社会科学文献出版社，2019.

徐勇. 关系中的国家：第 2 卷. 北京：社会科学文献出版社，2020.

徐勇. 中国家户制传统与农村发展道路：以俄国、印度的村社传统为参照. 中国社会科学，2013（8）.

许崇德. 国家元首. 南京：江苏人民出版社，2016.

颜德如. 严复与西方近代思想：关于孟德斯鸠与《法意》的研究. 长春：吉林大学出版社，2005.

严复. 严复论学集. 北京：商务印书馆，2019.

严复. 严复全集. 福州：福建教育出版社，2014.

严泉. 孙中山"五权宪法"思想：理论透视与历史实践. 西部学刊，2017（1）.

杨光斌. 论政治学理论的学科资源：中国政治学汲取了什么、贡献了什么？. 政治学研究，2019（1）.

杨光斌. 什么是历史政治学？. 中国政治学，2019（2）.

杨光斌. 作为世界政治思维框架的文明范式：历史政治学视野的《文明的冲突与世界秩序的重建》. 学海，2020（4）.

杨绛. 杂忆与杂写：一九三三——一九九一. 北京：生活·读书·新知三联书店，2015.

杨念群. 论"大一统"观的近代形态. 中国人民大学学报，2018（1）.

杨念群. 我看"大一统"历史观. 读书，2009（4）.

杨雪冬，季智璇. 政治话语中的词汇共用与概念共享：以"治理"为例. 南京大学学报（哲学·人文科学·社会科学），2021（1）.

姚中秋．华夏治理秩序史．海口：海南出版社，2012.

姚中秋．历史政治学的中国议题．中国政治学，2019（2）.

姚中秋．一个文教，多种宗教．天府新论，2014（1）.

姚中秋．再思张君劢、钱穆之争：文明与宪制之辩．清华大学学报（哲学社会科学版），2017（2）.

叶秀山．中西文化之"会通和合"：读钱穆《现代中国学术论衡》有感．读书，1988（4）.

应星．"气"与抗争政治：当代中国乡村社会稳定问题研究．北京：社会科学文献出版社，2011.

应星．略述历史社会学在中国的初兴．学海，2018（3）.

余英时．犹记风吹水上鳞：钱穆与现代中国学术．台北：三民书局，1991.

俞可平．推进国家治理体系和治理能力现代化．前线，2014（1）.

俞荣根．论梁启超的法治思想：兼论梁氏对传统法文化的转化创新．孔子研究，1996（1）.

虞云国．宋代台谏制度研究．上海：上海书店出版社，2009.

郁建兴，周俊．中国公民社会研究的新进展．马克思主义与现实，2006（3）.

喻中．梁启超与中国现代法学的兴起．北京：中国人民大学出版社，2019.

臧运祜．孙中山五权宪法思想的演进．史学月刊，2007（8）.

曾亦．共和与君主：康有为晚期政治思想研究．上海：上海人民出版社，2010.

增渊龙夫．中国古代的社会与国家．上海：上海古籍出版社，2017.

翟志勇．国家主席、元首制与宪法危机．中外法学，2015（2）.

张飞岸．特朗普时代的镜像：亨廷顿与美国政治．学术月刊，2020（5）.

张灏，苏鹏辉．儒家经世理念的思想传统．政治思想史，2013（3）.

参考文献

张灏. 转型时代与幽暗意识. 上海：上海人民出版社，2018.

张强. 作为宪制的"大一统"思想：论古代中国一统思想下的宪制秩序. 南海学刊，2015（1）.

张树平. 改变生活的政治与改变政治的生活：一种历史政治学分析. 学术月刊，2018（9）.

张祥龙. 家与孝：从中西间视野看. 北京：生活·读书·新知三联书店，2017.

张龑. 何为我们看重的生活意义：家作为法学的一个基本范畴. 清华法学，2016（1）.

张颖. 论中国单一制宪制的"大一统"特色. 武汉大学学报（哲学社会科学版），2012（3）.

张勇. 梁启超与晚清"今文学"运动：以梁著清学史三种为中心的研究. 北京：北京大学出版社，2017.

张昭军. "中国式专制"抑或"中国式民主"：近代学人梁启超、钱穆关于中国古代政治制度的探讨. 近代史研究，2016（3）.

张志刚. 钱穆的宗教观与中西文化比较研究. 北方民族大学学报（哲学社会科学版），2016（6）.

赵汀阳. 惠此中国：作为一个神性概念的中国. 北京：中信出版社，2016.

赵汀阳. 天下体系：世界制度哲学导论. 南京：江苏教育出版社，2005.

赵汀阳. 天下秩序的未来性. 探索与争鸣，2015（11）.

赵妍杰. 家庭革命：清末民初读书人的憧憬. 北京：社会科学文献出版社，2020.

中共中央党史和文献研究院. 习近平关于注重家庭家教家风建设论述摘编. 北京：中央文献出版社，2021.

中国李大钊研究会. 李大钊全集：第2卷. 北京：人民出版社，2013.

中国人民大学国际关系学院. 中国政治学. 北京：中国社会科学出版社，2019.

中国社会科学院社会学研究所. 中国社会学年鉴：2011—2014. 北京：

中国社会科学出版社，2016.

周光辉，赵德昊．荒政与大一统国家：国家韧性形成的内在机制．学海，2021（1）.

周光辉，赵德昊．教化：大一统国家韧性的形成路径．探索与争鸣，2021（4）.

周雪光．从"官吏分途"到"层级分流"：帝国逻辑下的中国官僚人事制度．社会，2016（1）.

周雪光．从"黄宗羲定律"到帝国的逻辑：中国国家治理逻辑的历史线索．开放时代，2014（4）.

周振超．中国条块关系模式的特色与功能．探索与争鸣，2020（11）.

后　记

还记得二十多年前在聊博士论文选题时，我选择搁置之前关注的现代乌托邦主义问题，回向近世思想学术传统去探索究竟。当时张灏先生笑着问我：是不是要回溯近世，然后再返照现代？坦白说，导师点拨的这一路线，当时在我心中虽有几分意向，终究还属依稀朦胧、恍惚遥远之境。

博士论文研究经制之学，辗转十多个寒暑，逐渐形成了《道统与治体：宪制会话的文明启示》《立国思想家与治体代兴》等著作。这些著作的要旨之一是揭示中国政治传统中的立国治体论，后者源自先秦，发皇自汉，大显于宋，余波响于民初，探讨已涉入现代学思。在沉浸于古贤思想世界的期间，大约自2013年起，我开始系统精读钱穆先生的著作，先是聚焦于《政学私言》，后拓展至《中国文化史导论》《现代中国学术论衡》诸书，流连徘徊于《晚学盲言》，十年之间算是展开了学术行程的另一条路线。

这一路线的开拓，并非有意呼应导师的点拨，而是顺承了自己这十多年来的学思关怀。我曾选用保守宪制的视角来考察故国传统与现代政法转型之间的互动关联。偶然间翻阅《政学私言》，没料到这本小册子为我敞开了前所未睹的先行者视野，也逐渐认知到钱穆先生尚未被世人充分了解的政法学人面向。当然，我这样的称谓仍是出自现代学术分科的专业眼光，并不符合宾四先生推许的通学通人境界。权当是在"会通为体，分别为用"的意义上立论吧！

在《立国思想家与治体代兴》的写作后期，我不断体会到，钱穆正是传统中那类立国思想家的精神学术胤子，他与周公、孔子、贾谊、董子，与司马光、苏轼、陈亮、叶适，与王夫之、黄宗羲同处一个文明传统，而治体论这一貌似在现代中断的思维其实并未遭遇历史终结。钱穆对于近千年前陈亮和朱子的论辩公案了然于胸，对于现代中国转型中类似的变革思

共和立国与治体新论：钱穆历史政治学研究

维与立国思维之争进行了深具历史洞察力的剖解，其学术论衡展现出理解梁启超、严复、康有为、章太炎、孙中山等人的另一种视野。他的史学、经学、文化学研究，具有深刻系统的立国宪制自觉，这使他早在20世纪40年代中期就呼吁中国政治学的学术自主，努力摆脱智识上依傍外国的次殖民地困境，探寻独立更新的现代立国道路。这称得上是先知者的旷世希声，为我们开示出了共和治体的文明地基。

受到钱穆先生的启示，我围绕大一统、礼法政教和历史政治学写了一系列文章，也激励更多人关注这个智识资源的富矿。学界同人们陆续观察到，近十年来中国政治思想的研究，以钱穆先生最受重视。另外，从百年政治学史来看，钱穆也因主张中国政治学的内在演化而趋于获得比梁启超更高的学科评价。正如钱先生所言，复古和西化都不可能成为现代立国的实践立足点，应当在共和立国的大方向上来看待传统与现代性、中国与外来文明的关系，在大一统现代升级的视野中来理解晚清以来的变革、战争与政局。可以说，治体新论是在开放吸收中西传统启示的脉络中而为共和加冕的，正如钱穆代表的经史经世之学（也包括严复、梁启超的晚期转向）是在与舶来政治学的会思中演成了传统之现代生成的典型路径。本书所论，不限于政治思想史，更着眼于钱穆这一类先行者指示出的新政治科学。我们应汲取这些学思资源中灵动的智慧，在历史的、比较的、实践反思性的维度上继续推进他们未竟的事业。

与杨光斌、姚中秋两位同人的切磋琢磨推动了历史政治学的兴起，与燕华、尧尧的共同成长见证了我的不惑岁月。感谢沈蜜、杜立昊博士帮助处理了文本的注释、文献细节。

是为记，莫蹉跎。

任锋

壬寅夏于倚窗望川居

修定于癸卯正月

再定于是年冬岁